传承百年学术重镇薪火与精华

老北大讲义

# 清史讲义

孟森 著

時代文藝出版社

图书在版编目（CIP）数据

清史讲义 / 孟森著．—长春：时代文艺出版社，2019.5

ISBN 978-7-5387-5737-8

Ⅰ. ①清… Ⅱ. ①孟… Ⅲ. ①中国历史－研究－清代 Ⅳ. ①K249.07

中国版本图书馆CIP数据核字（2018）第002983号

出 品 人　陈　琛
产品总监　郭力家
责任编辑　方　伟
助理编辑　刘　力
装帧设计　孙　利
排版制作　毛倩雯



清史讲义

孟森 著

出版发行 / 时代文艺出版社
地址 / 长春市净月高新技术产业开发区生态大街与福祉大路交会西行200米
出版集团A座15楼　时代文艺出版社　邮编 / 130000
北京开发部 / 010-63108163
官方微博 / weibo.com / tlapress　天猫旗舰店 / sdwycbsgf.tmall.com
印刷 / 三河市万龙印装有限公司
开本 / 710mm × 1000mm　1 / 16　字数 / 351千字　印张 / 29.25
版次 / 2019年5月第1版　印次 / 2019年5月第1次印刷　定价 / 58.00元

图书如有印装错误　请寄回印厂调换

# 出版说明

自1898年建校以来，北京大学作为中国第一所国立大学，当仁不让地成为一座重镇。我们很难在“重镇”的前面加上合适的定语，如果挂一漏万地勉强做一下尝试，那么，如下关键词应该无法忽略：教育、学术、思想、文化传承；如果再在这些严肃的字眼前做个补充，我们应该谨慎地加上——心目中。

因此，这句话完整地表述出来，或许是这个样子的——北大是我们心目中一座教育、学术、思想和文化传承的重镇。

从语法的角度来看，离中心词越远的形容词，它的定语功能越弱，因此，这个“心目中”的限定作用其实很让人怀疑——难道事实不是这样吗？难道北大只是无数人在心中塑造的神圣殿堂吗？

确实如此，在我们没有条件走入北大的课堂，在我们没有聆听教授们的传道、授业、解惑，甚至在我们没有阅读这套《老北大讲义》之前，它只不过存在于我们渴求学业、探求人文理想的心目中。如今的我们很难跨越时空触摸“五四”时期的红楼，也再无可能听到黄侃挤兑胡适的精彩言辞——但好在，校址课堂可以变换，教授先生可以逝去，但这套《老北大讲义》，仍然使这座学术思想的重镇触手可及般呈现在我们的面前，而不仅仅再让我们于心目中憧憬和描摹。事实上，又有什么比文字著述能流传得更远更久，同时又能连缀百年与今日、先贤与遗产呢？

这套《老北大讲义》，就是这样与我们“心目中”的那座殿堂如此接近，它来自于塑造这座重镇所需的基石——现在我们依然无法用准确的词汇总结出给神殿做基石所必要的成分。好在北大建校百年后的大洋彼岸，美国斯坦福大学明确拒绝了国务卿赖斯重回母校任职的申请。一位教授这样阐述他的理由：赖斯为之服务的政府破坏了正义、科学、专业、正直等基本的学术价值观，斯坦福不应该再让她回来。美国人在现代文明中体会到“学校”的本质精神，而早在百年前社会思想纷杂的乱世中，北大的学者便在这个基础上加上了“勇气”二字，因为，他们面对的是启蒙。

正是基于勇气之下的正义、科学、专业、正直，老北大的讲义直到如今，依然在现代学术和思想史上具有无可替代的价值。原因似乎很简单：它只为良知负责，而不掺杂任何功利；原因却也很复杂：能够做到这一点，并不是仅有愿望和坚持那么容易。因此，我们很难想象，这套《老北大讲义》，是如何能够穿越百年风云，在思想的多次变革和社会的动荡过后，依然能够熠熠闪光。

或许所有的答案早在蔡元培先生的一句话中：“循思想自由原则，取兼容并包之义。”这是北大的立校之基，是北大的教育准绳。但是，如果我们抛开了学校与教育的因素，就会清晰地看到现代学术与思想发轫的源头。正是本着这种精神，这套《老北大讲义》呈现出大多数人意想不到的面貌：

其一，它涵盖了文学、史学、艺术、哲学甚至更多的边缘学科。而我们大概很难想到那些目前几近符号化定格的先贤竟会如此“跨学科”，在某个非专项的细小考证上侃侃而谈；

其二，在同类学术问题的思考上，各教授的观点未必一致甚或相左。课堂上也经常有明讥暗讽、互相贬低之类的掌故。但这并不妨碍落了下风的一方以独立的精神和学术的品格坚守自己；

其三，在当时的情况下，教授们对西方现代哲学思想或历史观念的了解并不很深，哪怕对本国正在发生的白话文运动也多有不成熟的看法，但这并不妨碍以客观踏实的精神大胆探求；

其四，即或放在今天，我们依然看到著述中鲜活的思路和治学原则。或许其所述内容业已陈旧，但其字里行间跳动的思想却是今天的某些所谓巨著中缺少的灵魂。

正因为如此，《老北大讲义》不仅仅是小小课堂的教学工具，更是现代学术和思想发轫的第一媒介。因为有了李大钊的《史学要论》，才有了马克思主义唯物史观在中国的首次公开而正式的传播；因为有了胡适的西方哲学讲义，才有了国人对西方文明尤其是现代思潮的进一步了解；因为有了钱玄同和刘半农的汉语研究，才有了推动白话文运动的基本依据……

当我们无法亲临北大课堂，当我们无法回到那个大师辈出的年代时，这套《老北大讲义》像是一座桥梁沟通了时空，轻易地在我们脚下搭建了一条通往中国学养源头的路。

然而，对这些珍贵思想文化遗产的整理和推广，看似轻易简单，实则困难重重。在首批推出的著述中，我们不得不仔细考虑作者的成就与影响，也不得不考量每一本书的内容价值，甚至还得兼顾品种的丰富性和学科的完整性，因此，难免有遗珠之憾。

此外，有些影响较广的著述，此前亦有各种单行本见于市面。编者虽然力求呈现出更多的新品种，填补文化传承上的空白，但考虑到这是国内首次完整地以“老北大讲义”的概念进行编纂出版，所以，我们也在严谨衡量的基础上推出了这类“旧作”。

以往，老北大讲义有很多著述仅有存目，出版本十分罕见。但让我们十分快慰的是，在此次编选的过程中找到了一些孤本，不日将陆续付梓——在兴奋与欣喜之余，我们也不免惧怕，如果再不出版，它们，这些凝聚一流学者的毕生心血的思想学术经典，恐怕后人再难读到了。

正因如此，我们希望这套书的出版，能够延续我们“心目中”的那座殿堂，否则，很难说再过百年后，北大是不是一座空中楼阁，会不会只是个在口头传颂的一段传奇。

# 孟森与《清史讲义》

张中行先生对孟森的回忆是所有纪念文章中最为传神的，其中说：“(孟森上课时) 眼永远在讲义之上，不往讲台下看。他只会写，不会发挥，所以所谓讲课就是念讲义，认真，准确，一字不差……也就因为潜心治学，在明清史方面有突出的造诣，学生有时候形容他，说现时白菜多少钱一斤他不知道，可是成化或雍正年间，谁打谁一个嘴巴，他必记得清清楚楚。”

孟森（1869—1937)，字莼孙，号心史，世称孟心史先生。他被公认为中国近代清史研究的杰出奠基人，其著作是近代清史研究第一代的最高水平。

孟森早年着意于学术、政治、经济等诸多领域，曾撰写翻译了一些有关法学及经济学的著作，中年时又为著名实业家张謇亲近幕友，曾参与了清末立宪运动。清末民初，孟森逐渐脱离政治活动，开始专力于治史。

1929 年起，孟森受聘于南京中央大学，讲授清朝入关前历史，撰成讲义《清朝前纪》，1931 年，受聘于北京大学历史系，讲授“满洲开国史”等课程，编纂《明元清系通纪》，著有《明史讲义》《清史讲义》，对史实进行考订叙述，多有发明创见，所作评议，亦具精辟独到之处。

孟森治史，在传统方法上吸收了近代史论研究方法，开创了明清断代史研究之先河。清史专家王钟翰先生给予孟森史学研究成果极高评价：其“不过三十余年，而撰述之富，成就之大，影响之深，自非后辈末学所能望其肩背者也”。

这部《清史讲义》是孟森先生20世纪30年代在北京大学授课时的讲义。孟森先生在北京大学历史系所授课程有四门，为“明清史”“满洲开国史”“明清史料择题研究”与“清史研究”。其中，第一次开设“明清史”课，是在1932至1933年度，为一年的学时。以后每隔一年开课一次，到1937年夏为止，总共开过三次。

从1935年秋天起，“明清史”一课，不再仅是二年级必修科，也是一、三、四年级学生必修科。而在1936至1937年度第三次开课时，授课内容与计划做了重大调整，简单来说，就是因为史实太过丰富，不能讲得过于简略，所以实际上将“明清史”分为“明史”“清史”两课，分别为一年的课时，隔年授课。

这一重要改变，直接影响到孟森授课内容的变化以及讲义的编撰，比如，1932年“明清史”作为一堂课时，清代部分只讲到乾隆末年，其后则划归“中国近代史”的范畴，但拉长为一部史讲一年课时后，则要增补很多内容。所以，1935年后孟森先生开始增补清史乾隆朝后的内容。不过，现在所见《清史讲义》只讲到咸丰同治年间，他的学生在整理出版《清史讲义》时回忆，孟森确实是想写到光绪宣统年代的，但因为抗战爆发和他的去世，这一章并未写成。另外，乾隆后至同治末年这一章，虽然写成，但未来得及授课，是后来整理其遗稿增补入书的，严格来说，这一章并不是授课内容。

《清史讲义》对清朝二百多年之政治、经济、文化进行了全面的述评，史实详尽，考订了清先世源流、八旗制度原貌，并对清代从开国到国运由盛转衰的过程和重要史实进行了缜密的论析。虽欠完整，仍被史学界誉为我国近代清史学派的开山之作。

# 目 录

# 第一编

# 总　　论

# 第一章　清史在史学上之位置

清未有史也，而有《史稿》，《史稿》为辛亥革命后政府所修。若以革命为易代之限，则《清史稿》与史有同等效力。然革命后同为民国，而政府之递嬗，意义有不尽同。故前一期政府之所修，又为后一期政府之所暂禁。今犹在审查中，卒蒙弛禁与否未可知。要之，吾辈今日之讲清史，犹未能认《清史稿》为勒定之正史也。则于史学上，无一定之史书可作根据。但论史之原理，一朝之经过，是否有为修正史之价值？能统一国土，能治理人民，能行使政权，能绵历年岁，则能占一朝正史之位置，意义全矣。政府之意，亦非谓清不当有史，但未认《清史稿》即为《清史》。然则于清一代史料之正确者，悬设一正史之位置处之，史料极富。《清史稿》为排比已有具体之一大件，亦应在悬设正史之位置中，参加史料之一席。真正史料，皆出于史中某一朝之本身所构成，谀闻野记，间资参考，非作史之所应专据也。

清之于史，自代明以来，未尝一日不践有史之系统。中国史之系统，乃国家将行一事，其动机已入史，决不待事成之后，乃由史家描写之。描写已成之事，任何公正之人必有主观，若在发动之初，由需要而动议，由动议而取决，由取决而施行，历史上有此一事，其甫动至确定，一一留其蜕化之痕迹，则虽欲不公正而不能遇事捏造，除故意作伪之别有关系者外，国事之现象，如摄影之留真，妍媸不能自掩也。有史之组织，清代明时未尝间断，故有史之系统未尝差池。民国代清，独未尝留意此事，及今而始议保管档案。保管档案，乃抱残守缺之事，非生枝发叶，移步换形，而皆使之莫可逃遁之事也。中国有史之系统，严正完美，实超乎万国之上。由科钞而史书，由史书而日录，而起居注，而丝纶簿，清代又有军机处档。具此底本，再加种种之纂修，《实录》又为其扼要，分之而为本纪，为列传，为方略，为各志各表，史已大备。易代后就而裁定，其为史馆自定者无几矣。《清史稿》即就此取材，故大致当作《清史》规范。而其原件之存在，因印刷之发达，流布尤多。故以此大宗史料归纳之为《清史》。而此《清史》之在史学上位置，必成正史，则无可纠驳矣。

近日浅学之士，承革命时期之态度，对清或作仇敌之词。既认为仇敌，即无代为修史之任务。若已认为应代修史，即认为现代所继承之前代，尊重现代，必并不厌薄于所继承之代，而后觉承统之有自。清一代武功文治，幅员人材，皆有可观。明初代元，以胡俗为厌，天下既定，即表彰元世祖之治，惜其子孙不能遵守。后代于前代，评量政治之得失，以为法戒，乃所以为史学。故史学上之清史，自当占中国累朝史中较盛之一朝，不应故为贬抑，自失学者态度。

# 第二章　清史体例

清史今皆只可谓之史料，未成正史。惟《清史稿》为有史之轮廓，后有修订，大约当本此为去取。则《清史稿》之与前史异同，其为斟酌损益之故，即吾辈治清史所应讨论者也。纪志表传，四大总类，仍前不变。纪有十二，最后为《宣统纪》。据金梁《校刻记》，言初拟为今上本纪，后改定。今上本纪之名，自为不合，称《宣统纪》，亦属变例，宣统乃一国纪年之号，非帝身所独有，若称宣统帝，犹为宣统朝之帝，否则以逊国而称逊帝，亦尚相符。古有易代而前代之君存在者，修史时其君已亡。则由后代为之追谥，而即以谥入史，若汉之献帝，元之顺帝，皆是。清逊帝独在，而《史稿》已成，无谥可称，似当以逊帝名纪。志目十六：曰《天文》《灾异》《时宪》《地理》《礼》《乐》《舆服附卤簿》《选举》《职官》《食货》《河渠》《兵》《交通》《刑法》《艺文》《邦交》。其《交通》《邦交》两志，为前史所无，今以时政重要，专为作志。其《灾异》则所以变前史之《五行志》。《时宪》即历，清避高宗讳，改《历书》为《时宪书》，其实《时宪》乃清历之名。历代历皆有名，且或一代数名，而历之公名不变。清改明之《大统历》为《时宪历》，至历字成讳遂去之。《史稿》作志，《历志》竟称《时宪志》，假如明之《历志》，岂可作《大统志》？但文字因避讳而流变，其例亦多，姑不论。第其志中全载《八线表》，篇幅占全志三之二。夫《八线表》为步天济算之用具，习算者人人挟之，且充用之《八线表》，亦无需密至七八位。清修《明史》，已用新法列图，即具八线之法，而不必尽推其数。今何必于志中括其用具？若果为便用计，则岂不更有《八线对数表》乎？学校习算之生皆挟一表，书非难得，史志又非便人工作之文，不应浪费篇幅。以《灾异》变前史之《五行》，不可不谓为进步，又仿明《五行志》，削事应之附会，似皆取长去短；然所载事目，仍拘于五行之分项，岂非矛盾？夫果以灾异而后志，则必有关于国计之盈绌，民生之登耗，若水旱、饥馑、疾疫之类，载之可也；一时一地之物异，一人一家之事变，载之何为？尤可异者，狂人、服异二事。人之狂为生理中之事，以医学为统计，人之狂者正多，何时何地不有狂人，而《志》独载雍正三年七月一狂人，云："灵川五都廖家塘，有村民同众入山，砍竹不归，一百四十余日始抵家，所言多不经。"清一代二百六十八年，只有此一狂人，其狂之程度又甚驯善，若在世俗言之，乃小说家所谓遇异人得道者。以此列入《灾异志》，当是清国史馆原有《五行志》，曾列此事，今不知抉择而随手采入，未免苟且固陋。服妖之说，尤非有政刑之国所应为。朝不信道，工不信度，有此现象。若谓国无法度即是灾异，则又不当终清之世仅得一事。《志》云："道光十七年，崇阳乡民好服尖头帽鞋，站步不稳。识者以为服妖。"由事实言之，叔季之世，奢靡之乡，服之妖者占多数，何可胜载！其人痾一事，以一产三男占篇幅十之七八。此事古或以为祥，清代功令，亦在优待之列，此云人痾，岂节育家言乎？至《艺文志》之为目录学家诟病，则在疏漏，较之《时宪》《灾异》两志，常识未具，犹为有间。表目十：曰《皇子》《公主》《外戚》《诸臣封爵》《藩部》《大学士》《军机大臣》《部院大臣》《疆臣》《交聘》。《军机大臣》为前史所无。《部院大臣》即《明史·七卿表》。而衙门加一理藩院，官职列至侍郎。其军机、理藩院之增加，乃应合时制，侍郎之添列，则用意周密，殊便考核。任其事者为职官制表专家吴君廷燮，亦人存政举之道。《疆臣》一表，比之《方镇》。清中叶以来，实有外重之渐，即其初，设督抚为专官，已有兼辖军民之柄，位尊地重。史列年表，亦应时代而为之。而驻防之将军、都统，亦列疆臣，又清之特制也。《交聘》有表，与《邦交》有志相应。传目十五，曰:《后妃》《诸王》《诸臣》《循吏》《儒林》《文苑》《畴人》《忠义》《孝义》《遗逸》《艺术》《烈女》《土司》《藩部》《属国》。其中《畴人》一传，前史所无，古岂无明习历算之人，一艺之长，史家为之类传，无庸另标专目。九数属之保氏。经生不通算术，本不得为全材。孟子言“千岁之日至，可坐而致”。可见其视此为学问之余事，不过孔门六艺之一耳。清代经师，能治历者甚多，既文达偶然创作《畴人传》，并非为史立例，《史稿》乃沿之，似亦多事，并入经学为宜。《儒林》一传，沿清代学风之弊，以词章为《文苑》，考据即为《儒林》。考据中专究文字学者，明明文苑耳，而亦与尊德性饬躬行者并驱争先，且形容以身教人者为迂腐，为空疏，人心风俗，于是大坏。此亦非《清史稿》作俑，旧国史馆《儒林传》已立此例。盖为乾嘉以来学风所劫制，不自知其舍本逐末，而卒为世道之忧也。此皆其可议者也。

# 第三章　清代种族及世系

三代以前，皆推本于黄帝，秦亦由伯益而来。封建之世，渊源有自，数典不忘其祖。其可信之成分，较后世为多。汉附会豢龙之刘累，仅凭左氏之浮夸，半涉神话。唐祀老聃，明尊朱子，则皆援引达人，以自标帜。宋更捏造一神人为圣祖，所谓赵玄朗者，终亦不甚取信于子孙臣庶。元自附于吐蕃，《蒙古源流》一书，究属荒幻。惟清之先，以种族论，确为女真；以发达言，称王称帝，实已一再。肃慎与女真，古本同音，中间以移殖较繁之所在，就其山川之名而转变，遂为抑娄，为勿吉，勿吉又为靺鞨，唐末仍复女真。故知其本名未改。中国史书屡改其名，而在彼实一时之部落名义，非全族有废兴也。女真既为清之先固定种族，唐时成渤海国，有五京、十五府、六十二州，为海东盛国。不但疆域官守，建置可观，即其享国年岁，由唐开元十七年乙巳，大武艺建号改元，至后唐同光三年乙酉，为辽所灭，传国一百九十七年，亦可谓根深蒂固之一国家矣。此族虽暂屈于辽，而元气未漓，犹能自保其种，契丹不足与同化，女真不自混他族。未几又乘辽之衰，与辽代兴，金一代自有正史位置，不劳缕述。所谓一再为帝王者如此。元能灭金，不能灭女真之种，仅驱还女真故地，仍不能直辖其种人，举其豪酋，世为长率，有五万户之设。其中斡朵怜万户，后遂为建州女真。清之始祖布库里雍顺，居俄漠惠之鄂多理城，盖即此始受斡朵怜万户职之女真部酋长，故推为始祖。时在元初，余别有《清始祖考》，不详述于此。据《朝鲜实录》，斡朵里为金帝室之后，其余图们江流域女真，即建州全部女真，尚为金之平民，迤北之兀狄哈女真，在金亦为同种而别族，然则清为金后之近属。金与渤海发迹之地，同在女真南部，接壤高丽。清又承金，是其种族之强固，千年之间，三为大国，愈廓愈大。

建州女真，既为女真中最优秀之部分，初因居渤海时之建州，谓之建州女真。自元设五万户时，建州之名，必已存在。元亡归附于明，明就其建州部落之名，授以土官卫职，而即名建州卫。先授建州卫职者，为元之胡里改万户阿哈出。由阿哈出复招致斡朵里万户童猛哥帖木儿，授以建州左卫指挥之职。清之初系，为明之建州左卫。始授左卫职之猛哥帖木儿，又因其姑姊妹中，有入明宫为妃嫔者，因内宠之故，至陆都督职衔，《清实录》谓之都督孟特穆。乃以布库里雍顺为分族之始祖，孟特穆为肇基王迹之祖。故后开国建号，尊孟特穆为肇祖，以记其得国实由孟特穆承明宠侍而来。孟特穆即猛哥帖木儿，而去其童姓不著。孟特穆距布库里雍顺约三四代，太祖责兀喇贝勒布占泰，谓其于己之祖先为天女所生，乃十世以来之事，岂有不知。则太祖为孟特穆六世孙，并其本身为第七世，其前亦不过三世。元享国短，元初授布库里雍顺万户，不及百年，已入于明，其间亦只应有三世时限。孟特穆袭职或已入明初，或尚在元末，俱未可知。而其父名挥厚，亦为万户，见《朝鲜实录》。再上即必有名范察者，当为布库里雍顺之孙。孟特穆尊为肇祖，其子为充善，为褚宴，明作董山、童仓，童为其姓，仓当即褚宴之合音，朝鲜则谓童仓即董山。董山之弟，朝鲜则名“重羊”，或“充也”，或“真羊”，或“秦羊”。充善之子妥罗、妥义谟、锡宝齐篇古，妥罗继充善袭建州左卫职。而锡宝齐篇古，“篇古”二字为职名，或云即“万户”之译音。锡宝齐原作石豹奇，《清实录》谓为充善之第三子，《明实录》为重羊之子，名失保。明人谓清太祖为建州之枝部，《清实录》亦谓兴祖福满系石豹奇之子。惟太祖确为建州左卫酋长，朝鲜明著之。且太祖尝以建州左卫印信文书致朝鲜，其为石豹奇之后，则非世袭左卫都督者。明人谓失保受指挥职，又谓太祖之先，世为都指挥，则其说皆合。兴祖一世，不见于明实录，以其时建州方弱，妥罗之后，世奉朝贡，其枝部酋无他事接触中朝，遂不著录。清之尊为兴祖者，在太宗崇德元年，初用帝制，追尊四亲之世，兴祖为太宗高祖，适当四亲之首，故上不及石豹奇，而适以此不见《明实录》之一代，为追尊所亲之始。若肇祖则缘始祖而尊之。以故充善、石豹奇两世，以亲尽而为追尊所不及，入关后因之。但兴祖以下，一世景祖，二世显祖，即太祖之祖若父，在《明实录》亦载其事实。后来兴、景、显三祖以亲尽而祧，太祖则不祧，祧庙中遂永奉肇、兴、景、显四祖。致论清事者疑其世系之不确，则未尝深求其故也。太祖为开创之祖，清世自应不祧。今先将太祖以上世系，表列如下：

## （甲）合各记载所详之清世系

| | |
|---|---|
| 一世 | 布库里雍顺　始受元代斡朵里万户职，清称天女所生，认为始祖。 |
| 二世 | 范察　以太祖自谓天女所生子之后十世，始定范察为第二世。据《清实录》谓为子孙内之一幼儿，不能确定果为子抑为孙也。 |
| 三世 | 童挥厚　袭万户，姓童，至太祖乃作姓佟。 |
| 四世 | 童猛哥帖木儿　先袭万户，后归明授建州左卫指挥，升至都督。清称都督孟特穆，追尊肇祖。朝鲜谓其又姓夹温，则金之合音。为兀狄哈女真所杀。 |
| 五世 | 充善　袭建州左卫长，亦称都督。以叛伏诛。明作董山。<br>褚宴　坐董山叛逆罪，充发福建，死于戍所。 |
| 六世 | 石豹奇　受都指挥职。明作失保。 |
| 七世 | 福满　以太宗建清国，为四亲之首，追尊兴祖。只见《清实录》。为石豹奇之子。 |
| 八世 | 觉昌安　福满第四子，追尊显祖。明作叫场。原作觉常刚。 |
| 九世 | 塔克世　觉昌安四子，追尊显祖。明作他失。原作塔石。 |
| 十世 | 太祖　塔克世长子。 |

## （乙）《清实录》所详之世系

| | |
|---|---|
| 一世 | 布库里雍顺　天女所生，不夫而孕。浴于池，食朱果成胎。既生，命其姓为爱新。爱新为金之义。其实女真自谓金后者，无不称姓金。 |
| 二世 | |
| 三世 | |
| 四世 | 都督孟特穆　追尊肇祖。 |
| 五世 | 充善　肇祖一子。<br>褚宴　肇祖二子。原作除烟。 |
| 六世 | 妥罗　充善一子。原作脱落。<br>妥义谟　充善二子。原作脱一莫。<br>锡宝齐篇古　充善三子。原作石豹奇。 |

| | |
|---|---|
| 七世 | 福满　石豹奇子，追尊兴祖。 |
| 八世 | 觉昌安　福满四子，追尊景祖。原作觉常刚。 |
| 九世 | 塔克世　觉昌安四子，追尊显祖。原作塔石。 |
| 十世 | 太祖　名努尔哈赤，塔克世长子。 |

太祖以前，为明之属夷，受明之恩遇独厚。猛哥帖木儿被戕于兀狄哈，其弟凡察及子童仓，求避入辽东边，明允之。既居边内，久之乃以所居地为己所应占，明反退以抚顺为边。斡朵里本在朝鲜东北境，至是乃尽移抚顺边门以外，占旧日辽东境内之地。自是得避兀狄哈之难。明之惠于属夷者，以建州女真所被为最厚。清世尽讳之，于清史料中固不见其事，于明史料中虽见，而清修《明史》，务尽没之。此今日始大发现，而以余为发现最多。

肇祖当元亡以后，臣附于高丽，在高丽王氏朝末，而为李氏朝太祖未篡高丽时之麾下夷将，时当洪武初年。至明收辽东，平海西，声威已至东海之滨，建州女真中，先由阿哈出归附，继招致肇祖并归明。故清之祖先，见之明代及朝鲜记载者，恰与明开国时相次。明一代二百七十余年，清先世亦附见，未尝间断。前史无论何朝，其开国以前祖先之事实，未有如清之先世，彰彰可考，既详且久者也。充善以叛伏诛。当时之叛，亦并无与明为敌之志，不过桀骜不驯，不守属夷礼节耳，以此诛死。其后驯伏无扰，直至太祖，在建号天命之初，对明犹朝贡不辍。太祖身自朝明者三次，皆见《明实录》。明宠以高官，既为都督，又进龙虎将军，则《清实录》亦自载之。而又自谓与明为敌国，自古未尝臣服，则徒自失实，烦史学家为之纠摘，于清实无加损也。太祖之建号天命，本自称为金国汗，而亦用中国名号，自尊为天命皇帝。其实并非年号，并未以天命二字为其国内臣民纪年之用。特帝业由太祖开创，在清史自当尊为开国之帝，入关后相沿以天命为太祖之年号，则亦不足深辨。至太宗改称天聪，亦是自尊为天聪皇帝，非以纪年。观太宗修《太祖实录》，屡称天聪皇帝，为不可分离之名词，可以见之。《太祖实录》成于天聪九年，时虽尚无帝制之心，而已有为国存史之意，亦见志量之不同其他夷酋。《实录》既成，明年又实行建国，去旧国号之金，而定为清。观其以夷称君为满住，后即就改为满洲，以名其国。则清之为清，亦就金之口音而变写汉字，谓为清国耳。而清之一朝，实定名于是。故天聪十年，有大举动，改元崇德，则真用为年号，不自称崇德皇帝矣。国号为清，乃禁人称金；国名为满洲，乃禁人称女真。《清实录》中有“禁人称珠申，务令改称满洲”之文。珠申即女真之对音，亦即肃慎以来之古音也。逮世祖继统，混一中国，天命、天聪，皆成年号。帝统既定，就其开国以后之世系，以一朝定制，表列如下：

| 世数 | 庙号 | 谥法 | 年号 | 享国 | 陵名 | 干支 | 御名 | 即位 | 崩年 |
|---|---|---|---|---|---|---|---|---|---|
| 一 | 太祖 | 高。原谥武。先在天聪间，本不知有谥法。天聪九年，明叛将许世昌奏请上谥，并改先汗之称为先皇，始曰武。康熙元年改谥高。 | 天命本系尊称，后相沿即作年号。 | 景、显二祖死于明李成梁兵火。太祖以遗甲起，归怨同种之尼堪外讨而讨之，未敢仇明也。历年兼并同种，经三十三年而称金国汗，并称天命皇帝。又历十一年。 | 福陵。以上自肇祖以来四祖，其葬地亦于顺治十六年并称永陵。并葬一处。 | 起兵自明万历十一年癸未至四十三年乙卯，为未称金国时。四十四年丙辰至天启六年丙寅，为称天命时。 | 努尔哈赤。原作驽儿哈奇。明作奴儿哈赤。朝鲜作老可赤。译文原无正字。 | 起兵为二十五岁，称汗为五十八岁。 | 六十八岁 |
| 二 | 太宗 | 文 | 天聪本系尊称。后相沿亦作年号。至天聪十年四月初十日，改其年为崇德元年。太宗于是始改清国号。清帝皆一建元，无改元者。太宗建清国后，实亦一建元。 | 十七年 | 昭陵 | 自明天启七年丁卯至崇祯十六年癸未。 | 皇太极。亦作黄台吉、黄太极。 | 三十六岁 | 五十二岁 |

续表

| 世数 | 庙号 | 谥法 | 年号 | 享国 | 陵名 | 干支 | 御名 | 即位 | 崩年 |
|---|---|---|---|---|---|---|---|---|---|
| 三 | 世祖 | 章 | 顺治 | 十八年 | 孝陵 | 元年即明崇祯十七年甲申，至十八年辛丑。 | 福临。不令天下避讳。 | 六岁。元年为明崇祯十七年，三月李自成陷京师。清兵方犯明，吴三桂请入关共破自成军。五月，摄政王兵入京，迎帝迁都，十月朔，即中国帝位。 | 二十四岁 |
| 四 | 圣祖 | 仁 | 康熙 | 六十一年 | 景陵 | 自壬寅至壬寅。 | 玄烨 | 八岁 | 六十九岁 |
| 五 | 世宗 | 宪 | 雍正 | 十三年 | 泰陵 | 自癸卯至乙卯。 | 胤禛 | 四十五岁 | 五十八岁 |
| 六 | 高宗 | 纯 | 乾隆 | 六十年。传位仁宗，称太上皇帝。至嘉庆四年正月初三日崩。又为太上三年加三日。 | 裕陵 | 自丙辰至癸卯。 | 弘历 | 二十五岁 | 传位年八十六，崩年八十九。 |
| 七 | 仁宗 | 睿 | 嘉庆 | 二十五年 | 昌陵 | 自丙辰至庚辰。 | 颙琰 | 二十七岁。正月朔受禅改元。 | 六十一岁 |

续表

| 世数 | 庙号 | 谥法 | 年号 | 享国 | 陵名 | 干支 | 御名 | 即位 | 崩年 |
|---|---|---|---|---|---|---|---|---|---|
| 八 | 宣宗 | 成 | 道光 | 三十年 | 慕陵 | 自辛巳至庚戌 | 旻宁 | 三十九岁 | 六十九岁 |
| 九 | 文宗 | 显 | 咸丰 | 十一年 | 定陵 | 自辛亥至辛酉。 | 奕詝 | 二十岁 | 三十一岁 |
| 十 | 穆宗 | 毅 | 同治。先定祺祥，太后垂帘，杀赞襄政务王大臣端华、肃顺等，改同治，始即位。自七月十七日文宗崩，十月初九日即位。 | 十三年 | 惠陵 | 自壬戌至甲戌。 | 载淳 | 六岁 | 十九岁 |
| 十一 | 德宗 | 景 | 光绪 | 三十四年 | 崇陵。葬已在民国二年。 | 自乙亥至戊申。 | 载湉 | 四岁 | 三十八岁 |
| 十二 | | | 宣统 | 三年退位 | | 自己酉至辛亥。 | 溥仪 | 三岁 | 六岁逊位 |

# 第四章　八旗制度考实

清一代自认为满洲国，而满洲人又自别为旗人，盖即以满为清之本国，满人无不在旗，则国之中容一八旗，即中国之中涵一满洲国，未尝一日与混合也。然自清入中国二百六十七年有余，中国之人无有能言八旗真相者。既易代后，又可以无所顾忌，一研八旗之所由来，即论史学亦是重大知识，然而今尚无有也。盖今始创为之。

浅之乎视八旗者，以为是清之一种兵制，如《清史稿》以八旗人《兵志》是也。夫八旗与兵事之相关，乃满洲之有军国民制度，不得舍其国而独认其为军也。至《食货志》亦有八旗丁口附户口之内，稍知八旗与户籍相关矣，然言之不详，仍是膜外之见，于八旗之本体，究为何物，茫然不辨。则以其蜕化之迹已为清历代帝王所隐蔽，不溯其源，无从测其委，以其昏昏而欲使人昭昭，宜其难也。

八旗者，太祖所定之国体也。一国尽隶于八旗，以八和硕贝勒为旗主，旗下人谓之属人，属人对旗主有君臣之分。八贝勒分治其国，无一定君主，由八家公推一人为首长，如八家意有不合，即可易之。此太祖之口定宪法。其国体假借名之，可曰联邦制，实则联旗制耳。太宗以来，苦心变革，渐抑制旗主之权，且逐次变革各旗之主，使不能据一旗以有主之名，使各旗属人不能于皇帝之外复认本人之有主。

盖至世宗朝而法禁大备，纯以汉族传统之治体为治体，而尤以儒家五伦之说压倒祖训，非戴孔、孟以为道有常尊，不能折服各旗主之禀承于太祖也。世宗制《朋党论》，其时所谓“朋党”，实是各旗主属之名分。太祖所制为纲常，世宗乃破之为朋党，而卒无异言者，得力于尊孔为多也。夫太祖之训亦实是用夷法以为治，无意于中夏之时有此意造之制度，在后人亦可谓之乱命。但各旗主有所受之，则凭藉固甚有力，用儒道以易之，不能不谓大有造于清一代也。夫儒家名分之说在中国有极深之根柢，至今尚暗资束缚者不少，而国人或自以为已别有信仰，脱离崇儒之范围，此亦不自量之谈耳。

凡昔人所纪之八旗，若明末，若朝鲜之与清太祖、太宗同时所闻，皆非身入其中，语不足信；而清代官书则又抹杀实状，私家更无述满洲国本事者。故求八旗之真相，颇难措手。但言清事，非从清官书中求之不足征信，于官书中旁见侧出，凡其所不经意而流露者，一一钩剔而出之，庶乎成八旗之信史矣。

八旗之始，起于牛录额真。牛录额真之始，起于十人之总领。十人各出箭一枝，牛录即大箭，而额真乃主也。此为太祖最初之部勒法。万历十一年癸未，太祖以父遗甲十三副起事，自后即有牛录额真之部伍。吞并渐广，纠合渐多，至万历二十九年辛丑，乃扩一牛录为三百人，而牛录额真遂为官名，盖成率领三百人之将官。当时有四牛录，分黄、红、蓝、白四色为旗，盖有训练之兵千二百人矣。

征服更广，招纳更多，一牛录三百人之制不变，而牛录之数则与日俱增。自二十九年辛丑至四十三年乙卯，所增不止女真部族，除夜黑（后于乾隆时改叶）外皆已统一，且蒙古、汉人亦多有降附，盖十四年之间增至四百牛录，则为百倍其初矣，于是始设八旗。蒙、汉虽自为牛录，犹属于一个八旗之内，而八旗之体制则定于是。后来蒙、汉各设八旗，不过归附之加多，于八旗建国之国体毫无影响。此《会典》及《八旗通志》等官书所能详，无庸反复钩考矣。

> 《武皇帝实录》："辛丑年，是年，太祖将所聚之众每三百人立一牛禄厄真管属，前此凡遇行师出猎，不论人之多寡，照依族寨而行。满洲人出猎开围之际，各出箭一枝，十人中立一总领，属九人而行，各照方向，不许错乱。此总领呼为牛禄华言大箭厄真厄真，华言主也。于是以牛禄厄真为官名。"
>
> 又："乙卯年，太祖削平各处，于是每三百人立一牛禄厄真，五牛录立一扎拦厄真，五扎拦立一固山厄真，固山厄真左右立美凌厄真。原旗有黄、白、蓝、红四色，将此四色镶之为八色，成八固山。"

《武录》文本明了，不明则附注，颇详原始。其后改修《高皇帝实录》，屡修而屡益不明。

> 《八旗通志》："太祖高皇帝初设四旗。先是癸未年，以显祖宣皇帝遗甲十三副征尼堪外兰败之。又得兵百人，甲三十副。后以次削平诸部，归附日众。初，出兵校猎，不论人数多寡，各随族长屯寨行。每人取矢一，每十人设一牛录额真领之。至辛丑年，设黄、白、红、蓝四旗，旗皆纯色，每旗三百人，为一牛录，以牛录额真领之。（原案云："谨案：是年为编牛录之始，嗣后设固山额真、梅勒章京、甲喇章京等官。梅勒章京等名，自天聪八年四月辛酉始定，惟固山额真存。雍正二年，以八旗都统印信'额真'二字作主字解，非臣下所得用，改为固山语班。兹谨按年月，于改定以后书新名，改定以前仍旧称，以昭初制。"）甲寅年《实录》作乙卯，始定八旗之制，以初设四旗为正黄、正白、正红、正蓝，增设镶黄、镶白、镶红、镶蓝四旗，为八旗。（原注："黄、白、蓝均镶以红，红镶以白。"）每三百人设牛录额真一，五牛录设甲喇额真一，五甲喇设固山额真一，每固山设左右梅勒额真各一，以辖满洲、蒙古、汉军

之众。时满洲、蒙古牛录三百有八，蒙古牛录七十六，汉军牛录十六。”

以上三百有八牛录中，有满洲、蒙古牛录，当是满、蒙混合之牛录。七十六蒙古牛录，则为纯粹之收编蒙古牛录。当设四旗时，牛录额真以上无统辖之上级官，知其初即以一牛录为一旗。后来牛录之数滋多，甲喇、固山，层累而上，亦必不俟乙卯而始有上级之统辖，特至乙卯始勒定制度耳。

八旗各有旗主，各置官属，各有人民，为并立各不相下之体制。终太祖之世，坚定此制，不可改移。太宗不以为便，逐渐废置，使稍失其原状，而后定于一尊，有为君之乐。己身本在八大贝勒之列，渐至超乎八贝勒之上，而仍存八贝勒之名。既涂饰太祖之定法，又转移八家之实权，其间内并诸藩，所费周折与外取邻敌之国相等，然其遗迹未能尽泯。至世宗朝而后廓然尽去其障碍，盖以前于太祖设定之八家，能以其所亲子弟渐取而代之；至世宗则并所亲之子弟亦不愿沿袭祖制，树权于一尊之外，此又其更费周章者也。

终清之世，宗室之待遇，有所谓“八分”。分字去声。恩礼所被，以八分为最优。故封爵至公，即有入八分、不入八分之别。此所谓八分，亦只存太祖时建立八家之迹象。八分为旧悬之格，无固定之八家。故宗室尽可以入八家或不入八家也。

《宗人府事例》封爵：“九不入八分镇国公，十不入八分辅国公。案语云：谨案：天命年间，方立八和硕贝勒，共事议政，各置官属。凡朝会、燕飨，皆异其礼，赐赉必均及，是为八分。天聪以后，宗室内有特恩封公及亲王余子授封公者，皆不入八分。其有功加至贝子，准入八分。如有过降至公，仍不入八分。”

八和硕贝勒，世无能尽举其名者，实则其名本未全定。且和硕贝勒亦本无此爵名，而即沿以和硕贝勒为称，亦竟无八人之多。盖许为旗主，即称为和硕贝勒，即未必许为旗主，对外亦常以八和硕贝勒为名号。此皆由太祖定为国体，不得不然。入关以后，乃不复虚称八和硕贝勒，但旗主之实犹存，至雍正朝乃去之耳。

> 《东华录·太宗录》首："丙辰年，太祖建元天命，以上及长子代善、第五子莽古尔泰、弟贝勒舒尔哈齐之子阿敏，并为和硕贝勒。国中称代善大贝勒，阿敏二贝勒，莽古尔泰三贝勒，上四贝勒。（清《国史·旧代善传》载此事尽同。）"

据此，八和硕贝勒中，有明文授此爵者为四人，而太宗居其一，且以齿为序而居最后。今考之《太祖实录》，则并无此明文。而天命元年未建号以前之劝进，已称由此四大贝勒为领袖，则以为建元时授此爵者，亦不成文之赏典也。《东华录》所据之《实录》云然，仍以《东华录》证之。

> 《东华录·太祖录》："天命元年丙辰明万历四十四年，春正月壬申朔，大贝勒代善、二贝勒阿敏、三贝勒莽古尔泰、四贝勒贴黄及八旗贝勒大臣，率群臣集殿前，分八旗序立。上升殿，登御座。贝勒大臣率群臣跪，八大臣出班跪进表章。侍卫阿敦、巴克什额尔德尼接表。额尔德尼前跪，宣读表文，尊上为覆育列国英明皇帝。于是上乃降御座，焚香告天，率贝勒诸臣行三跪九叩首礼。上复升御座，贝勒大臣各率本旗，行庆贺礼。建元天命，以是年为天命元年。时上年五十有八。"

《录》载此时已序大、二、三、四贝勒，则以四人为和硕贝勒，应早在其前。又以此四贝勒冠八旗贝勒之上，似四大贝勒之分，高出八旗。此皆昧乎太祖时八旗八和硕贝勒之事实。

乾隆四年修定之《太祖高皇帝实录》，大致与《东华录》同，而所叙四大贝勒，则更含混至不可通。《录》云："丙辰正月壬申朔，四大贝勒、代善、阿敏、莽古尔泰及八旗贝勒大臣。"此以"四大贝勒"四字当太宗，若不知太宗与诸兄合称四大贝勒者，愈改愈不合。

《武皇帝实录》最近真相。《录》云："丙辰岁正月朔甲申日误，应从后改本作壬申，八固山诸王率众臣，聚于殿前排班。太祖升殿，诸王、臣皆跪。八臣出班进御前，跪呈表章。太祖侍臣阿东虾虾为满语侍卫厄儿得溺榜式榜式即巴克什，皆由汉文博士之音译，后来作笔帖式，亦此音变接表。厄儿得溺立于太祖左，宣表，颂为列国沾恩英明皇帝，建元天命。于是离坐当天焚香，率诸王、臣三叩首，转升殿。诸王臣各率固山叩贺正旦。时帝年五十八矣。"

统称八固山诸王，固山即旗，当时自表尊大，对汉称王，对满称贝勒，原无差异，但系随意自尊，无所谓爵命。于太祖则尊之曰皇帝，八旗旗主亦皆称王，皆随意为之之事。所叩贺者原系正旦，亦更不知有登极之说。自此以下，更不言于诸王有所封拜，而代善以下四人，则于后此二年，时已当天命三年，直犯明边，袭破抚顺、清河时，称之曰大王、二王、三王、四王，从此常以此为称。则当天命初年，实于八固山中尤重视此四子，则确矣。

清一代封爵制定，原无和硕贝勒一爵。盖自崇德改元，始有模仿帝制之意，而封爵有亲王之名，即仿明制。后更斟酌明宗室封爵，定为十四等，等级较明为多，而待遇实较明为薄。明皇子必封亲王，且有国可就，亲王诸子必封郡王。清皇子封王，除开国八王外，例不世袭。迄光绪中叶以前，破例止一次，即世宗所特异之怡贤亲王也。封王无国，虽其降袭多贝勒、贝子两等，然皇子受封，或仅封公，而并不得贝子。虽亦旋有晋等，乃以示功过赏罚之权，无子孙必贵之例。此亦见清开国以后，能以明宗禄之病国为戒，自为长治久安之虑。而天聪以前之所谓和硕贝勒，实即后来之亲王，且即与国君并尊。此非详考不能见也。

清宗人府封爵之等十有四：一和硕亲王，二世子，三多罗郡王，四长子，五多罗贝勒，六固山贝子，七奉恩镇国公，八奉恩辅国公，九不入八分镇国公，十不入八分辅国公，十一镇国将军，十二辅国将军，十三奉国将军，十四奉恩将军。皇子之封，降至辅国公世袭。亲王以下余子之封必考授，且降至奉恩将军乃世袭。

明《诸王传》首：明制：皇子封亲王，亲王嫡长子年及十岁，立为王世子，长孙立为世孙。诸子年十岁，封为郡王，嫡长子为郡王世子，嫡长孙则授长孙。诸子授镇国将军，孙辅国将军，曾孙奉国将军，四世孙镇国中尉，五世孙辅国中尉，六世以下皆奉国中尉。皇子皆世袭亲王，亲王诸子皆世袭郡王，郡王诸子乃降至奉国中尉世袭。

观清代所定宗室封爵，和硕之号止冠于亲王，贝勒所冠之号止有多罗字样，与郡王同。又崇德以前，清不封亲王，崇德改元，仿明制而封亲王，并稍定亲王以下之宗室封爵。顺治九年，始仿明制设宗人府，即于此时斟酌明宗人府所掌封爵之制，而行清一代之制。其先清之大政皆出八和硕贝勒所议行，宗人府所掌其一也。

《清史稿·职官志》宗人府："初制，列署笃恭殿前，置八和硕贝勒共议国政，各置官属。顺治九年，设宗人府。"

此所叙宗人府之原始，乃天聪以前事。笃恭殿为天聪以前原名，笃恭殿前之列署乃天职以前之旧制。太祖都沈阳后，以迄天聪，所营宫阙无外朝与内廷之别，笃恭殿即正寝，亦即正朝。所谓列署，即殿前东西各五楹之屋。崇德二年，始建外朝，以宫前已临大道，无地可拓，乃于宫之东别建一殿，谓之大正殿。左右列署十。而笃恭殿亦改名崇政殿，左右屋但名朝房，不为列署。凡此因陋就简，皆见清创业时，实亦能撙节以养战士，无致美乎宫室之意。

> 《清一统志》盛京宫殿："大政殿，在大内宫阙之东，崇德二年建，国初视朝之大殿也。殿制八隅，左右列署十，为诸王大臣议政之所。又大内宫阙，在大政殿之西，南北袤八十五丈三尺，东西广三十二丈二尺，正门曰大清门。崇德元年始改国号曰清，则此门名亦太宗时所定。太祖时于门砌旁设谏木二，以达民隐。朝房东西楹各五。旧制，正殿曰崇政殿，原名笃恭殿。"

当清代未有宗人府、未定封爵制之前，并崇德未改元、未知模仿帝制之前，所谓贝勒，乃沿女真旧有尊称；所谓和硕，据满洲语译汉为方正之"方"字。初以此为美名而取之，其后则贝勒之上既累亲王、郡王两级，仍以和硕冠亲王，明乎亲王即以前之贝勒也。后来之贝勒止冠多罗，与郡王同号，多罗在满语译汉乃"理"字，以此冠贝勒上，明乎后来之贝勒非以前之贝勒也。

四大贝勒称和硕贝勒，原非若后来有封册之典。考清《国史》清初宗室《济尔哈朗传》："幼育于太祖宫中，封和硕贝勒。天命十年十一月，同台吉阿巴泰等援科尔沁有功。"叙封和硕贝勒在天命十年前，则济尔哈朗乃太祖时和硕贝勒见有明文者。自太祖之子侄，除四大贝勒外，皆称台吉。惟太祖长子以诛死之褚英，其长子都督后改杜度以天命九年封贝勒；代善一子岳托、二子硕托、三子萨哈廉，太祖七子阿巴泰、十子德格类、十二子阿格济，俱云天命十一年封贝勒；十四子多尔衮、十五子多铎，俱云初封贝勒，不书年，当俱是天命十一年太祖崩后。盖其时多尔衮年方十五，多铎方十三，其母被太宗逼从太祖死时，犹以此二子托于诸王，则其先固未有分府置官属之机会，而于太宗之嗣位，已以贝勒之名义在誓告天地之列。又太宗长子豪格，初封贝勒，天聪六年晋和硕贝勒。豪格之封贝勒，亦当是太祖崩时，

《传》言其以从征蒙古功，不过叙所以封之之故。豪格亦与于太宗嗣位誓告诸贝勒之列，盖皆一时事。凡预于誓告者亦尽于以上数人。其杜度之贝勒，《传》称封于天命九年。是年二月十五日与科尔沁盟时，杜度尚称台吉，或封贝勒在其后。济尔哈朗之封和硕贝勒，《传》叙在天命十年前，然十一年四月初九领兵收喀尔喀人民，尚称济尔哈朗为台吉，则《传》文亦未必尽确；即使确矣，太祖诸子侄中，亦惟济尔哈朗一人为天命年间四大贝勒以外之和硕贝勒。合之天聪间豪格为和硕贝勒，清一代为和硕贝勒者不过六人，豪格尚不在天命间，则所云天命间之八和硕贝勒，皆为口语随意所命，无明文可据，凡为八固山之主，即是和硕贝勒。故求八旗之缘起，但当考其旗主，不当拘和硕贝勒之爵以求其人也。

天命间既以八和硕贝勒为后来永远隆重之八分，至天聪间，四贝勒已为君矣。然《东华录》：“开聪八年正月戊子朔，上御殿，命孔有德、耿仲明与八和硕贝勒同列于第一班行礼。”此时第一班仍为八和硕贝勒，尤可见八和硕贝勒为八分之通名，即非天命间原有之人，当时四大贝勒原人，惟大贝勒在列，二贝勒四年幽禁，三贝勒六年死，四贝勒正位为君。至八固山之贝勒，则两黄、正蓝又归太宗自将，所云八和硕贝勒，其为永存之空名可知矣。

《八旗通志》蒙古佐领缘起云：“天聪八年六月，以和硕贝勒德格类、公吴讷格所获察哈尔国千余户，分给八旗。”德格类《本传》不言其为和硕贝勒，而《八旗通志》中有此文。又《东华录》于德格类死时，亦书其衔为和硕贝勒。恐皆口语所命。而德格类之未尝独主一旗，但入其同母兄莽古尔泰之正蓝旗为贝勒，则自有证据详后。今且先详旗主。

八旗亦称八固山，此清代一定之制。然《太祖实录》中，一见

“十固山执政王”之语，此非八旗之制曾有改移也，所叙为与蒙古喀尔喀五部誓词中称满洲国主并十固山执政王等，盖对外应具名者有十人，而此十人皆为旗主，知当时必有一旗不止一主之旗分。此应拈出，以征旗主之或有歧异。

> 《武皇帝实录》：“己未天命四年十一月初一日，帝令厄革腥格、褚胡里、鸦希谄、库里缠、希福五臣，赍誓书，与胯儿胯后改喀尔喀部五卫王等，共谋连和。同来使至冈干色得里黑孤树处，遇五卫之王，宰白马乌牛，设酒肉血骨土各一碗，对天地誓曰：“蒙皇天后土祐我二国同心，故满洲国主并十固山执政王等，今与胯儿胯部五卫王等会盟，征仇国大明，务同心合谋。倘与之和，亦同商议。若毁盟而不通五卫王知，辄与之和，或大明欲散我二国之好，密遣人离间而不告，则皇天不祐，夺吾满洲国十固山执政王之算，即如此血出土埋暴骨而死。若大明欲与五卫王和，密遣人离间，而五卫王不告满洲者，胯儿胯部主政王，都棱洪把土鲁、奥巴歹青、厄参八拜、阿酥都卫、蟒古儿代、厄布格特哄台吉、兀把什都棱、孤里布什代大里汗、蟒古儿代歹、弼东兔、叶儿登褚革胡里大里汉把土鲁、恩革得里、桑阿里寨布、打七都稜、桑阿力寨巴、丫里兔朵里吉、内七汉位征、偶儿宰兔、布儿亥都、厄滕厄儿吉格等王，皇天不祐，夺其纪算，血出土埋暴骨亦如之。吾二国若践此盟，天地祐之。饮此酒，食此肉，寿得延长，子孙百世昌盛，二国始终如一，永享太平。”

《武录》此誓词，后经修改，删除太不雅驯之文，俱不足论。其十固山执政王，乾隆修《高皇帝实录》，改作十旗执政贝勒，尚存原义。《东华录》于第一见处改作八旗执政贝勒，第二见处删去，则窜改无迹。若由王氏以意所改，则太谬妄矣。

后复有帝与诸王焚香祝天，昆弟勿相伤害事。其所谓诸王，恰得八人，其四即四大贝勒，似此八人即所谓八和硕贝勒。但亦是一时之事，终太祖之世，所定八固山之贝勒，非此八人也。惟此祝词于清父子兄弟中，大有关系。录如下：

> 《武皇帝实录》："辛酉，天命六年正月十二日，帝与带善、阿敏、蒙古儿泰、皇太极、得格垒、迹儿哈郎、阿吉格、姚托诸王等，对天焚香祝曰：'蒙天地父母垂祐，吾与强敌争衡，将辉发、兀喇、哈达、夜黑，同一语音者，俱为我有。征仇国大明，得其抚顺、清河、开原、铁岭等城，又破其四路大兵，皆天地之默助也。今祷上下神祇，吾子孙中纵有不善者，天可灭之，勿刑伤，以开杀戮之端。如有残忍之人，不待天诛，遽兴操戈之念，天地岂不知之？若此者，亦当夺其算。昆弟中若有作乱者，明知之而不加害，俱怀理义之心，以化导其愚顽，似此者天地祐之。俾子孙百世延长，所祷者此也。自此之后，伏愿神祇不咎既往，惟鉴将来。'"

此祝词以名告天者，自是国之主要人物。其人则四大贝勒之外，有德格类、济尔哈朗、阿济格、岳托四人之名，正合八固山之数。此后有大事具名者，又不定是此八人。且太祖遗属中之各主一旗者，若多尔衮，若多铎，皆不在内。则八和硕贝勒随时更定，今尚非确定也。惟其告天之词谓：子孙有不善者，待天自灭之，勿自开杀戮。一念操戈，即天夺其算。又请神祇"不咎既往，惟鉴将来"。据此云云，乃忏其既往操戈之悔也。后来改本，渐隐约其词，无此显露。至《东华录》则全无此文。要其子弟中，先有推刃之祸，则可信矣。今以明记载证之，太祖一弟一子，皆为太祖所杀，而《清实录》讳之：

> **《从信录》："万历四十年十一月，奴儿哈赤杀其弟速儿哈赤，并其兵，复侵兀喇诸部。"《通纪辑要》文同。**
>
> **黄道周《建夷考》："初酋一兄一弟，皆以骁勇雄部落中。**

兄弟始登垅而议，既则建台，策定而下，无一人闻者。兄死，弟私三都督兀喇。酋疑弟二心，佯营壮第一区，落成置酒，招弟饮会。入于寝室，锒铛之，注铁键其户，仅容二穴，通饮食，出便溺。弟有二名裨，以勇闻。酋恨其佐弟，假弟令召入宅，腰斩之。长子数谏酋勿杀弟，且勿负中国，奴亦困之。其凶逆乃天性也。"

《从信录》于万历四十一年末引《建夷考》，有云："御史翟凤翀新入辽，疏称奴酋(中略)长子洪巴兔儿一语罢兵，随夺其兵柄，囚之狱。"

速儿哈赤，《武皇帝实录》作黍儿哈奇，后改舒尔哈齐。太祖杀之而并其兵，复侵兀喇诸部。盖速儿哈赤有私于兀喇，故杀之也。石斋谓奴酋有一兄一弟，此属传闻不确。太祖有四弟，同母者二。其母弟雅儿哈齐先卒无嗣，或以此误传为太祖之兄。至舒尔哈齐之不得于太祖，则《清实录》自有可征。石斋谓私三都督，三都督殆谓兀喇酋布占太。太祖图兀喇，舒尔哈齐辄保持之。太祖兄弟之后母为兀喇女，太祖不得于后母，或舒尔哈齐不然。至布占太为兀喇酋，以其妹配舒尔哈齐。又舒尔哈齐两女，先后嫁布占太。太祖志灭兀喇，舒尔哈齐屡掣其计。以《清实录》证之：

《武皇帝实录》："丙申年(万历二十四)，十二月，布占太感太祖二次再生，恩犹父子，将妹滹奈送太祖弟黍尔哈奇贝勒为妻，即日设宴成配。又戊戌年(万历二十六)，十二月，布占太不忘其恩，带从者三百来谒。太祖以弟黍尔哈奇贝勒女厄石太妻之。盔甲五十副，敕书十道，以礼往送。"

己亥年(万历二十七)，舒尔哈齐已有被太祖怒喝之事，见《实录》，尚系征哈达而非征兀喇。意舒尔哈齐于并吞建州近族之外，对海西用兵，已不踊跃。其袒兀喇而得罪者则如下：

《武皇帝实录》：“丁未年（万历三十五），东海斡儿哈部蜚敖城主策穆德黑，谒太祖曰：‘吾地与汗相距路遥，故顺兀喇国主布占太贝勒。彼甚苦虐吾辈，望往接吾等眷属，以便来归。’太祖令弟黍儿哈奇与长子烘把土鲁贝勒，次子带善贝勒，与大将非英冻、虎儿憨后改扈尔汉等率兵三千，往蜚敖城搬接。是夜阴晦，忽见旗有白光一耀。众王大臣尽皆惊异，以手摩之，竟无所有，竖之复然。黍儿哈奇王曰：‘吾自幼随征，无处不到，从未见此奇怪之事，想必凶兆也。’欲班师。烘把土鲁、带善二王曰：‘或吉或凶，兆已见矣。果何据而遂欲回兵？此兵一回，吾父以后勿复用尔我矣。’言讫，率兵强进。至蜚敖城，收四周屯寨约五百户。先令非英冻、虎儿憨领兵三百护送。不意兀喇国布占太发兵一万截于路。虎儿憨见之，将五百尸眷属，扎营于山岭，以兵百名看守，一面驰报众贝勒，一面整兵二百，占山相持。兀喇来战，杀其兵七人，我兵止伤一人。是日未时，三王兵齐至，烘把土鲁、带善二王各领兵五百，登山直冲入营，兀喇兵遂败。时追杀败兵之际，黍儿哈奇贝勒原率五百兵落后，立于山下，至是方驱兵前进，绕山而来，未得掩杀大敌。及班师，太祖赐弟黍儿哈奇名为打喇汉把土鲁，出燕即烘把土鲁之名，后改褚英名为阿儿哈兔土门，带善名为古英把土鲁。常书、纳奇布二将，负太祖所托，不随两贝勒进战破敌，领兵百名，与打喇汉贝勒立于一处，因定以死罪。打喇汉把土鲁恳曰：‘若杀二将，即杀我也！’太祖乃宥其死，罚常书银百两，夺纳奇布所属人民。”

舒尔哈齐之不欲与兀喇战，太祖之欲杀二将以示惩，皆为明记载杀舒尔哈齐，并其兵，复侵兀喇佐证。常书、纳奇布二将，殆即石斋所谓二名裨，此时不死，或后终不免。

《武皇帝实录》：“辛亥年（万历三十九），八月十九日，太祖同胞弟打喇汉把土鲁薨，年四十八。”

《实录》不书杀，然于太宗朝《实录》书太祖坐舒尔哈齐父子罪。《太祖实录》尚未见，录《东华录》：

> 天聪四年（崇祯三年）。议舒尔哈齐子贝勒阿敏罪状十六款。第一款云："贝勒阿敏，怙恶不悛，由来久矣。阿敏之父，乃叔父行。当太祖在时，兄弟和好。阿敏嗾其父，欲离太祖，移居黑扯木。太祖闻之，坐其父子罪，既而宥之。及其父既终，太祖爱养阿敏，与己子毫无分别，并名为四和硕大贝勒。及太祖升遐，上嗣大位，仰体皇考遗爱，仍以三大贝勒之礼待之。此其一也。"

据此，则太祖确曾罪舒尔哈齐父子。所云移居黑扯木事，《太祖实录》未见，至天聪间议阿敏罪时始涉及，可知为当时不欲宣布之事。四大贝勒之名，在天聪间成三贝勒，太宗不欲复居旧名矣。

至烘把土鲁之为诛死，《武皇帝实录》但于戊申年（万历三十六）三月，书阿儿哈兔土门及侄阿敏台吉克兀喇部异憨山城后，遂不复见。后来修《高皇帝实录》，乃于乙卯年（万历四十三）闰八月乙巳朔，增书皇长子洪巴图鲁阿尔哈图土门贝勒褚英薨，年三十六。似亦非凶死也者。然《宗室王公传》褚英本传则云："乙卯闰八月，以罪伏诛，爵除。"则清《国史》中原未尽讳，特《实录》讳之耳。清室世世以褚英之后为有仇视列帝，欲为乃祖报仇之意，又深明太祖父子之不相容，明代之说益信。

> 《东华录》：顺治五年三月辛丑，幽系肃亲王豪格。"诸王贝勒贝子大臣会议豪格应拟死。得旨：'如此处分，诚为不忍，不准行。'诸王内大臣复屡奏言：'太祖长子，亦曾似此悖乱，置于国法。'乃从众议，免肃亲王死，幽系之，夺其所属人员。"
>
> 又：康熙四十七年九月，废皇太子允礽，累日谕旨，其

中庚寅谕有云："昔我太祖高皇帝时，因诸贝勒大臣讦告一案，置阿尔哈图土门贝勒褚燕于法。"

丙午谕又云："苏努自其祖相继以来，即为不忠。其祖阿尔哈图土门贝勒褚燕，在太祖皇帝时，曾得大罪，置之于法。伊欲为其祖报仇，故如此结党，败坏国事。"

雍正朝上谕八旗："四年二月初五日，允祉、允祺、允祐奏，将所奉皇考谕旨，恭录缮奏。从前拘禁二阿哥时，皇考召众阿哥入乾清宫谕，有曰：'八阿哥潜结党与，苏努、马齐等俱入其党。'观此可知苏努、马齐自其祖父相继以来，即为不忠。苏努之祖，即阿尔哈图土门贝勒也，在太祖时，因获大罪被诛。马齐之祖，原在蓝旗贝勒属下，因蓝旗贝勒获罪，移置于上三旗。伊等俱欲为祖报仇，故如此结党，败坏国事。"

以上因八贝勒告天祝词，考及太祖之推刃子弟，是为天命六年之八贝勒。于四大贝勒外所具名者，为得格垒、迹儿哈郎、阿吉格、姚托四人。及七年三月初三日，更由太祖明示八固山共治国政之国体：

《武皇帝实录》："壬戌，天命七年（天启二年），三月初三日，八固山王等问曰：'上天所予之规模，何以底定？所赐之福祉，何以永承？'（近重译《满洲老档》亦有此段，其首数语直云：皇子八人进见问曰：'我等何人可嗣父皇，以登天赐之大位，俾永天禄？'帝曰：'继我而为君者，毋令强势之人为之。此等人一为国君，恐倚强恃势，获罪于天也。且一人之识见能及众人之智虑耶？尔八人可为八固山之王，如是同心干国，可无失矣。八固山王，尔等中有才德能受谏者，可继我之位。若不纳谏，不遵道，可更择有德者立之。倘易位之时，如不心悦诚服而有难色者，似此不善之人难任彼意也。至于八王理国政时，或一王有得于心，所言有益于国家者，七王当会其意而发明之。如已无能，又不能赞他人之能，但默默无言，当选子弟中贤者易之。更置时如有难色，亦不可任彼意也。

八王或有故而他适，当告知于众，不可私往。若面君时，当聚众共议国政，商国事，举贤良，退谗佞，不可一二人至君前。'"

此段文字为太祖制定国体之大训，非太宗所心愿，故后来悉逐渐变革之。然于修《实录》时，犹不能不多存几分原意，因当时诸王之亲受命者尚多也。要其字句中或已有所抑扬损益，以就己意，而所载犹如此。近译《满洲老档》，于不关要旨之文，多出若干，其紧要眼目，转不清楚，盖译者之不解事也。《实录》亦从满文翻出，且为天聪年间原翻，其文乃较后翻者为更无讳饰，则竟读《实录》，无庸重录老档译文矣。今详其意：太祖谓嗣我为君，恐挟国君之势而获罪于天，且一人不及众智，惟八人为八固山王，可以无失。此则明诏以八旗旗主联合为治，无庸立君矣。下更言即以才德能受谏者，可推为领袖，但一不合众意，即可更易。尤不能任其不愿易位，而容其恋栈。更言八王在本固山中，有循默无能者，亦于本旗子弟中选人更代，亦不容其恋栈不让。末言八人公议，不得一二人挟领袖之意专断。据此知八旗共治，可以无领袖。即贤能为众所推而作领袖，要为众议更易，即须更易，不许恋栈。是推选之制，及去留之权，仍操自八旗之公决，则绝非太宗后来之自即尊位法也。太宗既改父政，箝以强权，人不敢言，此正太祖之所谆谆不许者。宜后来多尔衮摄政时，有太宗即位原系夺立之语也。

《东华录》：顺治八年二月己亥，追论睿王多尔衮罪状，有云："擅自诳称太宗文皇帝之即位，原系夺立，以挟制中外。"

康熙间修《太祖圣训》，大约皆粗浅之修齐治平语，又多引中国史事，连篇累牍，数典过于儒生，此必为后来增饰之文。乾隆修《高皇帝实录》，多据以增入，《武皇帝实录》所未有也。太祖之八固山训典，至天命十一年六月下旬，尚有一最切要之谕。《实录》且言其口语既毕，又书其词与诸王。然则此为成文训典，八固山所均受。太宗修《实录》时，未能摈弃，即乾隆更修《高皇帝实录》，亦尚不过稍润其文，至《东华录》乃大删节。未知王氏以意为之，抑另据他本。夫天命十一年六月之末，实为太祖末命。《武皇帝实录》虽亦于七月二十三日始书帝不预，然七月二十三日之上并无书事直接此末命训词。乾隆修《高实录》，乃于其间夹入七月乙亥初三日两长谕。其词皆老生常谈，必系后来以意添补，隔断其紧迫之迹。考明人记载，于是年二月，袁崇焕宁远之捷，谓太祖受创而回，愤懑疽发背卒。朝鲜人记载，且谓太祖攻宁远受伤遂卒。《清实录》，太祖亦自言一生未遇之败，大怀忿恨。则明与朝鲜所纪，当非尽诬。其间尚有用兵蒙古获胜一事，乃太宗射死巴林部酋长之子囊奴，蒙古畏服来归。喀尔喀五部遂内属，为蒙古分旗之嚆矢。此皆表扬太宗之武力，于太祖逝后所以能压服诸兄弟之故，实非太祖于宁远归后，尚能力征经营也。至六月二十四日，有此笔舌兼用之训词，虽不自言将死，亦已示倦勤，不能不信为最后之遗嘱矣。

《武皇帝实录》："丙寅天命十一年（天启六年），六月二十四日，帝训诸王曰：'昔我祖六人，及东郭、王佳、哈达、夜黑、兀喇、辉发、蒙古，俱贪财货，尚私曲，不尚公直。昆弟中自相争夺杀害，乃至于败亡。不待我言，汝等岂无耳目，亦尝见闻之矣。吾以彼为前鉴，预定八家但得一物，八家均分公用，毋得分外私取。若聘民间美女，及用良马，须破格偿之。凡军中所获之物，毋隐匿而不明分于众，当重义轻财可也。此言每常曾训诫，慎毋遗忘，而行贪曲之事！诸王昆弟中有过，不可不竭力进谏而存姑息心，若能力谏其过，诚为

**同心共事人也。**以下先言己之训言，成就汝等，爱之而非以厉之，再言己从艰苦得来，后人勿以安逸偾事，不关八固山国本制度，节之。**昔金大定帝，自汴京幸故都会宁府**原注：在白山之东，**谓太子曰：“汝勿忧也，国家当以赏示信，以罚示威，商贾积货，农夫积粟。”尔八固山**原注：四大王、四小王**继我之后，亦如是，严法度以致信赏必罚。使我不与国事，得坐观尔等作为，以舒其怀可也。’言毕，书训词与诸王。”**

此训词中，首举已吞并之各部，自近及远，自先及后，自亲及疏。最疏远后及者为蒙古，次则海西四部，先举者则为建州，建州中又以毛怜及岐州为较疏，其序亦较后。最先言我祖六人。此“我祖六人”四字，后改作“宁古塔贝勒”，则谓兴祖六子，景祖之兄弟六人矣。以建州事实言之，恐出附会。太祖本意，当谓建州三卫，宁古塔贝勒乃左卫中一枝部，不得该括三卫也。窃意三卫后来内部各有分立，如《朝鲜实录》，在正、嘉以前，已云建州右卫有甫下土、罗下两酋长。隆、万以来，《明实录》中，建州卫来朝之都督，其名颇多，纵未必一卫定分为二，或三卫已有六酋。太祖所云我祖六人，乃言我祖卫六酋，而由满译汉书示诸王时系满文时，语稍含混，乾隆时遂作宁古塔贝勒。盖其时于建州原状，亦已不了，修辞时易生误会，非必有意诬捏也。且景祖兄弟，据《实录》亦尚利害相共。至太祖崛起，气吞祖卫。六王之后，恐其及祸，有谋弭其强暴，欲图太祖者。不得以昆弟自相杀害，尽诋六王，并诋及景祖也。此可以事理辨正者也。

太祖言以己所已吞之各部为鉴，是以定八家均分之制。所命于后人者，乃八家分权，深戒一家集权。勉以重义轻财，同心共事。由后言之，此实不可久持之幻想。幸而太宗力能改革，形驱势禁，取分裂者而统合之，种种费手，俟下再详。至训词末段，郑重呼尔八固山，下注四大王、四小王。乾隆改修本作尔大贝勒四，小贝勒四，直贯作正文，不作小注，惟删八固山三字，使人不注意其即为八旗旗主。至

《东华录》竟改作“尔诸贝勒”四字，未知出王氏之意，抑另据一本。故近代读清世官书，不易了解其八旗初制之奇特，实缘无书可证也。惟《东华录•太宗录》，首载太宗即位之非由父命，则甚明显。录以为证：

> 《东华录·太宗录》首云：“太祖初未尝有必成帝业之心，亦未尝定建储继立之议。上随侍征讨，运筹帷幄，奋武戎行，所向奏功，诸贝勒皆不能及。又善抚亿众，体恤将士，无论疏戚，一皆开诚布公以待之。自国中暨藩服，莫不钦仰。遇劲敌辄躬冒矢石，太祖每谕令勿前。诸贝勒大臣咸谓圣心默注，爱护独深。天命七年三月，谕分主八旗贝勒曰：‘尔八人同心谋国，或一人所言有益于国，七人共赞成之，庶几无失。当择一有才德能受谏者，嗣朕登大位。’十一年八月庚戌，太祖高皇帝宾天，大贝勒代善长子岳托、第三子萨哈廉，告代善曰：‘国不可一日无君，宜早定大计。四贝勒才德冠世，深契先帝圣心，众皆悦服，当速继大位。’代善曰：‘此吾素志也。天人允协，其谁不从。’次日，代善书其议，以示诸贝勒。皆曰：‘善。’遂合词请上即位。上辞曰：‘皇考无立我为君之命，若舍兄而嗣立，既惧弗克善承先志，又惧不能上契天心。且统率群臣，抚绥万姓，其事綦难。’辞至再三，自卯至申，众坚请不已，然后从之。”

此段文尤明显。太宗嗣立，非太祖之命，而太宗在八贝勒中，尤有战绩，尤冒险图功，为众所不及，此当是事实。所叙天命七年三月之谕，即上文已载之谕，而谕云分主八旗贝勒，旗各有主，语亦分明。惟于择一人嗣登大位之下，节去随时可以更易之语，则是后来剪裁训词，以顺太宗固定大位之意。当时论实力，太宗手握两黄旗，已倍于他贝勒。又四小王皆幼稚，易受代善指挥，惟余有两大贝勒：阿敏非太祖所生，自不在争位之列；莽古尔泰以嫡庶相衡，亦难与代善、太宗相抗。故有代善力任拥戴，事势极顺。而代善之所以尽力，由两子之怂恿。观于清开国八王，世所谓铁帽子王，其中太祖子三人，太宗子二人，太祖所幼育宫中之胞侄一人，其余二人乃皆代善之后，以始封者非皇子，故以郡王世袭。而此两郡王，一为克勤郡王，即岳托，一为顺承郡王，即萨哈廉之子勒克德浑，清之所以报酬者如此，盖代善实为清之吴泰伯，从中成就者乃此二子。世或讹铁帽子王内为有英王，此实不然。英王诛死，仅复宗籍，久之乃袭一镇国公，王爵不终其身，何铁帽之足云也。

铁帽王必凑成八数，中间若太宗子承泽亲王，后改号庄王世袭者，功绩声望远在诸王之下。其必凑一世袭罔替之数，正由太祖以来，八固山、八和硕贝勒、八家八分等旧号，传为定说。于英王既必不愿其复爵，姑以庄王充数。睿王之复爵，终在意中，而睿王未复前，世宗已用怡王入世袭罔替之列，至睿王复时而得九铁帽矣。至孝钦垂帘之狱，郑王后得端华，并其弟肃顺两罪魁，不废郑王爵。怡王后得载垣，亦始夺而旋复。庄王后载勋，庚子时为罪魁，爵亦不夺，此皆示法祖之意。惟光绪间恭、醇两王，一则中兴有功，一则有子入承大统，皆得世袭罔替，犹为有说。至宣统即位，庆王亦世袭罔替，此则国无纲纪，见摄政载沣之无能，虽孝钦亦未必为此矣。

太祖遗训中之四大王，自并太宗在内。其四小王究为何人，以前天命六年之告天祝文，偶具八人之名。至九年正月，与胯儿胯部巴玉特卫答儿汉巴土鲁贝勒之子恩格得里台吉誓文，则曰："皇天垂佑，使恩格得里舍其已父而以我为父，舍其已之弟兄，以妻之兄弟为弟兄恩格得里先已妻舒尔哈齐女，弃其故土，而以我国为依归。若不厚养之，则穹苍不佑，殃及吾身。于天作合之婿子而恩养无间，则天自保佑。俾吾子孙大王二王三王四王，阿布太台吉、得格垒台吉、戒桑孤台吉、迹儿哈郎台吉、阿吉格台吉、都督台吉、姚托台吉、芍托台吉、沙哈量台吉及恩格得里台吉等，命得延长，永享荣昌。”据此，则八固山诸王台吉所可以对外及对天起誓者，四大贝勒外，又有九人之多，则为十三人矣。故知前所云十固山执政王，亦是此同等文法，谓十个在固山中执政之王，非谓固山有十也。是年二月，又与廓儿沁部盟。先由太祖自与设誓，复命大王二王三王四王，阿布太台吉、得格垒台吉、戒桑孤台吉、迹儿哈郎台吉、阿吉格台吉、都督台吉、姚托台吉、芍托台吉、沙哈量台吉等，亦宰白马乌牛，对来使同前立誓书而焚之。其预于誓文之王台吉，同前。则是年之固山执政王为十三人，亦非八旗各一旗主之谓。乾隆修改《实录》，本年前一誓，于四王用代善、阿敏、莽古尔泰之名，遂删去太宗之名；于后一誓则又称大贝勒二贝勒三贝勒四贝勒。《东华录》则尽去之开国时草昧之迹，士大夫往往欲代为隐讳，初不虞其失实也。

旗主中四大贝勒为定名；四小贝勒则求其确定，于《宗室王公传》中检得一据。盖太祖最后遗命以阿济格即《武实录》之阿吉格、多尔衮、多铎各主一旗，合之四大贝勒，已得七旗，其余一旗，别有考订。今先录《阿巴泰传》，以明阿济格、多尔衮、多铎各主一旗之事实。

> 清《国史·宗室王公·多罗饶余郡王阿巴泰传》：“天命十一年九月，太宗文皇帝即位，封阿巴泰贝勒。阿巴泰语额驸扬古利、达尔汉曰：“战则我擐甲胄行，猎则我佩弓矢出，何不得为和硕贝勒？”扬古利等以奏。上命劝其勿怨望。天聪元年五月，上亲征明锦州，同贝勒杜度居守。十二月，察哈尔昂坤杜棱来归，设宴。阿巴泰语纳穆泰曰：‘我与小贝勒列坐，蒙古贝勒明安巴克俱坐我上，实耻之！’纳穆泰入奏。上宣示诸贝勒。于是大贝勒代善率诸贝勒训责之曰：‘德格类、济尔哈朗、杜度即旧作都督之改译、岳托旧作姚托、硕托旧作芍托，早随五大臣议政，尔不预！阿济格、多尔衮、多铎，皆先帝分给全旗之子，诸贝勒又先尔入八分列。尔今为贝勒，心犹不足，

欲与和硕贝勒抗，将紊纪纲耶！’阿巴泰引罪愿罚。于是罚甲胄、雕鞍马各四，素鞍马八。阿巴泰旧作阿布太，太祖第七子。”

据代善所责阿巴泰语，八固山之主，四和硕贝勒外，惟阿济格、多尔衮、多铎三人各主一全旗。是为七旗已各有主。其余诸贝勒，但称其或早随五大臣议政，或先入八分列，未有谓其主一旗者。则太祖所拟定四大王四小王，尚有一小王未命，而八旗只有七旗为明命所定之主也。其多一旗何在？则尚为太宗所兼领。未知太祖之意，究拟属之何人，但当殁时，尚未指派。在太宗以奋勇之功，多将一旗，亦所应得。但观遗训，累以八王共治为言，并以恃强倚势为戒，终不欲使一子有兼人之武力，其令太宗得挟有两旗者，乃临终仓卒，未及处分，亦意中无有一定可与之人，以故迟迟有待耳。今更举太宗于太祖崩时挟有两旗之证：

《东华录》：“太宗崇德四年，八月辛亥，召诸王贝勒贝子公等及群臣集崇政殿，议疏脱逃人罪毕。又召傅尔丹至前曰：‘此人于朕前欺慢非止一二，朕欲使尔等共闻之，是以明数其罪。太祖皇帝晏驾哭临时，镶蓝旗贝勒阿敏遣傅尔丹谓朕曰：“我与诸贝勒议，立尔为主，尔即位后，使我出居外藩可也。”朕召饶余贝勒，与超品公扬古利额驸、达尔汉额驸、冷格里、纳穆济、索尼等至，谕以阿敏有与诸贝勒议，立尔为主，当使我出居外藩之语。若令其出居外藩，则两红、两白、正蓝等旗，亦宜出藩于外。朕已无国，将谁为主乎？若从此言，是自坏其国也。皇考所遗基业，不图恢廓，而反坏之，不祥莫大焉。尔等勿得妄言。复召郑亲王问曰：‘尔兄遣人来与朕言者，尔知之乎？”郑亲王对曰：“彼曾以此言告我，我谓必无是理，力劝止之；彼反责我懦弱，我用是不复与闻。”傅尔丹乃对其朋辈讥朕曰：‘我主迫于无奈，乃召郑亲王来诱之以言耳。”’”

据此则知太祖崩时，太宗挟有两黄旗，故谓各旗若效镶蓝旗出外，则两红、两白、正蓝皆可出外，不数两黄旗也。又知阿敏所主为镶蓝旗，则八旗中三旗为有主名矣。今再考正红旗主，实为大贝勒代善。

《东华录》："太宗天聪九年九月壬申，上御内殿，谕诸贝勒大臣曰：'朕欲诸人知朕心事，故召集于此，如朕言虚谬无当，尔诸贝勒大臣即宜答以非是，勿面从。夫各国人民呼吁来归，分给尔贝勒等恩养之，果能爱养天赐人民，勤图治理，庶邀上天眷佑；若不留心抚育，致彼不能聊生，穷困呼天，咎不归朕而归谁耶？今汝等所行如此，朕将何以为治乎？大凡国中有强力而为君者，君也；有幼冲而为君者，亦君也；有为众所拥戴而为君者，亦君也。既已为君，岂有轻重之分？今正红旗固山贝勒等，轻蔑朕处甚多。大贝勒昔从征北京时，违众欲返；及征察哈尔时，又坚执欲回。朕方锐志前进，而彼辄欲退归。所俘人民，令彼加意恩养，彼既不从，反以为怨。夫勇略不进，不肖者不黜，谁复肯向前尽力乎？今正红旗贝勒，于赏功罚罪时，辄偏护本旗。朕所爱者彼恶之，朕所恶者彼爱之，岂非有意离间乎？朕今岁托言出游，欲探诸贝勒出师音耗，方以胜败为忧，而大贝勒乃借名捕蛏，大肆渔猎，以致战马俱疲。及遣兵助额尔克楚尔虎贝勒时，正红旗马匹，以出猎之故，瘦弱不堪。傥出师诸贝勒一有缓急，我辈不往接应，竟晏然而已乎？诚心为国者固如是乎？'"

以上为数代善之罪，而俱指其为正红旗贝勒者。大贝勒与正红旗贝勒互称，今取其足证大贝勒即正红旗贝勒而止。又其后有一款云：

"往时阿济格部下大臣车尔格有女，扬古利额驸欲为其子行聘。大贝勒胁之，且唆正蓝旗莽古尔泰贝勒曰：'尔子迈达礼先欲聘之矣！尔若不言，我则为我子马瞻娶之。'夫阿济格乃朕之弟，岂可欺弟而胁其臣乎？"

此段又可证阿济格之自主一旗，其下有大臣。太宗又言不可欺弟而胁其臣，则其旗下所属，太宗是时亦认其为阿济格之臣也。又见正蓝旗莽古尔泰贝勒，则正蓝旗贝勒亦有主名矣。代善为让位与太宗而拥立之者，发端先言种种为君之来历不同，既已为君，即不能有所重轻。是因代善不免挟拥立之故，对太宗不甚严畏。经此挫抑，后不敢复然，乃得以恩礼终始。此亦见太宗之自命为君，绝不认太祖遗训为有效。然其对代善犹止挫抑而已，未尝欲夺其所主之旗。至正蓝旗之待遇则不同，是犹未忘代善拥立之惠也。

正蓝旗旗主为莽古儿泰，既见上矣。至此旗为太宗所吞并，即在本年，正可与正红旗之待遇相较。盖代善之罪，经诸贝勒大臣、八固山额真、六部承政审拟毕，议请应革大贝勒名号，削和硕贝勒，夺十牛录属人，罚雕鞍马十、甲胄十、银万两，仍罚九马与九贝勒。斯时除代善父子外，可知执政之贝勒盖有九人。萨哈廉贝勒应罚雕鞍马五、空马五、银二千两，夺二牛录属人。奏入，上免之。罚代善、萨哈廉银马甲胄，然则聊以示威而已。正蓝旗贝勒之狱，则在是年十二月，相距不过三月耳。惟在莽古尔泰死后，并在其同母弟德格类死后，未尝及身受戮。此亦太祖所训宁待天诛，勿兄弟间自相推刃之影响也。但固山则为太宗所并，是为后世天子自将三旗之由来。然自将三旗，后世乃以两黄及正白为上三旗，尚非此正蓝旗，此则顺治间之转换，别详于后。今先详正蓝旗之归结。

《东华录》："天聪六年十二月乙丑，和硕贝勒莽古尔泰薨，年四十六。上临哭之，摘缨服丧服，居殿侧门内。丙寅，送灵舆至寝园，始还宫。"

又："天聪九年十月己卯，管理户部事和硕贝勒德格类薨，年四十。上临其丧哭之恸，漏尽三鼓方还。于楼前设幄而居，撤馔三日，哀甚。诸贝勒大臣勸至再三，上乃还宫。"

又："十二月辛巳，先是，贝勒莽古尔泰与其女弟莽古济格格，格格之夫敖汉部琐诺木杜棱，于贝勒德格类、屯布禄、爱巴礼、冷僧机等前，对佛跪焚誓词云：'我已结怨皇上，尔等助我，事济之后，如视尔等不如我身者，天其鉴之！'琐诺木及其妻誓云：'我等阳事皇上，而阴助尔，如不践言，天其鉴之！'未几，莽古尔泰中暴疾，不能言而死。德格类亦如其兄病死。冷僧机首于刑部贝勒济尔哈朗，琐诺木亦首于达雅齐国舅阿什达尔汉。阿什达尔汉为叶赫金台什族弟，故为太宗诸舅，称之曰达雅齐国舅。随奏闻于上。诸贝勒大臣等会审得实，莽古济格格，并其夫琐诺木，及莽古尔泰、德格类之妻子，同谋屯布禄、爱巴礼，阖门皆论死；冷僧机免坐，亦无功。二贝勒属人财产，议归皇上。上以冷僧机宜叙功，财产七旗均分。命集文馆诸儒臣再议。寻议莽古济格格谋逆，不可逭诛，两贝勒妻子应处斩，若上欲宽宥，亦当幽禁。冷僧机宜叙功。琐诺木昔佯醉痛哭，言上何故惟兄弟是信，上在，则我蒙古得遂其生，否则我蒙古不知作何状矣。此事亦见前议红旗贝勒罪时，涉及哈达莽古济格格，情节宜互详。上亦微喻其意。彼时上待莽古尔泰、德格类、莽古济，正在宠眷之际，琐诺木虽欲直言，岂容轻出诸口。今琐诺木先行举首，应否免罪，伏候上裁。至屯布禄、爱巴礼，罪应族诛。两贝勒族人户口，应全归上。古人云：'勿使都邑大于邦国，国寡都众，乱之本也。'如上与诸贝勒一例分取，则上下无所辨别矣。于是诸贝勒大臣覆奏，诛莽古济，免琐诺木罪。先是，莽古尔泰子额必伦，曾言：'我父在大浚河露刃时事在天聪五年八月，我若在彼，必刃加皇上，我亦与我父同死矣。'其兄光衮首告，上隐其事。至是罪发，乃诛额必伦。莽古济长女为岳托贝勒妻，次女为豪格贝勒妻。豪格曰：'格格既欲谋害吾父，吾岂可与谋害我父之女同处乎？'遂杀其妻。岳托亦请杀其妻，上止之。昂阿喇以知情处死。昂阿喇为莽古尔泰母先适人所生子，盖其同母异父兄也。屯布禄、爱巴礼及其亲支兄弟子侄，磔于市。授冷僧机世袭三等梅勒章京。以爱巴礼、屯布禄家产给之，免其徭役，赐以敕书。莽古尔泰子迈达礼、光衮、阿喀达舒，孙噶纳海，德格类子邓什库等，俱黜为庶人。二贝勒属人财产俱归上。赐豪格八牛录属人，阿巴泰三牛录属人，其余庄田财物量给众人。以正蓝旗入上旗，分编为二旗，以谭泰为正黄旗固山额真，宗室拜尹图为镶黄旗固山额真。后籍莽古尔泰家，获所造木牌印十六，文曰‘金国皇帝之印’，于是携至大廷，召贝勒臣民，以叛逆实状晓谕于中外。”

正蓝旗于是归为太宗，并入两黄旗，别设两固山额真，则是两黄旗有四旗，而其实则正蓝一旗分为两也。此与后来自将上三旗之方式不同，直是消灭一正蓝旗，而由两黄旗分辖其众，又不径入两黄旗，乃成原设两黄旗，后又分正蓝旗为新两黄旗，皆归自将，几乎破八旗之定制矣。要为八固山少一强宗，始为太祖遗训痛革其理想之流弊。

莽古尔泰之积衅，据《实录》之已见《东华录》者，所载亦夥。其应否消灭此一固山，却与莽古尔泰之罪状无涉。推太祖之意，将永存八固山之制，则以其属人更立一固山贝勒可也。乃诸贝勒等议以归上，太宗不能泰然承受，而曰财产七旗均分，又命文馆儒臣再议。夫分财产非分其人众也，结果庄田财物量给众人，即七旗均分之谓矣。太宗之意，非利其财产，而特欲并其人众，以去一逼，故不更由诸贝勒议，而由儒臣议。儒臣乃以“大都耦国，乱之本也”之古训，明示八固山平列之制当除，于是有此改革。若蓝旗贝勒之罪状，则转为藉端焉耳。兹并撮其衅之所由生，为太宗兄弟间明其变态。

蒋氏《东华录》：“太祖元妃佟甲氏，讳哈哈纳札青，生子二：长褚英，次代善。继妃富察氏名衮代，生子二：长莽古尔泰，次德格类。”此皆在孝慈高皇后来归之前。

唐邦治《清皇室四谱》：“继妃富察氏，名衮代，为莽塞杜诸祜女。初适人，生子昂阿拉。原注：昂阿拉，天聪九年十二月，坐知莽古济格格逆谋并处死。后复归太祖。明万历十五年，生皇五子原封贝勒莽古尔泰。逾数年，生削籍皇三女莽古济格格。二十四年，生皇子原封贝勒德格类。天命五年，以窃藏金帛，迫令大归，寻莽古尔泰弑之。"

《满洲老档秘录·大福晋获罪大归》："(天命五年三月)皇妃泰察又告上先已告宫婢纳札私通达海曰：'大福晋以酒食与大贝勒者二，大贝勒皆受而食之；以与四贝勒者一，四贝勒受而未食。且大福晋日必二三次遣人诣大贝勒家，而大福晋深夜私自出宫，亦已二三次矣，似此迹近非礼，宜察之。'上闻此言，遂命达尔汉侍卫扈尔汉、巴克什额尔德尼、雅孙、蒙噶图等四人，彻底查究。知泰察所告非虚诬。大福晋因上曾言，俟千秋万岁之后，以大福晋及众贝勒悉托诸大贝勒，故倾心于大贝勒，日必二三次遣人诣大贝勒家。每值赐宴会议之际，必艳妆往来大贝勒之侧。众贝勒大臣虽微有所知，亦不过私自腹非，决不敢质直上闻，以触大福晋、大贝勒之忌也。上闻言，不欲以暧昧事加罪大贝勒，乃假大福晋窃藏金帛为词，遣使查抄。查抄之使至界凡，大福晋急以金帛三包，送至达尔汉侍卫所居山上，还宫后遣人往取。为达尔汉侍卫所觉，即与查抄之使同见上曰：'福晋私藏财物于臣家，臣岂有容受之理！今福晋私藏一事，臣实未知觉。即遣人来取，臣亦未知，显系臣家奴婢所为，请予澈究。'上闻奏，立遣人往达尔汉所居山上查察，果系属实，即杀容受财物之奴婢。蒙古福晋告查抄之使言：'小阿哥家藏有大福晋寄存之彩帛三百端。'使者闻言，往小阿哥家，果获彩帛三百端。又在大福晋母家抄出银钱盈箧。大福晋告使者言：'蒙古福晋处，亦存有珍珠一串。'使者以问蒙古福晋，蒙古福晋认为大福晋所寄藏，使者遂取其珠。又闻总兵巴都里之二妻，曾献大福晋以精美倭段若干端；又大福晋曾以朝服私给参将蒙噶图之妻；以财物私给村民，秘不上闻。使者查抄既毕，遂将前情复奏。上历问村民，皆认为大福晋所赐，且举所得财物悉数送还。上乃大怒，遂以大福晋罪状告众曰：‘大福晋私藏金帛，擅自授受，实属罪无可逭。惟念所出三子一女，遽失所恃，不免心中悲痛！姑宽其死，遣令大归。’遂取大福晋遗留宫中之衣物，发而观之，所有私置度藏之物，已无多矣。因命叶赫之纳纳宽乌珠、阿巴该二福晋来观，且告以大福晋之罪状。遂以大福晋所制蟒缎被褥各二，衣饰若干，赐叶赫之二福晋，其余衣物悉赐大福晋所出之公主。又以皇妃泰察，不避嫌怨，首先举发，遂命侍膳。”

以上为莽古尔泰兄弟之母。据《实录》，癸巳年九国来侵，太祖安寝，衮代皇后推醒，问是昏昧，抑是畏惧？则天聪间尚以皇后称之。至乾隆修本则改作妃富察氏。此大归事，《实录》不载，而《老档》详之。莽古尔泰之弑母，亦见《太宗实录》。《东华录》所录太宗谓皇考于莽古尔泰一无所与，故倚朕为生，后弑母邀功，乃令附养于德格类贝勒家云云，语殊矛盾。壬子年已见莽古尔泰与太宗同击兀喇贝勒布占太，则固早从征伐。后于天命元年，同为和硕贝勒，称三贝勒，亦称三王，即自有一固山之属人及财产，何至倚其弟为生，乃至天命五年以后，藉弑母邀功，始令附养于其同母弟家耶？语不近情，则知太宗之罪状莽古尔泰，不必符于事实，不过欲杀兄以殖己之势耳。录如下：

《东华录》：“天聪五年八月甲寅，大凌河岸一台降，攻城东一台克之。上出营坐城西山冈，莽古尔泰奏曰：‘昨日之战，我旗将领被伤者多，我旗摆牙喇兵，有随阿山出哨者，有随达尔汉额驸营者，可取还乎？’上曰：‘朕闻尔所部兵，凡有差遣，每致违误。’莽古尔泰曰：‘我部众凡有差遣，每倍于人，何尝违误？’上曰：‘果尔，是告者诬矣，待朕与尔追究之。若告者诬，则置告者于法；告者实，则不听差遣者亦置于法。'言毕，面赤含怒。将乘马，莽古尔泰曰：'皇上宜从公开谕，奈何独与我为难？我正以皇上之故，一切承顺，乃意犹未释，而欲杀我耶？'言毕，举佩刀柄前向，频摩视之。其同母弟德格类曰：'尔此举动大悖？'遂以拳殴之。莽古尔泰怒詈曰：'蠢物何得殴我！'遂抽刀出鞘五寸许。德格类推其兄而出。代善见之恚甚曰：'如此悖乱，殆不如死。'上默然复坐，区处事务毕，还营，愤语众曰：'莽古尔泰贝勒幼时，皇考曾与朕一体抚育乎？因一无所与，故朕推其余以衣食之，遂倚朕为生。后欲希宠于皇考，弑其生母，邀功于皇考，皇考因令附养于德格类贝勒家。尔等岂不知耶？今莽古尔泰何得犯朕？朕思人君虽甚英勇，无自夸诩之理。朕惟留心治道，抚绥百姓，如乘驽马，谨身自持，何期轻视朕至此！'怒责众侍卫曰：'朕恩养尔等何用，彼露刃欲犯朕，尔等奈何不拔刀趋立朕前耶？'又曰：'尔等念及皇考升遐时，以为眼中若见此鬼，必当杀之之言乎？乃今目睹犯朕，何竟默然旁观，朕恩养尔辈无益矣！'薄暮，莽古尔泰率四人，止于营外里许，遣人奏曰：'臣以枵腹饮酒四卮，对上狂言，竟不自知，今叩首请罪于上。'上遣扬古利、达尔汉传谕曰：'尔拔刀欲犯朕，复来何为？'时有塞勒昂阿喇者，与俱来，并责之曰：'尔辈以尔贝勒来，必欲朕兄弟相仇害耶？尔等如强来，朕即手刃之矣。'拒不纳。昂阿喇即莽古尔泰异父兄。"

又："十月癸亥，大贝勒代善及诸贝勒拟莽古尔泰御前持刃罪，议革去大贝勒，降居诸贝勒之列，夺五牛录属员，罚驮盔甲雕鞍马十匹进上，盔甲雕鞍马一匹与代善，素鞍马各一匹与诸贝勒，仍罚银一万两入官。"

以上为莽古尔泰得罪太宗之事实，及身后所被属人出首，则皆隐昧未遂之犯。至其女弟莽古济与太宗相怨之起因，乃由女嫁豪格之故。兹并详其始末：

《武皇帝实录》："己亥年，太祖征哈达，生擒孟革卜卤明作猛骨孛罗，哈达遂亡。后太祖欲以女莽姑姬与孟革卜卤为妻，放还其国。适孟革卜卤私通嫔御，又与刚盖通谋欲篡位，事泄，将孟革卜卤、刚盖，与通奸女俱伏诛。辛丑年正月，太祖将莽姑姬公主与孟革卜卤子吴尔户代为妻。万历皇帝责令复吴尔户代之国。太祖迫于不得已，令吴尔户代带其人民而还。哈达国饥，向大明开原城祈粮不与，太祖见此流离，仍复收回。”

《清皇室四谱》：“吴尔户代夫妇复来，归依太祖，人称皇女为哈达公主，亦称哈达格格。天命末夫亡，天聪元年十二月，复嫁琐诺木。”

《清史稿·公主表》有嫁琐诺木之莽古济公主，又称太祖有女嫁吴尔古代，不知所自出，列为两人，盖未考也。莽姑姬之名，后修《实录》删去，故列表时失照，其实太祖之女，《旧实录》皆载其名，名下皆有姐字，此亦系蒙古姐耳。至其得罪太宗，则在天聪九年。

《东华录》：“天聪九年九月丁巳，诸贝勒议奏，贝勒豪格娶察哈尔汗伯奇福晋，阿巴泰娶察哈尔汗俄尔哲图福晋，上俞其请。时上姊莽古济公主闻之曰：‘吾女尚在，何得又与豪格贝勒一妻也。’遂怨上。辛未，上还宫，是日移营将还，大贝勒代善以子尼堪祜塞病，遂率本旗人员各自行猎，远驻营。时哈达公主怨上，欲先归，经代善营前，代善命其福晋等往邀，复亲迎入帐大宴之，赠以财帛。上闻之大怒，遣人诣代善及其子萨哈廉所，诘之曰：‘尔自率本旗人另行另止，邀怨朕之哈达公主至营，设宴馈物，以马送归。尔萨哈廉，身任礼部，尔父妄行，何竟无一言耶？’”

明日壬申，议大贝勒罪，并议哈达公主罪，上皆免之。于大贝勒罚银马甲胄，哈达公主亦仅禁其与亲戚往来。至十二月遂成大狱，而正蓝旗为太宗所并。又其先有处分镶蓝旗事。

镶蓝旗主为二贝勒阿敏，太宗亦先于天聪四年六月乙卯，宣谕阿敏罪状十六款。盖以阿敏等弃永平四城而归，因并及他罪，免死幽禁，夺所属人口奴仆财物牲畜，及其子洪可泰人口奴仆牲畜，俱给济尔哈朗。镶蓝旗旗主遂由阿敏转为济尔哈朗。其未能夺之者，济尔哈朗原为天命年间和硕贝勒，未能主一固山，在太祖遗嘱中有四大王四小王为八固山之训，后止有阿济格、多尔衮、多铎为三小王，若增足四小王，本应无越于济尔哈朗之上者，而镶蓝旗遂为济尔哈朗所专有。至世祖入关，济尔哈朗被贝子屯齐等讦告：当上迁都燕京时，将其所率本旗原定在后之镶蓝旗同上前行，近上立营，又将原定在后之正蓝旗，令在镶白旗前行。革去亲王爵，降为郡王，罚银五千两，夺所属三牛录。此由世祖即位时，济尔哈朗原与睿王同为摄政，至睿王独定中原，功高专政，不平相轧，遂为睿王所倾，有此微谴；未几复爵。及睿王薨，且极挤睿王，定其罪案，报复甚力。此不具论。但可证济尔哈朗之保有镶蓝旗，又可证正蓝旗并入两黄旗，旗色未变，特于两黄旗添设固山额真以辖之耳。

两黄、两蓝、正红共五旗，既皆考得旗主，余两白及镶红三旗，自必即为阿济格、多尔衮、多铎所主。三人皆一母所生，阿济格固用事在天命间，而多尔衮、多铎于太祖崩时，一年止十五，一止十三，乃先诸兄而均主全旗，自缘母宠子爱，英雄末年，独眷少子。太宗乃挟诸贝勒逼三人之母身殉。此亦伦理之一变，为清室后来所讳言，惟《武皇帝实录》详载之，改修《实录》既定，一代无知此事者。今录旧《实录》文如下：

> 《武皇帝实录》："天命十一年八月十一日庚戌未时崩，在位十一年，寿六十八。为国事，子孙早有明训，临终遂不言。及群臣轮班以肩帝柩，夜初更至沈阳。帝不豫，诣清河温泉沐养，大渐

回京，崩于叆鸡堡，离沈阳四十里。入宫中，诸王臣并官民哀声不绝。帝后原系夜黑国主杨机奴贝勒女，崩后复立兀喇国满泰贝勒女为后，饶丰姿，然心怀嫉妒，每致帝不悦。虽有机变，终为帝之明所制，留之恐后为国乱，预遗言于诸王曰：'俟吾终必令殉之！'诸王以帝遗言告后，后支吾不从。诸王曰：'先帝有命，虽欲不从，不可得也！'后遂服礼衣，尽以珠宝饰之，哀谓诸王曰：'吾自十二岁事先帝。丰衣美食已二十六年，吾不忍离，故相从于地下！吾二幼子多尔衮、多铎，当恩善之！'诸王泣而对曰：'二幼弟，吾等若不恩养，是忘父也！岂有不恩养之理？'于是后于十二日辛亥辰时，自尽，寿三十七。乃与帝同柩，巳时出宫，安厝于沈阳城内西北角，又有二妃阿迹根、代因扎，亦殉之。"

《录》言为国事子孙早有明训，临终遂不言。明乎六月二十四日之遗嘱，既口语，又书示，乃太祖末命之最要根据也。本《录》此谕后遂接七月二十三日之帝不豫，以至八月十一日崩，更无一语，所谓临终遂不言也。后修《实录》，于不预前窜入闲冗之谕文数则，词意不贯。其叙殉葬事则云：

"先是孝慈皇后崩后，立乌喇国贝勒满太女为大妃。辛亥辰刻，大妃以身殉焉，年三十有七，遂同时而殓。巳刻恭奉龙舆出宫，奉安梓宫于沈阳城中西北隅。又有二庶妃亦殉焉。"

今以太祖立国之计言之，以八固山平列，阿济格等同母兄弟得三固山，倘以一母联缀于其上，势最雄厚，五固山均觉畏之。去其总挈之人，可使分析，乘多尔衮、多铎尚无成人能力时，一阿济格不能抗，特矫遗命以压迫之，可推见也。太祖因宠其母而厚其子，不思其所终极而适以害之。以八分立国，根本涉于理想，子孙世世能矫正之，于亲属为寡恩，于数典为忘祖，然为国家长久计，亦有不得已者，此亦贻谋之不善耳！兹更举两白旗属睿、豫二王之证。

《东华录》："顺治八年正月甲寅，议和硕英亲王阿济格罪。先是摄政王薨之夕，英王阿济格赴丧次，旋即归帐。是夕，诸王五次哭临，王独不至。翌日，诸王劝请方至，英王于途遇摄政王马群厮卒，鞭令引避，而使己之马群厮卒前行。第三日，遣星讷、都沙问吴拜、苏拜、博尔惠、罗什，曰：'劳亲王英王子名劳亲系我等阿哥，当以何时来？'众对曰：'意者与诸王偕来，或即来即返，或隔一宿之程来迎，自彼至此，路途甚远，年幼之人，何事先来！'盖因其来问之辞不当，故漫应以遣之。吴拜、苏拜、博尔惠、罗什等私相谓曰：'彼称劳亲王为我等阿格，是以劳亲王属于我等，欲令附彼。彼既得我辈，必思夺政。'于是觉其状，增兵固守。又英王遣穆哈达召阿尔津、僧格。二人豫王属下人。阿尔津以自本王薨后，三年不诣英王所矣，今不可遽往，应与摄政王下诸大臣商之。于是令穆哈达回，遂往告公额克亲及吴拜、苏拜、博尔惠、罗什，额克亲谓阿尔津曰：'尔勿怒且往，我等试观其意何如？'英王复趣召阿尔津、僧格乃往。英王问曰：'不令多尼阿格诣我家豫王子名多尼，摄政王曾有定议否？'阿尔津等对曰：'有之，将阿格所属人员置之一所，恐反生嫌，故分隶两旗，正欲令相和协也。摄政王在时既不令之来，今我辈可私来乎？此来亦曾告之诸大臣者。'英王问曰：'诸大臣为谁？'阿尔津、僧格对曰：'我等之上有两固山额真、两议政大臣、两护军统领，一切事务或启摄政王裁决，或即与伊等议行。'英王曰：'前者无端谓我憎多尼、多尔博二人皆豫王子，多尼袭豫王爵，多尔博嗣睿王，我何为憎之？我曾拔剑自誓，尔时吴拜、苏拜、博尔惠、罗什等遂往告之，自此动辄恨我，不知有何过误？'既又曰：'退让者乃克保其业，被欺者反能守其家。'此二语盖谓豫、睿二王皆死，而己独存。又言：'曩征喀尔喀时顺治六年十月，睿王征喀尔喀，两日风大作，每祭福晋顺治六年十二月，睿王元妃薨，皆遇恶风。盖谓睿王多遭天警。且将劳亲取去，见居正白旗睿王之旗为正白，尔等何为不来，意欲离间我父子耶？'阿尔津、僧格对曰：'似此大言，何为向我等言之？王虽以大言抑勒，我等岂肯罔顾杀戮，而故违摄政王定议乎？'英王曰：'何人杀尔？'阿尔津、僧格曰：'倘违摄政王定议，诸大臣白之诸王，能无杀乎？'于是英王大怒，呼公傅勒赫属下明安图曰：'两旗之人，戈旗森列，尔王在后何为？两旗谓睿、豫二王之两白旗，尔王谓多尼，时两旗惟一王。可速来一战而死？'阿尔津、僧格起欲行，英王复令坐曰：'不意尔如此，尔等系议政大臣，可识之！异日我有言，欲令尔等作证。'阿尔津、僧格对曰：'我等有何异说，两旗大臣如何议论，我等即如其议。'睿王嗣子即豫王子，时两白旗为一。语毕还，具告额克亲、吴拜、苏拜、博尔惠、罗什。于是额克亲、吴拜、苏拜、博尔惠、罗什、阿尔津议曰：'彼得多尼王，即欲得我两旗；既得我两旗，必强勒诸王从彼；诸王既从，必思夺政。诸王得毋误谓我等以英王为摄政王亲兄，因而向彼耶？夫摄政王拥立之君，今固在也。我等当抱王幼子，依皇上以为生。'遂急以此意告之诸王，郑亲王及亲王满达海曰：'尔两旗向属英王向下当有不字，英王岂非误国之人！尔等系定国辅主之大臣，岂可向彼！今我等既觉其如此情形，即当固结谨密而行。彼既居心若此，且又将生事变矣。'迨薄暮设奠时，吴拜、苏拜、博尔惠、罗什欲共议摄政王祭奠事。英王以多尼王不至，随于摄政王帐前系马处，乘马策鞭而去。端重王独留，即以此事白之端重王。端重王曰：'尔等防之，回家后再议。'又摄政王丧之次日，英王曾谓郑亲王曰：'前征喀尔喀时，狂风两日，军士及厮养逃者甚多；福晋薨逝时，每祭必遇恶风，守皇城栅栏门役，竟不著下衣。'又言摄政王曾向伊言：'抚养多尔博，予甚悔之。且取劳亲入正白旗，王知之乎？'郑亲王答曰：'不知。'又言：'两旗大臣甚称劳亲之贤。'此言乃郑亲王告之额克亲、吴拜、苏拜、博尔惠、罗什者。又谓端重王曰：'原令尔等三人理事，今何不议一摄政之人？'又遣穆哈达至端重王处言：'曾遣人至亲王满达海所，王已从我言，今尔应为国政，可速议之。’此言乃端重王告之吴拜、苏拜、博尔惠、罗什者。至石门之日，郑亲王见英王佩有小刀，谓吴拜、苏拜、博尔惠、罗什等曰：‘英王有佩刀，上来迎丧，似此举动叵测，不可不防。’是日，劳亲王率人役约四百名将至，英王在后见之，重张旗纛，分为两队，前并丧车而行。及摄政王丧车既停，劳亲王居右坐，英王居左坐，其举动甚悖乱。于是额克亲、吴拜、苏拜、博尔惠、罗什、阿尔津集四旗大臣尽发其事。四旗当是两白、两蓝，说见下。诸王遂拨派兵役，监英王至京。又于初八日，英王知摄政王病剧，乃于初九日早，遣人往取葛丹之女。以上情罪，诸王固山额真议政大臣会鞫俱实，议英王阿济格应幽禁，籍原属十三牛录归上。其前所取叔王七牛录拨属亲王多尼叔王即豫王。所取七牛录，即前所云阿格所属分隶两旗者也，投充汉人出为民，其家役量给使用，余人及牧畜俱入官。劳亲王先欲迎丧，令阿思哈白于敬谨王、顺承王，二王勿许。后英王欲谋乱，密遣人召劳亲王多率兵来，令勿白诸王。劳亲王遂不白诸王，擅率兵前往，应革王爵，降为贝子，夺摄政王所给四牛录。挟有四牛录，是以能率兵来应，所率约四百人，其调发之权力可知。”

两白旗为睿、豫二王所有，尚待下详，此已明正白之为睿王旗矣。细寻其迹，每旗或每牛录，既属某王，即调发由己，不关朝廷，可见太祖所定八固山并立之制难与立国。时经太宗力图改革，祖训不易全翻，其象如此。

阿济格与多尔衮相较，明昧之相距太远。清初以多尔衮入关，即是天佑。至天下稍定，八固山之不能集权中央，又不无因摄政之故。冲主与强藩，形成离立，若英王亦有睿王意识，当睿王之丧，奔赴急难，扶植两白旗，为两旗之人所倚赖，则席摄政之威，挟三旗之力两白、正蓝三旗，其说详下，中立之两红旗不致立异，怀忿之镶蓝旗不敢寻仇，世祖虽欲收权，尚恐大费周折。乃又英王自效驱除，郑王乘机报复，先散四旗之互助，再挟天子以临之。英王既除，睿、豫二王仅有藐孤，登时得祸，一举而空四旗，大权悉归公室，此所谓天相之矣。

正蓝旗亦属睿、豫二王旗下之经过，更当细考。此旗本系三贝勒莽古尔泰所主，天聪六年，已归太宗自将。至顺治八年，当摄政睿王故后，渐发露睿王之罪，及正蓝旗为睿王所有。

《东华录》："顺治八年二月癸未，初，罗什、博尔惠、额克亲、吴拜、苏拜等五人出猎归，越数日，谓两黄旗大臣曰：'摄政王原有复理事端重王、敬谨王亲王之意。'时两黄旗大臣即察见其言动不顺。又端重王谓两黄旗大臣云：'罗什敬我，过于往日，彼曾召隋孙言：摄政王有复以端重王为亲王之意。顺治六年三月，二王由郡王进亲王，七年二月命理事，八月以事复降郡王。已告知两黄旗大臣矣。'又穆尔泰往视博尔惠病时，博尔惠言：'摄政王原有复理事两王为亲王之意，我等曾告于两黄旗大臣，今两王已为亲王否？'于是穆尔泰归语额尔德赫，额尔德赫云：'此言关系甚大，尔既闻之，可告之王。'穆尔泰惧，未以告，而额尔德赫告于敬谨王。王因遇有颁诏事，黎明至朝会处，遂以告端重王，既入朝房，又以告郑亲王。其时端重王同两黄旗相会云：'此为我辈造衅耳，可诉之郑亲王。'敬谨王云：'博尔惠所语穆尔泰之言，予先曾告知端重王，入朝房后，又以告知郑亲王矣。'于是二王及两黄旗大臣跪诉于郑亲王。两黄旗大臣言：'罗什、博尔惠、额克亲、吴拜、苏拜等，皆有是言，来告我等。既又私谓二王，皆我等两黄旗大臣，迟延其事耳。夫二王乃理事王也，若非二王发伊等之奸，岂不令二王与我等为仇，而伊等得以市其谄媚乎？又前拨正蓝旗隶皇上时，业已以和洛会为满洲固山额真，侍卫顾纳代为护军统领，阿喇善为蒙古固山额真。摄政王言：'予既摄政，侧目于予者甚多，两黄旗大臣侍卫等，人皆信实，予出外欲赖其力，以为予卫，俟归政然后隶于上。'其时曾致一书于贝勒拜尹图，一书于谭泰。此诸王及朝中大臣所共知也。又将无用之巴尔达齐拨于黄旗，而不与正蓝旗，此岂罗什、博尔惠等所不知乎？（言知睿王约正蓝旗俟归政后仍隶于上。）罗什自恃御前大臣，阴行蛊惑，为欺罔唆构之行，以多尼王归正蓝旗，给多尔博阿格两旗，而分为三旗，其意将奈谁何？（当谓其意谁奈之何！）今照此分给，是皇上止有一旗，而多尔博反有两旗矣。'于是郑亲王以下，尚书以上，公鞫之。以罗什、博尔惠谓动摇国事，蛊惑人心，欺罔唆构，罪状俱实，应论死，籍其家。"

据此录，当时摄政王已薨，其旗下用事之人，犹以故见传王意，即欲指挥天子之大臣，自成罪状。天子之大臣，亦仅称两黄旗大臣，则以八固山平列，几乎复太祖所定故事矣。端重、敬谨两王，本媚事睿王而得理事及亲王之爵，既降而复，当亦求之于睿王，而得其生前之允许者。至是睿王属人为传睿王意，有惠于两王，而两王见朝局将变，反为举发之人，分其财物。至十六年乃议其谄媚睿王，王死饰为素有嫌怨，分取人口财物之罪。时二王亦已前卒矣。

其中叙睿王取正蓝旗于天子自将之日，其立说为两黄旗人多信实，足恃为禁卫之用，己则出外需加卫兵，调取归己，俟归政同时还返。王既死，而罗什辈以多尼人正蓝旗，多尼原有之旗，并归其弟嗣睿王之多尔博，是此时正蓝旗为多尼所主矣。至云照此分给，皇上止有一旗，多尔博反有两旗，盖谓将无用之巴尔达齐由睿王当时拨于黄旗，已将黄旗分隶无用之人，虽有两黄旗而实止一旗，多尔博则独擅两白旗也。多尼之调正蓝旗事在七年十二月乙巳，睿王已死后十七日。

《东华录》："顺治七年十二月乙巳，议政大臣会议英亲王罪。议罪事详书于后十日，明年正月甲寅，此时盖未定议。既集，上命谭泰、吴拜、罗什传谕议政王大臣等曰：'国家政务，悉以奏朕。朕年尚幼，未能周知人之贤否。吏、刑、工三部尚书缺员，正蓝旗一旗缘事固山额真未补，可会推贤能之人来奏。诸王议政大臣遇紧要重大事情，可即奏朕。其诸细务，令理政三王理之。’诸王大臣议奏：‘吏、刑、户三部，事务重大，应各设尚书二员，吏部拟公韩岱、谭泰，刑部拟济席哈、陈泰，户部拟巴哈纳、噶达浑，工部拟蓝拜。调王多尼于正蓝旗，以公韩岱为固山额真，阿尔津为护军统领。”

是时世祖未亲政，亲政礼行于明年正月庚申。今之称上命会议，所议皆睿王意指。传谕之谭泰、吴拜、罗什，皆睿王用事之人，所传之谕，当亦是名义如此，其实皆摄政余威也。多尼之调正蓝旗，即在会议中决之。至明年二月，则以为罗什等之罪状矣。其前正月十九日，尚追尊睿王为成宗义皇帝，妃为义皇后，同祔太庙。王氏《东华录》已削之，《蒋录》具在。今原诏书亦存，是为亲政后八日。二月癸未为初五日，既议罗什等罪，再逾十日癸巳，则有苏克萨哈等首告睿王而追论其罪。《蒋录》所载，亦较《王录》叙睿王罪状多出“自称皇父摄政王，又亲到皇宫内院”等语。又有“批票本章，概用皇父摄政王之旨，不用皇上之旨，又悖理入生母于太庙”等语。其处分之词，《王录》则云：“将伊母子并妻所得封典，悉行追夺。”《蒋录》则云：“将伊母子并妻，罢追封，撤庙享，停其恩赦。”一则寻常处分人臣之语；一则曾经祔庙肆赦，尊以帝号后之追削也。昭示罪状诏书，首言皇上冲年，将朝政付伊与郑亲王共理，多尔衮独专威权，不令郑亲王预政。是则怨毒之所在，犹是郑、睿二王之反复，故自了然。世祖之不慊于摄政，在诏书内，以威逼肃王，使不得其死，遂纳其妃，为最重大。则肃王固世祖长兄，其欲为报怨宜也。

睿王之功罪，后来自有高宗之平反，不足置论。惟其为两黄、两白旗分之争，则据《东华录》尚有显然可据者：

《东华录》：“顺治八年四月辛亥，驻防河间牛录章京硕尔对，以户部诸臣给饷不均；于驻防沧州两白旗兵丁，则给饷不绝；于驻防河间两黄旗兵丁，则屡请不发；讦告尚书觉罗巴哈纳等。部议巴哈纳阿附睿王，曾拨令随侍皇上，乃依恋不去，又将库内金银珠帛等物私送睿王府中，又私厚两白旗兵丁，给饷不绝，有意刻待两黄旗兵丁，竟不予饷。”

以此益证明睿王所主者两白旗，本系正白而又兼领豫王故后之镶白旗也。正蓝则取之朝廷，睿王遂有三旗。至英王则本不理于摄政时，未能一致为用，但其旗分，则其他七旗皆有确实主名，惟余镶红一旗应为英王所主，但无可据，尚不如谓克勤郡王所主。其说见下。

清一代所纪八旗，分上三旗为天子自将，下五旗为诸王、贝勒、贝子、公分封之地。上三旗为两黄、正白。夫两黄之属天子，太宗嗣位时早如此，已见前矣。正白则摄政时确属睿王，其归入上三旗，必在籍没睿王家产之日。英、睿二王皆为罪人，当时朝廷力能处分者，盖有两白、正蓝、镶红四旗。其镶白旗，以豫王已前殁，此时难理其罪。世祖既取睿王之正白旗，仍放正蓝、镶红两旗，为任便封殖宗藩之用，但非八贝勒原来之旧势力，则固已不足挟太祖遗训与天子抗衡。而正红之礼王代善，镶蓝之郑王济尔哈朗，各挟旧日之固山，亦已孤弱。今检顺治以后，下五旗之设定包衣佐领，则知皇子以下就封，由朝廷任指某旗，入为之主，亦一旗非复一主。从前一旗中有爵者亦不止一人，但多系本旗主之亲子弟，若德格类之亦称蓝旗贝勒，则固莽古尔泰之同母弟也。其他类推。

《东华录》：“康熙四十八年正月甲午，谕满、汉诸臣，中有云：‘马齐、佟国维与允禩为党，倡言欲立允禩为皇太子，殊属可恨！’又云：‘马齐原系蓝旗贝勒德格类属下之人，陷害本旗贝勒，投入上三旗，问其族中有一人身历戎行而阵亡者乎？’”

据圣祖之言，蓝旗贝勒为德格类。在天聪六年，治蓝旗贝勒莽古尔泰之罪，牵及德格类。今观此谕，则德格类亦在蓝旗中称贝勒，亦自有属人，亦似与其兄各分所辖者。当时一旗容一旗之子弟，如济尔哈朗未得阿敏之遗业时，亦必在阿敏之镶蓝旗中，自有分得之所属。太祖于八固山，本以八家为言，指其所爱或所重，为八固山之主，而其余子弟，固皆待八固山收恤之。特由各固山自优其所亲，非其所亲，则属旗下为属人而已。太祖之制，本不得为通法，太宗以来，刻刻改革，至睿王而固山之畛域又加强固。英王内讧，仇敌得间，乃一举而奉之朝廷，此八固山制之一大变革也。今检嘉庆初所成之重修八旗通志，于其下五旗设立之包衣佐领，可见各旗之人而为主之王公，皆时君随意指封，略无太祖八固山之遗意矣。

考包衣之名，“包”者，满洲语“家”也。房屋亦谓之包，蒙古毡帐，谓之“蒙古包”，世以其为毡帐而始名包，其实不然，即谓蒙古人之家耳，虽不毡帐亦当谓之包也。“衣”者，虚字，犹汉文“之”字。“包衣牛录额真”即“家之佐领”。旗制以固山额真后改名都统者，为一旗之长官。在八贝勒尊贵时，都统乃本旗旗主之臣，君臣之分甚严。然八旗之臣，合之亦皆当为国家效力。佐都统者每旗两梅勒额真，额真既改章京，又改汉名为副都统。下分五甲喇，始称甲喇额真，继改甲喇章京，又改汉名为参领。一参领辖五牛录，始称牛录额真，继改牛录章京，又改汉名为佐领。此皆以固山之臣，应效国家之用。别设包衣参领佐领，则专为家之舆台奴仆，即有时亦随主驰驱，乃家丁分外之奋勇，家主例外之报效，立功后或由家主之赏拔，可以抬入本旗。此下五旗包衣之制也。

上三旗则由天子自将，其初八旗本无别，皆以固山奉职于国，包衣二字原不成名词，后则作为职名奉职于家。其后上三旗体制高贵，奉天子之家事，即谓之内廷差使，是为内务府衙门。内务府大臣原名包衣昂邦，昂邦者总管之谓。凡各省驻防，必设昂邦章京，后即改名总管。其源起于世祖入关，于盛京设昂邦章京，即汉文中之留守。后推之各省驻防，又改名为将军，其下辖副都统。所以不称都统者，都统专理旗务，留守及驻防对一省有政治之关系，非止理本旗之务也，是以谓之总管。而包衣昂邦，实为家之总管，当其称此名时，犹无特别尊严之意，至称内务府大臣，在汉文中表示为天子暬御之长，其名义亦化家为国矣。

清代宫禁，制御阉官，较明代为清肃，此亦得力于内务府之有大臣。纵为旗下人所任之官，究非刑余私昵，若明之司礼秉笔等太监比也。清代因其家事，原在部落时代，为兵法所部勒，故较汉人认妇人女子为家者有别。清之内务府，可比于各君主国之宫内省，不至如明代宫阉之黑暗，此由其故习而来。世祖虽设十三衙门，复明之宦官，非固山耳目所习，故世祖崩而又复包衣之旧。夫上三旗已化家为国，不复为宗藩私擅之资，可以别论。欲考见八固山迁流之迹，亦能化家为国，一固山非复一家独擅之武力。虽裁之以法制，尚待世宗之朝，而顺康以来，以渐蜕化，直至乾隆末为止，见之《八旗通志》者，辑而录之，可见其绝非太祖制定之八固山，亦非顺治初诸王分占之八旗矣。

《八旗通志》上三旗 镶黄 正黄 正白 包衣佐领不著编立所由。

下五旗

一、正红 包衣参领五

第一参领下佐领一分管二

第二参领下佐领二管领二

第三参领下佐领一分管二

第四参领下佐领一分管二

第五参领下佐领一分管三

第一参领第一满洲佐领　谨按此佐领系国初随礼烈亲王编立，原系世管。乾隆十六年，因本族无现任五品以上应袭之员，经本旗奏改为公中佐领。又乾隆十八年，将第三参领所属第二分管缴回，所有人丁，并入本佐领内。（礼烈亲王即大贝勒代善。清初分属时，此旗原为代善所主，故溯其由来，犹有遗迹。）

第一参领第一满洲分管　谨按此公中分管，系国初随谦襄郡王编立。（谦襄郡王即代善子瓦克达。）

第一参领第二满洲分管　谨按（同上）。

第二参领第一满洲佐领系于第一参领内拨出。

第二满洲佐领系于第三参领内拨出。

第一管领亦系于第三参领内拨出。

第二管领系于第四参领内拨出。

第三参领第一满洲佐领　谨按此佐领系国初随礼烈亲王编立，原系世管。乾隆七年，因本族无五品以上现任应袭之员，经本旗奏改公中佐领。又乾隆十八年，将本参领所属第二分管缴回，所有人丁并入本佐领。

第三参领第一旗鼓分管　谨按此分管系国初随礼烈亲王编立。乾隆十八年，本参领第二分管缴回时所有人丁并入本分管。

第三参领原第二分管　谨按此分管系雍正年间康修亲王之子永恩，赐封贝勒时编立。乾隆十八年，贝勒袭封王爵，将此分管缴回，分并在王分各佐领分管下。（永恩，代善玄孙，即作《啸亭杂录》昭梿之父。）

第四参领第一满洲佐领　谨按此佐领系顺治年间随恭惠郡王编立。（恭惠郡王亦代善孙，即顺承郡王勒克德浑。）

第四参领第一旗鼓分管　谨按此分管系顺治年间随恭惠郡王编立。

第二旗鼓分管　谨按（同上）。

第五参领第一满洲佐领　谨按此佐领系顺治年间随贝勒杜

兰编立。(杜兰亦代善孙，父颖亲王萨哈廉，勒克德浑为萨哈廉第二子，杜兰为萨哈廉第三子。)

第一旗鼓分管 谨按此分管(同上)。

第二旗鼓分管 谨按(同上)。

第三旗鼓分管 谨按(同上)。

皆公中。

由此可见正红旗为代善世有，久而不变。惟勒克德浑之后亦为铁帽王，其受封之旗分，亦在正红，则此旗旗主已分属两世袭罔替之王，其余暂分之王贝勒不论。

二、镶白 包衣参领五

第一参领下佐领三管领四

第二参领下佐领一新增佐领二管领四新增管领一分管一

第三参领下佐领一管领四

第四参领下佐领一管领四

第五参领下佐领一管领三分管二

第一参领第一满洲佐领系国初编立。

第二满洲佐领亦系国初编立。

第三满洲佐领系顺治元年编立。

第一管领系康熙四十八年自第一佐领内分出。

第二管领亦(同上)。

第三管领亦(同上)。

第四管领亦(同上)。

第二参领第一满洲佐领系雍正十三年增立。

第一管领亦(同上)。

新增第二佐领乾隆四十四年多罗仪郡王(高宗第八子永璇)分封时增立。

原第二管领亦系雍正十三年增立。

新增第一管领乾隆四十四年多罗仪郡王分封增立。谨按第一第二管领于乾隆二十八年和硕履亲王(圣祖十二子允裪)薨后，封多罗履郡王时裁汰。(履郡王永珹，高宗第四子，嗣履亲王后。)

原第三管领亦系雍正十三年增立。

原第四管领亦（同上）。谨按第三第四管领，并于乾隆四十二年，多罗履郡王薨后，封贝勒绵慧时裁汰。

第一分管系雍正九年编立。

第三参领第一满洲佐领。

原第一管领系康熙六年自内务府分出。谨按此管领于乾隆五十一年，和硕裕亲王薨后，多罗裕郡王袭封时裁汰。（和硕裕亲王，为世祖第二子福全所受爵，乾隆五十一年之裕亲王，乃福全孙广禄，袭郡王乃广禄子亮焕。）

第二管领亦（同上）。

第三管领亦（同上）。

第四管领亦（同上）。

第四参领第一满洲佐领系康熙三十九年分立。

第一管领亦（同上）。

第二管领系康熙四十八年编立。

原第三管领亦（同上）。谨按此管领于乾隆四十年和硕恒亲王薨后多罗恒郡王袭封时裁汰。（恒亲王为圣祖五子允祺爵，乾隆四十年薨者允祺子弘晊。袭郡王者弘晊子永皓。）

第四管领亦（同上）。谨按此管领于乾隆五十四年郡王降袭贝勒时裁汰。

第五参领第一满洲佐领初系包衣昂邦（汉文称总管内务府大臣）瑚弥塞管理。谨按此佐领系康熙十四年封纯亲王时由镶黄旗包衣分出。（纯亲王为世祖第七子隆禧，康熙十三年封。）

第一管领系康熙十四年分立。

第二管领亦（同上）。谨按此管领多罗淳郡王薨后乾隆四十二年永鋆袭封贝勒时裁汰。（圣祖七子允祐，封淳亲王，子弘暻，袭郡王。）

原第三管领亦（同上）。

下脱二分管。

此旗原属豫王多铎。顺治八年，睿王获罪，豫王牵及，此旗中已无豫王遗迹，为世祖以下诸帝之子，陆续分封。

三、镶红 包衣参领五

第一参领下佐领二旗鼓一管领四

第二参领下佐领二分管二管领三

第三参领下佐领一分管六

第四参领下佐领一管领一分管五

第五参领下佐领一管领一分管五

第一参领第一佐领系国初编立。

第二佐领亦（同上）。

第一旗鼓佐领系雍正年间随庄亲王分封时立，王府派员兼管。（雍正元年，以圣祖第十六子允禄嗣太宗孙博果铎之庄亲王，博果铎之父为太宗七子承泽亲王硕塞。）

第一佐领下第一管领系雍正七年增立。

第二管领系（同上）。

第三管领亦（同上）。

第四管领亦（同上）。谨按此管领裁汰。

第二参领第一佐领亦系国初编立。谨按此参领下佐领管领俱随克勤郡王分封时立。（崇德间，追封代善第一子岳托为克勤郡王，子罗洛浑改衍禧郡王，孙改平郡王，至玄孙讷尔苏，当康熙四十年起至雍正四年正为平郡王，子福彭，孙庆明，皆袭号平郡王，乾隆十五年，从弟庆恒袭，四十三年，复克勤号。）

第二佐领亦（同上）。

第一佐领下第一分管亦系雍正七年增立。

第二分管亦（同上）。

第二佐领下第一管领亦（同上）。

第二管领亦（同上）。

第三管领亦（同上）。

第三参领第一佐领亦系国初编立。谨按此佐领随贝勒褚英分封时立。（褚英，太祖长子，诛。）

新增第一佐领系乾隆五十一年随贝勒绵懿分封时立。

下第一管领系（同上）。

第二管领系（同上）。（绵懿父高宗第三子永璋，封循郡王。其本生父即成亲王永理，清代亲王，以能书名。）

第一分管原隶第一参领内，初为管领，康熙五十年改为分管，雍正七年由第一参领拨隶。谨按此分管随奉恩辅国公绝克堵分封时立。（绝克堵遍检未得，其分封时立此分管，如即为改分管时，则在康熙五十年；如并在初为管领时，则当更早。若以辅国公之爵名，及绝克堵之封音字当之，则阿敏之曾孙齐克塔，于康熙二十五年封辅国公，或是。）

第一分管系雍正七年增立。

第二分管（同上）。

第三分管（同上）。

第四分管（同上）。

第五分管（同上）。谨按此五分管，俱随贝勒褚英设立。（上本参领下第一佐领，言系国初编立，而案语又言系随褚英分封时立，则褚英非雍正七年始封也。此云雍正七年增立，又云随褚英设立，殆褚英时已立而废，雍正七年乃复立，遂以后立为增立耶？）

第四参领第一佐领亦系国初编立。谨按此佐领系随贝勒喀尔初珲分封时立。（喀尔初珲，岳托二子。皇子表作喀尔楚浑。顺治六年，由镇国公晋贝勒，盖亦克勤郡王之支裔，知此旗为褚英诛后，转入代善子克勤王属。）

新增第二佐领系乾隆四十六年随贝勒绵亿分封时立。（绵亿为高宗第五子永琪之第五子。）

下第一管领系（同上）。

第二管领系（同上）。

原第三佐领下第二管领系雍正七年由第一参领拨隶。谨按管领久经裁汰。（佐领亦不见管理人，其并裁耶？抑即第一参领下之原第三佐领，案语亦谓裁汰者耶？）

第四佐领下第一分管系雍正七年增立。

第二分管系（同上）。

第三分管系（同上）。

第四分管系（同上）。谨按此四分管俱系随贝勒巴思汉设立。（岳托第二子，顺治六年，由镇国将军晋，皇子表作巴思哈，亦顺承王系。）

第五佐领下第五分管系雍正七年由第三参领拨隶。谨按此分管系随贝勒褚英设立。

第五参领第一佐领亦系国初编立。

下第一分管系康熙十七年分立。

原第二佐领下第一管领系雍正七年由第一参领拨隶。

第三佐领下第二分管系雍正七年由第三参领拨隶。

第三分管系（同上）。

第四分管系（同上）。

第五分管系（同上）。

以上下五旗包衣参领所属佐领管领分管等，例随各王公封爵增减，镶红旗包衣参领，旧辖佐领九员，管领十一员，分管十九员，兼管二员。乾隆元年，拨去佐领一员，管领三员，新增佐领二员，管领四员。

此旗只有克勤王遗迹，及褚英亦有遗迹，至庄王则在雍正时封入，可不论。夫褚英被罪时，八旗尚未分定，未必有分封故事，或封其子杜度，即以为名耶？克勤王在此旗所分包衣甚多，自是此旗旗主。康熙四十五年，曹寅折，圣祖指令以镶红旗王子为其婿。当时以克勤王后之平郡王为镶红旗主。

四、正蓝 包衣参领五

第一参领下佐领三管领一分管四

第二参领下佐领五管领一分管四

第三参领下佐领三分管九

第四参领下佐领三管领五

第五参领下佐领五管领一分管五

第一参领新增第一佐领系乾隆二十五年增立。

新增第二佐领系乾隆二年和亲王分府时设立。（世宗第五子弘书，雍正十一年封和亲王。）

新增第三佐领系（同上）。

新增第一管领系（同上）。

第一分管系雍正四年编立。

第二分管。

第三分管。

第四分管。

第二参领新增第一佐领系乾隆二十五年增立。

新增第二佐领系乾隆二年诚亲王分府时设立。(圣祖第二十四子允秘，雍正十一年封诚亲王。)

新增第三佐领系(同上)。

第四佐领。谨按此佐领系国初饶亲王分封时设立。(饶亲王当即饶馀亲王，太祖七子阿巴泰，崇德元年，由贝勒加封号饶馀，顺治元年，晋饶馀郡王，三年薨，康熙元年追封亲王，当是顺原郡王封。)

第五佐领。

新增第一管领系乾隆二年诚亲王分府时设立。

第一分管。

第二分管系顺治九年编立。

第三分管亦(同上)。

新增第四分管系乾隆三十九年，弘旿封贝子设立。(弘旿，诚亲王第二子。)

第三参领第一佐领。谨按此佐领系康熙十四年恭亲王分封时设立。(世祖第五子常颖，康熙十年封恭亲王。)

第二佐领。谨按(同上)。

第三佐领。谨按此佐领原设第五参领所属第一佐领，乾隆四十三年分封睿亲王，将此佐领移入。

第一分管。谨按此分管系康熙十四年恭亲王分封时设立。

第二分管。谨按此分管系国初设立。

第三分管系国初设立。

第四分管。

第五分管。

第六分管。谨按此旗鼓分管，系公庆怡分内，国初设立。(公庆怡不详。)

第七分管。谨按此分管原系第五参领所属第三分管，乾隆四十三年复封睿亲王，将此移入。

第八分管系乾隆四十三年复封睿亲王时增立。

第九分管系（同上）。

第四参领第一佐领。

第二佐领。谨按第一第二佐领，俱系雍正元年，分封怡贤亲王时设立。（圣祖第十三子允祥，封怡亲王。）

第三佐领。谨按此佐领系雍正九年分封宁良郡王时设立。（怡王第四子弘晈，分封宁郡王。）

第一管领。

第二管领。

第三管领。

第四管领。谨按第一第二第三第四管领系雍正元年分封怡贤亲王时设立。

第五管领。谨按此管领系雍正九年分封宁良郡王时设立。

新增第一佐领系乾隆二十五年增立。

第二佐领。

第三佐领。谨按第一第二佐领系国初设立豫亲王属下。（据《东华录》当是嗣豫王时，由摄政王所付与多尼者。此第一第二即第二，第三乃未有新增以前事。）

新增第四佐领系乾隆四十四年分封定郡王时设立。（高宗一子永璜封定亲王，永璜一子绵德袭，后降郡王，降后又革，改由二子绵恩袭郡王，五十八年仍晋亲王。）

新增第五佐领系（同上）。

新增第一管领系（同上）。

第一分管。

原第二分管，谨按此原系贝勒弘昌属下，乾隆五年，弘昌获罪，将此分管存公。乾隆四十一年，本旗奏将分管内官员兵丁分与近派王公门上，其分管之缺裁汰。（弘昌为怡王第一子。）

新增第三分管系乾隆四十二年公绵德分封时，将前项人丁撤回设立。（绵德四十一年革郡王爵，四十二年封镇国公。）

第四分管。谨按此分管系国初设立。

第五分管。谨按此分管原设在第一参领所属第五分管，后移于第五参领所属第四分管。（然则由第四五分。）

此旗原系莽古尔泰所主，为太宗所自取，顺治初又归睿王，后又暂属豫王子多尼。睿王得罪后，遂为诸王任便分封之旗分。

五、镶蓝 包衣参领五

第一参领下佐领四

第二参领下佐领四

第三参领下佐领四

第四参领下佐领三管领一

第五参领下佐领四管领二

第一参领第一佐领。谨按此佐领系顺治年间郑亲王分封时编立。

第二旗鼓佐领。谨按此旗鼓佐领亦（同上）。

第三佐领。谨按此系管领亦系（同上）。

第四佐领系康熙三十九年自花色佐领内分出。谨按此佐领亦改管领。（第四参领第二满洲佐领顺治间郑王分封时编立，其第五任管理名花善。）

第二参领第一佐领。谨按此佐领亦改管领。

第二满洲佐领。谨按此佐领系顺治年间郑亲王分封时编立。

第三满洲佐领。谨按（同上）。

第四满洲佐领。谨按此佐领系雍正元年随理郡王（允礽二子弘皙）分封时编立，原志失载，今增入。（雍正六年晋弘皙理亲王，乾隆四年革爵。）

第三参领第一满洲佐领系康熙三十七年分立。谨按此佐领改为管领。

第二满洲佐领系雍正元年分立。

第三佐领系雍正九年分立。谨按此佐领改为管领。

第四佐领系雍正六年分立。

第四参领第一佐领。谨按此佐领系顺治年间郑亲王分封时编立。

第二满洲佐领。谨按（同上）。

第三佐领。谨按此佐领后改管领。

第四管领。谨按续增第四管领系乾隆元年随奉恩辅国公永瞮分府时编立。（允礽二子弘晋之三子。）

第五参领第一佐领。谨按此佐领系顺治年间贝勒商山分封时编立。（商山，皇子表作尚善，舒尔哈齐八子费扬武之二子，顺治六年，由贝子封贝勒，十六年降贝子，康熙十一年复。）

第二佐领系康熙四十七年自三探佐领内分出。谨按此佐领后改为第二管领。（第二参领第二满洲佐领，顺治间，郑亲王分封时编立，初系三探管理，三探年老辞退，以七品典仪官姜汝亮管理。）

第三佐领系雍正十三年编立。谨按此佐领后亦改为第三管领。

第四佐领系康熙三十九年自翁阿代佐领内分出。谨按此佐领亦改为管领，后因公弘晀允礽七子雍正十二年封，乾隆三十四年革。获罪，将包衣人等分给各王公门上，乾隆四十一年将此管领裁汰。（第一参领第三佐领系管领，顺治间郑王分封时编立，第二任管理名翁郭代。）

新增第三佐领。乾隆五十九年十七阿哥分封多罗贝勒时编立。（高宗十七子永璘五十四年封贝勒，嘉庆四年晋庆郡王，二十五年晋庆亲王，谥僖。奕劻即其孙。）

第六管领亦（同上）。

此旗原系阿敏所主，后归郑王济尔哈朗，故多有郑王遗迹。顺治年间，已将贝勒商山封入，雍正以后，多任意分封。

由以上所考得，八固山惟正红尚保存代善之系统，次则镶蓝旗亦留济尔哈朗遗迹，其余皆尽属后起之王公。盖自顺治八年后，已尽破太祖八固山分立之制。上三旗既永为自将，下五旗亦故主罕存，强宗各拥所属之弊，已扫除矣。然王公分封之旗，既入而为之主，体统尚尊。旗下臣于旗主，其戴朝廷，为间接之臣仆。旗员惟旗主之命是遵，故雍正诸王心存不服，尚能各树党羽，以抗朝廷，非诸王之能要结，在祖训家法有所禀承，旗员自视此为天经地义，不可违也。再通考其迁流如下：

> 《东华录·太宗录》首："天命十一年九月庚午朔，上既即位，欲诸贝勒共循礼义，行正道，交相儆戒。辛未，率贝勒代善、阿敏、莽古尔泰、阿巴泰、德格类、济尔哈朗、阿济格、多尔衮、多铎、杜度、岳托、硕托、萨哈廉、豪格，誓告天地曰：'皇天后土，既佑相我皇考，肇立丕基，恢宏大业。今皇考上宾，我诸兄及诸弟侄，以家国人民之重，推我为君。惟当敬绍皇考之业，钦承皇考之心。我若不敬兄长，不爱弟侄，不行正道，明知非义之事而故为之，或因弟侄等微有过愆，遂削夺皇考所予户口，天地鉴谴。若敬兄长，爱子弟，行正道，天地眷佑。'诸贝勒誓曰：'我等兄弟子侄，询谋佥同，奉上嗣登大位，宗社式凭，臣民倚赖。如有心怀嫉妒，将不利于上者，当身被显戮！我代善、阿敏、莽古尔泰三人，善待子弟，而子弟不听父兄之训，有违善道者，天地谴责。如能守盟誓，尽忠良，天地保佑！我阿巴泰、德格类、济尔哈朗、阿济格、多尔衮、多铎、杜度、岳托、硕托、萨哈廉、豪格等，若背父兄之训，而弗矢忠荩，天地谴责。若一心为国，不怀偏邪，天地眷佑。'誓毕，上率诸贝勒，向代善、阿敏、莽古尔泰三拜，不以臣礼待之。各赐雕鞍马匹。"

此段誓文，犹见满洲国俗，以各贝勒相誓为正名定分之道。豪格，太宗子也，而亦与此誓，居奉上嗣位之功，又可作不利于上身被显戮之约，此在帝制定后，必为极失体之夷风，而在当时则父子兄弟互相角立，为根本当然之举，犹是八大贝勒之制。不过欲使亲生之子，亦于诸强宗内分割一席，在太宗为得计，群雄对立之势逼，父慈子孝之说微，此犹谨守八固山共治之训时也。有太宗与诸贝勒之合誓，又有诸贝勒合誓，然后有三大贝勒与十一贝勒之相对设誓，终之以三大贝勒受太宗率诸贝勒之拜，依然前此四大贝勒与小贝勒之体统。自此直至天聪五年末，犹守太祖八家并立但分大王小王之意。未几，阿敏获罪幽系，三大贝勒又止存其二，对立之势愈弱。又未几而二大贝勒复屈就臣列。此为太宗改更父训之一胜利。

《东华录》："天聪五年十二月丙申，先是上即位，凡朝会行礼，代善、莽古尔泰并随上南面坐受，诸贝勒率大臣朝见，不论旗分，惟以年齿为序。礼部参政李伯龙奏：'朝贺时，每有逾越班次，不辨官职大小，随意排列者，请酌定议制。'诸贝勒因言：'莽古尔泰不当与上并坐。'上曰：'曩与并坐，今不与坐，恐他国闻之，不知彼过，反疑前后互异。'以可否仍令并坐，及李伯龙所奏，命代善与众共议。代善曰：'我等奉上居大位，又与上并列而坐，甚非此心所安。自今以后，上南面居中坐，我与莽古尔泰侍坐于侧，外国蒙古诸贝勒，坐于我等之下，方为允协。'众皆曰善，并议定行礼。奏入，上是之。至是谕曰：'元旦朝贺，首八旗诸贝勒行礼，次察哈尔、喀尔喀诸贝勒行礼，次满洲、蒙古、汉官，率各旗官员行礼。官员行礼时，先总兵官固山额真，次副将，次参将、游击、摆牙喇纛额真、侍卫，又次备御，各分班序行礼。'"

此为太宗改定朝仪，不与从前平列之大贝勤仍讲均礼之始。先由汉人发端，而诸贝勒乃以本年莽古尔泰有御前持刃议罪事，以莽古尔泰不当并坐，迎合太宗之意。岂知太宗志在改革，转命代善议，而代善不得不并己之并坐议改。奏入，上乃是之，于是君臣之分定，八固山共治之法除矣。

太宗时革共治制为君主制，然于诸旗主之各臣其所属，犹立法保障之。

> 《八旗通志·典礼志》，王府庆贺仪："崇德元年，定亲王生辰及元旦日，该旗都统以下佐领以上官员齐集称贺，行二跪六叩头礼。郡王生辰及元旦日，本府属员齐集称贺，行二跪六叩头礼。贝勒生辰及元旦日，本府属员齐集称贺，行一跪三叩头礼。若该属官员无事不至府行庆贺者，治罪。"

据此，崇德元年之亲王皆为旗主，故皆有所谓该旗都统以下佐领以上官员，郡王即无之。因此可为太宗时之旗主加一考证。凡崇德元年封和硕亲王者，即是旗主，亦即是天命间之和硕贝勒。自此以后，贝勒只有多罗之号，尤可见和硕亲王之即为和硕贝勒所蜕化也。考崇德元年封和硕亲王者凡六人，追封者一人：代善为和硕礼亲王，多尔衮为和硕睿亲王，多铎为和硕豫亲王，济尔哈朗为和硕郑亲王，豪格为和硕肃亲王，萨哈廉于是年正月死，不及封而追封为和硕颖亲王，以其子阿达礼袭为多罗颖郡王，岳托为和硕成亲王，至阿济格则为多罗武英郡王，直至顺治元年始封和硕英亲王。则于太宗时阿济格虽有太祖遗命，命为全旗之主，迄未实行，至籍没时仅有十三牛录，即系他旗中分受之少数，盖当在睿王之正白旗内分给，而豫王又分以七牛录，仍非全旗之主也。阿济格之为人，狂稚无理，不足重任，虽有遗命，靳之亦无能为。而太祖所云四小王，济尔哈朗、多尔衮、多铎三人自无疑义，又其一必为代善长子岳托，豪格乃太宗亲子，固不应径取阿济格所受遗命而代之，其同封和硕亲王，不过示将来可以代兴之意，即欲使主一旗，亦当在太宗自领旗分内给之。岳托封和硕亲王，必为旗主。阿济格于是年封郡王，即非旗主。再证以镶红旗之包衣，只见克勤郡王之遗迹。克勤郡王乃岳托由亲王降封，子孙遂以此世袭，列为八铁帽之一。萨哈廉之后，虽亦以顺承郡王世袭，然非太宗时旗主，故包衣遗迹，顺承王之包衣尽在正红旗内。两黄、正蓝为太宗自领，余五旗归一大王四小王。至此而主名定矣。

旗主及近亲子弟之有郡王、贝勒爵者，属人于生辰及元旦不诣庆贺，即须治罪。此其本旗主臣之分，有国法为之保障。特旗主则并旗内大臣亦为其臣，旗主之近亲则以府内官属为限。即包衣内旗员为纯粹之家臣，本旗旗员兼为国之臣，对本旗惟尽臣礼于旗主，不必尽于旗主之子弟也。

本旗旗员之尽臣道于其主，生辰元旦如此，昏丧等事可知。而《八旗通志》于昏丧礼惟详乾隆时之见行制，不及初制。惟于雍正朝《上谕八旗》，得有反证：

> 《上谕八旗》："雍正四年六月二十三日，奉上谕：嗣后贝勒、贝子、公等，如遇家有丧事，将该属之文武大臣，著吏兵二部开列具奏，再令成服。其官员内有在紧要处行走者，着各该管大臣指名具奏，令其照常办事。特谕。"

此所云该属之文武大臣，需吏兵二部开列者，及旗下人见为文武大臣，非旗内之大臣。旗内大臣惟有都统、副都统，无所谓文武，亦无庸吏兵二部分开。至其他官员则并非大臣之列者，世宗皆不许旗主家任意令其成服。则旗下属人之不容专尽臣道，且有明谕。至本非属人，由朝命任为本旗之都统以下等官，更不待言。虽对贝勒、贝子而言，亲王、郡王或临于属人加尊，其不能臣朝廷之臣，不能与崇德元年之规定相合，亦可理推也。

昔年京朝士大夫传言，松文清筠既为相，一日召对不至，询之，乃主家有丧事，文清方著白衣冠，在主家门前执打鼓之役。帝乃令抬入上三旗，免为主家所压抑。此说固不确，文清乃蒙古，非满洲，其生在嘉道间，为相在嘉庆十八年以后，已在雍正谕禁之后。此或雍正间之事，因有此事而有此谕，要皆为世宗革除八旗旧制之一端也。

太宗虽兼并他固山，乃求强而非以求富，八固山之负担，仍以八家为均分之准，则两黄旗未尝不作两家负担计也。满洲新兴之国，地广人稀，得人力即可垦地，聚人先资养赡，八家负担善赡之费。在天聪八年，正蓝尚未取得，而两黄久归自将，初不因自将之故而与六固山有殊，亦不因一人兼将两固山而不负两家之费也。

《东华录》："天聪八年正月癸卯，众汉官赴户部贝勒德格类前，诉称：'我等蒙圣恩，每备御帮丁八名，止免官粮，其余杂差，与各牛录下堡民三百五十丁，一例应付。我等一身，照官例赡养新人，较民例更重。所帮八丁，既与民例一体当差，本身又任部务，所有差徭，从何措办？徭役似觉重科，况生员外郎尚有帮丁，望上垂怜，将所帮八丁准照官例当差，余丁与民同例。'德格类以闻。上遣龙什、希福察讯差役重科之由，所诉皆虚，因前买妇女，配给新人，未曾发价，故云。诏户部即以价偿各备御，又谕礼部贝勒萨哈廉曰：'此辈皆忘却辽东时所受苦累，为此诳言耳。若不申谕使之豁然，则将些少之费，动为口实矣。'于是萨哈廉奉上命传集众官谕曰：'尔众汉官所诉差徭繁重，可谓直言无隐，若非实不得已，岂肯前来陈诉。然朕意亦不可隐而不言，当从公论之。朕意以为尔等苦累，较前亦稍休息矣。何以言之？先是，尔等俱归并满洲大臣，所有马匹，尔等不得乘，而满洲官乘之；所有牲畜，尔等不得用，满洲官强与价而买之；凡官员病故，其妻子皆给贝勒家为奴。既为满官所属，虽有腴田，不得耕种，终岁勤劬，米谷仍不足食，每至鬻仆典衣以自给。是以尔等潜通明国，书信往来，几蹈赤族之祸。自杨文朋《八旗通志》作杨文明被讦事觉以来，朕始宥尔等之罪，将尔等拔出满洲大臣之家，另编为固山。从此尔等得乘所有之马，得用所畜之牲。妻子得免为奴，择腴地而耕之，当不似从前典衣鬻仆矣。'"

此段见建州之始待汉人，实视为奴虏。汉人中本为明之官吏，则招徕之，辄妻以女，称为额驸。若李永芳、佟养性之类皆是。由是汉奸亦相率归附。凡自天命至天聪初，来附者颇见于《贰臣传》中。然所挟以俱降之士兵，或无所挟之汉人，陷于建州者，困苦如此，此清代官书之自述供状也。汉人因此思归，通书反正。太宗发觉其事，不惟不用威虐，反以此自反其过，改善待遇，此见建州之有大志，迥非平凡所能为。惟汉人另编固山，据清代官书，在前则太祖初设八旗，事在万历甲寅乙卯年间，其时有汉军牛录十六，在八旗之内，此即所谓归并满洲大臣时也。其另编固山，不详何时。惟于崇德二年七月乙未，言分乌真超哈一旗为二旗，则其先必有编为一旗之时，是即另编时矣。今于八年正月有此谕文，别另编必在其前。考清《贰臣·马光远传》："明建昌参将，本朝天聪四年，大兵克永平，光远率所部投诚，授副都统，隶汉军镶黄旗，赐冠服鞍马。五年，上亲征明，围大凌河，光远从，招降城南守台百总一，男妇五十余人，即令光远抚之。七年，诏于八旗满洲佐领分出汉人千五百八十户，每十丁授绵甲一，以光远统辖，授一等子爵。"据此，则另编汉军为一固山，即七年事。《东华录》："七年七月辛卯朔，命满洲各户汉人有十丁者，授绵甲一，共千五百八十人，命旧汉兵额真马光远等统之，分补旧甲喇缺额者。"此文亦叙此事，然叙述不明，盖其误。在传录时已自不了，故语不可解，当以《光远传》改正之。而《光远传》文亦有误，如云"投诚授副都统，隶汉军镶黄旗"。当天聪四年，汉军尚未分旗，即至崇德初，所分一旗两旗，亦止由整旗而分左右翼，两翼旗犹纯用玄青，并无镶黄之名，况在天聪四年乎？以意度之，当云隶镶黄旗汉军，盖隶于满洲镶黄旗内之汉军牛录耳。汉人于旗制隔膜，清中叶以前，史馆诸臣已不了如是，宜及今不可不加以研究也。

"尔等以小事来诉，无不听理，所控虽虚，亦不重处，是皆朕格外加恩甚于满洲者也。困苦之事，间或有之，然试取满洲之功，与尔等较之，孰难孰易？满洲竭力为国，有经百战者，有经四五十战者，尔等曾经几战乎？朕遇尔等稍有微劳，即因而擢用，加恩过于满洲，若与满洲一例较伤论功，以为升迁，尔今之为总兵者，未知当居何职？尔汉官皆谓：‘满洲官员虽娴攻战，贪得苟安，不知忧国急公；我等战功虽不及满洲，忧国急公则过之。’及览尔等章奏，较前言有异矣。尔等另编固山之时，咸云：‘拯我等于陷溺之中，不受满洲大臣欺凌，虽肝脑涂地，不能仰答上恩于万一。’今览尔等所诉之词，前言顿忘。尔等诉称苦累甚于满洲，盍向熟谙差役者问之！若以满洲相较，轻则有之，甚则未也。古圣人有云：‘以家之财养贤，则取国而国可得；以国之财养贤，则取天下而天下可得。’此言皆尔等素所知也。国小民稀，朕及贝勒之家，各量所有均出之，以养上天畀我之民，此即古圣人所谓‘家财国财’之义也。既知此例，所输大凌河数人赡养之资，遂出怨言，尔等何其言行不相顾耶？朕谓尔等博知典故，虽非圣贤，必有通达事理者。自朕以及贝勒，尚散财无吝，使尔等果能达于事理，岂以随众输纳为苦耶？他国之主皆敛民间财赋，以供一己之用，有余方以养人；我国赋税，朕与诸贝勒曾有所私乎？我国民力，朕与诸贝勒曾有所私役乎？取国赋糜用于家，役民力以修治宫室，不以国事为念，止图一己便安，尔等当谏之。朕为国家朝夕忧勤，荷天眷佑，殊方君长头目接踵来归，犹恐不能招致贤才，解衣衣之，推食食之。凡赏赉归附之人，皆八家均出，何曾多取一物于尔等乎？礼部亦有汉官，试往问之，八家每年出羊若干，貂裘野兽酒米筵宴若干，明告于尔。当国中年岁荒歉，八家均出米粟，赈济贫民，朕与诸贝勒又散给各固山满洲、蒙古、汉人赡养之，尔等岂不知乎？朕与八固山贝勒，于新附之蒙古、汉人、瓦尔喀、虎尔哈、卦尔察，以及旧满洲、汉人、蒙古等，凡贫穷者，给与妻室奴仆，庄田牛马，衣食赡养，何可胜数。此皆尔等所明知者。尔等果忧国急公，其间纵有愚昧无知，自言其苦者，尔等犹当劝谕，乃反因此些小之费，遂出怨言。所谓急公过于满洲者，徒虚语也。”

此段见其自矜无私费，无私役，皆以朕躬与诸贝勒并提，虽以君主自居，未能不以诸贝勒为有共治之分，是太祖遗意之未遽泯灭者。八家并称，仍以八固山为出治之主名，君主虽临于上，不能独居其功，其自将之固山仍与他固山平列，惟己以一人超乎其上，此是太宗时八旗制蜕化真相。

“尔等曾奏云：‘一切当照官职功次而行之。’我国若从明国之例，按官给俸，则有不能。至所获财物，原照官职功次，加以赏赉；所获土地，亦照官职功次，给以壮丁。先是，分拨辽东人民时，满、汉一等功臣占丁百名，其余俱照功以次给散。如尔等照官职功次之言果出于诚心，则满、汉官员之奴仆，俱宜多寡相均。尔汉官或有千丁者，或有八九百丁者，余亦不下百丁，满官曾有千丁者乎？果尔计功，论理满洲一品大臣，应得千丁。自分拨人丁以来，八九年间，尔汉官人丁多有溢额者。若谓新生幼稚耶？何其长养之速；若谓他国所获耶？尔汉官又未尝另行出征，此如许人丁，不知从何处增添也。尔等之过，朕知而不究，其贝勒满洲大臣，以尔等私隐人丁，孰不怀怨？若不任尔等多得，而有较满洲更加苦累之心，岂不将满洲汉官户下人丁，和盘计算，照官职功次再为分拨乎？倘如此分拨，尔千丁者，不识应得几人也。尔众官在明国时，家下人丁若干，今有若干，何不深思之！满、汉官民虽有新旧，皆我臣庶，岂有厚薄之分？今既如此，尔等亦同满洲，三丁抽一为兵，凡出征行猎，一切差徭，俱一例分毫不缺，尔等以为何如乎？试取朕言，与尔等所言，从公忖量，有欲言者，不必疑虑，切直言之可也。且满洲之偏苦于汉人者，不但三丁抽一也，如每年牛录出守台人八名、淘铁人三名、铁匠六名、银匠五名、牧马人四名、固山下听事役二名，凡每牛录下当差者十有四家。又每年耕种以给新附之人。每牛录又出妇人三口。又耀州烧盐，畋猎取肉，供应朝鲜使臣驿马，修筑边境四城，巡视边墙，守贝勒门。又每牛录派兵一名，防守句骊河《通志》作巨流河，注即句骊河，每牛录设哨马二匹，遇有倒毙，则均摊买补。征瓦尔哈时，每牛录各喂马二三匹从征。又派摆牙喇兵十名，兵丁二三名，往来驰使，差回又令喂养所乘马匹。遇有各国投诚人来，拨给满洲见住屯堡房屋，令满洲展界移居。又分给粮谷，令其舂米纳酒，每年猎取兽肉，分给新附之人。发帑金于朝鲜，贸易布匹，仍令满洲负载，运送边城。又有窖冰之役，每年迎接新附之虎尔哈，于教场看守貂鼠猞猁狲等皮，兼运送新米。朝鲜、蒙古使至沈阳，摆牙喇章京各出人一名，逐日运给水草；夏月至，更有运给水草之役。又每年采参，负往朝鲜货卖此当即是皮岛通商，每固山以一户驻英格地方，巡缉盗踪，又以一户驻沈阳渡口，看守船只。此皆满洲偏苦之处，若不向尔等详切言之，尔等亦未必深信也。”

此段见满洲开国，此草昧之部落，而内政外交有条不紊，尚无钱币之制，纯恃实物为交易，所恃者土地闲旷，山林产珍贵之物。当天下未定，满洲人居然任其劳费，而处外族以优逸，用广招徕。生事简单，然使有久计。文字无多，细绎之，民生国计，尽心经理之法，皆见于此。尤不易者，投诚人来，授以满人见住之屯堡房屋，而原住之满人展界移居以让之。此非满洲上下真能一心，何以得此。国无大小，实心为政，虚心待人，事必有济。自太祖初兴至此，传经两代，时逾五十年，锐意图强，有进无止，而中国以万历、天启之朝局应之。思宗有志救亡，而用聚敛之臣以夺民生，信刑余之贱以斥士类，好谿刻琐细之才以拒纯正远大之议论。对敌情固茫然，对民情尤漠然。为渊驱鱼，为丛驱爵，非两两对照，不易了也！其宣谕汉官之词，和平诚恳，有以服其心，绝不压以威力，较之思宗，明知民力不任，犹曰暂累吾民一年，一年之后，更不提暂字。兴亡之判，非偶然矣！谕毕复有末尾一段，并录以尽其曲折：

> “总兵官石廷柱、马光远、王世选及副将、参将、游击，皆曰：‘控诉之事，我等不知，皆众备御所为。’遂将为首八人执之。萨哈廉问曰：‘尔等既云不知，当户部贝勒遣布丹往问时，何云知之？又何为将苦累之事备呈于部耶？’对曰：‘各备御向我等不曾言差役重科，但言欲诉帮丁八人之事，故布丹来讯我等，答云知之。至具呈之事，乃龙什、希福令我等将所有差徭，备细开写，我等无知，故尔开送奏闻。’上曰：‘诸臣既云不知，可将备御八人并释之，倘治其罪，后有苦累，亦更无敢言者。各官及备御，勿令谢恩。若谢恩，则是欲罪而复赦之也。’”

委曲周至，真能买汉奸之心。统观全文，猥陋仅能达意，自是关外原来记载，非经中国文人以瞻天颂圣之格调为之润色，且出两造口语，非虚捏之宣传文也。下各官惶恐语略之。

太宗时虽收各固山之权，而处分之法，仍视八固山为八家私物，以夺此予彼为惩劝。夫牛录而可随时予夺，必非太祖八固山并立之本意。太宗能立予夺之法，是即改革八家之专据。然自将之三固山，亦在予夺处分之内，则并立之遗迹尚存也。崇德改元时，正蓝已归太宗，故云三固山为自将。

> 《八旗通志·兵制志》军令：“崇德三年谕：凡和硕亲王、多罗郡王、多罗贝勒、固山贝子，临阵交锋，若七旗王贝勒贝子却走，一旗王贝勒贝子拒战，七旗获全，即将七旗佐领下人丁给拒战之一旗。若七旗拒战，一旗却走，即将却走人丁，分与七旗。若一旗内拒战者半，却走者半，即以却走人丁，分给本旗拒战者。有因屯札他所，未拒战而无罪者，免革人丁。其拒战之王贝勒贝子，别行给赏。若七旗未及整伍，

一旗王贝勒贝子拒战得功者，按功次大小俘获多寡赏之。野战时，本旗大臣率本旗军下马立，王贝勒贝子等率护军乘马立于后。若与敌对仗，王贝勒贝子大臣不按队伍轻进，或见敌寡妄自冲突者，夺所乘马匹及俘获人口。”

观此军令，八旗于战时，皆以王贝勒等为主将，大臣即都统以下，其责任乃主将负之，大臣可以进退，旗主之事也。旗主则以旗下人丁为赌胜之具，焉得而不以所属人为旗主之臣，使号令得行也。

自此经睿王摄政之局，天子与亲王，各挟固山之武力，与政权为消长。世祖亲政初一大改革，睿王之正白旗尤为充实，而收为自将之上三旗，遂成一定之制。余分属诸王贝勒之五旗，谓之下五旗，已绝不足言平立之旧矣。以天命间之四大王论，一王化帝，一王剥夺莽古尔泰之正蓝旗，一王递嬗阿敏之镶蓝旗，移转于弟济尔哈朗，其为原主者，仅一代善之正红旗。以天命末遗嘱所定之四小王论，其三可知者乃阿济格、多尔衮、多铎，太祖有此殊宠之三子之母，遂遭诸王所公嫉，而迫使殉，又夺阿济格之一小王，以益代善之子。又太宗自擅两旗，无可分给而暂缺其一，追取之阿敏以予济尔哈朗，始具四小王之数。实则入诸王手者已止有五旗，所谓下五旗，其中已无原来旗主，供朝廷随意分封者两旗镶白、正蓝，有原来旗主者三旗。又分天命间原属大王之旗，止有一旗正红。子孙众多，逐渐分封，世袭罔替之王，乃居其二礼亲王、克勤郡王。余郡王贝勒随世递降者不计，倘亦汉众建诸侯而小其力之意。天命后原属小王之旗，则有二旗：一由原主获罪，递嬗而来镶蓝之济尔哈朗；一由不遵太祖遗嘱，别授充数镶红之岳托。其权源本不强固，故皆有随时封入之王贝勒，而镶红为尤甚。盖旗主之武力，已减削无余，各旗自有固山额真，为天子任命之旗主，非宗藩世及之旗主。宗藩受封于旗，乃养尊处优之地，旗之行政，天子之吏掌之，则不啻有庳之封也。亲贵虽或典兵，所指挥者非有自主之本旗，特假天潢之重，以临禁旅之上，而镇摄后来归顺之杂军。所谓八旗，皆朝廷之所运用，天子特于六卿兵部之外，自为一积世之军阀，而亲贵则皆不得分焉。此清代特殊之养威居重之地也。旗主消散而禁旅归公，威棱所由极盛，旗人堕落而异军特起，种族所以渐形，此一代兴亡之大数也。

顺康间，八旗之武力，已为国家所统一，而亲王之体制，乃因从前八和硕贝勒之平行，对国家犹存各臣所属之旧，此已无碍于立国之大计，故圣祖临御甚久，尚无革除之意。至世宗因嗣统不无取巧，诸王间不尽诚服，而诸王各有臣属，视各忠其主为祖宗定制，此本八固山以来，太祖设定特殊之纲纪，旗员中有视为天经地义者。世宗于诸王，束缚驰骤，呵谴诛戮，诸王所饮恨，所属亦间与同抱不平。此为高宗以来绝无之事。盖经世宗朝之铲削芟夷，乃始全一人威福之柄，诸王之帖服，与朝士至无交往之自由。八固山对抗朝廷之习，可谓无余。而宗室与士大夫间，隔绝气类，积数十年，衣帛食粟，养尊处优，尽为尸居余气，种族益不可沟通，行能益无从比较，是为满人衰亡之渐。

康熙间，诸王皆通宾客，或罗致文学之士助其编纂书籍，以务声名。最著最大者，如《图书集成》《律历渊源》。二书皆世宗兄诚亲王允祉招致文学士陈梦雷、杨文言等所作。世宗即位后，以此为大罪，诚王幽禁而死，祸及子嗣，陈、杨则坐以败类恶名，谴逐摈斥。此事可详述别为专册。至如校勘家何焯、词臣秦道然，皆以王府宾礼而获重罪。清通礼，朝士与王贝勒等，但有途遇避道之礼，并无诣府通竭之礼。清一代，帝室近亲，绝少宫庭燕闲之乐，天子之尊严，诸王之觳觫，较之历代史书，亲属间君臣之希阔特甚，此亦一代之特色。

清代皇子不一定封王，是制度之善者。然旗下俗称，遂以封爵与王号分离，雍正间有明谕禁止。又对诸王不敢称名，亦有明禁。此于政体，未尝非不私其亲，要亦世宗防闲宗室之作用。

《雍正上谕八旗》："元年十月十六日，奉上谕：亲王、郡王等俱有封号。所以赐与封号者，盖为称呼设也，如无封号之王贝勒，即应直呼其名耳。至九贝子、十四王之称，国家并无此例。嗣后凡无封号诸王贝勒等，即呼其名，若再如前称呼，断然不可。将此晓谕八旗，并各部院衙门。至各省督抚等，如奏章内不书其名，仍有写九贝子、十四王者，该部即行奏闻。再小人等并将闲散宗室，亦称为王，又有贝勒王、贝子王、公王之称，嗣后若有如此称呼者，决不宽恕。著该部严行禁止。特谕。"

至旗人主属之分，太祖所遗之迹，及世宗而尽破除之。八旗之军政，先已移归都统。其户婚田土之事，都统虽亦理之，尚不足尽掣诸王之肘，亦并不欲旗人旗产尽隶于本旗都统。于是逐事谕禁之，设御史稽察之，令各旗交互代管之。于是一旗自为主属之界限尽去。

《雍正上谕八旗》："康熙六十一年十一月十七日，奉上谕：下五旗诸王属下人内，京官自学士侍郎以上，外官自州牧县令以上，该王辄将子弟，挑为包衣佐领下官，及哈哈珠子执事人王子之随从人，曰哈哈珠子，挫折使令者甚众，嗣后著停止挑选。其现在行走入内，系伊父兄未任以前挑选者，令其照常行走；若系伊父兄既任以后挑选者，俱著查明撤回。或有过犯，该王特欲挑选之人，著该王将情由奏明，再行挑选。特谕。"

此为加高旗员身份，以抑旗主之尊之始。

又："雍正元年正月二十九日，奉上谕：从前皇考之时，凡上三旗大臣侍卫官员人等，俱不许在诸王门下行走，即诸王属下人，非该属处亦不许私相往来。著领侍卫内大臣，及旗下大臣等，各将该管侍卫官员等严行稽察，嗣后如有私相行走之人，一经查出，即行参劾。如不纠参，经朕查出，或被旁人首告，定将该管大臣一并从重治罪。将此详悉再行晓示。特谕。”

此先断各旗属下互尊他旗旗主之路。

又：“雍正元年三月十八日，奉上谕：下五旗旗下官员兵丁，原不在诸王阿哥门下看守行走，朕与大阿哥曾经奏请，始令看守，其余并未具奏，亦尽皆仿效，今不得复行如此。且旗下官员亦不敷用，著拨回旗下当差。行走三阿哥门上者，亦著拨回。若即行撤去或有不便之处，亦未可知，著都统详议，令诸王具奏。特谕。”

此亦缩小诸王役使旗丁之范围，凡世宗在藩邸时自蹈之弊，此时皆禁断。如此者亦多，若结交外廷，需索帑项，皆有自犯于先自禁于后之事。可见圣祖时待诸王本宽，世宗特加严峻，要亦本非恶事。不具录。

又：“雍正元年六月二十九日，奉上谕：凡旗员为外吏者，每为该旗都统参领等官所制。自司以至州县，于将选之时，必勒索重贿，方肯出给咨部。及得缺后，复遣人往其任所，或称平日受恩，勒令酬报；或称家有喜丧等事，缓急求助；或以旧日私事要挟。至五旗诸王，不体恤门下人等，分外勒取，或纵门下管事人员肆意贪求，种种勒索，不可枚举。以致该员竭蹶馈送，不能洁己自好，凡亏空公帑罹罪罣黜者，多由于此。嗣后如有仍蹈前辙，恣意需索等弊，许本官密详督抚转奏，督抚即据详密奏。倘督抚瞻顾容隐，即许本官封章密揭都察院，转为密奏。倘又不为奏闻，即各御史亦得据揭密奏。务期通达下情，以除积弊。外任旗员，勿得隐忍畏惧，朕不治以干犯举首之罪。将此着内阁通行八旗、直省督抚，遍谕内外旗员知悉。特谕。”

凡世宗所力破旗下痼疾，皆自太祖以来使旗各自主所酿成。清代若不经此裁制，主权安得而尊，国本安得而定。世宗之得位或有惭德，逆取顺守，或亦不让唐宗也。

又："雍正元年七月十六日，奉上谕：满洲御史事务无多，八旗各派御史二员，亦照稽察部院衙门之例，一应事务令其稽察。如旗下有应密奏及应题参事件，俱著密行具奏。再五旗诸王，有不按定例使令旗人，及滥行治罪者，亦著查参。这所派监察御史，著调旗分派。特谕。"

自是八旗为政府以下之八衙门，非各自为政之八国矣。

八旗都统，旧为八旗臣属，已见前矣。雍正间，每以亲王郡王任各旗都统，皆系不能臣属他王贝勒者。先是康熙末年，屡以皇子办理旗务，即不欲假手于本旗王贝勒，而特命皇子出为代办。其办旗务，正居都统地位，非该旗王贝勒地位，但不能臣属于该旗王贝勒，则无可疑。惟尚非竟任为都统，至雍正间乃明任为都统矣。都统为八旗之行政官，不为臣属。于是旗之行政，尽属都统，该旗王贝勒只受其分得之包衣，受俸饷于旗内。于是旗主不但无耦国之嫌，并不预旗之内政矣。

《清史稿·圣祖诸子传》："淳度亲王允祐，康熙五十七年十月，正蓝旗满洲都统延信征西陲，命允祐管正蓝三旗事务。"《辅国公允䄉传》："康熙五十七年，命办理正蓝满洲、蒙古、汉军三旗事。"《履懿亲王允祹传》："五十七年，办理正白旗满洲、蒙古、汉军三旗事。"

此在康熙间，已用各旗王贝勒所不能臣属之亲贵，分别干与各旗之始。其每一旗色合满、蒙、汉三旗者，京师八旗宿卫驻地，以旗色分区，而以满、蒙、汉按色相次也。今再考其所以派皇子办事之故：

《八旗通志》敕谕："康熙五十七年十月三十日，谕议政大臣内大臣等曰：'每旗都统、副都统，或有起家微贱，专意徇庇，一应补放官员并佐领等事，恒有迟至数年或十年不奏者。或一官病故已久，数年尚仍给俸者。一切事件漫不稽查，甚是旷废。近闻都统石文英，不出门户，亦不见人，有事来奏，每不待事毕，只图早归，亦不瞻仰朕容，甚属不堪！正蓝旗都统颜信，前往出兵，其满洲、蒙古、汉军三旗之事，着七阿哥办理。正黄旗都统巴赛，署理将军事务，其满洲、蒙古、汉军三旗之事，着十阿哥办理。正白旗满洲都统何礼，差往云南，其满洲、蒙古、汉军三旗之事，着十二阿哥办理。如此办理，别旗各相效法，自必发愤勤事也。'"

观此谕，康熙间旗务掌于都统，而王贝勒不之问，其间正黄、正白，本属上三旗，由天子自将，即派皇子办旗务，亦无权限之分别。而正蓝则为下五旗，旗务废弛，不令该旗王贝勒整顿，乃另派皇子，固已视本旗王贝勒为享有包衣祗候之地，无过问旗务之权矣。

雍正间，则直以亲王为都统，自后更为常制，不必复言。今举雍正时之亲郡王为都统者：

礼亲王后改号康亲王时，崇安雍正间官都统，掌宗人府。

克勤郡王后改号平郡王时，雍正四年，讷尔苏削爵，子福彭袭，授右宗正，署都统。

顺承郡王锡保，雍正四年谕：锡保才具优长，乃国家实心效力之贤王，可给与亲王俸，授都统。

果郡王允礼，《雍正上谕八旗》，三年九月初八日，有谕镶红旗都统多罗果郡王允礼。

此皆见《清史稿》本传及谕旨，盖雍正间始创此例，以后则诸王之历官都统为常事，不足复道。惟康熙末之都统，似以同色旗中满洲都统，有干预蒙、汉二旗之权，当亦是雍正以后始各自为政。其满、蒙、汉各旗之都统、副都统，本不分界限，满人可作蒙、汉旗都统、副都统，蒙、汉旗人亦可作满洲都统、副都统。参领以下，则各自用本族之人。

> 《上谕八旗》："雍正元年正月初十日，奉上谕：将八旗满洲、蒙古人员，屡放汉军参领，则该旗缺出，反致乏人。汉军旗下，亦还得人，嗣后汉军参领缺出，即将汉军旗下人员，引见具奏。特谕。"

雍正初革除各旗旗主之权，复有专谕。当上三旗下五旗既分之后，所需革除者亦只有五旗，较太宗时本易为力。太宗虽始终握定两黄旗，究亦非太祖遗嘱所许，对诸王较难操切。

> 又："雍正元年七月十六日，奉上谕：看来下五旗诸王，将所属旗分佐领下人，挑取一切差役，遇有过失，辄行锁禁，籍没家产，任意扰累，殊属违例。太祖、太宗时，将旗分佐领分与诸王，非包衣佐领可比，欲其抚循之，非令其扰累之也。从前朕之伯叔为诸王时，虽渐失初意，尚未过甚。至朕兄弟辈，所分包衣佐领之人既少，而差役复多，因而不论旗分佐领、包衣佐领，一概令其当差。其余诸王，遂亦从而效之。或有不肖王等，因渔色之故，多毙人命，人所共知。且护卫等尚无不奏而擅行革退之例。如此日流而下，则五旗之人，竟有二主，何以聊生？所关甚大。嗣后仍照旧例，旗分人员，止许用为护卫、散骑郎、典仪、亲军校、亲军，或诸王挑取随侍之人，或欲令所属人内在部院衙门及旗下行走者兼管家务。或需用多人，以供差役，或补用王府官职，或令随侍子侄，著列名请旨。将奉旨之处，知会该旗都统等，令都统等覆奏。其旗分人员，不许擅行治罪，必奏闻交部。如不请旨，断不可也。倘仍有将旗分人员，妄行扰累，令其多供差役，兼管散职，著该旗都统等奏闻。若都统等隐匿瞻徇，一经御史参劾，即将该都统等治罪。特谕。"

世宗钳制诸王至此，较之太祖分付八固山之意，判若天渊。然后来帝所欲抑制之诸王，旗分中人，尚有不顾天威，而效忠本主者，则祖制之约束甚久，旗人固视为纲常大义也。天无二日，民无二王，以儒家名分之说压之，始无间言。可知儒教之入人久深，过于开国之祖训也。

又："雍正元年十二月初一日奉上谕：'老安郡王（太祖八子饶余郡王阿巴泰子岳乐）居心甚属不善，谄附辅政大臣等，又恃伊辈长，种种触忤皇考之处，不可悉述。皇考宽仁，加以容宥。以如此之深恩，而安郡王之诸子，全然不知感戴竭诚，效力行走，马尔浑、京喜、吴尔占等兄弟之中，互相倾轧，恣行钻营，塞恒图又生妄想，冀得王爵，残害骨肉，以致皇考郁闷等事，系众所共知者。安郡王诸子之中，马尔浑尚属安分，其子华启，亦无恶处。上天不佑，将应袭封王爵之人令其绝嗣，因此皇考稍加踌躇审度，而安郡王之子孙，即怨及皇考，以至吴尔占、塞恒图等，屡次形于辞色之间。夫国家恩施，岂可倚恃而强邀乎？今廉亲王以不袭封安郡王之故，钻营谗害，离间宗室，摇动该王属下人等之心。以累世仰受太祖、太宗、世祖、圣祖恩施之旧人，岂肯倚附此辈，以遂其扰乱国家之意？今强欲令袭封安郡王，则朕从容施恩之本意俱不可行矣。将袭封安郡王之本发回，不准承袭。其属下佐领，朕俱撤出，另赐他人。'将由安郡王之属下撤出给与廉亲王、怡亲王之佐领下人等传集，宣旨谕云：'尔等俱系朕之臣下，国家惟有一主，朕将尔王不准承袭者，其故如此。尔等若知尔王之罪，当即仰遵朕所办理，衷心悦服，竭诚为国效力行走。倘仍顾念旧日属王，违背大义，沽取小忠之名，而蹙额致怨于朕，尔等即将尔王屈抑之处，表白声明具奏。若所陈得理，朕即袭封尔王，并将尔等给回旧属；如谓王本无功，其罪案是实，略无游移，则更有何言？不于奉旨赐给之王处，效力行走，仍顾恋旧主，以廉亲王为尔王属下之婿，钻营行走，朕必诛之。'再将赐给廉亲王之安郡王属下佐领，俱撤出给予怡亲王。并降旨于怡亲王：'此所给人内，如有为其旧日属主，致怨于朕，及不肯奉尔为主，一心效力行走者，以至形于颜色之间，或有仍瞻顾钻营于其间者，王即奏闻，朕必将伊置之于法。特谕。'”

谕中亦以旗下属人顾恋旧主为效忠，不敢遽以遵守祖训为罪，故有此反复开谕之文。惟其取咎之故，实在廉亲王之欲助安郡王。廉亲王即后来之阿其那，乃安郡王之外孙婿。安郡王功在国史，此忽谓其无功，则挟帝王之势以临之，人亦无敢反驳。要之雍正谕旨，皆支离词费，半由对兄弟有惭德，半由所革除者为祖制，不能不烦琐言之，冀达其意也。

又："雍正三年五月二十日奉上谕，旗下所存之官房，若令各该旗管理，参领等或有作弊之处，亦未可定，相应调旗管理为善。镶黄旗之房，着正白旗管理。正白旗之房，着镶黄旗管理。镶白旗之房，着正蓝旗管理。正蓝旗之房，着镶白旗管理。正黄旗之房，着正红旗管理。正红旗之房，着正黄旗管理。镶红旗之房，着镶蓝旗管理。镶蓝旗之房，着镶红旗管理。特谕。"

虽一房产之微，亦不能由各旗自为窟穴，太祖所命八固山各自为主之制，可云摧灭无余矣。是时乃始开屠戮兄弟之隙，知其助之者寡，然世宗犹刻刻防旧属之戴主，有决无其事而故为周内者。若雍正四年二月初五日，允祉、允祺、允祐奏述康熙年间面奉皇考罪状允禩之旨，中有云："苏努、马齐自其祖父相继以来，即为不忠。苏努之祖，即阿尔哈图土门贝勒也。在太祖时，因获大罪被诛。马齐之祖，原在蓝旗贝勒属下，因蓝旗贝勒获罪，移置于上三旗。伊等俱欲为祖报仇，故如此结党，败坏国家。"夫苏努可云为祖报仇，马齐特先世为蓝旗贝勒属人，亦云为祖报仇，乃为其祖代报故主之仇矣。考马齐以镶黄旗著籍，姓富察氏，父米斯翰，登朝已在康熙年，祖哈什屯，乃曾隶正蓝旗者，天聪时改隶镶黄旗，即由太宗治兄莽古尔泰弟德格类之罪，而夺其正蓝旗。世之相距远矣，其说已不足信。且按之圣祖原谕，今载《东华录》者，与允祉等所述正相反。今录以互证如下：

> 《东华录》："康熙四十八年正月，甲午，谕有曰：'马齐原系蓝旗贝勒德格类属下之人，陷害本旗贝勒，投入上三旗。问其族中，有一人身历戎行而阵亡者乎？乃不念朕恩，擅作威势。朕为人主，岂能容此？马齐之弟李荣保，妄自尊大，虚张气焰，朕屡加警戒而怙恶不悛，亦当治罪。马齐等着诸王大臣会集，速审拟奏。'是日，康亲王椿泰等遵旨审鞫马齐等，覆奏：'马齐系正蓝旗贝勒德格类属下，陷害本旗贝勒，投入上三旗。其族中并无一人行间效死者。今马齐图谋专擅，欲立允禩为皇太子。且马齐于御前拂袖而出，殊为可恶，不可留于斯世者也；李荣保妄自尊大，虚张气焰，亦甚可恶，俱应立斩。马武与马齐、李荣保，系亲兄弟，亦应立绞。马齐、马武、李荣保及马齐之兄马思喀等之子孙，有职者革职，概行枷责。其妻子并发黑龙江。马齐之族护军参领壮图等，有职者革职，其护军披甲及闲散人，俱鞭一百。'奏入，谕曰：'马齐原不谙事，此数年中起自微贱，历升至大学士。其处心设虑，无耻无情，但务贪得，朕知之已久，早欲斥之，乃潜窥朕意，而蓄是心，殊为可恶，理应立斩，以为众戒。朕因任用年久，不忍即诛，著即交允禩严行拘禁。李荣保著免死，照例枷责，亦听允禩差使。马武著革职。其族中职官，及在部院人员，俱革退，世袭之职，亦著除去，不准承袭。'又谕：'马思喀在日，曾有效力之处，著将伊子佐领三等侍卫衲尔泰，从宽释放。'"

以上康熙间议马齐罪原文，迭谕及康亲王等审鞫覆奏，反复成一谳牍，必非虚假。所云马齐之祖，乃属于德格类，而陷主以归太宗，得收入太宗亲将之镶黄旗者，岂但不为蓝旗贝勒报仇，如果有忠于蓝旗之人，且当甘心于马齐，以为蓝旗贝勒报仇耳。允祉等记忆圣祖谕旨之说，诚亦世宗所授之辞，非其本意，但此矛盾之说，实为世宗惟恐诸王贝勒旧属之为主报仇，且觉诸兄弟之尚有心腹忠党，故有此蛇影杯弓之见解。总之诸王有党，原于旧有主属之分；主属之必应效忠，原于太祖之遗训。明乎此，而世宗朝文烦意曲之处分诸王谕旨，皆有物焉为之梗，不能不曲折以达之者。其梗何在？即太祖八固山之制是已。至马齐之罪案，根本为无意识，亦非圣祖之所深罪。其后李荣保之裔大盛，女为高宗孝贤皇后，子为忠勇公传恒，孙为文襄王福康安等，固与康、雍间偶被之谴责，无影响也。

又："雍正四年五月十四日，谕有云：'当时伊等见二阿哥废黜，以为伊等奸计之所致，邪党愈加坚固，公然欲仗邪党之力，以东宫之位为可唾手而得，慢无忌惮，竟有敢与皇考相抗之意。此实朝廷之大患，国家之深忧。是以朕即位以来，百凡经理，费尽苦心，乃三年之久，顽邪尚未尽化，风俗尚未丕变。尔等满洲大臣，急宜醒悟。当日世祖章皇帝御极，正在冲龄。睿亲王辅政，大权在握。一日以黄色衣示在廷大臣，问可否衣著，而比时大臣尚力争以为不可。凡满洲耆旧内，此等行事，不可枚举，刚方正直之风，权势所不能夺者，历历可考。当时上三旗风俗，只知有君上。后因下五旗之人，与上三旗之人并用，遂染下五旗卑微之习。然从前下五旗之人，虽各有该管之主，而其心亦只知有君上，不知有管主也。何以至于今日，遂苟且卑靡，一至于此。如昨日都统五格，在朕前奏对，尚将获罪削籍之允禟，称之为主。五格乃一无知武夫，此则风俗颓坏，大义不明之故也。孟子云：'遵先王之法而过者，未之有也。'朕事事效法祖宗，愿尔等亦效法尔之祖宗，忠诚自矢，一念不移。古人云：'天无二日，民无二王。'臣子之于君上乃天经地义，苟怀二心，而存游移瞻顾之念，即为乱臣贼子，天理国法，岂能容乎？如阿灵阿、鄂伦岱等之奸恶，不明大义，其存心行事，尔等当以为戒。当日满洲风俗醇朴，尊君亲上之心，最为肫笃，虽遇天潢宗室，未尝不加礼敬，而君臣之大义必明，金石之心肠不渝。朕今日之谆谆训诫不惮反复周详者，无非欲正人心，化风俗，使国家永享升平之福耳。'"

世宗于改革旗制，明明不法祖宗，而偏以法祖为言。又言旗人之祖，如何尊君不尊主，其实乃两黄旗之尊主，其主即君耳。又以世祖初之上三旗为言，世祖之初，何尝定为上三旗？世宗亦含混言之，欺彼旗员，亦不甚明了八十年前故事。至以孔、孟之说相压，其时教化无有二义，无人敢于非圣，遂将太祖违理之制淘汰。中国历代草昧时之陋态，经儒家以六经为标帜，以孔子所举之尧、舜为归极，乃渐入于国家之正轨，此所以帝王奉为万世师也。今特以科学为不及人，以为受儒家之毒。古之儒者，六艺兼赅，若欲令人于学问中，通一二科学以应事，自是多能鄙事之一。若孟子言："天之高也，星辰之远也，苟求其故，千岁之日至，可坐而致也。"则何尝不知推步之术，然岂肯仅仅与畴人子弟争一日之短长哉？

至八旗之效用，在清代实亦有得力之处。能将军阀熔化于其中，无立时裁兵之棘手，而使习斗之兵，积悍之将，安插能满其意。用封建之法，而势力甚微，享用却甚可恃。且部曲不必尽散，包容于旗制之中，其世袭皆以佐领为单位，得一部人即编一佐领。其始于女真各部，其后推之蒙古、汉人。至其不足成旗而但能设佐领者，若俄罗斯佐领，若高丽佐领，皆以安其俘获投顺之人。苟非其遗丁自就衰微，清廷实能长守封建之信，故人亦安之。

蒙古之编为八旗也，其大宗为两次征服所得之众：一为喀尔喀部，二为察哈尔部，此皆兵力所取。其不劳兵力而来附者，则与为盟好，谓之藩部，不收编其人，不设官治其土地也。蒙旗人亦较少，满汉军旗每旗五参领，蒙旗每旗止左右二参领。此其大概也。

汉军编在招徕汉人之时，至入主汉土，则旧兵还为地方之兵，别其旗色于八旗之外，谓之绿旗，其兵即日绿营。而明季宿将之有选锋者，渠魁之有死党者，不可使之散在各地为患，则以八旗之制编之，使分得满洲豢养之利。此清初偃武修文之根本法也。《圣武记》谓：汉军旧名乌真超哈，乃满洲八旗附属之汉人。自尚、耿、孔携来大军，乃编为天佑、天助二军，遂附益之而成汉军八旗。《清史稿·兵志》亦因此说。其实不尽合事实。当其为天佑、天助等军名，即是未能变更其组织，而消化其界限。至三藩既平，而后就其力屈受编者，编为汉军。惟吴三桂所部，除散其裹胁外，悉发边远充军，不编佐领，则以罪人待之。昔在黑龙江，闻台站之军役，皆吴三桂旧部之子孙，当可信也。盖观汉军各佐领中，尚、耿、孔三家皆有，独无吴后，知必另有安插矣。

汉人在满洲军中自成为牛录者，名乌真超哈。天聪七年，始编为一旗，前已据《贰臣·马光远传》考定之矣。至《八旗通志》叙汉军缘起，特从崇德二年始，各官书亦从此始。此特由一旗分为二旗之始。既曰一旗，则在满洲八旗中分出为旗，不可不明其始也。而各书不能言之，幸有《马光远传》可据。其自崇德二年以后之演变，及清初军事大定以后之措置，清之所以能收拾全国，使数十年纵横之兵匪，得告安谧，于汉军之编制实有关系。惟编制八旗，分设佐领，自赖有满洲八旗为之根柢。组成汉军八旗以后，又赖有满洲八旗镇压而率领之，故能追随于宿卫之列，听调于驻防之令，前有躐取官禄之阶，后有长养子孙之计。武夫悍卒不散为游手无业之徒，非扰乱无谋生之地，此八旗制之大成就也。三藩以后赖此而定。中叶用兵，不甚添募，不觉安插之苦。至咸同间，旧兵不可用，清所恃为武力中坚之八旗，尽不可用，于是兵尽召募。以后，无旧安插法可用，裁者为会党，觅食于游手之中；存者亦为骈枝，糜饷于旧额之外。故有兵事时，兵尚得将而可用；无兵事以后，兵乃被裁而无可消纳，终致一决而不可收拾也。明之开国，纳兵于卫所；清之开国，纳兵于八旗。今后已见拥兵之多，未定纳兵之计，论者欲纳之于地利实业，是诚然矣。国土日蹙而地利微，民生日凋而实业尽，旋乾转坤，在当国者，刻苦以持己，为国民塞已漏之卮；诚恳于便民，为国民扶仅存之力。无不可救之危局，危局挽而消兵之策行其中，此鉴往以知来之事也。终之以《汉军佐领考略》，为清代尽其八旗之作用，此治清史之实有借鉴者矣。

**《汉军佐领考略》**

崇德二年七月，分乌真超哈汉文称汉军一旗为两旗，以昂邦章京汉文称总管石廷柱为左翼一旗固山额真；以昂邦章京马光远为右翼一旗固山额真。

四年六月，分乌真超哈二固山官属兵丁为四固山，每固山设牛录十八员，固山额真一员，梅勒章京二员，甲喇章京四员。正黄、镶黄两旗，以马光远为固山额真，马光辉、张大猷为梅勒章京，戴都、崔应泰、杨名远、张承德为甲喇章京。正白、镶白两旗，以石廷柱为固山额真，达尔汉、金维城为梅勒章京，金玉和、佟国荫、佟代为甲喇章京。正红、镶红两旗，以王世选为固山额真，吴守进、孟乔芳为梅勒章京，金砺、郎绍贞、王国光、臧国祚为甲喇章京。正蓝、镶蓝两旗，以巴颜为固山额真，李国翰、土赖为梅勒章京，张良弼、曹光弼、刘仲锦、李明时为甲喇章京。初两固山纛色皆用玄青，至是改马光远纛以玄青镶黄，石廷柱纛以玄青镶白，王世选纛以玄青镶红，巴颜纛纯用玄青。两白旗缺一甲喇章京，原文各书同。

七年六月，初，乌真超哈止设四旗，至是编为八旗，以祖泽润、刘之源、吴守进、金砺、佟图赖、石廷柱、巴颜、墨尔根辖李国翰八人为固山额真；祖可法、张大猷、马光辉、祖泽洪、王国光、郭朝忠、孟乔芳、郎绍贞、裴国珍、佟代、何济吉尔、金维城、祖泽远、刘仲锦、张存仁、曹光弼为梅勒章京。

是年七月，以锦州、松山、杏山新降官属兵丁，分给八旗之缺额者，其余男子妇女幼稚共二千有奇，编发盖州为民。又蒙古男女幼稚共四百二十有奇，又汉人八名，分赐恭顺王孔有德，男子十名，妇女幼稚十六口；怀顺王耿仲明，男子十名，妇女幼稚十二口；智顺王尚可喜，男子十名，汉人一名，妇女幼稚十二口；续顺公沈智祥，男子五名，妇女十六口；察罕喇嘛，男子三名，妇女幼稚三口；其余分赐公以下梅勒章京以上养之。

顺治二年十一月，以和硕德豫亲王多铎等招降公、侯、伯、总兵、副将、参、游等官三百七十四员，拨入八旗。三年四月，分隶投诚官于八旗，编为牛录。

十八年十月，户部请将新投诚官员，分旗安置，现到伪汉阳王马进忠之子都督佥事马自德，准入正黄旗；伪国公沐天波之子沐忠显，准入正白旗。未到伪延安王艾能奇之子、原镇国将军、今左都督艾承业，准入镶黄旗。

康熙元年三月，允义王孙征淳所请，令属下投诚各官，均拨三旗。

二十年九月，兵部题准耿昭忠等呈称：家口甚多，难以养赡，照汉军例披甲食粮，既可当差效力，又可均赡老幼家口。编为五佐领，令在京佐领管辖，每佐领下设骁骑校一员，小拨什库汉文称领催各四名，马甲各五十四名，步军拨什库兵各十三名。此五佐领，俱系耿昭忠、耿聚忠等属下，不便分晰，应将伊等本身，一并俱归入正黄旗汉军旗下。

二十一年十二月，户部议准建义将军林兴珠，既归并镶黄旗汉军，令该都统归与缺少壮丁，其佐领下应给地亩籽粒口粮，照例支给，俟支俸后裁去。所居房屋，工部给发。

二十二年十二月，命尚之孝、尚之隆等家下所有壮丁，分为五佐领，隶镶黄旗汉军旗下。

乾隆五十五年五月，安南黎维祁及属下人等，奉恩旨令其来京，归入汉军旗，分编一佐领。

摘录尚、孔、耿军收编，以明其非在称天佑、天助军时，沈志祥附。

镶黄旗汉军：第一参领第四佐领，原系定南王孔有德所属佐领，康熙二十二年进京，拨隶本旗。孔有德早亡，而其所属亦至三藩平后乃进京。原有佐领名色而不隶八旗。

第二参领第二佐领，原系随续顺公沈志祥驻防广东之佐领，初以蒋有功管理，康熙二十二年进京，拨隶本旗。

《贰臣·孔有德传》："八年天聪，三月，诏定有德军营纛旗之制，以白镶皂，别于满洲及旧汉军，号天佑兵。"

又《尚可喜传》："四月天聪八年，诏至盛京，赐敕印，授总兵。军营纛旗，以皂镶白，号天助兵。"

又《耿仲明传》："是年天聪八年秋，从征明，由大同入边，至代州，屡败敌兵。仲明每奉命出征，辄与有德偕，其军营纛旗，亦以白镶皂，号天佑兵。"

第二参领第七佐领，原系驻防福建人丁，康熙二十二年进京，始编佐领，分隶本旗。

第三参领第三佐领，原系定南王孔有德所属人丁，康熙二十二年进京，始编佐领，分隶本旗。孔军亦不尽有佐领名色。

第三参领第八佐领，原随续顺公沈志祥驻防广东人丁，康熙二十四年进京，始编佐领，分隶本旗。

《贰臣·沈志祥传》："崇德六年，率所部随大军围锦县。七年，凯旋，赐貂裘及降户。志祥请全部众隶八旗汉军，于是隶正白旗。"按虽有此文，殊未能符事实，见下各文。

第四参领第八佐领，原系随平南王尚可喜驻防广东人丁，康熙二十二年进京，编为佐领，分隶本旗。

第五参领第七佐领，原系定南王孔有德所属佐领，初以刘进孝管理，康熙二十二年进京，始隶本旗。

正黄旗汉军：第一参领第一佐领，系康熙十八年，将定南王孔有德所属官兵，编为佐领。孔部亦有先于平三藩而编佐领者。第二参领第一佐领同。

又第五佐领，系康熙二十年编设。《通志》案：此佐领系耿昭忠、耿聚忠因所属家口人众，分编为五佐领。雍正十一年，作为世管佐领。乾隆三年，奏定为勋旧佐领。又乾隆三年七月二十九日，正黄旗汉军都统奏：臣旗耿姓三个公中佐领，奉旨改为世管佐领，其佐领下人等，应作为属下，或作为另户，恭请钦定。奉旨：此佐领照前所降谕旨，仍作为世管，其佐领下人等，俱实系另户。著晓谕伊等知之。

第三参领第八佐领，系康熙二十二年编设，初隶镶红旗。三十七年，此佐领拨隶本旗。《通志》案：此佐领原系耿精忠属下，随将军马九玉征云南兵丁一千，于康熙二十一年进京，编为五佐领之一，属苏彦卓克托公。

第四参领第一佐领，系康熙二十四年，将随续顺公沈熊昭驻防广东之壮丁一百四十八名，编为佐领。沈氏家兵，至易世后犹待编旗。

又第七佐领，系康熙二十年编设。《通志》案：此佐领原系和硕额驸耿昭忠等，因随伊祖投诚人多，不能养赡，部议编为五佐领之一。陈都策第五任革退后，因卢世英呈控，经王大臣议，请将五佐领内航海旧人、关东旧人、公主媵人七百余名编为公中佐领三。其福建等省随来壮丁，及耿姓各户下家人三百余名，编为耿姓世管佐领二。此即三公中佐领之一也。乾隆三年，又因耿化祚呈控，复奏请将三公中二世管，俱照镶蓝旗尚维邦佐领例，一体作为福珠里佐领。奉旨：两世管佐领作为福珠里佐领，三公中佐领作为世管佐领。乾隆十五年，奉旨仍为公中佐领。“福珠里”华言勋旧。

第五参领第二佐领，康熙二十年编设。《通志》案：此佐领亦系以耿昭忠等随来壮丁编立。雍正十一年，另编为公中佐领，以金通保管理。金通保本参领，承耿化祚缘事革退后。乾隆三年，作为世管佐领。乾隆十五年，奉旨仍为公中佐领。

又第五佐领，系康熙十八年，将随定南王孔有德驻防广西之官兵编为牛录。

正白旗汉军：第二参领第三佐领，原系定南王孔有德所属佐领，初以王守仁管理，康熙二十一年进京。

第四参领第四佐领，系康熙十八年，将定南王孔有德所属官兵编为佐领。

又第八佐领，系康熙二十二年，将平南王尚可喜所属官兵编为佐领。

第五参领第二佐领，系康熙二十四年，将续顺公沈熊昭进京之兵丁编为佐领。其第一佐领内，亦有续顺公沈铎、续顺公沈广文两次管理。

又第八佐领，系康熙二十六年，将广东进京之兵丁编为佐领。

正红旗：第一参领第一佐领，系顺治元年，将定南王孔有德所属人丁，编为牛录。初隶正黄旗，雍正四年始拨隶本旗。

第三参领第三佐领，系驻防福建佐领，康熙二十二年进京，分隶镶蓝旗。四十六年，拨隶正黄旗，雍正四年始拨隶本旗。

又第五佐领，系康熙二十二年，将驻防广东兵丁，编为佐领。初隶正黄旗，雍正四年，始拨隶本旗。

第四参领第四佐领，系康熙二十二年，将驻防广东兵丁，编为佐领。初隶正黄旗，雍正六年始拨隶本旗。

第五参领第五佐领，原系定南王孔有德所属佐领，初以陈述林管理。康熙二十二年进京，分隶正黄旗，雍正四年，始拨隶本旗。

镶白旗：第三参领第五佐领，系康熙二十二年，将广西驻防兵丁，编为佐领。初隶正白旗，雍正四年拨隶本旗。

又第六佐领，系康熙二十二年，将广东驻防兵丁，编为佐领。初隶正白旗，雍正四年拨隶本旗。

第四参领第五佐领，系康熙二十二年编设。初隶正白旗，以三品官线缄管理。线缄故，以其弟线绪管理。线绪故，以阿恩哈尼哈番石显爵管理。石显爵故，雍正四年，此佐领拨隶本旗。以后乃均不由线姓。按线国安于康熙十三年，从吴三桂叛，十五年病死，子成仁复归顺，原系孔部。

又第六佐领，系康熙二十二年，将广东驻防兵丁，编为佐领。初隶镶黄旗，雍正九年，拨隶本旗。

正蓝旗：第四参领第六佐领，系康熙十八年，将定南王孔有德所属官兵编设佐领。

第五参领第六佐领，原系定南王孔有德所属佐领，康熙二十二年进京，分隶正白旗，雍正九年拨隶本旗。

镶蓝旗：第二参领第三佐领，系康熙二十二年，将福建驻防兵丁，编为佐领。

第五参领第五佐领，系康熙二十三年编设。《通志》案：此系康熙年间，赏给尚之隆五佐领之一，于乾隆三十九年，因佐领出缺，奏请调取拟正人员。奉旨：此佐领虽系尚之隆亲子孙，分定三佐领内之一，但既经管理两个，若仍令伊支派管理，未免过优。着将此一佐领作为伊合族内公中佐领。按尚之隆五佐领，皆在本旗内，其孰为之隆亲子孙管理之两个佐领，志未明载，其佐领数如下：

第一参领第六佐领，系康熙二十三年编设。初以王国瑞管理，王国瑞因病辞退，以尚崇垣管理。以下皆归尚氏世管。

第二参领第五佐领，系康熙二十三年编立。初以田毓英管理，田毓英故，以骁骑校刘思义管理，刘思义故，以尚崇廙管理。以下归尚氏世管。

第三参领第五佐领，系康熙二十二年编设。初以尚崇志管理。以下皆尚氏世管。

第四参领第六佐领，系康熙二十三年编设。初以李芳臣管理，李芳臣缘事革退，以拜唐阿尚之缙管理。以下归尚氏世管。

《兵制志》二：

雍正八年上谕："前汉军恳请出兵效力，朕谕该都统等，汉军骑射生疏，平时不肯演习，而务出征效力之虚名，于事无益，可于每旗操演兵丁千名备用。昨据都统等奏：镶黄、正黄、正白三旗，除常行当差兵外，现在轮流操演，可得千人。正红、镶白、镶红、正蓝、镶蓝五旗，除当差外，不敷千人之数。我朝定鼎，汉军从龙入关，技勇皆可用。今承平日久，耽于安逸，是以武艺远不如前。目今官至提镇副参者，寥寥无几，而在内简用都统副都统时，亦难其人。朕思汉军生齿日繁，当筹所以教养之道，而额设之兵，为数又少，似应酌量加增，于国家营伍，旗人生计，均有裨益。且如在外驻防汉军，子弟日渐繁衍，即本身钱粮，各有定数，难以养赡，应令余丁回京当差。又如外任官子弟，往往以随任为名，游荡荒废，前曾有旨严禁，悉令回京当差，学习弓马。又如候缺微员，一时难以铨选者，若情愿入伍当差，到选班时，仍许轮流补用。又如内府人丁亦众，于充役当差外，其闲散人丁拨入八旗充骁骑亦可。再五旗诸王之汉军佐领，仍属本王外，其贝勒贝子公等之汉军佐领，实无所用，应撤归旗下公中当差，且可免掣肘之虞。其如何增设汉军佐领，永远可行，著详议具奏。"嗣议定：汉军镶黄旗，四十三佐领有半；正黄、正白二旗皆四十二佐领；正红旗二十七佐领有半；镶白旗二十八佐领；镶红旗二十七佐领；正蓝、镶蓝各二十八佐领。通计领催、枪手、炮手、棉甲兵、教养兵、铜铁匠、弓匠、听差、护城、守门、守炮、守火药局、守教场以及步军、门军，共一万七千五百二十八人。今应于原有之二百六十五佐领及两半分佐领外，增设三佐领，并增两半分为两整分。上三旗每旗定为四十佐领，下五旗每旗补足三十佐领，共二百七十佐领。其新设佐领下，应增领催十五名，步军领催三名，步军四十八名。每佐领增足枪手四十名，棉甲兵八十名。上三旗每旗补足教养兵一百八十八名，下五旗补足教养兵一百四十九名。共增兵二千四百七十二名，以足二万之数。至所增各项兵丁，应于在京闲散壮丁及外省驻防汉军余丁、外官随任子弟愿充骁骑者并候选未得之微员内选补。再下五旗汉军佐领，除王等仍旧分设外，贝勒、贝子等佐领，悉归各旗，作为公中佐领。

按汉军佐领，皆天下初定时招纳之叛降骁悍。清既为之编制，始终未尝歧视。历世既久，尚悉心理其传袭之纠纷，使之得所，倚恃朝廷，为世世豢养之计，此亦清之取信于降人，不使生心。观《封爵表》，贰臣所封之爵，多传至辛亥失国乃止。

其所谓诸王贝勒下之汉军，则包衣内之佐领，非汉军八旗之佐领。包衣内汉人投入愿为奴隶者，尚不得与汉军旗比。汉军旗尚以残余武力受编，在国家为息事宁人之计；包衣乃自愿受役而投旗者。又清初汉官过犯免死者，往往令入汉军旗。乾隆时则以汉军生齿繁多，又准其自愿呈请出旗矣。

# 第二编

# 各　论

# 第一章　开国

清之开国，不能谓于国民先有何种功德。本以女真崛兴东北，难言政治知识。顾其族为善接受他人知识之灵敏者，其知识能随势力而进，迨其入关抚治中国，为帝王之程度，亦不在历朝明盛诸帝之下。虽然死于安乐，以致亡国，在女真之根性，实一优秀之民族也。

女真族，至清而已三有国，且愈后而愈盛，已见上编。惟其极盛，乃致灭亡。受汉族之奉养，以消磨其特长，又欲自别异于汉族。既已无能，而又显非族类，轻视与仇视交并，一旦覆之，无可留恋。此为清亡之实状。当太祖以前，未能鼓其武力，而行动即非同族各部所及。以物质之缺乏，仰中国为赡生之计，此为其常态。中国未失道时，因其所求，以为操纵，顺则与之，逆则夺之。又多存其部落，予以世职，而保其并生并育。自居于兴灭继绝、扶弱抑强之帝德，而实制其兼并坐大之图，此明以前之边计也。女真虽谲，固不能不就此束缚。自肇祖至景、显，清之所谓四祖，今皆考见其受明厚恩，为诸夷最。求高官以夸众，则予以都督之尊；求托庇以避仇，则徙之辽边之内。其详见余《明元清系通纪》。

# 第一节　太 祖

自太祖以前，可纪之事，较前代帝王开国以前之祖宗功德可为独多。余别作《明元清系通纪》，成专书数十册，今不复复述，述之自太祖始。太祖自二十五岁以前，景祖、显祖皆在，在父祖重荫之下，无事可纪。《实录》载其不得于继母等事，与创业无关，亦不述。景、显二祖，本导明总兵李成梁图其同族建州右卫酋王杲、阿台父子，而为成梁军中所骈杀。明人谓太祖以夷目余孽，俘虏孤童，给役李成梁家，成梁抚之有恩，故与李氏有香火情。以今考之，不为无因，而亦不能尽确。如谓太祖为四岁孤童，有弟舒尔哈齐更幼，皆由成梁长养，此则不确。二祖死后，太祖即与尼堪外兰寻仇，年岁相合，断不能于二祖既死，再由成梁抚之二十年，然后长大称兵。成梁之诛阿台，在万历十一年，与《清实录》相合。不数年间，明已假借太祖，官以都督，宠之以龙虎将军，亦与《清实录》略同。而《明实录》皆有年岁可纪。故四岁孤童受抚于李成梁之说，实出附会。惟太祖始起，正为成梁衰暮之年，以敷衍悍酋，期保威名，以全晚节，但得太祖表示效顺，即保奏给官，甚且弃地以饵之，为廷臣宋一韩等所纠，按臣熊廷弼所勘，俱见《实录》及诸臣章疏。又舒尔哈齐之女，有为成梁子如柏妾者，太祖之求媚于成梁，自亦无所不至。皆见《明实录》。当万历四十六年以前，太祖虽已极狡展，然朝有严命，即阳示觳觫遵守，中朝犹视为属夷首鼠常态。虽朝鲜来报建酋已立国僭号，亦不欲先诘，以为小丑戏侮，见怪不怪，可以了事。太祖亦倏进倏退，可伸可屈，深中明季苟且之隙。僭号在万历四十四年丙辰，至四十六年戊午四月十三日壬寅，以七大恨告天。(七大恨原文今不见，并非《实录》所载之文。今北京大学史料室存有天聪四年正月日印刷黄榜，为再度入关复述戊午七恨之文，事实颇有不同，当尚是戊午原状。事隔十三年，对明之心理尚未变，且明边内外耳目相接，所需此榜文之效用，尚未悟其无谓，故有复述榜发之举。可信其正是原文；纵有改篡，必最相近。《实录》之始修，已在天聪九年，时已觉榜示七恨之徒扬己丑，特史中不能不存一告天事实，乃改篡以录之。故有《实录》以后，即是改本。余别有文考之，于此不复述。）袭破抚顺，守将游击李永芳叛降。继又破清河。于是为公然犯顺，对明称兵之始。

明年，万历四十七年，即太祖称天命之四年，明发大军分四路讨建州，用杨镐为经略。镐固承平时科目庸材，李成梁已前死，镐等方倚李氏余威以自壮，固为敌人所嗤。命将调发，期日道路，尽泄于敌，太祖得设伏以待，尽覆其师。师号称四十余万，并调朝鲜兵为助。明四路将帅，忠勇骁健者皆殉，刘綎、杜松，世尤惜之，坐为经略非人所误。独李如桢迟迟不进，闻败全师而还。镐之私李，李之通敌，益为世口实。是败也，天下震动，明乃用前巡按熊廷弼代镐，太祖遂敛兵不动，间以零骑掠边，如向来之草窃故技。廷弼方规画大举，事未集而中朝群议其老师怯战，排击之使去。廷弼身捍大敌，相持年余，朝廷不以未有丧失为功，而以不急挞伐为罪，于廷弼所图制胜方略，亦漠然不知且不问，以袁应泰代之。太祖知新经略易与，又大入边。天启元年三月天命六年十三日取沈阳，二十一日即取辽阳。袁应泰自焚死。中朝又大震，复起熊廷弼而斥前之攻廷弼者。而太祖则已由故居赫图阿喇移辽阳，谓之迁都，一改其寇钞出入，饱即扬去之故态矣。

明既复用熊廷弼，时廷臣只有党派，无一主持之人，偏私乖戾者不必言，即最和善之首相叶向高，亦以座主袒护门生王化贞，以辽东巡抚抗经略，不用其命，是为经抚不和。而内阁本兵皆袒化贞，再济之以多数之台谏，毁经而誉抚，廷弼无所措手足。李永芳在太祖军中，勾通化贞部下游击孙得功，诳化贞谓永芳内应，共图太祖。化贞恃为立功之奇秘，益藐视廷弼。廷弼乞休，廷议已允之，而太祖于天启二年正月，已攻化贞防辽河之兵。得功欲执化贞归太祖，为他将挟化贞以走，遂弃广宁；遇廷弼来救，知广宁已不守，遂偕入关。其实太祖未敢即入广宁，未敢即犯河西，廷弼愤化贞所为，以为偾事非己之罪，不以死争广宁，不以身殉关外，惟冀廷臣败后觉悟，知重己之才而用之，以收后日之效，此则廷弼之忿懥失计，亦不得为无罪也。当时经抚已尽弃关外，太祖兵所不到，亦尽为蒙古占领。明旋用孙承宗，以阁臣督师，又渐收辽西地。太祖不敢逼，于其间笼络蒙古，使与己合，以孤明边。又自辽阳徙沈阳，盖由西窥关门、北略蒙古皆近捷也。启疆心虽切，而明守关有人，即不敢动。太祖之善待时机如此。迁沈在天启五年天命十年三月，与承宗相持者三年。

天启时，魏忠贤肆恶，逐年加甚，阉党与承宗不相容。五年十月，允承宗致仕，以高第为经略。太祖知有可乘，六年正月，大举西攻。第急檄尽弃承宗所复地，退守关门。宁远前屯卫道员袁崇焕，以职守所在，固守宁远城不奉命。第无如何，但撤他列城，委宁远不顾。将吏不欲弃地者，忿第所为，从崇焕死守。太祖视宁远城小，围攻意可立拔，两日为崇焕再挫，死伤多，乃撤围还，咄咄自恨，谓生平未遇此败，疽发背，以八月殁。称号十一年。迹太祖所为，谓有积功累德，应主中国，在清代自言之则然，就史实考之，则实无有。清之取天下，纯由武力。其知结民心，反明苛政，实自世祖入关时始。《太祖实录》载初起时，以矫健警悟，当大敌不惧，受重伤不馁，以此称雄。载在清官书，不具录。要其以勇悍立威，为众所戴，遂能驱率其族，裹胁益多。自是以训练族众见长，《清实录》转不载，而《明实录》载之，录数则，可知太祖之养成武力，实已横绝一世。古云：“女真兵满万不可敌。”正以骑射之长，在汉人为特殊艺业，在女真为普通生活所必需。所未能得志于中国者，无大队部勒之法，虽有长技，亦只能零钞取胜耳。中有大豪，能取得众人信仰，再以天然识力，悟行军部勒之道，是即金世阿骨打之流矣。

> 《明实录》："万历四十八年正月壬寅，熊廷弼疏有云：奴贼战法，死兵在前，锐兵在后。死兵披重甲，骑双马冲前。前虽死而后乃复前，莫敢退，退则锐兵从后杀之。待其冲动我阵，而后锐兵始乘其胜。一一效阿骨打、兀术所为，与西北虏精锐在前，老弱居后者不同。此必非我之弓矢决骤所能抵敌也，惟火器战车一法可以御之。"
>
> 又："天启元年正月壬寅，户科给事中赵时用疏请练兵，言：臣闻奴酋练兵，始则试人于跳涧，号曰水练，继则习之以越坑，号曰火练。能者受上赏，不用命者辄杀之。故人莫敢退缩。"

凡此皆明廷之所闻奏，事在太祖称天命之第五第六年。此可以知清兴之武力。

太祖又习知中国事，据《明实录》，朝贡亲到北京者三次。

万历十八年四月庚子，建州等卫女真夷人奴儿哈赤等一百八员名，进贡到京，宴赏如例。按上年九月乙卯，始命建州都指挥奴儿哈赤为都督佥事。盖受此升职以后亲来朝贡也。《清实录》叙太祖受明都督职，在二祖为李成梁所毙时，并将授龙虎将军亦并为一时之事，皆故事简略之语。

又：二十六年十月癸酉，宴建州等卫进贡夷人奴儿哈赤等，遣侯陈良弼待。是为二次入京。

又：二十九年十二年乙丑，宴建州等卫贡夷奴儿哈赤等一百九十九名，侯陈良弼待。是为三次入京。

又有言太祖以佣工禁内，窥瞯多年者。

《明实录》:“万历四十七年三月戊戌，户科给事中官应震奏保京师三议。一日皇城巡视应议：闻奴酋原系王杲家奴，在昔杲悬首藁街时，奴怀忿恚，寻即匿名，佣工禁内，窥瞯多年。夫大工讵今日急务，已停而复兴，就里夹杂奸人，亦所时有，今须急停，以防意外。”按乾清、坤宁两宫灾，在万历二十四年，自后乃有所谓大工。太祖或冒名充工人内，但亦传闻之词，似无确据。官应震意在请停大工，述此流闻语耳。

又:“五月癸未朔，户科给事中李奇珍，以陷城覆将，疏论原任辽东巡抚利瓦伊翰、经略杨镐、总兵李如桢并应逮问。又称：如柏曾纳奴弟素儿哈赤女为妾，见生第三子，至今彼中有‘奴酋女婿作镇守，未知辽东落谁手’之谣。速当械系，以快公愤。不报。”

此事当是事实。太祖与李成梁结托极深，中间并有此女为李妾之援系，又不待勾结叛将佟养性、李永芳而始一一赘为额驸也。

## 第二节　太 宗

太宗名黄台吉。往时蒙古酋长每有此名，即华言“皇太子”之音译。译音无正字，或又作“皇太极”。《清实录》以为天意预定，有此暗合之佳名。此亦无可附会之附会。

蒋氏《东华录》:“太宗文皇帝，太祖第八子，讳皇太极。史臣云：太祖名子为□□□者，国中原无汉与蒙古籍。及为汗，阅汉、蒙古书，汉之储君曰皇太子，蒙古继位者曰皇太极，天意已预定矣。”

太祖创业，以军队立国，军编为八旗，每旗主以一贝勒，八贝勒并立。崩年遗训，以此为后金国定制，不立一人为主器之子。太宗在八贝勒中，其序为第四，谓之四贝勒。在太祖时，四贝勒战功独多。太祖崩时，八旗亦未遵太祖意分配，太宗独挟两旗，势凌诸贝勒上。兄代善为大贝勒，与其子岳托、萨哈廉两人议戴太宗为八贝勒领袖，始犹与代善、阿敏、莽古尔泰三大贝勒并坐而治，余称小贝勒，不敢与诸大贝勒齿；然太祖八旗并立之遗训，未遽改也。既为领袖，乃自称天聪皇帝。天聪四年，以罪废镶蓝旗贝勒阿敏。阿敏有弟济尔哈朗，早与本旗攻战之事，与兄共为旗主，故阿敏废而旗属济尔哈朗，然并坐之大贝勒则已少一人矣。至天聪六年元旦，乃正位南面专坐，代善、莽古尔泰旁侍。是为后金国进一步之君主政体。是年，莽古尔泰死。后三年，莽古尔泰同母弟德格类又死。未几，所属追首莽古尔泰兄弟罪恶，削爵除宗籍，收所部正蓝旗归太宗自将。太宗独领三旗，盖两黄始终由太宗兼领，至是并正蓝得三旗，而诸贝勒分领各一旗，其势力大不侔矣。是为后金国又进一步之君主政体。是年为明崇祯八年，即天聪九年，得传国玉玺于元裔插汉林丹汗之太妃苏泰所。明年四月，遂废后金号，改号曰清，亦创年号曰崇德。以前天聪皇帝乃与太祖之天命同为尊号，用以纪年，乃相沿借用。至是则有年号，以天聪十年四月以后为崇德元年矣。是为更进一步公然成立之君主政体。

太宗始被推为八贝勒首，袁崇焕遣使来吊，以觇金国内情。太宗以礼报使，而明廷哗然，谓崇焕通敌。太宗以其间与明相周旋，而急攻朝鲜，以绝其从后牵掣之患。朝鲜事明最忠，太宗取城下之盟，多所约束，使朝鲜不为明助。旋以袁崇焕约和无成，遂回军指中国。明廷论方指摘崇焕，太宗乘机以反间中之，兵越山海关大路，由蒙古地入大安口，攻龙井关入遵化，京师戒严，崇焕入援。明廷有右毛文龙者，有不慊于通吊建州者，并为一谈。虽无反间，崇焕犹将不免。太宗之用间杀崇焕，直袭小说中蒋干中计故事，本极拙劣，明之君臣自有成见，与相凑合，坏此干城，而崇焕被杀，为清室驱除矣。太宗兵下遵化，在崇祯二年十一月，明能战之将，赵率教、满桂先后战没。清兵薄德胜门，起前大学士孙承宗视师，清兵退，历破京东各州县，大掠数月。至崇祯三年五月，仍由遵化出边，永平、遵化及所属各城皆复。时山陕乱势已炽，清兵又屡侵扰，明廷大困。明崇祯九年，即太宗天聪十年，四月，遂定有天下之号曰清。

天聪十年四月乙亥朔，越十有一日乙酉，黎明，太宗率诸贝勒大臣，祭告天地，受宽温仁圣皇帝尊号，建国号曰大清，改元崇德。即以是年为崇德元年。追尊始祖为泽王，高祖为庆王，曾祖为昌王，祖为福王，上太祖尊谥曰承天广运圣德神功肇纪立极仁孝武皇帝，庙号太祖，太后尊谥曰孝慈昭宪纯德真顺承天育圣武皇后。定太庙制：前殿安奉太祖太后神位，后殿安奉正中始祖，左高祖，右曾祖，左末祖各神位，右末安奉皇伯祖礼敦神位。礼敦亦于是时追封为武功郡王。

太宗建立清代时之意识，据《东华录》所载如此。此合后来记载，有可考证者数事：(一)太祖时已定国号为金，或称大金，亦称后金，是犹以女真先世帝号为荣，欲为绍述而已。至是乃辟而去之，直以金之半壁天下为未足，易一号以自标帜焉。顾其金之改为清，意义何在？余向者持论，谓清即金之谐音，盖女真语未变，特改书音近之汉字耳。闻者驳之，谓金清非同音字，金为侵覃韵之合口音，与庚韵之清大不同。吾以为女真何知音韵之学，从其效汉语时所肖之音，音近即取之，故效汉语呼夫人，则曰夫金，旋作福金，又作福晋。金与晋固非音韵学家所谓同音，金与晋及人字，不更相距尤远乎？而满汉译文可以相通，何必金之不可为清也？然此究为无据之空谈。近乃得一确证，满人金息侯梁，撰有《光宣小纪》，亦称清即金之谐音，并举沈阳抚近门额，汉文称大金天聪年，其满文即终清世之大清字样。是可知金之为清，改汉不改满。有确证矣。（二）太宗追尊先代。太祖本已用汗与帝并称，显祖以上，乃仅称王号。后至顺治五年十一月，始定肇、兴、景、显四祖之称。在太宗时，惟以始受明都督官职者为始祖，谓之都督孟特穆。其近代则自高祖起，为追尊所及之限，故此时所封庆王，后来所尊为兴祖，不必有何勋望。无庸疑其为建州左卫以外，别有传说。（三）当太宗时，高曾祖考，俱在四亲之内，不应祧法。其以高曾祖三世，与始祖俱安奉后殿者，以别于手创大业之太祖而已。后世乃以后殿为即祧庙，此中国士大夫之礼学，实非太宗所知，顾一成不改，遂为清一代之庙制。自雍正以后，显祖以上适在可祧之列，遂以后殿为祧庙耳。（四）后殿神位，原有五座，武功郡王礼敦，俨然与四祖并尊。此亦当时草昧之制。后于崇德四年八月，退礼敦为配享之列。此惟见《清史稿·礼敦传》，而清史于乾隆间补《武功郡王等列传》，直以礼敦为崇德元年即配享太庙，配享则应在两庑。且《东华录》对崇德元年，亦明言配享者为费英东、额亦都两人。时但有功臣配享，未知有宗室配享也。盖至崇德四年而稍悟庙制之非，后殿乃独存四祖矣。（五）崇德建元，实是纪元之始，以前天命天聪皆尊号，非与一国臣民纪年之用。说已见前。

太宗之建清国，其动机在上年八月，得元代传国玉玺于元裔林丹汗之苏泰太后。林丹汗为元顺帝后，居察哈尔逼明边，明谓之插汉，自以为蒙古大汗。虐视近边蒙古诸部，为诸部所不附。清于天聪八年，以兵逼林丹汗走死，逾年得其传国玺，乃定立国之计。先由诸王贝勒偕已附之蒙古部落劝进，并告朝鲜，使预劝进之列。朝鲜忠于明，不肯从。太宗既改号，首伐朝鲜，灭其国，胁其君伏罪而复置之，自是朝鲜不敢复通于明，称臣质子，永为清属国矣。明方苦于内乱。崇德二年，即明崇祯十年，既下朝鲜，明年即复入塞，明督师侍郎卢象升战死。又明年，移蓟辽总督洪承畴御清，内乱益炽。承畴与清相持于宁锦，太宗攻之累年，以崇德七年二月克松山，承畴降，遂下锦州。冬十一月，又入蓟州，连下畿南山东州县，至明年四月乃北还。时为明崇祯十六年。李自成势力已遍及中原，明祚岌岌，而太宗以其年八月初九日庚午崩，世祖以六龄嗣位，遂为代明有国统一华夏之主。

## 第三节 世 祖

世祖名福临，太宗第九子，以崇德八年八月二十六日丁亥袭父位。由叔父睿亲王多尔衮、从叔父郑亲王济尔哈朗同辅政。诏以明年为顺治元年。事既定，即以兵乘明之扰，累犯关外诸城，然不能薄关门也。顺治元年三月十九日丁未，李自成陷京师内城，帝自经。自成称帝，国号大顺，改元永昌。四月初四日辛酉，秘书院大学士范文程启摄政王入定中原，略言：

> 上帝潜为启佑，正摄政诸王建功立业之会，成丕业以垂休万禩者此时，失机会而贻悔将来者亦此时。中原荼苦已极，黔首无依，思择令主，以图乐业。间有一二婴城负固，自为身家计，非为君效死也。明之受病，已不可治，大河以北，定属他人。其土地人民，不患不得，患得而不为我有耳。我虽与明争天下，实与流寇角也。今日当任贤以抚众，使之近悦远来，蠢兹流孽，亦将臣属于我。彼明之君，知我规模非复往昔，言归于好，亦未可知。倘不此之务，是徒劳我国之力，反为流寇驱民也。举已成之局而置之，后乃与流寇争，非长策矣。往者弃遵化，屠永平，两经深入而返，彼地官民必以我为无大志，纵来归附，未必抚恤，因怀携贰，盖有之矣。然而有已服者，有未服宜抚者。是当严申纪律，秋毫勿犯，复宣谕以昔日不守内地之由，及今进取中原之意，而官仍其职，民复其业，录贤能，恤无告，风声翕然，大河以北，

可传檄而定。河北一定，可令各城官吏移其妻子，避患于我军，因以为质，又拔其德誉素著者，置之班行，俾各朝夕献纳。王于众论，择善酌行，闻见广而政事有时措之宜矣。此行或直趋燕京，或相机进取，要于入边后山海、长城以西，择一坚城，顿兵而守，以为门户，我师往来，斯为甚便。

文程此言，于清之开国，关系甚巨。摄政王时非一人，故文中累称摄政诸王。清侥天幸，以多尔衮入关成大功，其明达足以听纳正论。然其时能持论者，实无几人，旧人中惟文程，降臣中惟洪承畴，为有见地。而多尔衮皆能虚受其言。此文为文程预定大计之始，盖犹但料明之必亡，尚未知明帝之已死也。《东华录》所载如此。清《国史》本传已修饰而失真相，《史稿》更甚。今虽未见初修之《太宗实录》，要知《东华录》中文程之文，必犹近原状，以其暴露清军以往之态度，尚非有成大业之志，必为后来之所讳言也。自今以前，武力劲矣，招降纳叛之道得矣，惟要结关内之人心，殊未留意。所留意者在钞掠，自不能恤人疾苦。自今乃以救民水火为言，多尔衮深纳之，此为王业之第一步。是月七日甲子，祭告南伐。翌日乙丑，赐多尔衮大将军敕印。丙寅启行，十三日庚午，次辽河，已知北京破。以军事谘洪承畴，承畴上启，略如文程指，皆为清有天下之大关键。而多尔衮之能听受，则天之所以厚清而生此美质也。承畴略言：

我兵天下无敌，将帅同心，步伍整肃。流寇可一战而除，宇内可计日而定。宜先遣官宣布王令：此行特扫除逆乱，期于灭贼，抗拒者诛。不屠人民，不焚庐舍，不掠财物。降者官则加升，军民则秋毫无犯；不服者，城下之日，诛其官吏，百姓仍予安全。有首倡内应立大功者，破格封赏。法在必行，此要务也。流寇遇弱则战，遇强则遁，今得京城，财足志骄，已无固志，一闻我军至，必焚宫殿府库西遁，贼之骡马不下

> 三十余万，昼夜兼程可二三百里。我兵抵京，贼已远去，财物悉空，亦大可惜。今宜计道里，限时日，辎重在后，精兵在前，出其不意，从蓟州、密云近京处疾行而前。贼走则即行追剿；倘坐据京城以拒我，则伐之更易。庶逆贼扑灭，神人之怒可回，更收其财畜以赏士卒，殊有益也。明守边兵弱马疲，犹可轻入；今恐贼遣精锐，伏于山谷狭处，以步兵扼路。我国骑兵不能履险，宜于骑兵内选作步兵，从高处觇其埋伏，俾步兵在后，比及入边，则步兵皆骑兵也，孰能御之？抵京之日，我兵连营城外，断陕西、宣府、大同、真、保诸路来攻，流寇虽不能与大军相拒，亦未可以昔日汉兵轻视之。

承畴此言，已知自成据京师，犹未料其先已东来及吴三桂导引入关，并不用马步迭代之法，悬兵度险，天之所启，事半功倍。然承畴固老谋深算、久熟内情之言也。

先是京师日危，明用蓟辽总督王永吉议，弃关外诸城，召宁远总兵吴三桂入卫。三桂徙宁远兵民五十万众而西，抵丰润，闻燕京已陷，不敢前。自成拘三桂父襄招三桂，而遣降将唐通、白广恩率兵向关门。三桂闻家口被掠，怒作书绝父，且急遣使至多尔衮军前乞师。多尔衮时尚未至宁远，得书即进，途次复得三桂趣进之书，兼程而行，距关十里。自成以三桂抗不受招，自将精锐二十万东击三桂，又令唐通等前锋二万骑绕出关外夹攻。多尔衮逆击，败通等于一片石。翌日，师至关，三桂出迎，大军入关。自成率众自北山横亘至海，严阵以待。是日大风，尘沙蔽天，军少，不及自成之半，多尔衮命三桂兵居右，满洲兵在其左，令曰：“敌阵大，首尾不能顾，可鳞次集我兵，对贼阵尾突之，必胜。”三桂受命，先搏战当之，风沙中咫尺莫辨，力斗良久，军士呼噪者再，风旋止，满洲铁骑横跃入阵，所向摧陷，自成方挟明太子诸王于高冈观战，俄尘开，见甲而辫发者，惊曰：“满洲至矣。”遂土崩，逐北数十里，斩获数万。自成离京师，焚宫殿，载辎重西走。多尔衮令三桂及阿济格、多铎兼程追击，勿入京。即军前承制进三桂爵平西王，令关内军人皆剃发，誓诸将曰：“此行除暴救民，灭贼安天下，勿杀无辜，勿掠财物，勿焚庐舍，违者罪之。”榜谕官民以取残不杀共享太平之意。自关以西各城堡百姓逃窜山谷者，皆还乡里剃发迎降，用文程、承畴等言也。

五月初二日己丑，多尔衮至燕京，故明文武诸臣皆出迎五里外。下令禁兵士入民家，百姓安堵。多尔衮入居武英殿。盖宫殿遭焚残破，惟此殿独完也。翌日庚寅，令兵部传檄直省郡县：归顺者官吏进秩，军民免迁徙，文武大吏籍户口钱粮兵马亲赍至京，观望者讨之。故明诸王来归者，不夺其爵。在京职官及避寇隐匿者，各以名闻录用。卒伍欲归农者听之。又翌日辛卯，令官吏军民为明帝发丧，三日后服除，礼部太常寺具帝礼以葬。初六日癸巳，令故明内阁部院诸臣：以原官同满洲官一体办理。初八日乙未，阿济格等报及李自成于庆都，击败之，追至真定，又破走之，近畿诸郡县皆降。二十二日己酉，葬故明庄烈帝，后周氏，妃袁氏，熹宗后张氏，神宗妃刘氏，并如制。先是三月二十八日丙辰，迁帝后梓宫于昌平，昌平人启田贵妃墓以葬，至是用帝礼为改葬也。至七月庚子，并设故明长陵以下十四陵官吏，司守护焉。

霸者假借仁义，亦可与王者同功。要其优礼前代之意虽假，而于宽恤民生，使久罹水火之人倚我以图苏息，则事实不可诬也。当天命、天聪间，未尝不厚结关外之人及关内来归之人，然未能推此意于关内。观其累次犯塞，辄挟告天七大恨榜文，向关内军民布告，此于收拾人心有何益处？岂明之军民见此榜而代为不平，亦有仇明顺敌之意乎？固知天聪以前，清固以悍夷自处，绝未有得天下之意识也。崇德改元以后，亦未见若何改观。及此而始自命王者之师，居然大异于昔。多尔衮于征朝鲜时，《朝鲜实录》中载其举动，在满洲中独为温雅得体，固其资质之美，即天之所以启女真，生才非意想所及也。而其最大之献纳，莫如范文程，节录文程清《国史》本传如下：

> 文程从师渡辽河，吴三桂来乞师，文程曰："闯寇猖狂，中原涂炭，近且倾覆京师，戕厥君后，此必讨之贼。我国家上下同心，兵甲选炼，诚声罪以临之，恤其士夫，拯厥黎庶，兵以义动，何功不成？"复言："好生者天之德，兵者圣人不得已而用之，自古未有嗜杀而得天下者。国家欲统一区夏，非乂安百姓不可。"于是申严纪律，妄杀者有罪。既败流贼二十万于山海关，我兵长驱而西，民多逃匿，文程草檄宣谕曰："义兵之来，为尔等复君父仇，所诛者惟闯贼。师律素严，必不汝害。"民心遂安。师入北京，建议备礼葬明崇祯帝。时宫阙灰烬，百度废弛，文程收集诸曹册籍，布文告，给军需，事无巨细，咸与议焉。

以上见摄政王之所行，皆文程之所议拟。其尤为清一代永久惠民之政者，则立除明季加派一事，能立起人民乐生之心，而天下已大致定矣。至清一代竟能永行之，以不加赋为祖训，为定制，此则清之自有器量，能收名臣之用者，必其意度亦本与契合可想也。《文程传》又言：

> 明季赋额屡增，而籍皆毁于寇，惟万历时故籍存。或欲于直省求新册，文程不可，曰："即此为额，犹恐病民，岂可更求哉？"自是天下田赋，悉照万历年间则例征收，除天启、崇祯年间诸加派，民获苏息。

摄政王既定燕京，即派员率师先定山东、山西，盖由近渐及远省。明福王以五月戊子朔，由马士英以兵拥戴入南京，初三日即监国位，十五日进称帝，建号弘光。当拥立福王时，向时持清议者，皆以北都党案反复，王为郑贵妃孙，郑氏乃造成各案之主体，又以王失教无善行，意不欲赞定策议。为士英所胁，而诸不快意于清流者群和之，自始即挟有意见。以诸正人于拥立有异议，激王疏远正人，出史可法于外，以士英当国，起用阉党阮大铖，尽翻逆案。国事皆在马、阮，王又童昏，南都事不可为。而摄政王于六月十一日丁卯，与诸王大臣定议，建都燕京，遣使奉迎车驾。世祖以九月十九日甲辰，自正阳门入宫。十月乙卯朔，亲诣南郊告祭天地，即皇帝位，颁大清《时宪历》。翌日丙辰，以孔子六十五代孙允植袭封衍圣公，其五经博士等官袭封如故。十日甲子，上御皇极门颁诏天下，大赦。乃议佐命开国亲郡王及满洲诸臣封爵，所司损益前典以闻，并察归降文武官绅，其先后轻重之序如是。诏中除宣赦外，悉属蠲除明季苛杂加派赋税，地亩钱粮悉照前明会计录，自顺治元年五月朔起，如额征解，盐法亦然。凡加派各饷，俱行蠲免，仍免本年额引三分之一。又自五月朔以前，所有本色折色各数十种款目钱粮，逋欠在民者，一律豁免。另一款亦系豁除逋征，当是指虽无民欠实据，亦概予豁除。至五月朔以后之蠲免，则大军经过地方，仍免正粮一半，归顺州县，非经过者，免本年三分之一。关津商税普免一年。明末所增之商税则永豁免。曾经前明因兵灾全免钱粮之地方，仍予全免，不在免半及三分免一之例。近畿六十八卫军人，明时派供内廷柴炭，永免且禁私派，招商办买充用。京城行商车户佥派徭役，及北直、河南、山东、山西等省截银，明末所已免派免解者，均照现行事例蠲除。京师东、中、西三城，因屯扎禁卫军人，不得已令官民之家迁让，其迁居之户，所有田地不拘坐落何处，概免租赋三年。南北城居家虽不迁徙，而房屋被人分居者，亦于所有田地不拘坐落何处，概免租赋一年。丁银不照原有定额，查核老幼废疾，并与豁免。军民年七十以上，许一丁侍养，免其徭役。明季直省屯田司助工银两，准予豁免。直省漂流挂欠及明系侵没之钱粮，已经追比在官者，自五月朔以前事件，一律免追释放。经寇劫失之钱粮亦同。凡此皆从明末人民生计之苦，曲折体贴。又于明时已有之惠恤，不因现在加惠之通令，转有废阁。此诏适合人民苦于征纳、思解倒悬之心理。与未入关前对待关内方法，截然不同。出以世祖登极诏书，实即摄政王听纳群言、熟察民瘼所得之结果，其余培风化，收人望，敬礼先代帝王贤圣，守护明代陵寝诸端，皆合中国旧来崇尚，无复夷风。摄政王乐引汉人，为满洲旧人所嫉，此亦其所收之效也。诏榜今尚有存者，《东华录》亦载全文，不能备录。《清史稿·世祖纪》，已有所删节矣。

方世祖将即位时，明使左懋第、马绍愉、陈洪范奉金币求和，为割地偏安计。不报。既继位后，逾两旬，以十月二十五日己卯，命豫亲王多铎为定国大将军，进取江南。先清河南北未服军民屯堡，所过悉平。阅数日，以英亲王阿济格为靖远大将军，西讨李自成。两王皆摄政王同母兄弟。英王直由绥德取延安、鄜州，断自成军西窜之路。豫王自河南破自成军于潼关，连败之，至西安，自成被迫东走出陕。乃命豫王移师向江南，英王专事自成。时在顺治二年四月。以是月十八日庚午，豫王师至扬州，谕明督师阁部史可法等降，不从。二十五日丁丑，克扬州，可法不屈见杀。五月初五日丙戌，清师渡江，明守将郑鸿逵等舟师溃，遂陷镇江，由丹阳、句容抵南京。初十日辛卯，明弘光帝先遁。翌日，马士英亦遁。南都士民拥狱中所囚崇祯太子出监国。十五日丙申，豫王至南京，勋臣赵之龙、阁臣王铎、部臣钱谦益等以城降。南都既下，明所以系人心者略尽。以后隆武之在闽，鲁监国之在海上，永历之在两粤、滇、黔，奔迸流离，保存名号而已。

崇祯太子之狱，始于是年三月。弘光及马、阮，以北来之太子为伪，下之狱，而朝士多信为真。士民不慊于时政，亦诽议君相。其先于上年十二月，北都先见崇祯太子，清廷以为伪，杀之，并杀认太子为真者。至南中复见太子，史可法得北使左懋第等讯，知太子已被害于北，不附和继至之太子，朝士则谓可法受马、阮胁制而然。然余考之，北都太子实不伪，即南都太子非真也。余别有专论，于此不复赘。六月，明总兵田雄、马得功等执弘光献于豫王。闰六月，英王追李自成至湖广，势穷入通城之九宫山，自缢死。是时，明唐王聿键即帝位于闽，建元隆武。鲁王以海称监国于浙。豫王多铎既克南京，并下杭州，旋召还，以贝勒勒克德浑代将。三年正月，又以太宗长子肃亲王豪格为靖远大将军，征四川。至冬十一月，清军平闽，隆武帝殉。豪格入川，张献忠战死于西充。会明遗臣复立桂王由榔于肇庆，改元永历。自成、献忠余部巨万数，先后归之。南明之兵多为归附之众，自隆武倚郑芝龙立国，郑氏即前时受抚之海寇，至永历又尽收张、李余部，不收则无兵可作声势，收之亦无弹压之力，非惟不足图功，亦且备受屈辱。清对南明，亦用汉人为前驱。使相屠杀，是为吴、尚、耿、孔四王之兵。吴三桂原为明将，所统为明之官军，尚可喜、耿仲明、孔有德皆毛文龙旧部，实盗类也。清用此诸军，自有八旗为中坚，以临督之，其势自不敌。然犹亘十余年，终世祖之世，未能悉平南方。圣祖即位后，永历帝乃为缅甸所缚献，鲁王亦卒于台湾。自是无与清对立之明。以国统言，自康熙元年以后，始为真统一中国。在述清史者可认为主体，不复以清与明为分别之词矣。

世祖开国之制度。除兵制自有八旗为根本外，余皆沿袭明制，几乎无所更改。明之积重难返，失其祖宗本意者，清能去其泰甚，颇修明明代承平故事。顺治三年三月，翻译明《洪武宝训》成，世祖制序颁行天下，直自认继明统治，与天下共遵明之祖训。此古来易代时所未有。清以为明复仇号召天下，不以因袭前代为嫌，反有收拾人心之用。明祖立法，亦实有可以修明之价值，若闭关之世不改，虽至今遵行可也。故明之代元，史家极应研究其制作。清之代明，纲纪仍旧，惟有节目之迁流，自非详考不足标其大异之点。八旗制已有详考，余从略。其驭宫庭阉宦之法，清实大胜于明。但在世祖开创时，亦已模仿明制，十年六月，设内十三衙门，严为限制，令宦官不得过四品。十三年六月，又仿明祖立铁牌，禁内官干政。此皆有复蹈明阉祸覆辙之渐。十五年三月，有大学士陈之遴、前恭顺侯吴惟华贿结内监吴良辅之狱。之遴、惟华流徙籍没，之遴遂死贬所。吴监被旨严饬，而世祖卒爱昵之，崩前五日，《实录》已书不豫，而是日尚幸悯忠寺观吴监祝发，其为自知不起，令吴监避祸耶？抑自恐命促，令所爱代为出家以媚佛求佑耶？二者必居一于此。要之世祖御世时，无改革阉寺之计，其处斩吴良辅及废十三衙门，乃世祖崩后太后及辅政诸臣之意。此《清史》之所不详，见余《三大疑案考实》。

清入关创业，为多尔衮一手所为。世祖冲龄，政由摄政王出。当顺治七年以前，事皆摄政专断，其不为帝者，摄政自守臣节耳。屡饬廷臣致敬于帝，且自云："太宗深信诸子弟之成立，惟予能成立之。"以翼戴冲人自任，其功高而不干帝位，为自古史册所仅见。薨于顺治七年十二月初九日戊子，当时犹用帝礼，祔庙上谥，称成宗义皇帝，以称其实。乃未几以属下首告，王曾制八补黄袍，令与大东珠朝珠、黑貂褂潜置棺内等事，坐以悖逆之罪。夫既以帝号加之，凡形式上之帝制，何者为不可犯？此与追尊之诏岂非矛盾？惟王与肃王不合，囚王致死，而又取其福晋，肃王为世祖长兄，于此事不无怀愤。又于顺治五年冬至，初次郊天恩诏，尊称王为皇父，世乃传太后有下嫁摄政王之事。今见之笔墨者，惟明遗臣张煌言之《苍水诗集》，有“春官昨进新仪注，大礼恭逢太后婚”之句。确为当时人语。然苍水以邻敌在远，仇恨所敌，因传闻而作揶揄之词，难为信史。世所传则谓春官指礼部尚书，而其人则坐以钱谦益，以附会谦益之所以为高宗深恶，且传有谦益撰太后大婚诏文，清亡后顿见传播，而故老亦多信之。余考谦益未为礼部尚书，多尔衮称皇父时，谦益去国已久。且考《朝鲜实录》，当时有“拟议摄政称皇父”之语，并不涉及太后之下嫁，即其未奉大婚诏之明证。惟旧《东华录》议多尔衮罪时，有“身到皇宫内院”一语，或可为事有暧昧之据，但不必为太后有私，且有私亦与下诏大婚公然称庆有别。以其坦然尊为皇父，转信其非有暧昧之惭，直如古者尚父、仲父之君尊其臣而已。此事详见余《三大疑案考实》，不具录。摄政王之身后获咎，因缘世祖之心有不平，亦因郑亲王济尔哈朗始本同为摄政，后以多尔衮功高，已为所掩，后于四年七月又停其辅政之职，而代以多尔衮之同母弟多铎。多铎于定天下实亦功高，先摄政而死，至摄政死后，郑王再起辅政，有报怨之心，益构摄政之罪。观高宗之为摄政昭雪，极道世祖冲年受惑，诬此贤王，则其子孙自有公论，要为开创时之一大反复，不可不纪者也。

当世祖时，南方尚未悉定，然朝廷已见开明之象。前七年为摄政代行，亲政以后，虽有攻异端，宠侧妃，不无太过之失，然资禀英明，不至妨政。世传世祖之崩御非实，乃缘爱宠董鄂妃，妃死而帝为僧以殉之。盖以媚佛宠妾、并为一谈。余别有《世祖出家考实》，为三疑案之一，有以深明其不然。要其媚佛而不以布施土木病民，宠妾而不以女谒苞苴干政，惟见其理解之超，情感之笃，萧然忘其万乘之尊，真美质也。自摄政王好延揽汉人，用陈名夏，而南方名士多所荐起。亲政以后，政策仍前，由八旗掌握实力，天子则乐就汉人文学之士，书恩对命，绰有士大夫之风，居然明中叶以前气象。正、嘉以后，童昏操切之习略无存者，天下忘其为夷狄之君焉。顺治朝，通摄政亲政两时期观之，其有君人之度，略无更改。摘数事为例：

二年五月壬午朔，河道总督杨方兴进济宁州瑞麦，有三四歧者，有八歧十歧者。得旨："时和年丰，人民乐业，即是祯祥，不在瑞麦。当惠养元元，益加抚辑。"

是月丁酉，故明中书张朝聘输木千章，助建宫殿，自请议叙。谕以"用官惟贤，无因输纳授官之理"，令所司给直。

三年七月壬戌，江西巡抚李翔凤进正一真人张应景符四十幅。得旨："凡致福之道，惟在敬天勤民，安所事此？朝廷一用，天下必致效尤，其置之。"

四年正月丙午，河南巡抚吴景道以芝草产于嵩山，表贺。得旨："政教修明，时和年稔，方为祥瑞。芝草何必称奇？"

八年正月己未，世祖将亲政之前一日，户部尚书觉罗巴哈纳等入奏事毕，上问曰："外间钱粮，有无益之费否？"巴哈纳等奏曰："有。京师营建，用临清砖，土质坚细，遣官一员烧造，分派漕船装载抵通，又由五闸拨运至京，给予脚价。"上曰："营造宫殿，京师烧砖，尽可应用，又费钱粮拨运，甚属无益。漕船远涉波涛，已称极苦，用令装载带运，益增苦累。临清烧造城砖，著永行停止，原差官撤回。"越三日壬戌，江西进额造龙碗。得旨："朕方思节用，与民休息。烧造龙碗，自江西解京，动用人夫，苦累驿递，造此何益？以后永行停止。"

此可知入关以后，摄政与亲政时代无殊，皆能用中国贤明之君为法，定天下固自有气度也。明季习于苛敛，摄政时用范文程言，一切厘革。然乱世宵人，伎俩百出，尝试不已，非有明决之识，真实之意，辄为群小所眩惑。"与其有聚敛之臣，宁有盗臣"，真知此意者少矣。顺治朝不肖疆臣，时时有规复加派之请，辄废黜不行。举例如下：

> 清《国史·土国宝传》：五年五月，仍授江宁巡抚。苏、松、常三府白粮，明季佥民户输运，民以为苦。至是复明初官运制。国宝言："民户一遇佥点，往往倾家，今改官运，一切皆给于官，而经费不敷。请计亩均派运费，民皆乐从。"谕曰："佥点固属累民，加派岂容轻议。"下部察核，官运经费果不敷否。部臣言："经费未尝不敷，惟严绝克减虚冒诸弊，则用自裕。"黜国宝奏不行。华亭县有义田四万八百余亩，明光禄寺署丞顾正心置以膳宗族助差徭者。国宝初抚吴，即令有司收其米四万三千余石给兵饷。及国宝降调，以擅杀非阵擒之吴易党降调。周伯达代为巡抚，以改充织造匠粮入奏。户部议："令察勘义田在明时曾否题明，创置者有无子孙。"至是国宝以实覆奏。户部尚书巴哈纳、谢启光等核议："义田所以恤贫助徭，非入官之产，宜仍令顾正心子孙收获。至兵饷匠粮，皆有正项取给，其擅用义田米，责国宝偿还。"六年，国宝疏请加派民赋佐军需。给事中李化麟言："加派乃明季弊政，民穷盗起，大乱所由。我朝东征西讨，兴师百万，未尝累民间一丝一粟。今国宝遽议加派，开数年未有之例，滋异日无穷之累。"上复黜国宝奏不行。

此皆摄政时事，后亦持之甚谨，终清一代，以永不加赋为大训，真所谓殷鉴不远，以实心行之，非高呼爱民、图一时宣传之用者比矣。明之余弊，窟穴于其中者迭试不已，能受善言，乃能扑灭之。复举厂卫缉事之弊。再见一例：

> 《清史稿·季开生传》附《张国宪》：疏言："前朝厂卫之弊，如虎如狼，如鬼如蜮。今易锦衣为銮仪，此辈无能，逞其故智。乃臣闻有缉事员役，在内院门首访察赐画。赐画特典，内院重地，安所用其访察？城狐社鼠，小试其端，臣窃谓宜大为之防也。"疏入，下廷臣议禁止。得旨："銮仪卫专司扈从，访役缉事，一概禁止。"厂卫之祸始息。

世祖善画，得自天授，侍从之臣，往往蒙赐，具见诸家记载。此赐画自必指此，亦见其禀质之美。

世祖朝为人诟病之政事，莫如圈地、逃人两事。此为国初瞻徇满人，不得不行之策。圈地尚止一时，督捕逃人历时较久，相传为清朝之罪恶，不可不一述其真相。

（一）圈地。据《东华录》及《史稿·世祖纪》，谕户部清查无主荒地，给八旗军士，事始元年十二月丁丑。然在前十余日己未，顺天巡按柳寅东奏已言清查无主地，面条陈其圈换五便。则朝议当已发动在前。考是年七月癸卯，太监吴添寿等请照旧例遣内员征收涿州宝坻县皇庄钱粮。摄政王谕："差官必致扰民，著归并有司另项起解。"是为畿辅原有明代不属民有之地，发动于内监，思擅其弊薮，有此自效，而摄政王不从。近畿皇室及勋贵本系占夺民间之地，已经积久，取以给入关之旗军，未为不合。自朝议将定，柳寅东始以圈换为请，则纷扰起矣，然亦图一劳永逸耳。寅东奏言：

> 无主之地与有主之地犬牙相错，势必与汉民杂处，不惟今日履亩之难，日后争端易生。臣以为莫若先将州县大小，定用地多寡，使满洲自占一方，而后以察出无主地与有主地互相兑换，务使满、汉界限分明，疆理各别而后可。盖满人共聚一处，阡陌在于斯，庐舍在于斯，耕作牧放，各相友助。其便一。满人汉人，我疆我理，无相侵夺，争端不生。其便二。里役田赋，各自承办，满、汉各官，无相干涉，亦无可委卸。其便三。处分当，经界明，汉民不至窜避惊疑，得以保业安生，耕耘如故，赋役不缺。其便四。可仍者仍，可换者换，汉人乐从，其中有主者归并，自不容无主者隐匿。其便五。

此奏下户部详议速覆，越十余日，谕行清查拨给，则以满、汉分居各理疆界为言，则用寅东策矣。是为圈拨所由起。若但拨无主地，即无所谓圈矣。

谕户部："我朝建都燕京，期于久远，凡近京各州县民人无主荒田，及明国皇亲、驸马、公、侯、伯、太监等死于寇乱者，无主田地甚多。尔部可概行清查，若本主尚存，或本主已死而子弟存者，量口给予；其余田地，尽行分给东来诸王勋臣兵丁人等。此非利其土地，良以东来诸王勋臣兵丁人等无处安置，故不得不如此区画。然此等地土，若满、汉错处，必争夺不止，可令各州县乡村满汉分居，各理疆界，以杜异日争端。"

圈而后拨，其兑换能否公平，当视承办之长官。然动必有扰，自不可讳。至外省驻防，亦有故明藩府庄田等在。又有满兵初到，秩序未定，如韩慕庐所记苏州城内所居里为旗兵圈占之事。此尤军兴时之变态，不足论矣。夫圈地之扰，若清代竟永远行之，其国祚必不能如此之久。当开国时不得已而暂行，则在历史上固为可恕，且世祖明有不得已之表示，较之明代溺爱子弟，向国民婪索庄田者，尚较有羞恶是非之心。至后来之永停圈地，则在康熙年间，其时亲贵已渐就范，不需屈法以奉之，故于康熙二十四年，有顺天府府尹张吉午一奏，户部不敢议准，而圣祖特旨俞允，此可见圈地一事之可已则已，清于病民之政，实未尝如明代之甚也。

《东华录》："康熙二十四年四月戊戌，户部议覆：'顺天府府尹张吉午奏，请康熙二十四年始，凡民间开垦田亩，永免圈取。应不准行。'上谕大学士等：'凡民间开垦田亩，若圈与旗下，恐致病民，嗣后永不许圈。如旗下有当拨给者，其以户部见存旗下余田给之。'"

（二）逃人。当清室在关外，为明建州卫时，往往掠汉人为奴，视为大利。被虏者逃至朝鲜，朝鲜辄解送中国，建州恨之，时为寇于朝鲜，以为报复。此积世纠缠之事，具见《朝鲜实录》。太宗既以兵力压伏朝鲜，乃严约不许解送，而汉人尚有逃入朝鲜以求庇者，朝鲜涕泣拒之，或有不忍坐视中国人为奴，私自纵还中国者，清必予以重罚。是为满洲督捕逃人旧法。入关以后，各旗风习如故，所欲得保障于国家者，以有逃人法为最要。而其时则情伪又不同，因立法之严，有冒充逃人以害良善之事，故清初以此事为厉民之大者。世祖虽知之，时方用八旗之力以定天下，不能违国俗，拂众情也。《史稿·李裀传》独详此事，录如下：

八旗以俘获为奴仆，主遇之虐，辄亡去。汉民有愿隶八旗为奴者，谓之投充，主遇之虐，亦亡去。逃人法自此起。十一年，王大臣议："匿逃人者给其主为奴，两邻流徙，捕得在途复逃，解子亦流徙。"上以其过严，命再议。仍如原议上。十二年，裀上疏极论其弊曰："皇上为中国主，其视天下皆为一家，必别为之名曰东人，又曰旧人，已歧而二之矣。谓满洲役使军伍，犹兵与民不得不分；州县追摄逃亡，犹清勾逃兵，不得不严核：是已。然立法过重，株连太多，使海内无贫富良贱，皆惴惴莫必旦夕之命，人情汹惧，有伤元气。可为痛心者一也。法立而犯者众，当思其何利于隐匿而愍不畏死。此必有居东人为奇货，挟以为囮。殷实破家，奴婢为祸，名义荡尽。可为痛心者二也。犯法不贷，牵引不原，即大逆不道，无以加此。破一家即耗一家之贡赋，杀一人即伤一人之培养。十年生聚，十年教训，今乃用逃人法戕贼之乎？可为痛心者三也。人情不甚相远，使其居身得所，何苦相率而逃，况至三万之多！其非尽怀乡土念亲戚明矣。不思恩义维系，但欲穷其所往，法愈峻，逃愈多。可为痛心者四也。自逮捕起解，至提审赴质，道路驿骚，鸡犬不宁。无论其中冤陷实繁，而瓜蔓相寻，市鬻银铛殆尽。日复一日，生齿雕残，谁复为皇上赤子？可为痛心者五也。又不特犯者为然，饥民流离，以讥察东人故，吏闭关，民扃户，无所投止。嗟此穷黎，朝廷方蠲租煮粥，衣而食之，奈何因逃人法迫而使毙？可为痛心者六也。妇女踯躅于郊原；老稚僵仆于沟壑；强有力者，犯霜露，冒雨雪，东西迫逐，势必铤而走险。今寇孽未靖，招抚不遑，本我赤子，乃驱之作贼乎？可为痛心者七也。臣谓与其严于既逃之后，何如严于未逃之先。今逃人三次始行正法，其初犯再犯，不过鞭责。请敕今后逃人初犯即论死。皇上好生如天，不忍杀之，当仿窃盗刺字之例，初逃再逃，皆于面臂刺字，则逃人不敢逃，即逃人自不敢留矣。"疏入，留中。后十余日，下王大臣会议，佥谓所奏虽于律无罪，然七可痛情由可恶，当论死。上弗许。改议杖徙宁古塔。上命免杖，安置尚阳堡。逾年，卒。上深知逃人法过苛，绌王大臣议罪裀。十三年六月，谕曰："朕念满洲官民人等攻战勤劳，佐成大业，其家役使之人，皆获自艰辛，加之抚养。乃十余年间，背逃日众，隐匿尤多，特立严法。以一人之逃匿而株连数家；以无知之奴仆而累及官吏。皆念尔等数十年之劳苦，万不得已而设，非朕本怀也。尔等当思家人何以轻去，必非无因。尔能容彼身，彼自体尔心。若专恃严法，全不体恤，逃者日众，何益之有？朕为万国主，犯法诸人，孰非天生烝民，朝廷赤子？今后宜体朕意省改，使奴仆充盈，安享富贵。"十五年五月，复谕曰："督捕逃人事例，屡令会议，量情申法，衷诸平允。年来逃人未止，小民牵连被害者多，闻有奸徒假冒逃人，诈害百姓，将殷实之家指为窝主，挟诈不已，告到督捕，冒主认领，指诡作真，种种诈伪，重为民害。如有旗下奸宄横行，许督抚逮捕，并本主治罪。"逃人祸自此渐息。

《裀传》所载，其奏疏见蒋氏《东华录》，而王《录》不载。世祖两谕，则王《录》有之，蒋《录》所未收也。想是王所据《实录》不书䄄奏，盖不欲彰当时之过。䄄意重治逃人，并不责旗下主家，而已为满人所忌恨如此。可见入关后之逃人，绝非关外时之比，乃恃国家设立重法，而旗下奸人与民人之黠者合成讹诈之局。原立法止罚重窝逃，不深究逃者，正欲保护还归之家奴，仍为旧主操作。奸人于是专放囮诱，投殷实之家寄宿，即以窝主诬之，以遂其索诈取盈之计。故重处逃人，即奸民有所畏而不敢为旗下之囮也。顺治间人文字中涉逃人者颇多，不能备录。惟其渐次救正，《䄄传》言由于世祖之两谕，观其事实，则顺治朝犹未改督捕之功令，至康熙时乃并无所事于督捕，则弊根为已拔矣。兹先详督捕衙门之设立。

《史稿·魏管传》："八旗逃人，初属兵部督捕，部议改归大理寺。管疏言其不便，时琯为大理卿。乃设兵部督捕侍郎专董其事。"时即以管为督捕右侍郎，见《东华录》十一年正月甲辰。《管传》失载，《贰臣·管传》亦失载。

清《国史·吴达礼传》："十一年正月，上以八旗逃人日众，增设兵部督捕侍郎、郎中、员外、主事等官，另置廨署，专理缉捕事，擢吴达礼为左侍郎。"

《史稿·职官志》兵部下："十一年，增置督捕满左侍郎、汉右侍郎各一人，汉协理督捕太仆寺少卿二人。寻改左右理事官满汉各一人。满汉郎中各一人。员外郎满洲七人，汉军八人，汉一人。堂主事，满洲三人，司主事一人，十四年增一人。汉主事六人，司狱二人，分理八司，当是旗各一司。掌捕政。三营将弁隶之。十二年，增置督捕员外郎八人。旗各一人。康熙三十八年，省督捕侍郎以次各官并入刑部，刑部止设督捕司，掌八旗及各省逃亡。"

顺治朝以八旗逃人为一大事，至兵部内专设衙门，而以京畿巡捕三营隶焉。官职繁多，其徇各旗王公之意无所不至。魏琯以职掌论逃人事，流徙尚阳堡，李䄄以科臣言此事继之，俱死戍所。王大臣言所奏于律无罪，然七可痛情由可恶，当论死。是论罪并不依律，但旗人以为可恶，即当论死耳。世祖亦曲从之，俾言逃人事者多死于戍所，故逃人事实为清初秕政。但至康熙中叶，已尽革此衙门，并刑部，仅为一司，所掌乃与各省应捕逃犯为同等，且旗下竟无逃人案，督捕司对旗务，转以防禁旗人无故离京为专责，则立法已平，旗人无所利于逃人，国法亦无所庇于纵逃之旗人，此事自然消灭。则一时之弊害，特国基未固时有此，尚非一朝怙恶不悛之事，如明之厂卫阉人比也。

世祖朝于明季朋党相攻，概不愿理其说。冯铨为阉党，而首先召用，至言官交攻，辄罪言者。当时用铨，取其明习故事，内阁票拟等明之旧法，由铨复行之。从前邪正派别，固非所当问。又其招降纳叛，封赏不吝，且持之以久，要之以信。降人封爵，直至清亡而始与同尽者甚多。此亦见定天下之气度，能使武夫悍将，释甲来归，功名可保，既降者心安，未降者亦知劝，检《史稿·封爵表》，一一可见。举一最显之事为例。如牛金星，为李自成丞相，明国亡君殉，皆系此人。当自成据燕京时，金星以宰相之威福，记载洋溢，逮自成败后，金星归宿，世颇忘之。《史稿·季开生传》附《常若柱》，乃悉金星入清之仕履，并世祖之优容焉。《若柱传》如下：

> 若柱疏言："贼相牛金星，弑君残民，抗拒王师，力尽始降，宜婴显戮，乃复玷列卿寺，靦颜朝右；其子铨同父作贼，冒滥为官，任湖广粮储道，赃私巨万，请将金星父子立正国法，以申公义，快人心。"得旨："流贼伪官投诚者多能效力。若柱此奏，殊不合理，应议处。"遂罢归。

以纠举金星为不合理而削职，似乎奖奸，然其时天下扰攘，方事招徕，以散乱势。若柱，陕西蒲城人，顺治四年进士，自庶吉士改给事中。则此必改官后所奏，事在世祖亲政前后，招降之事方急，所以待牛金星者如此，愿归者可以无疑矣。此所谓“雍齿且侯，吾属无患”，汉高所以为豁达大度，如此类矣。金星父子甘就此不重要之官，正新朝所视为奇货者。

# 第二章　巩固国基

## 第一节　圣祖嗣立至亲政

明后迭次建国于南方，适与世祖一朝，相为起讫。明虽数尽，清所假以驱除者，不能专恃八旗，旗军人数固不足，且尽用旗人敌汉，亦于招徕之道隔膜。故除用故明文臣任招抚外，亦用明旧帅旧军与旅距未服者，以声气相呼召，此吴三桂等诸藩之所以拥众难散也。清所倚以平定南方常为先驱者，盖有四藩。吴三桂独专亡明之功，由其手逼取永历帝于缅甸以归，有代沐氏世镇云南之意，封之为平西王，为最强之藩。耿仲明之孙精忠，袭封靖南王，及平南王尚可喜之子之信，更有定南王孔有德，虽已于顺治间为明所攻，城陷而死，然部曲犹与三藩相呼应，此为开国以来不易消之巨患。世祖未壮而崩，亲政以后，不过十年，既于明代厉民之政痛与革除，复能以笼络士大夫洗刷关外伧荒，适成一除旧布新气象。既遭短折，圣祖以八岁嗣位，又落于辅政诸臣之手。以开创大业成于两代冲龄之主，当时柄国之亲贵，惟以定国为务，不知觊觎天位，是亦孟子所谓“社稷之臣，以安社稷为悦”。明初两世有亲藩之祸，清初两世得亲贵之力，新开化之种族，淳朴有甚于汉人，此亦其不可轻量者。

世祖以顺治十八年正月初七日丁巳夜子刻崩，《史稿》误会夜子时，系于丙辰。此亦《史稿》应改正之一点。初八戊午颁遗诏，初九己未初位，改元康熙。此遗诏颇由世祖太后主持，以辅政大臣同意发布，于世祖之过举胪列无遗，引为己罪者十四事，其中以子道未终，永违太后膝下为两款。此名分之引罪。而首列渐习汉俗，于祖宗淳朴旧制日有更张为一款。又宗室诸王友爱未周为一款。满洲世臣不能专任，部院印信亦令汉官掌管为一款。求不得罪于实力所在之满臣，用意甚切。而辅政亦满臣。其以入关以来，接近汉臣为憾，盖非一日。此可见在廷之有意见。而其实世祖为已过之事而引罪，圣祖亦并未因遗诏之故而疏远汉臣。是敷衍满臣自有不得已，而宥密之地自有权衡，亦不至真为满臣所把持。此亦英明之见端，与清末之反为亲贵所挟而致亡，正有天渊之别。至见贤未能尽举，见不善未能尽退两款，虽系门面语，中有事实，亦见诚恳。厚己薄人，糜费不节两款；御朝绝少，上下否塞一款；自恃聪明，不能纳谏一款；知过未改一款，亦非政治有甘苦者不能言。而于端敬皇后即董鄂妃之丧逾滥不经一款，为世祖生时所不肯言。设立内十三衙门，与明同弊，亦不似生时爱幸吴良辅情状。《东华录》言遗诏由王熙、麻勒吉二学士所草，世祖谕令奏知皇太后宣示。而王熙自著《年谱》，叙此时又深明其有秘密不敢直言。则遗诏直由太后所改定，未必世祖临崩前所见之原草也。说详余《世祖出家考实》，不重录。两事中端敬丧之逾制，不过认已往之过，而废止十三衙门，为清一代突过往古历朝之善制。生时立此衙门，未为独有之失德，遗诏废此衙门，则真能以明为鉴，在历史为非常之举也。

废内十三衙门，处斩内监吴良辅，《清史稿》《世祖》、《圣祖》两纪互相矛盾。《世祖纪》：顺治十五年三月甲辰，书："良辅受贿伏诛。"《圣祖纪》：顺治十八年二月乙未，书：

“诛有罪内监吴良辅。”其实两俱有误。《东华录》于前一月日，书良辅贿案发觉，结之云：“良辅寻伏诛。”《史稿》忽其“寻”字，于后一月日，书谕旨废十三衙门。中有“良辅已经处斩”一语，亦未必斩于是日。惟世祖崩前五日，已书不豫，而尚亲幸法源寺为良辅祝发。知斩良辅决非世祖崩前之事，已见前。史文之待订者往往类是，幸而史料具在，可以考确，否则又成疑案，此不独《清史稿》为然也。

圣祖初年之辅政，为索尼、苏克萨哈、遏必隆、鳌拜四人，皆非宗室。受命后以非从来成例，跪请诸王、贝勒共任，诸王、贝勒以遗命不敢违，乃奏知皇太后，誓告于皇天上帝及大行灵前，中有“不私往来诸王贝勒等府，受其馈遗”之语。是亦以太后为中心，遗诏为根据，惩于前次摄政之太专，以异姓旧臣当大任，而亲王贝勒监之，其用意可见也。然事权所在，必有积重。辅政四人中，忠梗者居其二，有一专横之鳌拜，即有一缄口不语之遏必隆。康熙初仍有辅政跋扈之事。至八年五月，圣祖亲政。辅政时于国家本计，民生要务，亦无大影响。其资望最高之索尼，于康熙六年六月先卒。卒之前，因鳌拜专擅，于三月内请圣祖早亲政，而未即行。至七月己酉初七日，始行亲政礼，然鳌拜横暴犹昔。自索尼卒，鳌拜不循遗诏中原次，自居辅臣之首。先是，鳌拜以己隶镶黄旗，国初圈地，镶黄旗屯庄在保定、河间、涿州之地，嫌其瘠薄，令以正白旗所圈之蓟、遵化、迁安诸州县分地相易，正白旗地不足，别圈民地补之。令下，所涉州县旗民俱大扰，耕耨尽废。大学士兼管户部尚书苏纳海、直隶总督朱昌祚、巡抚王登联俱力争之。辅臣中惟苏克萨哈隶正白旗，不赞圈换之议，余均徇鳌拜议。尚书、督抚坐迟误阻挠论死，苏克萨哈不对，鳌拜卒矫诏并予弃市，事在五年十二月。明年圣祖亲政，苏克萨哈请守先帝陵，罢辅臣任。鳌拜与其党大学士班布尔善等谓苏克萨哈不欲归政，论以大逆，与其长子俱磔死，余子孙俱斩决，籍其家，并斩及其族人白尔赫图等。奏入，圣祖不许，鳌拜攘臂上前，强争累日，卒坐苏克萨哈后，余悉如议。又前后杀大臣不附己者。与弟侄及同党相比，至请申禁言官，不得上书陈奏。八年五月，乃诏逮鳌拜廷鞫，褫职籍没，与其子那摩佛俱禁锢之，弟侄及同党多坐死。及鳌拜死于禁所，乃释那摩佛。后圣祖晚年，念鳌拜战功多，赐一等男爵，以其后袭。世宗朝并复其一等公爵，世袭罔替，加封号曰超武。乾隆间，复降为一等男世袭。

圣祖初年辅政四臣事实及鳌拜罪状，据官书，鳌拜罪亦终不掩功。而世传圣祖逮鳌拜时，恐其不胜，至谲以取之，具见满人记载。《史稿》亦录入《本纪》云："八年五月戊申，诏逮辅臣鳌拜交廷鞫。上久悉鳌拜专横，特虑其多力难制，乃选侍卫拜唐阿年少有力者，为扑击之戏。是日鳌拜入见，即令侍卫等掊而絷之。于是有善扑营之制，以近臣领之。"云云。观上虽亲政，鳌拜攘臂上前，必行其意，竟无如之何，则帝之威令有不行，至以术取乃定。是亦见圣祖童年，早能不动声息，以销肘腋之患。而辅政之始末，亦清初一重事，不可不稍详也。

四辅臣时，有复行明季加派之失，数月即罢，未为永害，要亦辅政时之阙失。《史稿·四辅臣传》论云："四辅臣当国时，改世祖之政，必举太祖、太宗以为辞。然世祖罢明季三饷，四辅臣时复征练饷，并令并入地丁考成。此非太祖、太宗旧制然也，则又将何辞？"考此事纪传志皆不见，独见此于传论，意谓事非经久，可不特书，附著一语，亦文省事增例也。然清以不加赋为特长，非明著此变，恐成疑议。考《东华录》：顺治十八年八月甲寅，户部遵旨议覆："查明季加增练饷，并无旧案，止有遗单一纸，每亩派征一分，直隶等十三省，共计五百七十七万一千余顷，每亩一分派征，计征银五百余万两。请敕该抚于十八年为始，限三月征完解部。

至云贵系新辟地方，无旧案可查，敕该抚于见征田地内，照数征派，汇册到部。”得旨如议速行。是年十二月己未，左都御史魏裔介奏请停止。辛酉谕户部：“除顺治十八年已派外，康熙元年通行停止，尔部作速刊示，遍行晓谕，使小民咸知。”

鳌拜既逮治，圈地事停，诸被诬者皆复，或予谥恤。于是举经筵，置日讲官，改内三院大学士衔为殿阁大学士，复翰林院，用儒臣编纂经义，凡辅政时所不足于世祖朝之渐染汉俗者，次第复旧。十二年五月，侍臣请以夏至辍讲，圣祖特谕：“学问之道，宜无间断，其勿辍。”视朝讲学，纳谏求言，悉用前代盛明故事。接见士大夫之日多，士大夫浸浸向治，而撤藩之议起。

## 第二节　撤藩

南明既亡，天下绝望，谓清业可定矣。实则必危必乱之症结，其不易拔除，较之取胜于末运之朝，伸威于稔恶之寇，其难不啻倍蓰。天下初定，骄悍之武夫，反侧之凶盗，以击斗为专业，不乐归农者，屯结不散，戴一渠魁，为延其生命之计，此渠魁即今所谓军阀。清初武力，自有根柢，但用汉人号召汉族，招降纳叛，事半功倍。大势既定，则解散编制，必有一番扰乱。其所以毅然措手，不稍迟回者，亦正恃有有根柢之武力在也。其时屯结之众，统名三藩。三藩之实力，以吴三桂为首。三桂既以兵通缅甸，缚献明永历帝以自效，朝廷先撤旗兵北归，亦所以示放牛归马，将与天下更始。虽其报功之典，不能不用前明沐氏镇滇之体制相待，然逐渐裁兵，则与爵位并非一事。三桂为延长兵事计，一攻广西之陇纳山蛮，再平贵州之水西、乌撒两土司，以武功震耀于朝廷，而实厚自封殖。朝廷议裁绿营，三桂亦听命，于康熙四年奏裁云南绿旗兵五千有奇。则以绿旗为明之经制旧军，而其先所挟藩属甚众，又广收逋寇以益之，盖裁老弱而实已增精锐也。

陇纳山蛮与水西土司，用兵一在二年，一在三年，非一地，非一事。《史稿》未明清修《贰臣传》文义。水西设治，以比喇为平远，盖平远治在水西之比喇坝也。史馆不考事实，遽改比喇为陇纳。此需订正。又《三桂传》所增事实，有不尽可信者，别见下。至如称三桂为江南高邮人，籍辽东。当有所据，俟再考证。

三桂藩属，于顺治十七年三月癸亥，定平西、靖南二藩兵制时，已有佐领五十三。一佐领计有甲士二百，而丁数五倍之，计五丁出一甲，是有壮丁五万余也。分左右两都统，虽用道制，然统将皆所部署，皆其死党。是年七月戊午，又有旨如三桂请，以投诚兵分忠勇、义勇各五营，营各千二百人，统以由自成投明，由明复投三桂之剧盗马宝等十将，皆为总兵。十月复请设云南援剿四镇总兵官，以四川、湖广本任之统兵大员为之。更树死党于云、贵两省之外，贵州自由三桂兼辖，两省督抚咸受节制，用人则吏、兵二部不得掣肘，用财则户部不得稽迟，所除授号曰西选。三桂之爵，进为亲王。据五华山永历帝故宫为藩府，增华崇丽。籍沐天波庄田七百顷为藩庄。广征关市，榷盐井、金矿、铜山诸利，一切自擅。通使达赖喇嘛，互市北胜州，辽东之参，四川之黄连、附子，遣官就运转鬻收其直，富贾领其财为权子母，谓之藩本。厚饵士大夫之无籍者，择诸将子弟四方宾客肄武事，材技幅辏，朝臣一指摘，抗辞辩诘，朝廷辄为谴言者以慰之。尚、耿二藩始并封粤，耿藩旋移闽。三藩鼎踞南服，糜饷岁需二千余万，近省挽输不给，仰诸江南，绌则连章入告，既赢不复请稽核，耗天下之半。三桂专制滇中十余年，日练士马，利器械，水陆冲要，遍置私人，各省提镇，多其心腹。子应熊，尚世祖妹和硕长公主，朝政纤悉，旦夕飞报。此未撤藩前所有不可终日之势也。

西选之说，相传吴三桂所除授之官，各省皆有，每出一缺，部选者到任，往往遇西选者先到，则折回。魏源《圣武记》亦言："西选之官遍天下。"此恐传之太过。在云贵两省则必有是事，遍天下之说或非也。当时敢于论三桂者，不过三人，多得罪去。御史杨素蕴所论，专指三桂用人授官一事，疏言："三桂以分巡上湖南道胡允等十员题补云南各道，并奉差部员亦在其内，深足骇异。"又言："三桂疏称：'求于滇省，既苦索骏之无良；求于远方，又恐叱驭之不速。'则湖南、四川，去滇犹近，若京师、山东、江南，距滇不下万里，不知其所谓远者将更在何方？皇上特假便宜，不过许其就近调补耳，若尽天下之官，不分内外，不论远近，皆可择而取之，则何如归其权于吏部铨授，为名正而言顺？纵或云贵新经开辟，料理乏人，诸臣才品，为藩臣所素知，亦宜请旨令吏部签补，乃经行拟用，不亦轻朝廷而亵国体乎？"据此则当时所论三桂任官之不法，亦不过谓所辖云贵省内缺官，任意指调他省及京朝之员充补，非他省缺官，三桂辄以遣员来补也。杨《疏》在顺治十七年，虽其后三桂跋扈尚久，然天下之官有缺，何由报知滇省，而得据为选授之柄，终觉于理不近也。

康熙十二年三月，平南王尚可喜首请归老辽东，以子之信留镇粤，自率两佐领之众，及藩属孤寡老幼自随。时尚、耿二藩各有十五佐领，及绿旗兵六七千，丁口二万。部议：尽移所部随可喜归辽东。将行，而三桂、精忠以七月间先后请撤藩，以探朝旨。朝议不敢决允，惟尚书莫洛等数人独言宜撤，命议政王贝勒大臣会核，仍不敢决。圣祖特旨允二藩请，悉移辽东。分遣部院大臣入滇、粤、闽奖谕，并经理撤藩事。侍郎折尔肯、学士傅达礼至滇，三桂遂以十一月二十一日杀云南巡抚朱国治反。折尔肯等被留，贵州巡抚、总兵以下皆降，云贵总督甘文焜驻贵阳，闻变出走，为所属叛将围之，自刎死。十二月京师闻变，召还闽、粤所遣部臣，停撤尚、耿二藩。三桂自称“天下都招讨兵马大元帅”，以明年甲寅为周王元年。时天下岌岌，京师亦有称朱三太子谋放火举事者，未及期，为同党所首，获数百人，首事者遁去，勘问以为奸民杨起隆所为，非真朱三太子，而朱三太子之名则自此遍中于人心。盖自南明之亡，思明者无所系属，乃始传言明崇祯帝尚有第三子在人间，欲戴以起事者虽未辨真伪，然历数十年而卒获朱三太子其人，杀之而后心安焉。其有举动则始于是。朝命削三桂爵，以顺承郡王勒尔锦为宁南靖寇大将军，讨之，执三桂子额驸应熊下之狱。孔有德部众尚在广西，加其婿孙延龄抚蛮将军，其故将缐国安为都统，命镇广西，以恩结之。

明年春正月，三桂陷沅州，偏沅巡抚驻长沙，闻风已弃城循，总兵吴之茂以四川叛应三桂，巡抚、提督皆降，四川尽陷。夷陵总兵徐治都赴援，退守防地。二月，三桂连陷湖南诸郡，直至岳州，湖南又尽陷。孙延龄亦以广西叛。三月，耿精忠反，执福建总督范承谟幽之，巡抚降。襄阳总兵杨来嘉以谷城叛。先是，湖南、四川皆三桂分布党羽，设援剿诸镇地，至是响应甚速。四月，诏以分调禁旅遣将分防情形寄示平南王尚可喜，以笼络之，盖四藩中孔有德旧部亦已变，独尚藩未动，可喜年老，决无意发难，将留此为南方一屏蔽。而是月则诛三桂子应熊，并孙世霖，削孙延龄、耿精忠职爵，示无所瞻顾。三桂闻应熊诛，惊曰：“上少年乃能是！”初仓卒起事，天下以三桂剿绝明后，无可假借之名义，僭号为周，人心非所属。三桂至沣州，意颇前却，至是推食而起曰：“事决矣。”耿藩既变，浙东响应，精忠既遣其将马九玉、曾养性入浙，又遣白显忠犯江西，所至土匪蜂应，江西尤甚。八旗劲旅与相持于中原，迭有胜败，未能速进。朝廷通使于达赖喇嘛，欲藉其力，号召信仰黄教之青海、蒙古，由西边攻川、滇之西，发诏川、滇、黔诸省供应军食，盖以从乱之地饵蒙古军。诏书刊十三年八月初三日，此诏不见《东华录》，亦不见《史稿》叙其事日。盖亦纷乱之拙计。其后达赖喇嘛并不出蒙军，反以割地连和为请，朝议却之。诏书见存北京大学史料室，可见当时应付之不易。是时赴浙应敌者，以康亲王杰书为奉命大将军，赴粤者以安亲王岳乐为定远平寇大将军，防守陕西者，以尚书加大学士衔莫洛为经略。至十二月，陕西提督王辅臣又叛，经略莫洛死之。十四年二月，进陷兰州。自此为三桂兵力所极。广西则叛将马雄时时窥广东，尚可喜老病不能军，子之信劫其父降三桂。于是诸藩之毒尽发。甘肃尚存张勇、王进宝诸将，能与相持，中原则旗军督率地方文武渐有收复，为三藩祸既炽而地域有所限制，可与言恢复时矣。

十五年五月，抚远大将军图海败王辅臣于平凉，辅臣降，诏复其官，授靖寇将军，立功自效，诸将弁皆原之，以此鼓叛者来归之气。时官兵各路皆捷，诸藩势日蹙。十月，杰书师次延平，耿藩将耿继美以城降，精忠遣子显祚献自铸印乞降。精忠盖亦效三桂所为，称“总统兵马大将军”，蓄发易衣冠，铸“裕民通宝”钱。至是，献其印降。杰书入福州疏闻，命复其爵，从征海寇自效。盖时郑成功子经尚据台湾，是时入闽、浙，不问清军、耿军守地，乘乱略取，陷漳州，海澄公黄芳度殉。亦逼建昌，耿藩守将耿继善遁。朝廷因敕杰书速进，乘机下福州。十二月，尚之信使人诣简亲王喇布军前乞降，且乞师，愿立功赎罪。诏赦其罪，且加恩优叙。孙延龄为三桂将吴世琮所杀，踞桂林。十六年三月，以莽依图为镇南将军，赴广州。四月至南安。叛将严自明以城降，遂克南雄，入韶州。五月己卯，之信出降，命复其爵，随大军讨贼。十七年，于时三桂已起事阅六年，自称为周。三月朔，以地日蹙，援日寡，思建号以系从乱者封拜之望，用群下劝进，称帝，改元昭武，以所在衡州为定天府，置百官，大封诸将，国公、郡公、侯、伯有差。颁新历，举云、贵、川、湖乡试，号所居曰殿，瓦不及易黄，以漆髹之，构芦舍万间为朝房。筑坛衡山，行郊天即位礼。是时年六十七，老病噎，八月又病痢，噤不能语，召孙世璠于滇，未至而死。世璠抵贵阳，其下即拥嗣称帝，改号洪化。当是时，巨魁既死，孤雏继业，其下骁悍敢死之夫犹能奉以周旋。清军闻三桂死，锐气自倍，然与世璠军战，犹迭有进退，其强悍固结不易解散可知。三桂所用水师将领林兴珠，先已降，朝廷封以侯爵，资其习水之用，乃收洞庭之险，急攻湖南。将军莽依图等徇广西，吴世琮走死。西军则张勇所用赵良栋，自略阳破阳平关，克成都，王进宝自凤县破武开，取汉中，进克保宁、顺庆。鄂边将军吴丹、提督徐治都自巫山克夔州、重庆。湖南大军贝勒察尼等迭取各郡县，三桂所都衡州亦下。于十九年春，在湘之藩下诸将均归贵阳就世璠，世璠令再扰川南，降将谭弘复叛，夔州再陷。朝命罢吴丹。以赵良栋尽护四川诸军，与定远平寇大将军彰泰由湖南，平南大将军赉塔由广西，分三道入云南。十月，彰泰克镇远，薄贵阳，世璠与其将吴应麒等奔还云南。二十年正月，赉塔与彰泰两军会于云南之嵩明州。二月，进攻云南省城，并收云南各郡县，世璠拒守久不下。九月，赵良栋军亦渡金沙江来会，良栋议断昆明湖水道，速攻之。十月二十八日戊申，世璠自杀，次日，其将线绒率众降，戮世璠尸，传首京师，所署将吏悉降。十二月丁酉，遣官行祭告礼。己亥，宣捷受贺。先是群臣请上尊号，不许。癸卯，乃上太皇太后、皇太后两宫徽号，颁恩诏，赦天下。

三桂起事之年，圣祖年方冠。撤藩议起，事由尚可喜请归老而由其子代镇，非请撤也。部议遽以撤藩覆允，朝议两歧，英主独断，实已定于此时。尚藩不求撤而已撤，吴、耿乃不自安，求撤以相尝试，一旦尽允之。当日情事，于二十年十二月，群臣以大憝既除，请上尊号，圣祖召议政王大臣、大学士、九卿詹事科道等官，谕曰：“曩者平南王尚可喜奏请回籍，朕与阁臣面议，图海言断不可迁移。朕以三藩俱握兵柄，恐日久滋变，驯致不测，故决意撤回。吴三桂反叛，八年之间，兵民交困，倘复再延数年，百姓不几疲敝耶？忆尔时，惟有莫洛、米斯翰、明珠、苏拜、塞克德等言应迁移，其余并未言迁移必致反叛，议事之人至今尚多。试问当日曾有言吴三桂必反者否？及吴逆倡叛，四方扰乱，多有退而非毁，谓因迁移所致。若彼时诿过于言应撤者，尽行诛戮，则彼等含冤泉壤矣。朕自少以三藩势焰日炽，不可不撤，岂因吴三桂反叛遂诿过于人耶？贼虽已平，疮痍未复，君臣宜益加修省，恤兵养民，布宣德化，务以廉洁为本，共致太平。若遂以为功德，崇上尊称，滥邀恩赏，实可耻也！”王大臣等再以皇上一切调度，非臣等意虑所及，理应加上鸿称，以显功德为请。复谕：“吴三桂初叛时，伪札煽惑，兵民相率背叛，此皆德泽未孚，吏治不能剔厘所致。今幸地方平靖，独念数年之中，水旱频仍，灾异叠见，师旅疲于征调；被创者未起，闾阎困于转运，困苦者未苏。且因军兴不给，裁减官员俸禄，及各项钱粮并增加各项银两未复旧。每一轸念，甚歉于怀。若大小臣工，人人廉洁，俾生民得所，风俗醇厚，教化振兴，虽不上尊号，令名实多；如政治不能修举，则上尊号何益，朕断不受此虚名也。朕自幼读书，览古人君行事，始终一辙者甚少，尝以为戒，惟恐几务或旷，鲜克有终。宵衣旰食，祁寒盛暑不敢少间，偶有违和，亦勉出听断，中夜有几宜奏报，披衣而起，总为天下生灵之计。今吏鲜洁清之效，民无康阜之休，君臣之间全无功绩可纪，倘复上朕尊号，加尔等官秩，则徒有负愧，何尊荣之有？至于太皇太后、皇太后加上徽号，诏赦天下，理所宜然。其上朕尊号之事，断不可行。”云云。所叙撤藩之初廷议情状，及藩变以后归咎情状，皆见事由主断。以图海之威重，且不主张，亲贵中亦绝无成见，惟受命出师，效其奔走之力，扼要屯驻，能守而后言战。叛党有来归者，不吝爵禄，且实保全之，不轻斩刈，此不能不谓圣祖之有作为矣。

又观其经乱讨伐八年之中，朝廷举措，极示整暇。其时天下士夫皆有望治之心，并无从乱之意。逸民遗老，亦早痛恨三桂之绝明，尤无人赞助藩变者。要亦圣祖善驭天下士夫，略举其迹：十二年岁杪闻变发兵，而十三年二月，书："上御经筵。"中间有皇子生、皇后崩等事；命将行师，又无日无之。八月再书："上御经筵。"则典礼无废也。九月朔谕翰林院掌院学士傅达礼等："日讲关系甚大，今停讲已久，若再迟恐致荒疏，日月易迈，虽当此多事之时，不妨乘间进讲。于事无误，工夫不间，裨益人心不浅。尔衙门议奏。"院臣以几务殷繁，间日一进讲。上曰："军机事情，有间数日一至者，亦有数日连至者，非可限以日期，其仍每日进讲，以慰朕拳拳向学之意。"

举经筵，康熙朝自九年为始，十三年不因军务而间断，此可书也。而《史稿·本纪》，二月书："上御经筵。"八月不书，九月朔乃书之，因谕"每日进讲"。与《东华录》不同。此《史稿》不明故事之误也。经筵与日讲，并非一事，九月无御经筵之理。因九月朔有"每日进讲"之谕，而移并一处，望文生义，不可不订正之。

十四年四月谕："日讲原期有益身心，增长学问。今止讲官进讲，朕不覆讲，但循旧例，日久将成故事，不惟于学问之道无益，亦非所以为法于后世也。嗣后进讲时，讲官讲毕，朕仍覆讲，如此互相讨论，庶几有裨实学。"康熙间讲学之风大盛，研求性理，此时已用熊赐履开其先声，纂修经义，明习天文算学，皆于此开其端。以天子谆谆与天下通儒为道义之讲论，实为自古所少，其足以系汉人之望者如此。而考其时势，则正复黔、秦、蜀、湘尽陷，东南浙、闽、两广、江西蠢蠢思变，方于十三年岁杪议亲征而未发之时，无论其为镇定人心与否，要能无日不与士大夫讲求治道，其去宦官宫妾蔽锢深宫之主远矣。

十五年十月，命讲官进讲《通鉴》，以“前代得失有裨治道，撰拟讲章进讲。”覆奏从《纲目》中择切要事实，首列纲，次列目，每条后总括大义，撰为讲说，先儒论断亦酌量附入。十六年，三藩尽叛，各地皆发之后，叛服之数晓然，兵事大有把握。三月谕翰林院掌院学士喇沙里：令翰林官将所作诗赋词章及直行草书，不时进呈。上召至懋勤殿，亲自披阅，以御临书赐喇沙里。此又振兴文事，为鸿博开科先声，皆极得抚驭汉人之法。兵事实力在八旗世仆，人心向背在汉士大夫，处汉人于师友之间，使忘其被征服之苦，论手腕亦极高明矣！

故宫有圣祖巡幸出征时报告两宫太后及训示诸皇子之语，文理甚拙，字体亦劣，于康熙朝御书文彩或有假借。然南巡时对众挥毫，传布甚夥，断非伪为；或道途手简，转是内竖等所代作，未可以此疑之。

是年五月初四日己卯，尚之信降。而是日谕大学士等：“帝王之学，以明理为先，格物致知，必资讲论。向来日讲，惟讲官敷陈讲章，于经史精义未能研究印证，朕心终有未慊。今思讲学必互相阐发，方能融会义理，有裨身心。以后日讲，或应朕躬自讲朱注，或解说讲章，仍令讲官照常进讲。尔等会同翰林院掌院学士议奏。”寻覆议：“讲官进讲时，皇上或先将《四书》朱注讲解，或先将《通鉴》等书讲解，俾得仰瞻圣学。讲毕，讲官仍照常进讲。”据此则帝于讲官所进讲章，拟于未讲之先，自将讲章向讲官先讲，然后由讲官再订正之，覆议未敢任此也，圣祖则可谓好学矣。自后日讲时帝自晰经传之旨极多，皆于进君子退小人，亲贤远佞之意，就圣贤之语有会而发，《东华录》所载极多，不具录。十七年正月，诏举“博学鸿儒”。时三桂尚未称帝，叛众意尚坚，而海内士夫向往之诚，歌颂之盛，已视朝廷之举动而日有加增矣。历年巡幸之事，若行围讲武，巡近畿访民疾苦，巡边，谒陵，亲祀明陵，亲禾劝耕，每奉太皇太后以行，所至亦以讲官从，进讲不辍。其时关外勤朴之风未改，所经过无累于民，《实录》累书其所幸，若士民之游历无异也。时西南战事方急，中原及畿辅，已晏然向治如此。然都城北邻蒙古察哈尔部，自太宗征服以后，林丹汗走死，其子额哲来降，得其传国玺，念系元世祖嫡裔，封为亲王，仍冠内蒙四十九旗之上。传至布尔尼，当康熙十四年，征其兵助讨藩变，不至，旋煽奈曼等部同叛。以多铎孙信郡王鄂札为抚远大将军，图海为副，讨之，六阅月而平。《史稿·图海传》：“讨布尔尼时，禁旅多调发，图海请籍八旗家奴骁健者率以行，在路骚掠一不问，至下令曰：‘察哈尔，元裔，多珍宝，破之富且倍。’于是士卒奋勇，无不一当百，战于达禄，布尔尼设伏山谷，别以三千人来拒，既战伏发，土默特兵挫，图海分兵迎击，敌以四百骑继进，力战覆其众。布尔尼乃悉众出，用火攻，图海令严阵待，连击大破之，招抚人户一千三百余，布尔尼以三十骑遁。科尔沁额驸沙津追斩之，察哈尔平。”据此则滇乱年余时，又对察哈尔用兵，除调不附察之蒙旗赴讨外，官军主力，乃八旗家奴，则旗下正兵已尽发，可见南方军事之棘。但所谓家奴，即属包衣下人物，诱以利即成劲旅，又可见八旗风气之悍劲。考《图海传》此文，旧史馆传所无，出李元度《先正事略》，李想自有本，今未能详矣。

主撤藩者，亲贵中无人，重臣若图海，亦力持以为不可，莫洛等言之而圣祖用之，是庙谟先定，非群策也。统兵大将则皆亲贵，然一蹉跌即召回，无始终其事者，则运用在一心，非倚办于一二大将也。赞撤藩而出预军事者，仅一莫洛，早为叛将所戕。明珠辈幸而言中，以此徼后来之宠。其时非有主持之力，圣祖随材器使，疆臣中得李之芳能捍闽浙之患，蔡毓荣能收云南会师之功。武臣中得西陲数将，张勇及王进宝、赵良栋，能与中原之师夹击收效。是皆因事见材，非先倚此数人而举其事。圣祖之平三藩，为奠定国基之第一事，少年智勇，确为事实。又能功成不自骄满，力辞尊号，惟务讲学，开一代醇厚之风，较之明万历以来，不郊、不庙、不朝，而边将小小捕斩之功，无岁不宣捷颁赏，君臣以功伐自欺，以进号蒙赏，糜费国财，互相愚滥，其气象何啻天壤之隔也。

鸿博开科，正在滇变未平之日，而其时文运大昌，得才之盛，至今尚为美谈，非特当时若不知西南之未靖，即后之论世者，亦若置三藩为又一时事，而以己未词科为清代一太平盛事。今为提出以时事相比论之，且应知己未词科，纯为圣祖定天下之大计，与乾隆丙辰之词科，名同而其实大异，此论清事之一要点也。康熙十八年三月朔，试荐举博儒之士一百五十四人于体仁阁，先赐宴，后给卷，颁题“璇玑玉衡赋”，省耕二十韵。读卷官派大学士李霨、杜立德、冯溥，掌院学士叶方霭，凡四人。取中一等二十名，二等三十名，俱入翰林，先已有官者授侍读侍讲，曾中进士者授编修，布衣生员以上授检讨，俱令纂修《明史》。其中理学、政治、考据、词章、品行、事功，多有笼罩一代者。而其誓死不就试者为尤高，至更能有高名而不被荐，尤为绝特，若顾炎武是矣。是时高才博学之彦，多未忘明，朝廷以大科罗致遗老，于盛名之士，无不搅取，其能荐士者，虽杂流卑官，亦许呈荐。主事、内阁中书、庶吉士，犹为清班；若兵马司指挥刘振基之荐张鸿烈，督捕理事张永琪荐吴元龙。至到京而不入试者，亦授职放归，若杜越、傅山诸人。入试而故不完卷，亦予入等，若严绳孙之仅作一诗是也。盖皆循名求士，大半非士之有求于朝廷。后来丙辰再举大科，入试百九十三人，取一等五人，二等十人；补试二十六人，取一等一人，二等三人，试至两场。二等授职，贡监只得庶吉士，逾年散馆，有改主事、知县者，而士以为至荣，且得士亦远不及己未之品学。部驳三品以下所荐，不准与试，皆以资格困之，是士有求朝廷矣。故康熙之制科，在销兵有望之时，正以此网罗遗贤，与天下士共天位，消海内漠视新朝之意，取士民之秀杰者以作兴之，不敢言利禄之途，足以奔走一世也。此事宜与平三藩之时代参观，弥见圣祖作用。

## 第三节　取台湾

三藩既平，国势已振，而郑氏犹踞台湾。东南滨海之地，禁民勿居，又禁出海之民，以为坚壁清野之计，仍时时有海警。八旗劲旅不习风涛，于此无能为役。自三藩既平，满人思以功名自奋者，自然乘时会而生。台湾在卧榻之侧，然惟汉人能图之。成大功者姚启圣、施琅二人，而世皆传姚之功为施所掩。《国史》所纪，颇与私家所传不尽合。而台湾之历史，以前多不明了，兹悉约为辨正焉。

古书无台湾之名，而其地距福建之泉州绝近，岂得古沿海之人一无闻见？近柯先生劭忞著《新元史》，于《外国·琉求传》后系论曰："琉求，今之台湾。今之琉求，至明始与中国通，或乃妄传为，误莫甚矣。"此说极是。史书中琉求有传，惟《隋书》《宋史》及《元史》。《隋书》云："琉求国居海岛之中，当建安郡东，水行五日而至。"隋建安郡，当今兴、泉、漳、汀滨海诸郡地。又云："大业元年，海师何蛮等，每春秋二时，天清风静，东望依稀似有烟雾之气，亦不知几千里。三年，炀帝令羽骑尉朱宽入海求访异俗，何蛮言之，遂与蛮俱往，到琉求国，言不相通，掠一人而返。明年又往，抚慰不从，取其布甲而还。”《宋史》:“淳熙间，琉求人猝至泉州水澳、围头等村杀掠，人闭户则免。”《元史》:“琉求在南海之东，漳、泉、兴、福四州界内，澎湖诸岛与琉求相对，亦素不通。天气清明时，望之隐约若烟若雾，其远不知几千里也。西南北岸皆水，至澎湖渐低。近琉求则谓之落漈。漈者，水趋下而不回也。凡西岸渔舟到澎湖以下，遇飓风发作，飘流落漈，回者百一。琉求在外夷，最小而险者也。世祖至元末，遣使杨祥、阮鉴等往宣抚，以二十九年三月二十九日自汀路尾屿舟行，至是日巳时，海洋中正东望见有山长而低者，约去五十里，祥称是琉求国，鉴称不知的否。祥乘小舟至低山下，以人众不亲上岸，令军官刘闰等二百余人，以小舟十一艘载军器，领三屿人陈辉者登岸，岸上人众，不晓三屿人语，为其杀死者三人，遂还。四月二日至澎湖。”

据诸史所言，地望距泉、汀极近。自汀属海屿往，且不过一日可达，部署登岸，被抗而还，抵澎湖计亦不过一两日程，其为台湾地无疑。至明洪武初所诏谕之琉球，则俨然旧国，与元以前所纪无文字、无年岁、无疆理、无官属者，文野迥异。国有三王，曰中山，曰山南，曰山北，皆以尚为姓，而中山最强。洪武五年正月，命行人杨载以即位建元诏去其国，自是随使入朝贡，奉笺表无虚岁。三王迭来，且请子弟入国学。其距中国道里，据《清通典》，自福州五虎门出海，历程一千七百里至其国。据《琉球国志略》，康熙五十八年遣使测量，琉球偏东五十四度，距福州八度三十分，推算径直海面一千七百里，船行则福州至姑米山四十更，计二千四百里，回五十更，计三千里云。与五日程之说大异，故曰《新元史》之说确也。《清一统志》尚以历史之琉求为明以来之琉球，其叙台湾，莫详于《国史·施琅传》，琅疏言：“明季设澎水标于金门，出汛至澎湖而止。台湾原属化外，土番杂处，未入版图，然其时中国之民，潜往生聚于其间，已不下万人。郑芝龙为海寇时，以为巢穴。及崇祯元年，郑芝龙就抚，借与红毛为互市之所，红毛遂联结土番，招纳内地民，成一海外之国，渐作边患。至顺治十八年，海逆郑成功攻破之，盘踞其地。”据此，则台湾原为郑氏巢穴，特距其地于土番之中，未有建置之规划。至芝龙就抚于明，乃以台借红毛，为互市所，则亦若澳门之于葡萄牙，本以为好而相假，非红毛以力取之也。红毛为其时西洋人之通称，实为荷兰国人。红毛经营三十余年，乃成一海外之国，成功乃以兵力逐久假不归之荷兰，又传子至孙，奉明正朔者二十余年。是则开辟台湾者始终为郑氏。姚启圣为清代平台首功。诸家纪启圣事，谓生于郑芝龙起事之岁，至年六十而台湾郑氏亡，启圣亦卒，以为天特生启圣与台湾相终始。启圣生明天启四年甲子，芝龙入台即在是年，至崇祯元年即让与红毛而身就抚，是据台不过四年，且无海外立国之计，一招即受抚，其不重视台可知也。此既名为台湾以后之历史也。

姚启圣人奇事奇，轻侠豪纵，为路人可以杀人报仇，恤人患难，可以不自顾其身命；以犯法亡入旗。在明末本为浙江会稽籍诸生，入旗后中康熙二年旗籍第一名举人，出为县令，多奇特之行。康亲王杰书统兵讨耿精忠，启圣从立功，洊升至福建布政使，寻擢总督。台湾郑经，即成功子，闽乱以来，屡侵略福建沿海郡邑，其将刘国轩尤能军。启圣御之，连复所侵地，遂以收全台为己任，开修来馆以纳降，不惜金钱重贿，多行反间，以携其党。不终岁，将士降者二万余人。又请前被裁之水师提督施琅，以百口保其复任。施琅者，泉州晋江人，雄杰习于海，故隶芝龙部。芝龙降于贝勒博洛，琅族叔福从之；琅从成功招，留为明用。既而与成功不相得，遁归福所。琅父大宣及弟显，俱为成功所杀。琅既归新朝，久之无所遇，归居泉州。顺治十一年十二月，朝命郑亲王世子济度为定远大将军征成功，入泉州，拔琅从军。十二年，成功攻福州，琅击却有功，授同安副将，进总兵。康熙元年，擢水师提督。时成功已死，子经统其众。琅累战有功，加右都督，授靖海将军。康熙七年，密陈郑氏克取状，而部议难之，且以为疑，遂裁水师提督，召琅入为内大臣，隶镶黄旗将军。十六年，复水师提督，启圣累保琅，未用。二十年，郑经又死，子克塽幼。内阁学士李光地亦奏保琅，乃复任琅为水师提督焉。

先是，郑氏已屡败，尽弃闽省海边地，并海坛、金门、厦门等群岛。郑氏之众，悉归台湾。旗军在闽无所用，启圣使客说耿精忠自请入朝，亦劝康亲王杰书请班师，悉其供亿之费，从事平台。时郑克塽袭称延平王，而事皆取决于其下刘国轩、冯锡范。琅以国轩最悍，时方守澎湖，计一战破之，则台湾可不战下；遂以二十二年六月攻澎湖，力战克之，国轩遁归台湾，克塽及锡范等果震慑乞降。琅以八月率师入台受降，克塽及国轩、锡范以下皆出降。琅由海道专奏捷，而启圣则驰驿入奏，迟琅奏二十日而达。圣祖得捷音甚喜，立封琅靖海侯。启圣以积年经画之劳，赏竟弗及。会启圣又奏言“庙谟天定，微臣无力”，圣祖益疑其有怨望意，未几启圣以疽发背卒。卒后，尚论之士多有为启圣鸣不平者，因于琅有贬辞。其实为国立功，琅与启圣所见自同，惟其奏捷取巧，受爵不让，有攘功之迹，掠赏之情，亦可议者。其论台湾之善后，朝议主迁民弃地不设守。李光地为泉州产，于此役颇自谓有所参预，圣祖亦以其晓事，询问之。光地尤主张招红毛畀以其地，此见光地自撰《语录》及《年谱》；圣祖不纳。琅疏争其事，略言：“顺治十八年，郑成功攻红毛破之，踞台湾地，窥伺南北，侵犯江、浙，传及其孙克塽，积数十年。一旦畏天威，怀圣德，纳土归命，以未辟之方舆，资东南之保障，永绝海邦祸患，人力所能致之。若弃其地，迁其人，以有限之船，渡无限之民，非数年难以报竣。倘渡载不尽，窜匿山谷，所谓藉寇兵而斋盗粮也。且此地原为红毛所有，时在垂涎，乘隙复踞，必窃窥内地，重以夹板船之精坚，海外无敌，沿海诸省，断难晏然。至时复勒师远征，恐未易见效。如仅守澎湖，则孤悬汪洋之中，土地单薄，远隔金门、厦门，出足不受制于彼，而能一朝居哉！部臣苏拜、抚臣金鋐等，以未履其地，莫敢担承。臣伏思海氛既靖，汰内地溢设之官兵，分防两处，台湾设总兵一、水师副将一、陆营参将二、兵八千，澎湖设水师副将一、兵二千。初无添兵增饷之费，已足固守。其总副参游等官，定以二三年转升内地，谁不勉力竭忠！其地正赋杂粮，暂行蠲免。现在一万之兵，仍给全饷，即不尽资内地转输。盖筹天下形势，必期万全。台湾虽在外岛，实关四省要害，无论耕种犹资兵食，固当议留；即荒壤必藉内地挽运，而欲其不为红毛，亦断不可弃。弃之必酿成大祸，留之诚永固边隅。事关封疆重大，伏祈乾断施行。"疏入，下议政王大臣等议，仍未决。总督启圣从琅议。上召询廷臣，大学士李霨是琅；寻侍郎苏拜亦请从琅，与启圣同议，请设总兵等官及水陆兵，并设三县、一府、一巡道。上允行。盖成琅之美者启圣也，琅实负启圣，启圣何尝忌琅。其卒于是年，亦寿数适然耳；必谓愤郁致死，不浅之乎论启圣哉！琅又疏言："克塽纳土归诚，应携族属，刘国轩、冯锡范应携家口，同明裔朱恒《小腆纪传》作鲁世子桓等，俱令赴京。其武职官一千六百有奇，文职官四百有奇，应候部议。降兵四万余人，或入伍，或归农。"诏授克塽公衔，国轩、锡范伯衔，俱隶上三旗；其余职官，及朱恒等，命于附近各省安插垦荒。旋授国轩天津总兵。终清之世，郑氏之后及国轩、锡范，皆以世袭佐领，辖其所属，至清亡乃止。

## 第四节　治河

河患恒在大乱之后，兵事正殷，无能顾及此事也。清兴，治河有名者，世祖时即用杨方兴、朱之锡二人，先后为总河。其时无所谓科学，方法皆得之工人之经验。其为治河名臣者，第一系廉洁，第二即勤恳。廉洁则所费国帑，悉数到工；勤恳则视工事为身事，可以弭河患者无不留心，除力所不及外，不至以玩忽肇祸。有此二者，其收效恒在徒讲科学者之上，盖虽精科学，仍当以廉洁勤恳为运用科学之根本也。方兴、之锡皆足以当之。顺治元年五月，摄政王兵始入京。六月，遣王鳌永招抚山东、河南。七月即命方兴总督河道。十四年乞休还京师，所居仅蔽风雨，布衣蔬食，四壁萧然。代者即之锡，亦任十年，至康熙五年卒官。时总督朱昌祚奏之锡遗绩言："之锡治河十载，绸缪旱潦，则尽瘁昕宵；疏浚堤渠，则驰驱南北。受事之初，河库储银十余万，频年撙节，见今财库四十六万有奇。及至积劳撄疾，以河事孔亟，不敢请告，北往临清，南至邳、宿，夙病日增，遂以不起。"此皆述其实，非溢美也。徐、兖、淮、扬间颂之锡惠政，相传死为河神。乾隆时，高宗巡视河工，顺民意封"佑安助顺永宁侯"神号，春秋祠祭，民称之曰朱大王云。后数年乃得名河臣靳辅。辅任总河在康熙十六年，时吴三桂叛，诸藩、诸降将响应，兵事极棘，河道不治，先后溃决，淮、黄交病，水浸淫四出，下河七州县淹为大泽，淮水全入运河，清口涸为陆地。十六年略有转机，中原已无动摇之象，而辅以先任皖抚，帝奖其实心任事，急欲治河，遂授为河道总督。辅到官，即周度形势，博采舆论，为八疏同日上之。议疏下流，治上流，塞黄、淮各处决口，规画甚备。又议经费所出，计需银二百十四万八千有奇，应令直隶、江南、浙江、山东、江西、湖北各州县借征康熙二十年田赋十之一，工成后由淮、扬被水田亩涸出收获，及运河通行经过商货征税补还。又议裁并冗员，明定职守，严河工处分，讳决如讳盗例。又议官吏工成优叙。复议工竣后守堤兵役。期二百日毕工，日用夫十二万三千有奇。当时工料之贱如此。而廷议以军兴难其事，谓募夫太多虑扰民。帝命辅熟筹，乃宽其期限为四百日，运土改用车驮，募夫可减至四之一。廷议允行。于是治河始有彻底之计划。十八年，如期工竟，急谋增赋，议淮、扬已渐有涸出地亩，除丈量还民外，余田可行屯田法。时论以为有碍民业，乃不直辅，而所修之工亦有小决处，河水亦未尽复故道，辅自请处分。部议当夺官。帝命辅戴罪督修。部又以决口议令辅赔修，帝以赔修非辅所能任，不允。此皆帝之能用才，不听有司以文法困之也。既而议者谓："下河被水，辅乃筑堤堵水不使下，何不就下河浚使出海，而反蓄水于高处，既徒拂就下之性，又以下河所涸地，规屯田之利以病民。"劾辅甚厉。劾之者皆正人，若于成龙、汤斌皆是。帝询淮、扬仕京朝者，侍读乔莱等亦右成龙。而辅坚持堵筑，谓下河不可浚使出海。帝意不能不从众议，令侍郎孙在丰董浚口之役，发帑二十万专任之，总河仍任辅。辅言："下河形如釜底，近海转高，浚之水不能出，徒令海水倒灌为患。"持之甚坚。言官劾辅请加罪，至比之舜之殛鲧，又言屯田累民，并及其幕客陈潢，罪状无所不至。御史郭琇既劾辅，同时劾大学士明珠，直声震天下。而劾明珠疏亦及辅，以故辅之功罪，时论颇不定，至今记载中尚然。帝谕廷臣："辅挑河筑堤，漕运无误，不可谓无功；屯田事亦难逃罪。近论其过者甚多，人穷则呼天，辅不陈辩朕前，复何所控告耶？"时在康熙二十七年三月，帝御乾清门，召辅与成龙、琇等廷辩，辅、成龙于筑堤浚口各持所见不相下，琇独言辅屯田害民。辅引咎，遂坐罢，诸右辅者并降谪有差，陈潢亦坐谴。

清初治河，必兼治运。元明以来，建都在北，而粮从南来，运道独恃一水。运河绝黄河而北，故治河必先顾运，视今海陆皆有轮轨为交通情形迥异，故瞻顾尤多。辅既治河，又以漕运向有河运一节，盖清口而上，漕艘行黄河中有百八十里，乃再入运。辅以避风涛之险，自骆马湖凿渠，历宿迁、桃源，至清河仲家庄出口，名曰中河。对清口仅行黄河数里，即入中河，直达张庄入运。此与明初陈瑄凿清江浦导水由管家湖入鸭陈口达淮谓之清口者，为淮南北两大功。当筑堤浚口两论未定以前，先有此通漕成绩，故不获罪。后在丰浚口功卒不就，成龙等亦皆认主张之非。三十年，帝复思起用辅，而辅以老辞矣。帝于三藩平后，即亲视河南巡。二十三年、二十八年两次南巡，皆阅河，益奖谕辅。及是，帝言："朕听政后，以三藩及河务、漕运为三大事，书宫中柱上，至今尚存。"河务不得人，必误漕运，及辅未甚老而用之，亦得纾数年之虑。仍命为总河，辅辞，疏请前此缮治所未竟者数事并疏请复陈潢官，并起用前坐累同贬之熊一潇、达奇纳、赵吉士三人。旋卒，赐祭葬，谥文襄。帝之治河，谓能一劳永逸，非也，然爱惜人材，曲尽众论，有疑义则身临决之，一时理想之说，朝野沸腾，未尝茨听而轻罪争执之人，兢兢业业于武功告成之后，在帝尚为盛年，而持重有为若是，可谓有道之气象矣。陈潢者，杭州才士，辅过邯郸吕祖祠，见题壁诗署潢名，异之，踪迹得潢，礼之入幕，辅所建白，多自潢发之。帝首次南巡阅河，问辅必有通今博古之人为佐，以潢对。后辅疏言潢佐治十年劳，授潢佥事道衔。郭琇劾辅连及潢，逮至京卒。后以辅疏请复其官。生平言河务，有友人张霭生次而述之，为《治河述言》十二篇。圣祖为阅河而始巡幸，亦与高宗之侈游观劳供顿者有不同焉。

## 第五节 绥服蒙古

内蒙四十九旗，早服清。漠北三汗，犹以前代帝族自居，其预朝觐会盟之事，在康熙中叶以前，间以例贡邀赏，略如前代中外对抗意。圣祖不轻启边衅，亦未有相图意也。三汗者，元顺帝后达延车臣汗为蒙古退出塞外后中兴之汗，自漠北入居漠南，盖明初摈蒙古于漠北，至是乃复近塞。有子十人，其四入漠南，子孙占内蒙四十九旗之大半。第八子格埒森札，留故土，号所部曰喀尔喀，析众万余为七旗，授子七人领之，分左右翼。长子阿什海之后长右翼，所部尊之曰札萨克图汗。第四子诺诺和长左翼，其后尊为土谢图汗。又有第五子阿敏都喇勒后，尊为车臣汗，地在瀚海以北，汉唐兵力盛时所不能有，为元都和林所在，古北匈奴之王庭也。左翼复有诺诺和之第四子图蒙肯，以尊奉黄教为西藏达赖喇嘛所喜，令所部奉之视三汗，是为中路赛因诺部。康熙时尚未定袭号，喀尔喀尚只有三汗，而实分为四部。太宗崇德初，以察哈尔平，漠南悉定，遣使宣捷于喀尔喀。喀尔喀来聘，厚资之。旋贡裘、马等物来谢，诏定制岁献白驼一，白马八，曰九白之贡。此亦蒙古以土物邀赏于中国之惯例，不足言内向也。顺治间，掠内蒙巴林部，中朝责之，令归所掠人畜，不奉诏。历十年始请盟，诏赐盟宗人府，羁縻而已。喀尔喀西邻厄鲁特蒙古，乃明之所谓瓦喇。瓦喇时称卫拉特，分四部：曰准噶尔，曰杜尔伯特，曰土尔扈特，曰和硕特。准噶尔踞伊犁，势张甚。康熙中，其酋长噶尔丹，自立为准噶尔汗，袭取青海和硕特部，兼有四卫拉特，复南摧回部城郭诸国尽之，转而北，思并喀尔喀。会喀尔喀左翼土谢图汗攻右翼札萨克图汗，杀汗而夺其妾，三部内讧，中朝方遣使偕达赖喇嘛之使为之和解，而噶尔丹亦使其弟入喀尔喀，故激土谢图汗之怒，汗执杀之，噶尔丹遂藉词报复，喀尔喀又不设备。二十七年夏，噶尔丹突袭土谢图汗，汗名察珲多尔济，拒战大败。时中朝遣使赴俄罗斯勘界，路经外蒙，喀尔喀乞援，因扬言中国有专使来助己。噶尔丹亦具书来，使臣以好语两释之。噶尔丹知中朝无干涉意也，进兵益急，遍躏三汗地，诸部皆奔溃，谋所向，请决于所奉大喇嘛。大喇嘛时为土谢图汗察珲多尔济之弟，其名号谓之哲布尊丹巴呼图克图。呼图克图者，活佛之弟子，亦崇拜为佛者也。诸部意将近投俄罗斯，呼图克图言："俄不奉佛，俗尚言语服色皆相距远，莫若全部内徙，可邀万年之福。"众从之，于是七旗举族款塞内附，帝命尚书阿喇尼等，迭发归化城及独石、张家二口仓储，并赐茶、布、牲畜十余万以赡之，使借牧科尔沁地。

是时外蒙内向，为清收抚藩属之一大关键，若失之毫厘，折入俄国，北徼全局皆变，喀尔喀既去，必为俄国藉取厄鲁特之先机，后来所定新疆天山南北两路，恐亦尽改其形势矣。故清于哲布尊丹巴呼图克图尊礼甚至，非宗教之关系，乃政治得其裨益甚大也。雍正元年正月丙申，上亲吊哲布尊丹巴呼图克图，遣使护其丧归。《东华录》叙其事云："先是理藩院奏：'泽卜尊丹巴胡土克图，原系法教内之第一人，数世行善，垂九十年，当噶尔丹叛乱时，身率七旗之喀尔喀等来归，最为有功。伊系喀尔喀汗之子，土谢图汗之弟，遭逢圣朝，叠蒙殊遇，前年圣祖仁皇帝面谕之曰："癸卯年朕寿七十，尔寿九十，大庆之年，尔必前来，断勿食言。"胡土克图领旨而回。今虽年迈衰病，遵旨来京，谒见梓宫，志愿已遂，洎然示寂。请照达赖喇嘛、班禅额尔德尼之例，给赐名号印册，以示优典。'得旨俞允，命给予名号印册。既而上且临吊，喀尔喀土谢图汗等以停止往吊奏谢，谕：'胡土克图极蒙皇考轸念，礼遇加隆，皇考升遐系甲午日，今胡土克图圆寂亦系甲午日，佛果圣因，证明不昧。胡土克图非寻常僧人比，朕躬亲往，悬帕供茶，以尽朕心，将此旨传与喀尔喀汗王驸马及胡土克图徒属知之。'至是理藩院以移送泽卜尊丹巴胡土克图龛座，请派大臣官员护送前往，上特命敦郡王允祉䄉、世子弘晟赍赐印册奠仪，又命散秩大臣尚崇廙等护送胡土克图龛座前行，所过蒙古地方，毋得任意需索。”

《蒙古游牧记》引松筠《绥服纪略图诗注》：“康熙二十七年，喀尔喀众议就近投入俄罗斯，因请决于哲布尊丹巴呼图克图，呼图克图曰：‘俄罗斯素不奉佛，俗尚不同我辈，异言异服，殊非久安之计，莫若全部内徙，投诚大皇帝，可邀万年之福。’众欣然罗拜，议遂决。余在库伦时，有头等台吉格齐多尔济者，乃额驸敦多布多尔济之孙，年近八十，广记故实，此事乃其所述云。”

据以上所述，外蒙内向，由于哲布尊丹巴喇嘛。额驸敦多布多尔济，即为噶尔丹所败来归之土谢图汗察珲多尔济之孙袭汗爵者，尚圣祖第六女固伦恪靖公主，以此由郡王进亲王。格齐多尔济当松筠办事库伦时，年近八十，松筠住库伦，在乾隆五十年至五十五年，上距雍正元年约七十年，童时固犹及见大喇嘛，且为其近属从高叔祖，所传确也。又与世宗谕文吻合，足为清抚外蒙之实在缘起，然非有平三藩取台湾之威信在前，及勤政安民之太平景象在目，固亦不足徕此远人也。

帝既受喀尔喀降，噶尔丹亦遣使来贡，诉土谢图汗杀其弟，衅由彼启，上为责土谢图汗而敕反其侵地。噶尔丹既兼有回部、青海、漠北，驱蹇不奉命，要求执送土谢图汗及哲布尊丹巴呼图克图，乃罢兵西返，帝不许。达赖喇嘛以奉中朝命，遣使往谕噶尔丹，为喀尔喀讲好。达赖使来，亦传达赖意，执送其仇土谢图汗及哲布尊丹巴，可以图成，且由己保其安全，帝亦不允。往复甚久，至二十九年五月，噶尔丹以追喀尔喀为名，选锐东犯，清廷所遣尚书阿喇尼以蒙古兵御之，令喀尔喀众居前，又为所败，遂乘胜入内蒙地。六月，帝下诏亲征，命兄裕亲王福全为抚远大将军，皇长子胤禔副之，领左翼出古北口；弟恭亲王常宁领右翼，为安北大将军，出喜峰口。右翼遇敌乌珠穆沁部地，地在占北口东北九百余里，战不利，敌遂越乌珠穆沁而南，至乌兰布通，距京师止七百里，与左翼遇，敌以万驼缚足卧地，背负箱垛，蒙以湿毡为障，士卒于垛隙发火铳，谓之驼城。清军隔河以炮击驼多毙，阵断为二，步骑争先陷阵，遂破其垒，敌遁而帝舅内大臣佟国纲亦战殁，帝于先数日亦因病回銮。噶尔丹又遣西藏济隆胡土克图来乞和，帝所遣康亲王杰书出归化城截敌归路者，因其乞和，奉裕亲王檄不复邀击。明年，帝出塞，至多伦泊，受喀尔喀各汗各台吉朝，编审旗分，与内蒙四十九旗同列。亲谕喀尔喀左右两翼释憾，特封前被土谢图汗所杀札萨克图汗沙喇之亲弟策旺札布为和硕亲王，代领部众，仍袭汗号，以慰安之，即免土谢图汗擅杀之罪，使归于好。三十一年，立火器营，以用兵征噶尔丹，惟大炮能制胜也。噶尔丹又奏请不敢复乞致土谢图汗，惟哲布尊丹巴为达赖喇嘛弟子，乞送达赖所，达赖使人助之请，帝皆不许。时达赖第五世实已死，其第巴喇嘛所置之行政官，名桑结者，秘不发丧，矫达赖之命行事，与噶尔丹相比昵。噶尔丹阳恭顺中朝，与达赖请上尊号，既却之，又屡书索仇人，阴遣使令内蒙各部叛归己，内蒙以闻。帝以二十九年之役未得志，密令内蒙诸部伪许内应以诱之。三十四年，噶尔丹果南掠，临漠南，久踞不去。三十五年正月，帝复下诏亲征。二月启行，帝率禁旅由独石口出中路，以黑龙江将军萨布素率东三省兵出东路遏其冲，归化城将军费扬古即世祖董鄂妃之弟、甘肃提督孙思克明王化贞部下叛将孙得功之子。率陕、甘兵出宁夏西路邀其归。噶尔丹畏中国火器，乞援于俄罗斯。俄新与中国定界约和，不许。中路军逼敌境，东路军未至，西路军亦言敌尽焚草地，迂道秣马，粮运又阻雨，士马饿困，乞上援军以待。大臣有请回銮者，帝怒不从，疾趋克鲁伦河，遣使告噶尔丹驾至。噶尔丹不信，登山望见黄幄龙纛，环以幔城，又外为网城，军容山立，大惊拔营宵遁。翌日，大军至河，北岸已无一帐，渡河追之，不及。命内大臣明珠尽运中路粮以济西师，西师已入土谢图汗部地，抵土拉河上之昭莫多。译言谓多树之地。噶尔丹谓精锐毕集御营，西师来者必较易与，费扬古亦以羸师诱之，设伏于林木中，孙思克先以绿旗兵据高阜与战，敌仰攻甚久，伏兵起，敌败溃，乘夜追之，至天明收军，斩降数千，获驼马牛羊庐帐器械无算，噶尔丹妻阿努战死，噶尔丹以数骑遁，帝亲撰铭勒察罕拖诺山及昭莫多之山而还。

噶尔丹之为准噶尔汗也，继其兄僧格之位。僧格子策妄阿喇布坦及索诺木喇布坦。噶尔丹夺策妄阿喇布坦之妻，又杀其弟索诺木喇布坦，从《东华录》，与《圣武记》不同。策妄阿喇布坦因率兵五千而逃。后噶尔丹往乌兰布通，策妄阿喇布坦尽收噶尔丹之妻子人民而去，遂居回部吐鲁番地。康熙三十年，遣侍读学士达虎斋敕由嘉峪关往吐鲁番颁赏。明年九月，又奉旨差员外郎马迪往，至哈密，为噶尔丹遣属下戕杀。噶尔丹留外蒙久，日思内犯，策妄阿喇布坦潜收准噶尔故地。噶尔丹当袭杀马迪之后，尚有具奏，言:“前为泽卜尊丹巴、土谢图汗陈奏三言，乞以一言为定。初意即欲仰请宏仁，发回七旗于故土，因地方既远，粮食不足，且未归之前，凡所留辎重，俱被策妄阿喇布坦劫去，诸物无存。今惟恃达赖喇嘛之恩，得以安集。谨将从前迟久之处，遣使陈奏，请敕裁断。”云云。当是时，噶尔丹尚以索畀仇人为言，而其故地为策妄阿喇布坦所劫，亦明知朝廷一再通使，无可隐讳，转以此为所以不能遽离外蒙之故，要亦情见势绌矣。达虎之往，据谕文谓:“闻彼叔侄不睦，故遣达虎往问其故，策妄阿喇布坦请朕加恩，故遣马迪复往颁赐。”盖圣祖侦敌甚悉，早有仇噶尔丹之人，与清廷通使往来，因知准部之根本。又噶尔丹之伎俩，亦经尝试，积年筹计，固知亲征一举，先声即足以夺之。大臣犹以妇人女子之见，劝沮不前，其智固出人君下矣。噶尔丹既怯于禁旅，犹冀逞志于偏师，而费扬古、孙思克俱能不负阃寄，一战而胜，此则命将之不谬，噶尔丹已无施展之余地。嗣是回部迭来输诚，欲复其被夺之地，请与策妄阿喇布坦合谋擒噶尔丹。噶尔丹亦遣使乞降，窥觇朝旨，帝限以七十日，过此即进兵。三十六年正月，已逾七十日，再诏亲征，哈密已执噶尔丹之子来献。二月启行，启行之日，哈密又擒戕害使臣马迪之凶手来献。噶尔丹所部厄鲁特亦先后来降，益知噶尔丹困极，掘草根为食，虽然终不自归，其倔强不屈如此。而帝之胜算在握，则固绝无疑义。四月，至狼居胥山，方命回銮，费扬古奏："厄鲁特丹济拉等来告，闰三月十九日，噶尔丹至阿察阿穆塔台地方，饮药自尽，以其尸及其女钟齐海共率三百户来归。"帝复勒铭于狼居胥山而还，朔漠平。至京师，御门受贺，始用古太学告成礼，盖有志于文治武功，并降三代，亦不自满假之道也。而喀尔喀尽复其故牧地，且摈卫拉特于阿尔泰山之外，渐开唐努乌梁海及科布多之境，于三汗所部以外，于此时则为瓯脱地焉。匈奴自古天骄，元时入居中国则有之，令其诚服内向，前无有也。策妄阿喇布坦绝噶尔丹之归路，乘中国之兵力，而又自恃其险远，尽占准噶尔故土，数十年后，再为中国之边患。

《圣武记》谓准噶尔汗僧格死，其弟噶尔丹杀僧格长子而自立，其次子策妄那布坦与其父旧臣七人逃居吐鲁番。其说微异。僧格与异母兄车臣及卓特巴巴图尔争属产被杀，噶尔丹乃僧格同母弟，已为僧，事达赖喇嘛于唐古特，奉达赖命归辖其众，执车臣戕之。后杀僧格次子，而策妄阿喇布坦居长，因所聘妻与噶尔丹妻阿努为女兄弟，噶尔丹夺之，乃率所部逃吐鲁番。又《圣武记》言噶尔丹可敦妃也。阿奴被炮毙于昭莫多之战，称其"硕皙敢战，披铜甲，佩弓矢，骑异兽，似驼非驼，精锐悉隶麾下。”此亦附会小说《狼主家风》，未必事实。殷化行《西征纪略》叙昭莫多战云，“噶尔丹及其妻阿努娘子等皆冒炮矢，舍骑而斗，锋甚锐”云云。则此战阿努实偕，阿努前为策妄阿喇布坦所掠，康熙三十年，达虎之使吐鲁番，正奉命通问于策妄阿喇布坦及阿努二人。后阿努归噶尔丹而复死于阵。钟齐海即阿努所生，阿努许嫁其女于其弟噶尔亶多尔济，噶尔亶多尔济自闻于清廷，《东华录》具载之。要之噶尔丹内情，帝得厄鲁特报告甚悉，三驾亲征，乃知彼知己，战必胜攻必克之事。圣祖留心边事，过于朝士大夫，可谓明矣。当时记载，侈其若何灵异，若何神武，过甚其词，或未可信。

## 第六节　定西藏

西藏本名唐古特，亦作土伯特，盖即唐宋时所谓吐蕃，元明始谓之乌斯藏，距印度近，俗喜浮图法，经教至多。元世祖封其高僧八思巴为帝师大实法王，以领其地。后嗣世袭其号，西藏遂为佛教宗主。明承元旧，其始亦藉其教以化俗，尊中国，为行政之便宜而已。中叶以后，所授西天佛子、灌顶国师，错居京师，颇亦乱政。然中国封号，为藏僧承袭，朝贡互市，保世职为土司，终明世不为边患，则驭控之本意亦未为有失。其实藏中佛法，在明时已成末路，所持密宗，为吞刀吐火以炫俗，彼土自行宗教改革早在明中叶以前。僧宗喀巴者，生永乐十五年丁酉，由西宁入藏，得道于甘丹寺，年六十二，成化十四年戊戌示寂。初亦红衣习旧教法，既以改革师巫流弊为己任，即会众自黄其衣冠，乃分别旧教为红教，而新教称黄教焉。死时遗嘱二大弟子，世世转生，称“呼毕勒罕”，演大乘教。呼毕勒罕，华言化身也。二弟子：一曰达赖喇嘛，二曰班禅喇嘛。喇嘛华言“无上”。其以二喇嘛传法者，易世互相为师，有所传授也。呼毕勒罕，盖皆死而自知其所往生，常在轮回，本性不昧，弟子辄迎而立之。观清一代喇嘛之史实，则亦可知其为国家之作用矣。达赖一世敦根珠巴本为王子，受宗喀巴衣钵，若如来之舍位出家，法名为罗伦嘉穆错，既得道，仍以教主作人王，为藏众所宗仰。二世以下，分设理事之佐曰“第巴”等，助教之弟子曰“胡土克图”。时当明正德中，名闻中国，谓能知三生事，人称活佛，帝慕愿见之，命中官刘允乘传往迎，阁部科道交谏不听，珠琲为幡幢，黄金为供具，铸金印，具犒赏，罄竭库储，携盐、茶数十万石，行内江船舶亘二百余里，沿途支官廪驿马，供张将士千余人，所过疲困，往返期以十年，为迎取供养之地。既至藏，达赖避不见，将士怒，胁以威，为其众所败，宝货器械尽失，死伤狼藉。允奔还，戒部下勿言，以空函驰奏，而武宗则已崩矣。世宗既立，旋且奉道而毁佛，世又以喇嘛为有先见。三世锁南嘉穆错，《明史》作锁南坚错，由顺义王俺答迎奉至青海，劝其自通中国，时当万历初，中国始知有活佛，于是红教旧封诸法王皆俯首称弟子，改从黄教。诸部数万里，熬茶膜拜，视若天神，诸王徒拥虚位，号令不行，实权在宗门。而河套、青海、蒙古亦守其戒，不为钞暴，西边安枕五十余年，亦佛教之效。清初太宗崇德间，由归服之蒙古居间通使，乌斯藏东界连青海，亦唐古特同族，明为西番地。明末厄鲁特蒙古和硕特部顾实汗以兵吞青海，并及乌斯藏之喀木地。喀木今称西康。达赖居前藏曰卫，而旧袭王位曰藏巴汗者居后藏。时为达赖四世云丹嘉穆错，其第巴复乞兵于青海顾实汗，击藏巴杀之，顾实汗遂以班禅居后藏，而遣长子达延居藏辖其众，号鄂齐尔汗，第六子多尔济佐之，号达赖巴图尔台吉。世祖统一中国，二喇嘛迭来贡献，顺治九年来朝，奏请在归化城或代噶觐见，盖欲帝远迎。下廷臣议，满大臣请无失蒙古心，汉大臣争以为不可，世祖从汉大臣议。十三年，西藏阐化王来贡，询系第巴冒称。阐化王自明初为唐古特国主，为藏巴所破，已隶于藏巴，藏巴又被戕，乃由顾实汗以阐化王给第巴。诏诘第巴罪，时主藏事者实为顾实汗之子鄂尔齐汗。康熙九年，鄂尔齐汗卒，子朋素克嗣，号达赖汗。十三年，吴三桂既叛，谕达赖喇嘛："若三桂窜藏即擒献。"喇嘛奏称："若欲征兵，可召青海达赖巴图台吉相援。"达赖巴图台吉即达赖汗也。清廷为传谕滇、蜀备青海兵到供应，而青海兵不赴，达赖反为三桂乞裂土罢兵，圣祖拒之，此达赖在日，政由第巴。自明末召青海兵入戕藏巴而握全藏实权，至是皆喇嘛昏庸，第巴专擅之时代也。二十二年而达赖示寂，以后遂为第巴讳不发丧，称喇嘛名号行事，残喀尔喀，袒噶尔丹，以至噶尔丹就灭。凡朔漠之役，清廷命达赖和解而益决裂，噶尔丹辄挟达赖以要索土谢图汗及哲卜尊丹巴喇嘛，达赖有所奏请，皆不便于事，敕责之。达赖寻奏乞给第巴爵，诏封第巴为唐古特国王。三十五年亲征噶尔丹，俘降众，得第巴奸状，敕责第巴，第巴疏称，"达赖喇嘛尚存"，而别令其使尼麻唐呼图克图密奏："达赖示寂，恐唐古特生变，故隐之，今第六世继体已十五年，乞勿遽宣。"帝遣使往视新达赖喇嘛，严诘第巴罪，第巴具服。帝谕奖达赖汗，达赖汗遣使贺捷，并遣子拉藏内附。未几，达赖汗卒，拉藏嗣。第巴恶拉藏，计毒之不死，拉藏执杀第巴。奏至，敕封拉藏辅教恭顺汗，谕献第巴所立达赖喇嘛。使至，策妄阿喇布坦亦遣人往迎。拉藏两不遣，帝谕近臣："蒙古奉佛，有达赖喇嘛名，皆皈向之，倘为策妄迎归，则蒙藏皆向彼矣，然拉藏必终执献朝廷也。"既而果执献，而此喇嘛道死。

策妄阿喇布坦自噶尔丹既死，尽收准噶尔故地，圣祖以其有绝噶尔丹后路功，划阿尔泰山以西予之。策妄乃尽效噶尔丹所为，渐图吞四卫拉特为一，先取土尔扈特阿玉奇汗女，而离间其父子，其子携众万五千户至，没入之，复阻其贡道，禁其入藏熬茶，阿玉奇遂全部投俄罗斯而土尔扈特归策妄矣。杜尔伯特本与准噶尔同族，皆明时也先之后，分牧而为所属。复潜师入藏，袭杀拉藏汗，又并在藏之和硕特部，时在康熙五十六年，而西藏又为准部所据矣。是时乃有达赖喇嘛之真呼毕勒罕发见。当四十五年，拉藏汗之献伪喇嘛而死于道也，藏中复立博克达山之阿旺伊什嘉穆错为达赖喇嘛，而其时裹塘有名索诺木达尔札者，生子名罗卜藏噶勒藏嘉穆错，幼而慧，唐古特众及青海诸台吉敬事之。拉藏汗以已执献一达赖，又扶立一达赖，不欲复有达赖出，将杀之，索诺木达尔札襁负走免。青海诸台吉争言拉藏不辨真伪，拉藏挟班禅喇嘛共证其所立之达赖为真，且谓青海诸台吉所共信，请给册印，诏即封之，事在四十九年三月。青海台吉白拉藏辞诬，争不已，清廷乃谕徙罗卜藏噶勒藏嘉穆错置内地，以其父护之，居西宁宗喀巴瘗胞衣地之黄教祖寺。及五十六年，策妄阿喇布坦袭杀拉藏，禁所立之达赖于札克布里庙。明年，事闻，诏西安将军额伦特赴援，侍卫色楞宣谕青海蒙古以兵来会。甫入藏，为准噶尔兵潜出大军之后，截饷道，师遂溃，尽覆焉。于是青海蒙古惮进藏，怂恿罢奉达赖罗卜藏噶勒藏嘉穆错，奏言随地可安禅榻，兴大兵恐扰众，王大臣皆惩前败，不决进兵议。圣祖命皇十四子固山贝子允禵为抚远大将军，四川巡抚年羹尧为四川总督，仍管巡抚事，旋谕议政大臣等："新胡必尔汗此从《东华录》，即呼毕勒罕。奏称：'各处俱有禅床，皆可安设，若为我兴兵，实关系众生。'此或是新胡必尔汗之意，或是青海台吉等密属具奏。傥新胡必尔汗与青海台吉同意，此胡必尔汗不可送往青海；若无此意，必将新胡必尔汗送往，安设禅床，广施法教，令土伯特之众诚心归向，则策零敦多卜策妄所遣将兵入藏之台吉。自畏势逃遁。我师进藏定立法教之后，或留兵一二千暂行看守，或久住，则藏众即我兵，纵策妄策零发兵前来，彼劳我逸，即可剿灭。今若照众大臣议，惟自守我边，则自西宁至川滇边内外，皆土番杂居，与藏番俱是一类，藏为彼据，则藏兵即彼兵，边疆土番，亦不能保为我有。尔等所议不合，著另行周详定议具奏。”又谕:“往年用兵三藩，用兵外蒙，皆有不主进兵之亲贵大臣，随时撤回，幸不失机会。兹众喀尔喀及青海等俱服风化，而策妄霸占藏地，毁其寺庙，散其番僧，青海台吉理应奋勇致讨，乃口称维持黄教，却无实心效力之人。策零敦多卜领兵在藏，我兵隔远不能救，伊等步行一年，忍饥带饿，尚能到藏，我兵独不能赴乎？今满汉大臣咸谓不必进兵。此时不进兵安藏，贼无忌惮，或煽惑沿边番部，将作何处置耶？安藏大兵，决宜前进。”是时已在五十九年正月，既决策，由抚远大将军允禵遵旨传集青海王、台吉等会议进兵安藏，及送新胡必尔汗往藏，皆无异言，覆奏并请封新胡必尔汗。以五十九年二月癸丑，封为“宏法觉众第六世达赖喇嘛”，赐金册印，定派满汉官兵及青海兵送入藏，内、外蒙各部并泽卜尊丹巴胡土克图等亦遣使会送。

斯时西藏于宗教之信仰则尚甚坚，圣祖以独断安边，恰中肯綮，乘青海之有信心，又和硕特与准噶尔之有仇恨，藏众则喇嘛被禁，法器被迁，亦望新胡毕勒罕如望岁。是时以大军之声威，鼓吹青海之信仰，号召内、外蒙及泽卜尊丹巴喇嘛之景从，册印新颁，此真彼赝，情势自定。又发两路兵，以靖逆将军富宁安出北路，由外蒙阿尔泰山；振武将军傅尔丹、征西将军祁里德等出南路，由甘肃边外巴尔库尔即巴里坤。分入准噶尔境。南路兵以本年七月初一日起程，北路兵以六月十六日起程。以护军统领噶尔弼为定西将军，都统延信为平逆将军，率青海及内外蒙、西套蒙古兵护达赖喇嘛行。阿尔泰及巴尔库尔兵攻准部，前进迭有擒斩，策妄不暇救藏。而噶尔弼自四川进拉里，稍有战事，所至第巴喇嘛纷纷迎降，拉藏遗臣康济鼐从中起而相应。延信自青海进卜克河，策零敦多卜迎战，累败之。抚远大将军领大兵驻西宁边外理入藏诸军饷，奏言：“八月二十三日官兵进藏，探知策零敦多卜等已遁还准部，请撤驻防兵。”盖清军已平藏。执附准部喇嘛百余，斩其渠五人。达赖喇嘛以九月壬申入拉萨圣地坐床，第五辈达赖示寂几四十年，第六辈达赖始定。明年，叙藏人迎降功，封第巴康济鼐、阿尔布隆固山贝子，隆布鼐辅国公，理前藏务，颇罗鼐札萨克一等台吉，理后藏务，皆拉藏时遗臣。藏安而西宁、青海、川、滇之边举安，以宗教为纲领而提挈之，初不甚费兵力，盖处之得其道也。惟准部尚在，西域未平，尚在雍、乾两朝之继述。然在康熙时则为中国所拓之藩篱，较汉、唐盛时已驾而上之，更无论宋、明两代矣。

## 第七节　移风俗

入关之初，以兵事为重，其于政务，但期规复明代纪纲，即不至凌乱无序，故以引用明季旧臣为急。旧臣之肯效用，皆后世所定为贰臣，其人风骨自不足言，用其明习故事，而以满洲重臣驱策之，士大夫之风范，未有闻也。世祖朝所任宰相，初年则范文程、宁完我，稍知政体，亦不足开一朝风气。至后来引援用者，若冯铨、金之俊、王永吉、谢升、刘正宗之徒，人材卑下；又如陈名夏、陈之遴辈，稍稍用事，恩礼不终，亦不足甚惜。至傅以渐、吕宫马开国首两科一甲一名进士，用为阁臣，不过以状元宰相歆动汉人，争思入彀，其为公辅之器与否，非所计也。各部院大臣，顺治五年以前，无汉尚书缺。四年以前，都察院止有满人为承政，后始以汉人为左都御史，所用亦多为贰臣。督抚在兵事时，任用亦未如法，皆所谓过渡时代。惟清廷自入关即痛抑苛敛，有献聚敛之议者力斥之，若苏抚土国宝之流是也。

故根本不朘民生，不失为开国气象。若云君明臣良，有师济之风，则犹有待。

圣祖嗣位，初政属在辅臣，未见起色，熊赐履以忤鳌拜意，屡欲谴之，帝即从中保全，至鳌拜败，遂以倾害赐履为罪状之一。赐履虽非醇儒，然知尊重儒术，为圣祖讨论宋儒经说所自始。康熙初为弘文院侍读，上万言书："请甄别督抚，以民生苦乐为守令之贤否，以守令贪廉为督抚之优劣，而本原之地在朝廷，尤在立纲陈纪用人行政之间。一曰参酌古今，勒为《会典》，则上有道揆，下有法守。一曰修举职业，肃官箴而奋士气。力指当时忧愤者谓之疏狂，任事者目为躁竞，廉静者斥为矫激，端方者诋为迂腐，闻有读书穷理之士则群指为道学，诽笑诋排，欲禁锢其终身而后已。一曰庠序之教，在读书讲学，求圣贤理道之归，不使高明者或泛滥于百家，沉沦于二氏；下之则惟揣摩举业，为弋科名掇富贵之具。一曰明诏内外，一以俭约为尚，自王公以及士庶，凡宫室车马衣服，规定经制，不许逾越。痛陈礼坏俗奢，为饥寒之本原，盗贼讼狱凶荒所由起。末言根本尤在皇上，生长深宫，春秋方富，宜慎选左右，熏陶德性，隆师傅之礼，选侍从之贤。讲幄非事虚文，经筵非应故事。考六经之文，监历代之迹，体诸身心，为敷政出治之本。佞幸不置于前，声色不御于侧。非圣之书不读，无益之事不为。内而深宫燕闲，外而大廷广众，微而言动起居，维持此身，防闲此心。主德清明，君身强固，直接二帝三王之心法，自足措斯世于唐虞，又何吏治之不清，民生之不遂？"此疏即为鳌拜所恶，请以妄言罪之，而帝不许，转迁侍读学士。复疏言："朝政积习未除，国计隐忧可虑。"鳌拜传旨诘问积习隐忧实事，以无据妄奏沽名议镌级，帝又原之。以迄于鳌拜逮问，复疏举经筵，即擢国史院学士。未几复设内阁，设翰林院，以为掌院学士。举经筵，即用为讲官。

侍圣祖讲学最亲且久者，莫如李光地。光地天资敏锐，读书析理能入细，御纂诸经皆光地居校理之名，当即光地主其事。故虽有伪道学之间为圣祖所觉，而恩眷仍隆。观光地自撰《语录》，诈亿不信，是其所长，不似学道人浑厚之态。圣祖尊宋学，所纂集经说，乃欲集宋学之成，故徐乾学以藏宋经学家言之富，假手于权相明珠之子性德，刻《通志堂经解》，以供搜采。乾学与性德，溺于词章，能刻经解，不能充道学；光地与熊赐履则愿以纂经解、治道学自任。熊、李有师生之谊，李入翰林，熊为教习庶吉士官，且于上前力保之。然以争宠相轧有隙，熊始倚修书，后移其事任于光地，熊甚憾李，李亦深谤熊，二人盖以道学为得君之专业，故人品皆不纯。然上有好者，下必甚焉，天下不敢以佻达之见非薄道学，而真儒遂得用世，不以迂拙朴僿见摈，则熊、李犹金台之郭隗，当居招致之功，要为人君好尚之标帜耳。熊、李虽皆有伪道学之疵病，然官至极品，以清廉终，李稍任封疆，亦有政绩，究尚自爱其鼎，未尝敢尽逾道学之闲。提倡道学，究能养成士大夫风气，此亦其征验也。今略叙熊、李伪道学之据。

赐履于康熙十四年，由内阁学士超授武英殿大学士，兼刑部尚书。十五年，陕西总督哈占疏报获盗，开复疏防官，下内阁，赐履误票三法司核拟，既检举得旨免究，赐履改草签，欲诿咎同官杜立德，又取原草签嚼而毁之。立德以语索额图，事上闻，吏部议赐履票拟错误，欲诿咎同官杜立德，改写草签，复私取嚼毁，失大臣体，坐夺官归。此为《清史稿·本传》文。光地《语录》述此事，穷形尽相，据言赐履既误票，帝诘问，未辨为何人所票也，赐履回阁取误票之本，插入他阁臣票本内，以同官中杜立德较粗疏，故插杜票本中，而易其一本归己，誊写所票签，取其原签嚼毁之。立德审误票之本，非已所曾阅，签上字迹，问代写之中书林麟焻，亦不认，检用过之签条，亦较本数少一条，立德向首相索额图喧争，一满学士觉罗沙麻言："今日来过早，在南炕倒着，见熊阿里喀达即中堂。检本，口内嚼一签。"索遂与杜同启奏，熊落职回。既回寓江宁，帝犹以经义与相通问，至二十九年再起，而光地已向用矣。

光地以康熙三十三年督顺天学政，闻母丧，命在任守制，光地乞假九月，回里治丧，御史沈恺曾、杨敬儒交章论劾。上令遵初命，给事中彭鹏复疏论光地十不可留，目为贪位忘亲，排诋尤力。乃下九卿议，命光地解任，在京守制。此亦《清史稿》光地《本传》文。史馆《旧傳》载鹏《疏》原文，足使光地置身无地。略言：以三年之通丧，请为九月之给假，于礼则悖，于情则乖，于词则不顺。又言：光地有不可留者十：一则上谕十六章，首敦孝弟。二则太皇太后之丧，圣躬哀瘠。皆斥光地不能体贴则效。三则闻光地哭母甚哀，勉强衡文，必多恍惚。四则闽变时以忠贞闻，今使人疑不孝未必能忠，并议其后而叹其先。五则谈理讲道于平日，为珪为璋，倏忽瓦裂。以上五端尚与他人言略同。其六谓九月大功服，人皆谈言微刺。其七谓生童匿丧，褫革严处，万一犯者诘侍郎衰绖何以在此，何辞以对？其八谓学校之堂曰明伦，以不祥之身俨然而登，奈桥门环视何？其九谓本年正月，上谕诸臣，申礼义廉耻难进易退之意，光地今日，礼乎义乎？进退难易之谓何？悖圣训而失本心。其十谓光地必曰君命何敢辞。古人丧中辞起复，曰金革之变礼不可施于平世，纲目累书以予之。皇上教孝教忠，固辞必无不允，而光地不辞而请假九月。凡此十不可留，贪位忘亲，司文丧行，宜重其罚。疏入，传旨询问，鹏又疏言："皇上令光地在任守制，或以此试光地耳。光地深文厚貌，道仁道义，言忠言孝，一试诸此，而生平心术品行，若犀燃镜照而无遁形。皇上所以留之之意，臣鹏愚戆不能知，使光地而亦不知，贪恋苟且而姑为此给假九月之请，外以欺人，则为丧心；使光地而早已自知，诡随狡诈而姑为此给假九月之请，内以欺己，则为挟术。夫为人子而甘于丧心，为人臣而敢于挟术，两者均罪，光地必居一焉。以此赴任不可，以此回籍尤不可，盖回籍则母死有知，恨其不诚，当必阴厄，而赴任则士生至性，愤其衔恤，谁甘面从？嗟乎！光地当闻命而绝不一辞，则忍于留矣，皇上即罚其忍，使之在京守制，以动其市朝若挞之羞。光地忘通丧而假易以暂，则安于久矣，皇上即罚其安，使之离任终丧，以为道学败露之耻。臣与光地，家居各郡，然皆闽产也，今若此，人人切齿，桑梓汗颜，伏乞皇上察光地患得患失之情，破光地若去若就之局，不许赴任，不许回籍，《春秋》诛心，如臣所请。万一光地依然督学，则光地得信其术，故哀其辞曰：'九月且不获命，况三年乎？'而蚩蚩者亦曰：'是欲终之而不可得也。'下售其术，上受其名，臣鹏实拊膺疾首。前疏光地十不可留，如稍有涉私，是责光地以不孝，而先自蹈于不忠，所以跪听传旨，一一沥鸣，以头抢地，呜咽而不能自已也。"疏入，得前旨，此五月朔日事。至闰五月初四日试翰林官，乃以理学真伪论命题，不可谓非为光地发矣。其后恩遇终始独隆，自缘经传汇纂，深当帝指，非重其道学门面。彭鹏两《疏》全文，蒋氏《东华录》载之，故《旧传》亦载，而王《录》删之，未知其故？《史稿》亦不载，或只凭王《录》乎！

彭鹏第二疏谓上令光地在任守制或以此试光地，此实得圣祖之情。光地子钟伦于此时侍父在任，寄诸叔父书曰："此月初一日，部覆彭无山参本，奉旨：'李光地不准回籍，着解任在京守制。'彭前后共两疏。前疏著九卿会议，旨问彭鹏：'尔与李光地同乡，意欲相为，适所以害之，我留他在任，自有深意，不然，朕岂不晓得三年之丧古今通礼。我所以留李光地之意，恐一说便难以保全。九卿如要我说，我便说；不要我说，我便包容。彭鹏，尔参某欲令其回籍，此正合着他意思，尔此言岂不是奉承他？’于是彭第二本乃有在京守制之语，中间穷极丑詈矣！九卿闻旨有‘要我说不要我说’之语，皆云：‘皇上包容臣子，臣子如何必要皇上洗发出来，还求皇上包容为是。’今旨已下，便只得在京行三月哭奠，朝夕呜号，以暂泄哀情。杜门省罪，罅隙渐消，乃可相时乞归营葬。在今且当浮游随分，小抗之则大创在睫，所关非特平常也。阿爹此番撄此大故，惨折之余，加以震动，晦冥不测，气体大局衰羸，脾胃不能消纳，腹多痛。侄在此真百身难分，翘首南望，心肝如焚！”此书报当日实状，所谓包容，谓不说破试出假道学耳。不准回籍，解任在京守制，悉如鹏《疏》所请，岂非深恶此时之光地？后来光地孙重编《光地年谱》，并将此等家书载入，未知何以不讳亲恶竟至于此？全祖望以负友、夺情及外妇之子三事深讥光地，此不能多及，略之。

熊、李以道学逢君，事未足训，然清世士大夫之风，实自道学挽之，只可云圣祖能尊道学，而世必以光地终始眷遇，奉为清代道学之宗师，不但耳食者为此言，识《清儒学案》者亦盛推熊、李，则以其著书立说，尊程、朱，崇正学，辨道统，致力甚勤耳。儒者在野，效用不及在朝之大，明季讲学之风不替，然偶一登朝，则废死戮辱，身罹其祸。清初朝士，若二魏蔚州魏象枢、柏乡魏裔介。亦道学中人，而以道事君，未成风气。《史稿·魏象枢传》：“康熙十一年，母丧终，用大学士冯溥荐，授贵州道御史。入对，退而喜曰：‘圣主在上，太平之业方始，不当以姑且补苴之言进。’乃分疏言：‘王道首教化，满、汉臣僚，宜敦家教。督抚任最重，有不容不尽之职分，有不容不去之因循，宜责成互纠。制禄所以养廉，今罚俸例太严密，宜以记过示罚，增秩示恩。治河方亟，宜蓄人才，备任使。戒淫侈宜正人心；励风俗宜修礼制。'圣祖多与褒纳。"盖帝之好善乐道，道学家有以察之。其后以达官而从祀文庙者，清世共三人，皆康熙朝名臣，则陆陇其、汤斌、张伯行是也。其讲道学而未入两庑，然治有奇绩守有异操者，亦皆在康熙朝，若于成龙、陈鹏年、赵申乔诸公，皆入《清儒学案》。于公最不可及，赵则以刻核太过为累。年家子戴名世与赵子熊诏同为四十八年己丑科鼎甲，熊诏状元，名世榜眼。五十年十月，赵忽举发名世为诸生时，恃才放荡，语多悖逆，今列巍科，犹不追悔前非，焚削书板；名世以此弃市。此世所谓《南山集》案者也。名世以时方修《明史》，对南明以为犹昭烈之于汉，应存纪、传等文，《南山集》中有《与余生书》一篇，论及此事。此何所谓大逆，在圣祖本为有道之君，然私天下之一念，深忌明后之尚系人心，实为不免，盖亦种族之顾忌所促成。时当朱三太子案甫结，而太子被废，诸王竞谋继统，国本岌岌可危，赵所举发，殆适中当时之忌，遂处以大辟。而赵之事不干己，逢君之恶，实可痛恨。道学家往往有此类不情之事，则亦不可讳言也。

道学决不负人国家，读陆陇其、汤斌、张伯行诸人传状，其德量、操守、政事，皆足令人神往。其余纵不如是纯粹，而奇特或更过之，如于成龙诸人皆是。一时公卿，儒雅谨厚，布在朝列，不可数计，此皆所谓薰德而善良者。帝于道学之外，亦重文艺，公卿多以述作名世，其间若徐乾学、高士奇，则以招权纳贿闻，此即不讲学者之有才不免无行，帝亦明知之而不深究，使于文史得尽其长，但不令在朝久处禁近而已。康熙朝之达官，几有北宋士大夫之风，而道学之一脉，历雍、乾两朝，名臣迭出，以《学案小识》所载，考其渊源，皆自康熙朝理学诸臣所传播种子。盖圣祖种其因，而后代收其果。及至季世，母后当权，宦官宫妾，败坏纲纪，而后士大夫之风扫地以尽，至今以为服官即是奔竞以得之，驱淫以享之，一入利禄之途，便为罪恶之首。移风易俗，必有好善乐道之人，居最高之位以倡之，清圣祖所作养，后代享之而不尽，盖风气不易成，既成亦不易毁灭也。

理学专家，以程朱、陆王为门户，而以程朱为正统，若能诋陆王，便足卫道。清儒亦然。但清之理学，实以帝王好尚，为有力之提倡。帝王为求有益于政俗，但得躬行实践之儒，不问门户。且圣祖虽尊道学，而于道学家故习，厌武备，斥边功，皆不乐从，亦未尝有失败。三藩之变，魏象枢谓："舞干羽而有苗格，不烦用兵，抚之自定。"则意在与三桂连和也。台湾之平，李光地谓"隔海难守"，指以与红毛为可，则何厚于异族而仇于本族之郑氏也？圣祖虽不从迂腐之说，而所有武功，又皆因势利导，非专涂人肝脑以自为功，屡奏大效，而终身不受尊号，不生侈心，勤勤讲道谈经，至老不辍，不改尊重道学面目，是圣祖之讲学，高出于诸臣上也。文庙从祀之典，汉儒以外，为道学所专享，尤以程朱之学为正宗。清代增祀，则自康熙五十四年，增宋范仲淹。雍正二年增县亶、牧皮、乐正子、公都子、万章、公孙丑，及汉诸葛亮，宋尹焞、魏了翁、黄干、陈淳、何基、王柏，元赵复、金履祥、许谦、陈灏，明罗钦顺、蔡清，本朝陆陇其。道光二年，增明刘宗周。三年，增本朝汤斌。五年，增明黄道周。六年，增唐陆贽、明吕坤。八年，增本朝孙奇逢；后又增宋文天祥、谢良佐。咸丰初，增公明仪及宋李纲、韩琦。七年，增公孙侨及宋陆秀夫、明曹端。同治二年增毛亨及明吕枏、方孝孺。七年，增宋袁燮及本朝张履祥。光绪初元，增本朝陆世仪；继又增汉许慎、河间献王刘德，宋辅广、游酢、吕大临，本朝张伯行。三十四年，增本朝王夫之、黄宗羲、顾炎武。较其所增，不限于道学，事功、气节、学问、政事，其卓绝者每预焉，颇以用世为蕲向，清之食报于理学名臣者正特厚，非颛颛为道学持门面也。至程朱、陆王门户，识《学案》者谨守之，国家原不必局于此，陆九渊、王守仁、陈献章，明代早从祀，特《学案小识》所摈不齿数之孙奇逢则从祀，所尊为翼道之李二曲，则道光九年御史请祀，部已覆准，而特旨不从，此则好尚大异。夫唐氏之摈孙先生，谓其入清朝年已七十，不应讲学，此于门户之外，别加罪状，理极不通，道学家之横生意见往往如此。江藩《宋学渊源录》，又去其有位于朝国史应立传者不载，则似理学为隐逸者所专，而“天民”“大人”之说荒矣，汉学家言宋学，固自隔阂。

## 第八节　兴文教

世祖朝已有御制敕纂诸书，如《人臣儆心录》《资政要览》《内则衍义》《孝经衍义》《易经通注》《孝经注》《道德经注》等书，具在《四库》。世祖享年不永，虽雅意右文，未能大昌文化。圣祖亲政以后，勤学好问，早岁已然。三藩作难，天下汹汹，而经筵日讲，不懈益勤。大势稍定，即开“鸿博”之科，网罗才俊，既修《明史》，并肄诸经。既而南方大定，益治益安，四部诸书，繁重不易整理者，悉诏儒臣因前代之旧审订修补，以便承学之士。唐之贞观，宋之太平兴国，明之永乐，皆同此宏愿，而享国之永，举不及圣祖。又其用才各当，辨析心性，贯串古今，各有专学，如李光地、徐乾学辈，君臣师友，讨论从容，万几之暇，日以心力注之，不但若前代开馆承修，称制勒定而已。经则成《易》《书》《诗》《春秋》四纂，字学则成《字典》及《音韵阐微》，舆地成《皇舆表》《皇舆全图》。类纂之书，则以《朱子全书》及《性理精义》为最精粹。其供人搜讨故实，百世承用不能废之《佩文韵府》《渊鉴类函》《分类字锦》及《图书集成》等巨大类书，下至时令、艺术、谱录、志乘，《全唐诗》《古文渊鉴》《历代赋汇》《唐宋元明四朝诗选》等总集。又有康熙间纂修未毕，刊行于雍乾两朝者，若《明史》，若《通鉴辑览》，若《子史精华》，若《骈字类编》皆是。下至咏物题画诸诗，亦集其大成，选为巨帙，裨益学人，可谓美富矣。古帝王于一代之中，成就学林沾溉之书，多至如此，虽文治极盛之朝，未易相匹。而从古帝王所未提倡之绝学，为圣祖之特长者，更有天文、算学一事。初，历法在明末，用徐光启言，引西洋人法改新历，未及行而明亡。摄政王入京，修历西人汤若望即上言："所订历推得本年八月朔日日食图像，乞届期遣官测验。"遂改用《时宪历》名，颁行天下。既而回回科秋官正吴明炫攻讦新法，又有新安卫官生杨光先叩阍纠汤若望之谬，言《时宪书》面题"依西洋新法"五字，尤不合。时皇子荣亲王即董鄂妃所生而殇，若望以官钦天监，选择葬期，光先等纠其山向年月俱犯忌杀。历与星命并为一谈。廷臣不解历法，惟知排外，于康熙四年，议若望罪至凌迟，科官斩决，敕若望免，余依处斩。于是复用明《大统历》旧术，以光先掌监务。光先初不甚解推步，康熙七年颁明年历有闰，既又自知有误检举，谕天下停止闰月。时若望已死，其徒南怀仁言所颁各法之谬，测验皆合。于是斥光先，用怀仁为监副，恤若望。自九年始，复用新法。于是圣祖始逮治鳌拜，实行亲政，于新旧历法之纠纷，盖有意究其故矣。圣祖习算学，今宫中尚往往得当时算草，而与梅文鼎之学最契。有杨文言者，亦精天算，为诚亲王允祉撰《律历渊源》，其中《数理精蕴》一种有借根方术，据文鼎孙玨成言，圣祖亲以此术相授，而后悟金元时之天元一术。文鼎书中所未言，然则得诸《数理精蕴》，疑为文言所传习也。借根方为西人算学，乃代数术之旧名，亦其初境，而当时以为西名"阿尔热八达"乃东来法之意，然则由东方之天元一术，转为西方之借根方。借根方者，借一根为未知数，与立天元一同，辗转求之，恒得带纵各乘方式，开方而后得数，故谓之借根方，始借根以入算，后借方以得数也。此与天元一术无异，与普通代数术亦无异，圣祖学算之所造如是。而步天测地，用经纬线以绘舆图，皆自康熙朝创之。算术已沟通中西，帝王之学，儒者专门习之，仅与相副，此实好学深思之效，若再假以年，更为国中学人鼓倡，或早与西人科学之进步相提携矣。清一代算学，以梅氏为功力最深，亦与圣祖之学为最有声气，节录梅氏祖孙《本传》文证之如下：

《史稿·梅文鼎传》："己巳，康熙二十八年。至京师，谒李光地，谓曰：'历法至本朝大备矣，而经生家犹若望洋者，无快论以发其趣也。宜略仿元赵友钦《革象新书》体例，作简要之书，俾人人得其门户，则从事者多，此学庶将大显。'因作《历学疑问》三卷。光地扈驾南巡，驻跸德州，有旨取所刻书籍回奏，光地匆遽未及携带，遂以所订《历学疑问》谨呈。求旨：求当作奉。'朕留心历算多年，此事朕能决其是非，将书留览将发。'二日后，召见光地，上云：'昨所呈书甚细心，且议论亦公平，此人用力深矣。朕带回宫中，仔细看阅。'光地因求皇上亲加御笔，批驳改定。上肯之。明年癸未春，驾复南巡，于行在发回原书，面谕光地：'朕已细细看过。'中间圈点涂抹及签误作龠。贴批语，皆上手笔也。光地复请此书疵缪所在，上云：'无疵病缪，病字当衍。但算法未备。'盖其书本未完成，故圣谕及之。未几，圣祖西巡，问隐沦之士，光地以关中李永、河南张沐及文鼎三人对。上亦夙知永及文鼎。乙酉二月，南巡狩，光地以抚臣扈从，上问宣城处士梅文鼎焉在？光地以尚在臣署对，上曰：'朕归时，汝与偕来，朕将面见。'四月十九日，光地与文鼎伏迎河干，清晨俱召对御舟中，从容垂问，至于移时，如是者三日。上谓光地曰：'历象算法，朕最留心，此学今鲜知者，如文鼎真仅见也。其人亦雅士，惜乎老矣。'连日赐御书扇幅，颁赐珍馔，临辞，特赐‘绩学参微’四大字。越明年，又命其孙瑴成内廷学习。五十三年，瑴成奉上谕：‘汝祖留心律历多年，可将《律吕正义》寄一部去令看，或有错处，指出甚好。夫古帝有“都俞吁咈”四字，后来遂止有都俞，即朋友之间，亦不喜人规。观此皆是私意，汝等须竭力克去，则学问长进。可并将此言写与汝祖知之。’恩宠为古所未有。”

文鼎孙《瑴成传》：“明代算家不解立天元术，瑴成谓立天元一即西法之借根方。其说曰：‘尝读《授时历草》，求弦矢之法，先立天元一为天，而元学士李冶所著《测圜海镜》亦用天元一立算，传写鲁鱼，算式殊不易读。明唐荆川、顾箬溪两公，互相推重，自谓得此中三昧。荆川之说曰：“艺士著书，往往以秘其机为奇，所谓天元一系，如积求之云尔。”漫不省其为何语。而箬溪则言：“细考《测圜海镜》，如求城径，即以二百四十为天元半径，即以一百二十为天元，即知其数，何用算为？似不必立可也。”二公之言如此。余于顾说颇不谓然，而无以解也。后供奉内廷，蒙圣祖仁皇帝授以借根之法，且谕曰：“西人名此书为‘阿尔热八达，’译言东来法也。敬受而读之，其法神妙，诚算法之指南。窃疑天元一术之颇与相似，复取《授时历草》观之，乃涣然冰释，殆名异而实同，非徒似之而已。夫元时学士著书，台官治历，莫非此物，乃历久失传，犹幸远人慕化，复得故物。东来之名，彼尚不忘所自，而明人视若赘疣而欲弃之。噫！好学深思如唐、顾二公，尚不能知其意，而浅见寡闻者又何足道哉？’”

## 第九节　盛明之缺失

圣祖即位之年，明裔始亡，遗民无可归向，乃移而属诸隐遁之故明皇子。其时朱三太子实在民间，虽莫能迹其确址，风声自不可尽泯。

吴三桂起事之年，京师亦有朱三太子事开始。自是隐约出没，恒挂人口。至康熙三十八年南巡，谒明太祖陵，敕访明后，备古三恪之数，且举元后蒙古之恩礼不替为证，天下未尝不闻而义之，然决无人敢冒死希此荣宠。在朱三太子自身，或真有亡国之恨，光复之愿，则虽屈于无力，亦决不欲出臣清朝；而其他故明疏属，亦莫有入网罗者。则满洲人之深忌华夏故主，诚中形外，人尽喻之，可想见矣。至四十七年乃卒泄漏朱三太子真相，审理既确，卒以假冒诛之，尽杀其子孙，此事余别有述，不备载。夫历代帝裔，得保全者原少，清以为明讨伐叛乱入关，有国亦已六七十年，拟乎杞宋之封，或出由衷之语。夫曹魏代汉而山阳有国，其亡乃在晋永嘉之乱；司马代魏，陈留就封，其卒亦在晋惠太安之初。曹马世称篡窃之凶，犹能容前代之君如此。圣祖不能容明裔，亦胸中自有种族之见，惟恐人望之有归，此则后来排满，亦自种之因也。

圣祖以儒学开一代风气，儒家言：天子至于庶人，皆以修身为本，身修则家齐，然后可以治国平天下。圣祖过举无多，不可谓身不修，然诸皇子之狠戾残贼，太子旋废旋立，既立复废，临朝痛哭，不能救正，至晏驾亦有疑义，复开兄弟相杀之端，此亦人伦之变矣。帝于诸王，纵之太过，教之太疏。始立太子，亦留心为择师保，而为权幸所间，敬礼不终，后遂无正人敢为太子师者，太子亦不复择师。观应诏陈言之董汉臣，当太子有师保时，而以“谕教元良”为说，与“慎简宰执”并举，则太子必有不率教之征象。而为太子师者即汤斌，斌亦言惭对董汉臣，盖有不可显言之故在。其“慎简宰执”一言，侵及明珠、余国柱，阁臣合而仇言者，汤斌为众矢之的，几获重谴。当是时，明珠权倾内外，正人慷息，以倾轧牵及太子之师，无从施教。太子如此，诸王可知。圣祖于训子之事，不列于政治朋党之外，旗下人家视教子之师为教书匠，此风在圣祖时已然，殆亦关外遗传之弊习也。录其事证如下：

《史稿·理密亲王允礽传》："康熙十四年十二月乙丑，圣祖以太皇太后、皇太后命，立为皇太子。太子方幼，上亲教之读书。六岁就傅，太子以十三年五月初三日生，于十八年为六岁。令张英、李光地为之师，又命大学士熊赐履授以性理诸书。二十五年，太子十三岁。上召江宁巡抚汤斌以礼部尚书领詹事，斌荐起原任直隶大名道耿介为少詹事，辅导太子，介旋以疾辞，逾年斌亦卒。"

蒋氏《东华录》：康熙二十五年二月，叙汤斌奏永禁苏州上方山五通淫祠后，即云："先是廷臣有言：'辅导皇太子之任，非汤斌不可者。'至是上谕吏部曰：'自古帝王谕教太子，必简和平谨恪之臣，统领宫僚，专资赞导。江宁巡抚汤斌，在讲筵时，素行谨慎，朕所稔知，及简任巡抚以来，洁己率属，实心任事，久宜援擢大用，风示有位。'"

又："五月不雨，诏臣工直言得失，灵台郎董汉臣以'谕教元良，慎简宰执'奏。御史陶式玉劾汉臣摭拾浮泛之事，夸大其词，请逮系严鞫。下九卿议，有欲重罪汉臣者。寻奉特旨免议。大学士余国柱以汤斌当九卿会议时，有惭对董汉臣之语。传旨诘问，斌奏：'董汉臣以谕教为言，而臣忝长官僚，动违典礼，负疚实多。'上以词多含糊，令再回奏，斌言：'臣资性愚昧，前奉纶音，一时惶怖，罔知所措。年来衰病侵寻，愆过丛集，动违典礼，循省自惭，乞赐严加处分，以警溺职。'上因其遮饰，仍不明晰，严饬之。"

以上蒋《录》所有，而王《录》皆无之，殊为可异。有何可讳而烦删削？如《实录》未削而王氏不录，岂以此为无关政事耶？旧国史馆《汤斌传》又悉载入。要之当时宰执之非人，固大不理于人口，而与元良之教并举，则太子失教，亦为一大事可知。明珠擅权，余国柱济恶，阁员悉受指麾，廷臣多承意指，汤斌之由巡抚入为太子师，亦由明珠辈不得婪索于苏省，怂恿内召，机械变诈，盛极一时。圣祖无尊重子师之诚意，清代名流，以汤为一代名臣之最，记其言行事实者极多，《史稿》略采众说，得其大意，与旧史馆《传》统为官样者有别，录如下：

《史稿·汤斌传》："方明珠用事，国柱附之，布政使龚其旋坐贪，为御史陆陇其所劾，因国柱赇明珠得缓。国柱更欲为斌言，以斌严正不得发。及蠲江南赋，国柱使人语斌，谓皆明珠力，江南人宜有以报之，索赇。斌不应。比大计，外吏辇金于明珠门者不绝，而斌属吏独无。二十五年，上为太子择辅导臣，廷臣有举斌者，诏曰：'自古帝王，谕教太子，必简和平谨恪之臣，统率宫僚，专资辅翼。汤斌在讲筵时，素行谨慎，朕所稔知，及简任巡抚，洁己率属，实心任事，允宜拔擢，以风有位，授礼部尚书管詹事府事。'将行，吴民泣留不得，罢市三日，遮道焚香送之。初靳辅与按察使于成龙争论下河事，久未决。廷臣阿明珠意，多右辅。命尚书萨穆哈、穆成额，会斌勘议。斌主浚下河，如成龙言。萨穆哈等还京师，不以斌语闻。斌至，上问斌，斌以实对，萨穆哈等坐罢去。二十六年，五月不雨，灵台郎董汉臣上书指斥时事，语侵执政。下廷议，明珠惶惧，将引罪。大学士王熙独曰：'市儿妄语，立斩之，事毕矣。'斌后至，国柱以告，斌曰：'汉臣应诏言事，无死法。大臣不言而小臣言之，吾辈当自省。'上卒免汉臣罪。明珠、国柱愈忌。摘其语上闻，并摭斌在苏时文告语曰：'爱民有心，救民无术。'以为谤讪。传旨诘问，斌惟自陈资性愚昧，愆过丛集，乞赐严加处分。左都御史璙丹、王鸿绪等又连疏劾斌。会斌先荐候补道耿介为少詹事，同辅太子，介以老疾乞休，詹事尹泰等劾介侥幸求去，且及斌妄荐，议夺斌官。上独留斌任。国柱宣言：'上将隶斌旗籍。'斌适扶病入朝，道路相传，闻者皆泣下，江南人客都下者，将击登闻鼓讼冤，继知无其事乃散。九月改工部尚书，未几疾作，遣太医诊视。十月自通州勘贡木归，一夕卒，年六十一。斌既卒，上尝语廷臣曰：'朕遇汤斌不薄，而怨讪不休何也？'明珠、国柱辈嫉斌甚，微上厚斌，斌祸且不测。"

耿介，登封人，与斌俱先以词臣为监司，解官师事孙奇逢讲学，为清道学名儒。斌荐与同辅太子，正是重视辅导太子之责，斌遭构忌，牵连及介，遂并休致。

《史稿·儒林·耿介传》："二十五年，斌疏荐介赋质刚方，践履笃实，家居淡泊，潜心经传，学有渊源。召为侍讲学士，旋升詹事府少詹事，特命辅导皇太子。上尝当命书字，介书'孔门言仁言孝，盖仁孝一理，仁者孝之本体；孝者仁之发用。不言仁，无以见孝之广大；不言孝，无以见仁之切实'四十三字以进。上悦，书'存诚'二大字赐之。会斌被劾，介引疾乞休。詹事尹泰劾介诈疾，并劾斌不当荐介。部议革职。奉旨免革职，依原道员品级休致。在朝凡五十三日，遂归。"

又吏部尚书达哈塔，旗员中之贤者。康熙十八年，魏象枢保清廉官，以达哈塔与陆陇其同荐。至是亦以尚书为太子讲官，与汤、耿并获咎。

史馆《达哈塔传》："二十六年四月以雨泽愆期，诏同大学士勒得洪、余国柱等清理刑部狱囚。时尚书汤斌、少詹事耿介等为皇太子允礽讲官，达哈塔奉命，与汤斌、耿介并辅导皇太子。六月，以讲书失仪，三人俱罚俸。达哈塔奏言：'臣奉命辅导东宫，诚欲竭力自效，恪供厥职，奈赋性愚拙，动辄愆仪，数日之内，负罪实多。以汤斌、耿介尚不能当辅导之任，况庸陋如臣，敢不即请罢斥。'下部察议，以辅导东宫，为日未久，遽自请罢，规避图安，应革职。得旨宽免。"

达哈塔以满籍大臣，同辅导太子，即同获咎，又不比耿介之为汤斌所荐，应与株连矣，然亦以讲书失仪，与汤、耿同罚，而汤、耿之获咎，则又不言讲书失仪事，要是正人不能为太子师而已。是年八月，达哈塔亦以他事降级卒。嗣后更不闻有士大夫为太子师者，惟于诸家集中，见太子作字吟诗，由圣祖传视诸臣，诸臣例为谀讼，或太子自以令旨赐诸臣诗字，诸臣纪恩等作。无亲切辅导之人，设有之，则太子失爱时，必有士大夫遭其罪戮者矣。夫太子生在康熙十三年，明年立为太子，至二十六年只十四岁，于汤、耿诸臣被谴，未必有所关涉，要其不可受教之故，必自有在。太子母孝仁皇后，索尼之女，大学士索额图之妹。圣祖诸子多为私亲所昵比，其例甚多。圣祖平时似不过问，至酿祸乃咎之，则唆太子不率教者即此私亲矣。

史馆《索额图传》："皇太子允礽以狂疾废黜，上谕廷臣曰：'昔允礽立为皇太子时，索额图怀私倡议，凡服御诸物，俱用黄色，所定一切仪制，几与朕相似，骄纵之渐，实由于此，索额图诚本朝第一罪人也。'"

然则太子之不能率教，自有养成骄纵之人。明珠、余国柱欲排挤汤斌，引之于辅导之任，即是投之陷阱。圣祖诸子之祸，不能谓非无由致之。至世宗取得大位，于国事实能胜继承之任，此亦清自得天之幸，非人事所能及也。撮书康熙晚年太子诸王之祸如左。

《理密亲王允礽传》，自汤斌卒后续叙云："太子通满、汉文字，娴骑射，从上行幸，赓咏斐然。二十九年七月，上亲征噶尔丹，驻跸古鲁富尔坚嘉浑噶山，遘疾，召太子及皇三子允祉至行宫。太子侍疾无忧色，上不怿，遣太子先还。三十三年，礼部奏祭奉先殿仪注，太子拜褥置槛内，上谕尚书沙穆哈移设槛外，沙穆哈请旨记档，上命夺沙穆哈官。"

此事殊可怪，定一拜褥之位置，而礼臣张皇如此。检《东华录》，事在三月丁未，《录》云："谕大学士等：'礼部奏祭奉先殿仪注，将皇太子拜褥设置槛内。朕谕尚书沙穆哈曰："皇太子拜褥应设槛外。"沙穆哈即奏请朕旨，记于档案，是何意见？着交该部严加议处。'寻议，尚书沙穆哈应革职交刑部，侍郎席尔达、多奇均应革职。得旨：沙穆哈著革职，免交刑部；席尔达、多奇，俱从宽免革职。"礼部定祭先仪注，必过尊太子，虽有谕移太子拜褥向下，亦不敢从。请旨记档，冀免后祸。太子之骄纵，及其左右如索额图等之导以骄纵，圣祖之明，岂有不知？不思变化太子气质，但严处礼臣，使之闻之，父子之间，过存形迹，亦失谕教之道，惟有坐待其祸发而已。

> 《传》又云："三十四年，册石氏为太子妃。三十五年二月，上再亲征噶尔丹，命太子代行郊祀礼，各部院奏章，听太子处理，事重要，诸大臣议定启太子。六月，上破噶尔丹还，太子迎于诺海河朔，命太子先还。上至京师，太子率群臣郊迎。明年，上行兵宁夏，仍命太子居守。有为蜚语闻上者，谓：'太子昵比匪人，素行遂变。'上还京师，录太子左右用事者置于法，自此眷爱渐替。"

录太子左右用事者置于法，其时为三十六年，太子年二十四。此节文证以《东华录》，是年九月甲午，上还京师，而先二日壬辰，谕内务府，处分膳房人、茶房人、哈哈珠子等人。则所谓太子左右用事者，未有一外廷士大夫也。

> 《东华录》："康熙三十六年九月壬辰，上谕内务府总管海喇孙等：'膳房人花喇、额楚，哈哈珠子德住，茶房人雅头，伊等私在皇太子处行走，甚属悖乱，着将花喇、德住、雅头处死，额楚交与伊父英赫紫圈禁家中。'"

膳房、茶房皆暬御小臣，哈哈珠子为王子亲随，此等人本可奔走宫府，而以行走为悖乱，其中必有悖乱事实。额楚一名，可交与其父圈禁，其父必系亲切要人。太子既获册立，尚何所求，而乐与厮役小人交结如此，可见圣祖失教。十年前自汤斌、耿介等获咎之后，东宫已无正人为左右，詹事府名为东宫官属，与辅导之事绝不相关。太子方在英年，而不亲师保如此，其亦异于前代盛明之主矣。

《传》又云："四十七年八月，上行围，皇八子当作皇十八子，或排印时误脱。允祄疾作，留永安拜昂阿。上回銮临视，允祄病笃，上谕曰：'允祄病无济，区区稚子，有何关系？至于朕躬，上恐贻高年皇太后之忧，下则系天下臣民之望，宜割爱就道。'因启跸。九月乙亥，次布尔哈苏台，召太子，集诸王大臣，谕曰：'允礽不法祖德，不遵朕训，肆恶虐众，暴戾淫乱，朕包容二十年矣，乃其恶愈张，戮辱廷臣，专擅威权，鸠聚党与，窥伺朕躬起居动作。'"

圣祖于此时有包容二十年之说，是年太子方三十五岁，二十年前仅十五岁耳，是年为康熙四十七年，二十年前为二十七年，其前一年即汤斌、耿介获咎，董汉臣以天旱陈言涉及太子之时，可知太子之不率教，其实举国已知，虽不从明珠等阁员杀董汉臣，而太子师横被责让，并无约束太子之意，蓄意包容，遂历二十年而决裂，岂非姑息之爱误之？

《传》又云："平郡王讷尔素、贝勒海善、公普奇遭其殴挞，大臣官员亦罹其毒。朕巡幸陕西、江南、浙江，未尝一事扰民，允礽与所属恣行乖戾，无所不至，遣使邀截蒙古贡使，攘进御之马，致蒙古俱不心服。朕以其赋性奢侈，用凌普为内务府总管，以为允礽乳母之夫，便其征索，凌普更为贪婪，包衣下人无不怨憾。"

不用正人辅导，而用太子乳母之夫总管内务府，以便其征索。夫使太子征索于内务府，内务府所辖者包衣，自然以贪婪取怨，岂非姑息纵恶之至。

《传》又云："'皇十八子抱病，诸臣以朕年高，无不为朕忧。允礽乃亲兄，绝无友爱之意。朕加以责让，忿然发怒，每夜逼近布城裂缝窃视。从前索额图欲谋大事，朕知而诛之。今允礽欲为复仇，朕不卜今日被鸩，明日遇害，昼夜戒慎不宁。似此不孝不仁，太祖、太宗、世祖所缔造，朕所治平之天下，断不可付此人。'上且谕且泣，至于仆地。"

"索额图欲谋大事"句，《东华录》作"助伊潜谋大事"，语更明显。则往时已有图逆发觉之事，但或以为事出索额图，未必太子本意耳。考清《国史·索额图传》，事在四十二年四月，《传》所叙与此不同。索额图已于四十年以老乞休允之。四十一年，复召侍太子德州养病，以时方南巡，太子侍行，至德州而病，帝遂回銮，而留太子德州养病也。太子养病必召其私亲侍，且为纵恶之私亲，是时犹纯为姑息如此。索额图先为家人讦告罪款，留中未宣，至四十二年仍传谕："家人告尔，留内三年，有宽尔之意，而尔背后怨尤，议论国事，结党妄行；举国俱系受朕深恩之人，若受恩者半，不受恩者半，即俱从尔矣。去年皇太子在德州时，尔乘马至皇太子中门方下，即此是尔应死处，尔自视为何等人耶？朕欲遣人来尔家搜看，恐连累者多，所以中止。若将尔行事指出一端，即可正法。念尔原系大臣，朕心不忍，令尔闲住，又恐结党生事，背后怨尤议论，着交宗人府拘禁。"寻死于禁所。《传》取叙谕辞，吞吐不明，讦告之款，未明何事，而结党妄行，若非举国受恩，即可俱被诱惑而去。据此情罪，直是与帝互争天下，天下非索额图所能有，其为代太子谋早取大位明矣。其下忽又掩过重情，但责以德州侍疾时，乘马失礼于太子，即是死罪，与上说大异。又云若搜看其家，恐多连累，则又非失礼而有犯逆，且不可使有连累，则顾忌甚切，自属为太子地矣。然则索额图助太子谋逆之案，早发觉于五年之前，太子不悛，又日日在防范之内，废太子之祸，固已迫在眉睫矣。

《传》又云："即日执允礽，命直郡王允禔监之。诛索额图二子格尔芬、阿与吉善及允礽左右二格、苏尔特、哈什太、萨尔邦阿，其罪稍减者遣戍盛京。"

观所诛者乃索额图二子，余亦旗下人员，大抵索等所援引同类。此时有名之罪人，不过如此。十一年前所置于法之太子左右用事人，更为旗下群小，并不必纪其名，则太子之隔绝士大夫，固已久矣。"谕教元良"之语，初不足动圣祖之心。在二十余年之前，早信从士大夫，斥退私亲，扶植正士，以坊培东宫，其时方十四五岁童子，少成若性，熏德善良，何至异日之惨！

《传》又云："次日，上命宣谕诸臣及侍卫官兵，略谓：'允礽为太子，有所使令，众敢不从，即其中岂无奔走逢迎之人？今事内干连，应诛者已诛，应遣者已遣，余不更推求，毋危惧。'上既废太子，愤懑不已，六夕不安寝，召扈从诸臣涕泣言之，诸臣皆呜咽。既又谕诸臣，谓：'观允礽行事，与人大不同，类狂易之疾，似有鬼物凭之者。'及还京，设毡帐上驷院侧，令允礽居焉，更命皇四子与允禔同守之。寻以废太子诏宣示天下，上并亲撰文，告天地太庙社稷曰：'臣祇承丕绪，四十七年余矣，于国计民生，夙夜兢业，无事不可质诸天地。稽古史册，兴亡虽非一辙，而得众心者未有不兴，失众心者未有不亡。臣以是为鉴，深惧祖宗垂贻之大业，自臣而隳。故身虽不德而亲握朝纲，一切政务，不徇偏私，不谋群小，事无久稽，悉由独断，亦惟鞠躬尽瘁，死而后已。在位一日，勤求治理，不取少懈。不知臣有何辜，生子如允礽者，不孝不义，暴虐慆淫，若非鬼物凭附，狂易成疾，有血气者岂忍为之？允礽口不道忠信之言，身不履德义之行，咎戾多端，难以承祀。用是昭告昊天上帝，特行废斥，勿致贻忧邦国，痛毒苍生。抑臣更有哀吁者：臣自幼而孤，未得亲承父母之训，惟此心此念，对越上帝，不敢少懈。臣虽有罪子，远不及臣，如大清历数绵长，延臣寿命，臣当益加勤勉，谨保终始。如我国家无福，即殃及臣躬以全臣令名。臣不胜痛切，谨告。'"

此为第一次废太子，其时已言似有鬼物凭之，遂开允祉首告允禔厌胜事。厌胜当亦不诬，但促其首告，或此疑为鬼附之说。要之圣祖之爱憎太子，初无成心，非有移爱他子而致此，则甚可信。祭告文不见《东华录》，王《录》惟云："翰林院奉敕撰之文，不当帝意，自撰此文。翻清书时，又将'鞠躬尽瘁，死而后已'二语改译。再谕以'不可改，不可以为此系人臣语，人君实更应鞠躬尽瘁'。"云云。据此则祭告文实是亲笔，世疑宫中发见圣祖亲笔文，文字俱甚劣，遂以为御笔尽出倩代者，前言清列帝作字，每对众挥毫，不应尽假，文理亦于讲读谈论中窥见程度。证以此文，及其谕饬撰译之人，决非不能作通顺文字者也。

《传》又云："太子既废，上谕：'诸皇子中，如有谋为皇太子者，即国之贼，法所不宥。'诸皇子中，皇八子允禩谋最力，上知之，命执付议政大臣议罪，削贝勒。十月，皇三子允祉发喇嘛巴汉格隆为皇长子允禔厌允礽事，上令侍卫发允礽所居室，得厌胜物十余事。上幸南苑行围，遘疾，还宫，召允礽入见，使居咸安宫。上谕诸近臣曰：'朕召见允礽，询问前事，竟有全不知者，是其诸恶，皆被魔魅而然。果蒙天佑，狂疾顿除，改而为善，朕自有裁夺。'廷臣希旨，有请复立允礽为太子者，上不许。左副都御史劳之辨奏上，上斥其

> 奸诡，夺官予杖。既上召诸大臣，命于诸皇子中举孰可继立为太子者，诸大臣举允禩。明日，上召诸大臣入见，谕以太子因魔魅失本性状。诸大臣奏：‘上既灼知太子病源，治疗就痊，请上颁旨宣示。’又明日，召允礽及诸大臣同入见，命释之，且曰：‘览古史册，太子既废，常不得其死，人君靡不悔者。所执允礽，朕日不释于怀，自今召见一次，胸中乃疏快一次。今事已明白，明日为始，朕当霍然矣。’又明日，诸大臣奏请复立允礽为太子，疏留中未下。上疾渐愈。四十八年正月，诸大臣复疏请，上许之。三月辛巳，复立允礽为皇太子，妃复为皇太子妃。”

此为太子废后复立，圣祖顾念其子，疑为鬼物所凭，而又恰有谋太子者适为厌胜之事。太子之失德，自不缘厌胜而来，而其乘此疑团，遂认为被厌胜，以图一时之复位。帝虽欲复立，终疑请复立为图见好太子，作异日居功之地，则务谴臣下之言复立者。窥伺帝旨之徒，遂疑帝实不欲复太子，而别举允禩以当之，又大失帝意。此善投机会者之弄巧反拙，成康熙间夺嫡案之一大反复。

自四十八年三月，复立太子。逾二年，至五十年十月，复以旗籍大臣多人为太子结党会饮，所牵涉者有户部书办沈天生等，串通本部员外郎，包揽湖滩河朔事例，额外多索银两，诸大臣皆受贿，为数亦不过数千金。因谓：“允礽求此等人保奏，惟其不仁不孝，难于进益，徒以言语货财，卖属此辈，潜通信息，尤属无耻之人。”此其痛斥太子，情节猥琐，《东华录》甚详，而似亦不甚近情。以将传帝位之太子，何求于群小而与为朋比？《史稿》撮叙，更不分明，疑其中有难言之隐矣。诸大臣者，尚书耿额，又指为索额图之家奴，欲为索额图报复，牵连审讯，至明年五月始结，罪至绞监候以下有差，而太子尚未俱废，使其觉悟改悔，未尝不留与时机。而太子为人，众臣既盛道其聪明，圣祖亦言其骑射、言词、文学无不及人之处，何以甘入下流，为稍知自爱之子弟所不肯为？此则失教之至，而纵使习染于旗籍昏愦之索额图家，少成若性，岂非溺爱不明于先，而又不能终于愦愦，尽失英主之本色，以致有一废再废之举耶？太子过恶，前辈别无记载，故只有疑其冤抑，意为夺嫡之余，世宗朝修圣祖实录多未可信。然世宗于允礽初无图夺之迹，后因不立太子，始生事在人为之志，乃别是一事。谓允禩辈夺嫡甚烈，适为世宗驱除，未始不幸获渔翁之利则有之；至《圣祖实录》谓尽出雍正朝伪撰，则于事理为不必然。而其证据，今尤有可举者，录之以存其真相。

> 《朝鲜实录》：肃宗三十四年戊子，即康熙四十七年，十一月庚寅，是月癸酉朔，庚寅乃十八日。是日书："皇历赍咨官韩重琦赍来清国咨文，清国废其太子胤礽，本朝方物之赠太子，勿令赍来。其废黜诏制略曰：'荒淫无度，私用内外帑藏，捶挞大臣以下，欲为索额图胤礽之外亲名。傍伺朕躬，若不于今日被鸩，即明日遇害云。'"

据此则废太子诏，实是当时原文。

> 又：三十五年己丑，即康熙四十八年，三月甲午，是月壬申朔，甲午为二十三日。是日书："冬至使闵镇厚、金致龙、金始焕等自清国还，引见劳慰，仍问虏中事，镇厚对曰：'以下先言朱三太子事，略之。盖闻虏中形止，渐不如前，胡人持皇帝阴事，告外人无所隐，如乍废太子，旋复其位；殴曳马齐，仍官其子。处事已极颠倒。而又贪爱财宝，国人皆称爱银皇帝。且太子性本残酷，百姓公传道之曰："不忠不孝，阴蒸诸妹。"若其诸子之暴虐，乃甚于太子云。胡命之不久，此可知矣。'"

朝鲜忠于明，始终对清视为胡虏，乾隆以后稍改，然终不忘明。盖其国见解，自命为箕子之后，而于女真持种族之见甚深，因种族之见，其评清帝本不甚作美辞，自难尽信，但所传清国百姓谈太子王过恶，及诸子之无佳誉，当是得诸闻见。

> 《史稿·允礽传》："五十一年十月，复废太子，禁锢咸安宫。"

据《本纪》及《东华录》，书废太子在九月庚戌，即九月晦日，次日十月辛亥朔，御笔朱书谕王大臣，故允礽再废在五十一年十月，谕中有云："前次废置，情实愤懑，此次毫不介意，谈笑处之而已。"故更无颁诏等事。

> 《传》又云："五十二年，赵申乔疏请立太子，上谕曰：'建储大事，未可轻言。允礽为太子时，服御俱用黄色，仪注上几于朕，实开骄纵之门。宋仁宗三十年未立太子，我太祖、太宗亦未豫立。汉、唐已事，太子幼冲，尚保无事，若太子年长，左右群小，结党营私，鲜有能无过者。太子为国本，朕岂不知，立非其人，关系匪轻。允礽仪表、学问、才技，俱有可观，而行事乖谬，不仁不孝，非狂易而何？凡人幼时，犹可教训，及长而诱于党类，便各有所为，不复能拘制矣。立皇太子事，未可轻定。'自是上意不欲更立太子，虽谕大学士、九卿等裁定太子仪仗，卒未用。终清世不复立太子。"

不立太子，为清一代特色。乾隆朝有端慧太子永琏，则由追赠。复作《储贰金监》，集古来立太子之为祸事迹，垂训后世，亦皆以康熙朝事为炯戒焉。证以《朝鲜实录》，亦载太子之立而复废，略如清《国史》所说。

> 朝鲜《肃宗实录》：三十八年，即康熙五十一年壬辰，十二月癸酉：二十四日。"先是，李枢以彼中事情报备局曰：'皇帝在热河时，部院重臣相继下狱。回驾后，面谕大臣，放置太子，而姑无颁诏之举云。故详探，则以为太子经变之后，皇帝操切甚严，使不得须臾离侧，而诸弟皆在外般游，故恨

自己之拘检，猜诸弟之闲逸，怨恨之言，及于帝躬。而皇帝出往热河，则太子沉酗酒色，常习未悛，分遣私人于十三省富饶之处，勒征货赂，责纳美姝，小不如意，诉谗递罢。皇帝虽知其非，不得已勉从。而近则上自内阁，下至部院，随事请托，必循其私而后已。皇帝自念年迈，而太子无良，其在热河时，部院诸臣，曾受太子请托，屈意循私之人，锁项拘囚，回驾后放置太子于别宫云。其后仍付其礼部咨文，而我国所献太子方物，亦令停止矣。'"

《朝鲜实录》所载，与《东华录》约略相符。益知《圣祖实录》非世宗以意修改。而世宗于太子之废，实无所干预。但神器无所归，乘机取得大位，康熙间极力营谋夺嫡者，至时反为他人拾取而去，因忿极而多不逊之言行，遂开世宗屠戮兄弟之端，余别有考，不具录。

夺嫡之狱，允禩为主，度允禩笼络人心，其术必有大过人者。诸兄弟皆为尽力，宗藩贵戚，满汉大臣，亦多有预其谋者。老臣如佟国维、马齐，勋旧如遏必隆之子阿灵阿，佟国纲之子鄂伦岱，明珠之子揆叙，汉文臣如王鸿绪，皆以举允禩为太子被谴。兄弟中如允禔、允禟、允䄉、允禵，皆甘推戴，允禔为皇长子，尤身犯大不韪以遂其私，不知何以归心允禩至此。世宗亦专以允禩为大敌。互见余所作《世宗入承大统考》。

《史稿·允禔传》："四十七年九月，皇太子既废，允禔奏曰：'允礽所行卑污，失人心，术士张明德尝相允禩必大贵，如诛允礽，不必出皇父手。'上怒，诏斥允禔凶顽愚昧，并戒诸皇子勿纵属下人生事。允禔用喇嘛巴汉格隆魇术，厌废太子，事发，上命监守，寻夺爵幽于第。四月，上将巡塞外，谕：'允禔镇魇皇太子及诸皇子，不念父母兄弟，事无顾忌，万一祸发，朕在塞外，三日后始闻，何由制止。'下诸王大臣议。于八旗遣护军参领八、护军校八、护军八十，仍于允禔府中监守。上复遣贝勒延寿、贝子苏努、公鄂飞、都统辛泰、护军统领图尔海、陈泰并八旗章京十七人，更番监守，仍严谕疏忽当族诛。雍正十二年卒，世宗命以固山贝子礼殡葬。”

又《允禩传》:“圣祖第八子，康熙三十七年三月，封贝勒。四十七年九月，署内务府总管事。太子允礽既废，允禩谋代立，诸皇子允禟、允䄉、允禵，诸大臣阿灵阿、鄂伦岱、揆叙、王鸿绪等，皆附允禩，允禔原作祉当误。言于上，谓：‘相士张明德言允禩原作禔当误。后必大贵。’上大怒。会内务府总管凌普，以附太子得罪，籍其家，允禩原作禔当误。颇庇之，上以责允禩，谕曰：‘凌普贪婪巨富，所籍未尽，允禩每妄博虚名，凡朕所施恩泽，俱归功于己，是又一太子矣。如有人誉允禩，必杀无赦。’翌日，召诸皇子入谕曰：‘当废允礽时，朕即谕诸皇子，有钻营为太子者，即国之贼，法所不容。允禩柔奸性成，妄蓄大志，党羽相结，谋害允礽。今其事皆败露，即锁系交议政处审理。’允禟语允禵，入为允禩营救，上怒，出佩刀将诛允禵，允祺跪抱劝止，上怒少解，仍谕诸皇子议政大臣等，毋宽允禩罪。逮相士张明德会鞫，词连顺承郡王布穆巴，公赖士、普奇，顺承郡王长史阿禄。张明德坐凌迟处死，普奇夺公爵，允禩亦夺贝勒为闲散宗室。上复谕诸皇子曰：‘允禩庇其乳母夫雅齐布，雅齐布之叔厩长吴达理与御史雍泰同榷关税，不相能，诉之允禩，允禩借事痛责雍泰。朕闻之，以雅齐布发翁牛特公主处，圣祖第十三女和硕温恪公主，下嫁翁牛特杜棱郡王仓津。允禩因怨朕，与褚英孙苏努相结，败坏国事。允禩又受制于妻，妻为安郡王岳乐甥，嫉妒行恶，是以允禩尚未生子，此皆尔曹所知。尔曹当遵朕旨，方是为臣子之理。若不如此存心，日后朕考终，必将朕躬置乾清宫内，束甲相争耳。’”

圣祖斥责允禩，深刻如此。纵谕诸皇子语，或一时未达外廷，然会鞫张明德，词连多人，又夺允禩贝勒，当已明白可共喻矣。然又有大臣会举为太子一事，终疑太不近情，或斥责允禩之语，不无世宗朝添人。至其被举而为圣祖所责，则固事实。允禩之夺贝勒，则但以闻张明德诞语而不奏闻耳。

《传》又云："上幸南苑，遘疾还宫，召允禩入见，并召太子使居咸安宫。未几，上命诸大臣于诸皇子中，举可为太子者。阿灵阿等私示意诸大臣举允禩，上曰：'允禩未更事，且罹罪，其母亦微贱，宜别举。'上释允礽，亦复允禩贝勒。四十八年正月，上召诸大臣，问倡举允禩为太子者，诸臣不敢质言，上以大学士马齐先言众欲举允禩，因谴马齐，不复深诘。寻复立允礽为太子。"

以上为允禩夺嫡曲折。后世宗即位，引近允禩，首封亲王，畀以重任，初不致憾于夺嫡，且举允禩之大臣，亦多倚任。后来深罪允禩，不缘夺嫡前案，别见余《三案考实》中《世宗入承大统案》。太子复立后又废，斯时允禩无可希冀，而允禵独为抚远大将军，圣祖拟有付托意。允禵为世宗同母弟，后亦不容于世宗。当时人言藉藉，以为世宗乃夺允禵之位。允禵行十四，世宗行四，所谓亲承末命时，以圣祖"传十四皇子"之语，改"十"字为"于"字而夺之也。语见《大义觉迷录》，世宗自述而自辟之。要之圣祖诸子，皆无豫教，惟世宗之治国，则天资独高，好名图治，于国有功，则天之佑清厚，而大业适落此人手，虽于继统事有可疑，亦不失为唐宗之逆取顺守也。

# 第三章 全盛

世宗、高宗两朝，为清极盛之时，特世宗操劳，且戕贼诸兄弟，亦觉少暇豫之乐；高宗则享尽太平之荣，位禄名寿，直可侈拟舜之大德，然日中则昃，衰象亦自高宗兆之。分节如下。

## 第一节 世宗初政

康熙六十一年十一月十三日甲午戌刻，圣祖崩于畅春园，帝亲为更衣讫，当夜即奉还大内，安于乾清宫。翌日以次，未即位已下谕称朕。翌日即十四日乙未，戌刻始大殓。既殓，第一命令即允禩、允祥、马齐、隆科多四人总理事务，第二谕即命抚远大将军奔丧来京，第三谕即封允禩、允祥为亲王，允礽子弘晳为郡王。急用隆科多，以报其拥立之功；急召允禵，以防其在边掌兵之患；急封允禩，以平其鹬蚌相争为渔翁得利之气，固非有为允礽报怨之意明也。《清史稿·允禩传》，于雍正初插入数语云："皇太子允礽之废也，允禩谋继立，世宗深憾之。允禩亦知世宗憾之深也，居常怏怏。"以此领起下文渐渐得罪。此实望文生义，未将《大义觉迷录》等书世宗谕旨，细意寻绎，盖雍正间之戮辱诸弟，与康熙间夺嫡案，事不相关，余已别有考。今专述世宗图治之能事。

世宗即位，在康熙六十一年十一月二十日辛丑。十二月初七日戊午，停止直省将军、督抚、提镇等官贡献方物。十三日甲子，诏直省仓库亏空，限三年补足，逾限治罪，此事《史稿·食货志》言:“圣祖在位六十年，政事务为宽大，不肖官吏，恒恃包荒，任意亏欠，上官亦曲相容隐，勒限追补，视为故事。世宗在储宫时，即深悉其弊，即位后，谕户部、工部:嗣后奏销钱粮米石，物价工料，必详查核实，造册具奏。以少作多，以贱作贵，数目不符，核估不实者，治罪。并令各督抚严行稽查所属亏空钱粮，限三年补足，毋得藉端掩饰，苛派民间。限满不完，从重治罪。”

《史稿》《志》文，意在表明世宗初吏治财政整饬之状，然缴绕不明，忽言补足亏空，忽言核实奏销，殊难了解。检《东华录》则系同日两谕，各为一事，一谕户部，一谕户、工二部。

谕户部:“自古惟正之供，所以储军国之需。当治平无事之日，必使仓库充足，斯可有备无患。近日道府州县，亏空钱粮者正复不少，揆厥所由，或系上司勒索，或系自己侵渔，岂皆因公挪用?皇考好生如天，不忍即置典刑，故伊等每恃宽容，毫无畏惧，恣意亏空，动辄盈千累万。督抚明知其弊，曲相容隐，及至万难掩饰，往往改侵欺为挪移，勒限追补，视为故事，而全完者绝少。迁延数载，但存追比虚名，究竟全无着落。新任之人，上司逼受前任交盘，彼既畏大吏之势，虽有亏空，不得不受，又因以启效尤之心，遂藉此挟制上司，不得不为之隐讳，任意侵蚀，展转相因，亏空愈甚。一旦地方或有急需，不能支应，关系匪浅。朕深悉此弊，本应即行彻底清查，重加惩治，但念已成积习，姑从宽典。除陕西省外，陕甘邻青海，时为军务省份。限以三年，各省督抚，将所属钱粮，严行稽查，凡有亏空，无论已经参出、未经参出，三年内务期如数补足，毋得派累民间，毋得藉端遮饰。限满不完，定行从重治罪。三年补足之后，再有亏空，决不宽贷。至于署印之官，始而百计钻营，既而视如传舍，于前任亏空，视作泛常，接受交盘，复转授新任。嗣后如察出此等情弊，必将委署之上司，与署印之员，一并严加治罪。尔部可即传知各省督抚。”

谕户、工二部：“财者利用之源，古帝足国裕民，务必制节谨度。朕初即位，每恐府库金钱，中饱于胥吏之侵蚀。以后凡户、工二部，一应奏销钱粮米石，物价工料，必须详查核实，开造清册具奏，毋得虚开浮估。倘有以少作多，以贱作贵，数目不敷，核估不实者，事觉将堂司官从重治罪。”

世宗承圣祖宽大之后，综核名实，一清积弊，亦未尝立予惩治，自能洞见外省情伪，此政治一大刷新，应特叙列。而牵混不清，史官可谓以其昏昏使人昭昭矣。此等处皆《史稿》之应纠正者。

雍正元年元旦，颁谕旨训饬督、抚、提镇，文吏至守令，武将至参游，凡十一道。每谕文各千言内外，各就其职掌而申儆之。国家设官，久而忘其应循之职，与者擅为恩私，受者冒其禄利，奔竞无耻，用心皆在职掌之外。世宗在未即大位以前，必先有此提纲挈领之知识。百官职掌，近六百年来，皆自明太祖定之，后来因事损益而已。持以为督责之柄，则可以为君；奉以为率由之准，则可以为臣。世宗则知其故矣。然各谕空文太多，尚不如明祖之切实颁为格式，要其意则已蕲向乎是，文繁不具录。

世宗于申儆各官，以吏治民生为首，嗣是有谕各部院及科道、翰林院各衙门，领侍卫内大臣、八旗大臣等，逐事申儆，皆尽情伪。雍正一朝，《朱批奏摺》《上谕八旗》《上谕内阁》，皆刻成巨帙，其未刻者不知凡几，而已选刻者不下数十万言，自古勤政之君，未有及世宗者。谕旨批答，皆非臣下所能代，曲折尽意，皆出亲裁。有照例阁臣票拟者，略一含糊，辄被诘问。试举一例。

> 雍正元年七月戊子，谕内阁："前因年羹尧奏称：赵之坛情愿捐银一万两，往布隆吉尔地方筑城效力。朕念赵之坛系功臣之后，良栋之孙。若伊才具不胜知府之任，道员事简易办，捐银叙用，似属可行；若赵之坛才克胜任，即留知府用。见今赵弘燮亏空库银三四十万两，交与赵之坛料理，又何必另外捐银？况年羹尧启奏：筑城已有张连登、王之枢等可以竣事。今复遣往效力议叙，似又开一捐例，断不可行。若布隆吉尔筑城，张连登等所捐之赀，不克完工，令年羹尧密折具奏，再将情愿效力者发往，此朕从前谕旨也。尔等票签，全不符合，将朕紧要语句，俱行遗漏。尔等俱系圣祖仁皇帝委任大臣，圣祖仁皇帝天纵生知，兼之临御日久，诸事精熟，尔等舛错之处，全赖圣祖仁皇帝改正，所以不至误事。今朕临御之初，内藉大学士，外藉督、抚、提镇，理应诸事勤慎，尽心协办。如前日本上脱落一字，事虽甚小，然不得谓小事便可轻忽。本章用心细阅，自无错误。又如前日蔡珽所奏之事，即系年羹尧奏过之事，尔等又票该部议奏，朕疑其或有异同，照签批发，及观部议，仍是一事，何至玩忽如此？朕若亦如尔等玩忽，督抚本章，概批依议，用人一途，听之九卿随意保举，岂不省事？但尔等可以负朕，朕何忍负我皇考之深恩乎？况朕于尔等陈奏，虚心采纳，并未有偏执之处。人非圣贤，孰能无过？尔等若能指摘朕过，朕心甚喜。改过是天下第一等善事，有何系吝？以箝结为老成，以退诿为谨慎，非朕所望于尔等之意也。"

世宗初政，精核如此，久而不衰，雍正朝事，又是一种气象。虽多所责难，并不轻于戮辱，亦未视朝士皆出其下，予智自雄，较之高宗，尚为远胜。至其刻深惨毒，惟对继统一事，有所讦发，或有意居功要挟之人，天资自非长厚，然正极力爱名。至其英明勤奋，实为人所难及，从初政可以概其十三年全量者也。

## 第二节　雍正朝特定之制

雍正朝有两种创制，遂为一代所遵行，一曰并地丁，停编审。二曰定火耗，加养廉。今分述之：

一、地丁。古者布缕、粟米、力役三征，征一缓二。唐时租、庸、调犹沿之，至改两税而其目并矣。明行一条鞭，所并之目尤多。要其总数不重于什一，即为常赋之法。但一切负担可并，庶人往役之义，则自清以前未改也。编审人丁，计丁征费，以充百役。一条鞭虽已并古者丁盐在内，然丁仍有役，盐亦有课，故论者以为重复赋民。然总额苟不至病民，民亦安之。清承明旧，尽免明末之加派，已庆更生。圣祖康熙五十一年谕曰："海宇承平日久，户口日增，地未加广，应以现在丁册，定为常额。自后所生人丁，不征收钱粮，编审时止将实数查明造报。"廷议："五十年以后，谓之盛世滋生人丁，永不加赋，仍五岁一编审。"户部议："缺额人丁，以本户新添者抵补；不足，以亲戚丁多者补之；又不足，以同甲粮多之丁补之。"原圣祖之意，以承平久而户口增，续续滋生，所能享国土之生产，只有此数，而丁赋则随滋生而加，故限年截止，以为人丁定额，新生者不复纳赋。此亦穷思极想，务欲惠及人民之意。然立法不彻底，人丁不盛之家，既不享其惠；且若丁少于前，反需向亲戚同甲之家，商求补额，岂不反成周折？不有通变，此美意终将废阁。会圣祖崩，世宗即位，雍正元年九月，直隶巡抚李维钧奏："请将丁银摊入田粮。"部议："应如所请，于雍正二年为始，造册征收。"得旨："九卿詹事科道会同确议具奏。"九卿旋议覆："应令该抚确查各州县田土，因地制宜，作何摊入田亩之处，分别定例，庶使无地穷民免输纳丁银之苦；有地穷民无加纳丁银之累。”得旨：“九卿不据理详议，依违瞻顾，皆由迎合上意起见，即如本内‘有地穷民’一语，既称有地，何谓穷民？不与有米饿莩之语相似乎？朕于诸事，本无成见，有何迎合之处。所发会议事件，原欲与众共商，当理即朕意。朕不自以为是，所议允当，朕即不从，不妨面折廷诤，再三执奏，即不显言，亦可密折敷陈。圣祖良法美政，布在方策，朕与尔等，期共相黾勉，以臻至治。原本发还九卿，著仍照户部议行。”

以上为九月戊戌谕，原文极长，且勉且责，媿励交至。兹节其成事实之语。夫圣祖有此美意，世宗必不欲废阁之，欲符“地有定限，丁亦有定额”之意。惟有丁随地起一法，李维钧奏之，部议从之，以其为古所未有之制，再令盈廷会议，以示郑重。九卿则六部、都察院及通政、大理之总名，加以詹事、科道，是为会议。乃以预议者多，反疑上意或与户部原议未合，遂作此延宕支节之词，设或允行，即废阁之变相耳。其实世宗自有主宰，仍照户部议行，何其简捷！

惟丁随地起以后，丁额与赋税无关，编审自可不必，即行编审，亦属具文，乃一定之理。故后来论者，谓清之户口无确数，实摊丁于地之为弊。动称四万万，究竟标准何在？亦不过据二百年来某一年之随意册报耳。户口无确数，一切无从统计，则意在利民而反以病国，可以见定法之不易，然此非世宗本意也。初虽丁摊于地，编审之法未改，停止不审，始于雍正四年行直隶总督李绂《改编审行保甲一疏》，略云：“编审五年一举，虽意在清户口，不如保甲更为详密，既可稽察游民，且不必另查户口。请自后严饬编排，人丁自十六岁以上，无许一名遗漏，岁底造册，布政司汇齐，另造总册进呈。册内止开里户、人丁实数，免列花户，则册籍不烦，而丁数大备矣。”

清户口之数，与编审相关者，从《食货志》考之，明季丧乱之后，至顺治十八年，会计天下民数：千有九百二十万三千二百三十三口。较之四万万之数，盖二十分之一而不足也。康熙五十年为据定丁额之年，是年得二千四百六十二万二千三百二十四口。亦不足四万万之十七分之一。其后丁数仍由编审移补，较定额时稍有增加，其余滋生人丁则日多。停编审以后，则无所谓定额与滋生，人口激增，民无顾忌，直至道光二十九年，有四万一千二百九十八万六千六百四十九口。此即近世中国人口四万万之说所由来也。咸同军兴，人口自减，亦每无全国册报。至光绪元年，有三万二千二百六十五万五千七百八十一口。三十三年厘定官制，有民政部，以调查户口为职掌。旋谕直省造报民数，务须确查实数，以为庶政根本。宣统元年，复颁行填造户口格式，令先查户口数，限明年十月报齐，续查口数，限宣统四年十月报齐。至三年十月，据京师内外城、顺天府、各直省、各旗营、各驻防、各蒙旗所报，除新疆、湖北、广东、广西各省，江宁、青州、西安、凉州、伊犁、贵州、西宁各驻防，泰宁镇、热河各蒙旗，川、滇边务，均未册报到部外，凡正户五千四百六十六万八千有四，附户千四百五十七万八千三百七十，共六千九百二十四万六千三百七十四户。凡口数：男一万三千九百六十六万二千四百一十，女九千九百九十三万三千二百有八，共二万三千九百五十九万四千六百六十八口。时湖北已起事月余，两广为革命起源，大吏累次遇刺，边远则功令之遵奉逾期，驻防亦然，合计当亦未足四万万。是为清最末一次调查户口较确之数。

花户之名，以田为主。田之多少，户各不同，而均之于里甲。一甲中之户，田多者自充一户；少者合数户为户；尤少者附于甲尾。插花相间，故名花户。后来俗称户为花户，似非本旨。康熙元年，户科给事中柯耸疏请均田均役，中有云："查一县田额若干，应审里长若干，每里十甲，每甲该田若干，田多者独充一名，田少者串充一名，其最零星者，附于甲尾，名曰花户，此定例也。"

当编审停止之时，颇整顿保甲，如果保甲法不弛，户口何至无可稽考。但闭关之世，盈虚消长，皆在国内，听民自生自息，官吏以不扰民为上理，乡民出入相友，奸盗本不易收容。数十年前，余粮栖亩，不知设守，携赀夜行，不畏路劫。惟城市人多杂处，则人家自谨门户，官亦有事稽查。命、盗重情，地方官勒限参处，满四参离任，以此维整治安。虽有保甲，不甚严密。通商以后，各国有统计，而我国独无，根本在户口不了。乃知编审之废，在地丁并征，因咎康雍之失计。其实因赋役而编审，则隐匿者必多。康雍户口，较之嘉道时只一二十分之一，所编审者亦非真相，不如厉行保甲之有实际。特自治之事，当假手于愿治之民人，古未深明此理，遂无彻底综核之法。康雍之不欲扰民，自是当时善政，不必异世而转作不恕之词也。丁银摊入地亩，以直隶李维钧奏请为始，每地赋一两，摊入丁银二钱七厘。嗣后各直省一体仿行，于地赋一两，福建摊丁银五分二厘七毫至三钱一分二厘不等，山东摊一钱一分五厘，河南摊一分一厘七毫至二钱七厘不等，甘肃河东摊一钱五分九厘三毫，河西摊一分六毫，江西一钱五厘六毫，广西摊一钱三分六厘，湖北摊一钱二分九厘六毫，江苏、安徽亩摊一厘一毫至二分二厘九毫不等，湖南地粮一石，征一毫至八钱六分一厘不等。自后丁徭与地赋合而为一，民纳地丁之外，别无徭役矣。惟奉天、贵州以户籍未定，仍地丁分征。又山西阳曲等四十二州县，亦另编丁银。察其轻重之故，盖赋重之地，摊丁较轻，因重赋所加，每亩担银数钱，虽每两加数分，已为一两亩地所担之加款，至赋轻之地，数十亩而后担银一两，加至二三钱，在一亩所加实更微也。

二、养廉。自古官只有俸，而俸恒不足以给用，不能无取盈之计。明俸尤薄，官吏取盈之道，自必于赋额加以浮收，公然认为官吏俸薄，此为应得之调剂。清初命其名曰火耗，火耗者，本色折银，畸零散碎，经火熔销成锭，不无折耗，稍取于正额之外，以补折耗之数，重者每两数钱，轻者钱余。行之既久，州县重叙于民，上司苛索州县，一遇公事，加派私征，名色既多，又不止于重耗而已。清承明季加派之后，国库严禁加派，而地方不免私征，其端既开，遂无限制。康熙季年，陕西督抚以亏空无法填补，奏请以旧有火耗之名加征少许，专为填亏空之用。此火耗明入奏案之由来也。

《东华录》："康熙六十一年九月戊子，谕扈从大学士、尚书、侍郎、学士等：'据陕西巡抚噶什图奏称"陕西亏空甚多，若止于参革官员名下追补，究竟不能速完。查秦省州县火耗，每两有加二三钱者，有加四五钱者，臣与督臣商议，量留本官用度外，其余俱捐补合省亏空，如此则亏空即可全完"等语。朕谓此事大有关系，断不可行。定例私派之罪甚重。火耗一项，特以州县官用度不敷，故于正项之外，量加些微，原是私事。朕曾谕陈瑸云："加一火耗，似尚可宽容。"陈瑸奏云："此乃圣恩宽大，但不可明谕许其加添。"朕思其言深为有理。今陕西参出亏空甚多，不得已而为此举，彼虽密奏，朕若批发，竟视为奏准之事，加派之名，朕岂受乎？特谕尔等满汉诸臣共知之。'越六日甲午，又谕扈从大臣等：'总督年羹尧将亏空钱粮各官，奏参革职，其亏空钱粮，至今不能赔补。今又因办理军需，陕西巡抚噶什图、总督年羹尧会商，将民间火耗加增垫补等情奏请。第民间火耗，止可议减，岂可加增？朕在位六十一年，从未加征民间火耗，今安可照伊等所奏加增乎？'"

康熙末之提及火耗，为督抚计及挪用，而圣祖不肯允从，恐为盛德之累，然又明知故昧，留以赡官吏之私，此不彻底之治法，沿历代故事而来。在圣祖为恤民艰，存政体，虑官困，多方兼顾，而非以自私，自是有道之象。然至世宗则有以成就之矣。

> 《东华录》：“雍正二年六月乙酉，山西布政使高成龄折奏：‘臣见内阁交出请禁提解火耗之条奏。臣伏思直省钱粮，正供之外，向有耗羡，虽多寡不同，皆系州县入己。但百姓既已奉公，即属朝廷之财赋。臣愚以为州县耗羡银两，自当提解司库，以凭大吏酌量分给，均得养廉。且通省遇有不得已之费，即可支应，而免分派州县，借端科索。至以羡余赔补亏空，今抚臣诺岷，将每年存贮耗羡银二十万两，留补无着亏空之处，先经奏明。臣请皇上敕下直省督抚，俱如山西抚臣诺岷所奏，将通省一年所得耗银，约计数目，先行奏明。岁终将给发养廉，支应公费，留补亏空，若干之处，一一具折陈奏，则不肖之上司，不得借名提解，自便其私，如条奏所虑矣。’谕：‘此事着总理事务王大臣、九卿詹事科道，平心静气，秉公持正会议，少有一毫挟私尚气，阻挠不公者，国法具在，断不宽宥，各出己见明白速议具奏。如不能画一，不妨两议三议皆可。’”

当时内阁条奏，系请禁提解火耗。禁提解非禁征收，则州县可取火耗于民间，上司不能提火耗于州县，私收者永任其为私，监司不许过问而已。此为体恤州县，而又不欲监司分肥，亦不彻底之见解。但较之前代，以进羡余而得奖擢者，得体已多。高成龄辨正阁奏，以为火耗非提解不可，无所利于提解，仍以体恤州县，明定为永久之公廉，及补一时之亏空，一举而数善备。养廉之说始此。

> 是年七月丁未，总理王大臣、九卿科道等议覆高成龄疏，得旨：“所议见识浅小，与朕意未合。朕非不愿天下州县丝毫不取于民，而其势有所不能。历来火耗皆州县经收，而加派

横征，侵蚀国帑，亏空之数，不下数百余万。原其所由，州县征收火耗，分送上司；各上司日用之资，皆取给于州县。以至耗羡之外，种种馈送，名色繁多，故州县有所借口而肆其贪婪，上司有所瞻徇而曲为容隐。与其存火耗以养上司，何如上司拨火耗以养州县乎？”

以上为俸薄不能无火耗，而火耗不可不使公开。不公开则为州县存火耗以养上司，公开则为上司拨火耗以养州县，二语最中的。世宗见解实出廷臣之上。

又云：“尔等请将火耗酌定分数。朕思州县有大小，钱粮有轻重，地广粮多之州县，少加火耗，已足养廉，若行之地小粮少之州县，则不能矣。惟不定分数，遇差多事烦，酌量可以济用，或是年差少事简，即可量减。又或遇不肖有司，一时加增，而遇清廉自好者自可减除。若竟为成额，必致有增无减。”

此时养廉制未定，世宗所虑者，仍是后来反对养廉制之理论。未几仍为定额，见下。此驳定分数之议。

又云：“又奏称提解火耗，将州县应得之项，听其扣存，不必解而复拨。今州县征收钱粮，皆百姓自封投柜，其拆封起解时，同城官公同验看，耗羡与正项同解，分毫不能入己。州县皆知重耗无益己，孰肯额外加征？”

随征随解，显然有据，解时不能隐匿，解后不能重征，惟解乃为正耗分明，此驳扣存之义。

又云：“应令诺岷、高成龄二人尽心商榷，先于山西一省内试行。此言尤非，天下事惟可行不可行两途。以为可行，则可通行于天下；以为不可行，则不当试之于山西。以药试病，鲜能愈者。以山西为试之之省，朕不忍也。”

世宗意在定制通行，此驳山西试行之议。

> 又云："又奏称提解火耗，非经常可久之道。凡立法行政，孰可历久无弊，提解火耗，原一时权宜之计，将来亏空清楚，府库充裕，有司皆知自好，则提解自不必行，火耗亦当渐减。今尔等所议，为国计乎？为民生乎？不过为州县起见。独不思州县有州县之苦，上司亦有上司之苦，持论必当公平，不可偏向。"

当时议者不反对火耗名色，而反对提解，故世宗谓为州县起见。又养廉之制未定，提解火耗，仍兼顾见在之亏空，亏空完后，乃可专定养廉也。故下文又言朝廷与百姓一体，朝廷经费充足，歉收可以赈恤，百姓自无不足之虞。清补亏空，于国计民生均益。是提解仍注重清亏空。

> 又云："尔等所奏，与朕意不合。若令再议，必遵议覆准，则朕亦不能保其将来无弊。各省能行，听其举行；不行者，亦不必勉强。可将此谕旨，并尔等所议之本，交存内阁。"

据此则本令详议，却仍以不议终结。本不欲独令山西试行，却又不令他省必行。世宗亦慎重之至。《清史稿·食货志》浑括此文，殊不清晰。今从《东华录》核之。当雍正二年六七月间，朝廷虽极力议论此事，帝意不以廷臣之延宕为然，尤不以主张不提解为然，而卒留作悬案。以后至何时勒定火耗改为养廉，《东华录》不复见。《食货志》言于是定为官给养廉之制。此句着于浑括二年谕旨之后，实与谕旨原文不贯。考之《会典事例》，则至五年始为各省定额。

> 《会典事例·户部俸饷门·外官养廉类》，首叙其缘起云："雍正五年，山西巡抚奏裁汰州县耗羡，酌中量留，分给各官养廉，以为日用之资。奉旨：'各省督抚，就该省情形酌议具

奏。嗣据各省陆续奏到，节省增减，著为定额。'"

山西巡抚发端是二年事，奉各省酌议具奏之旨，当即七月乙未谕后，所云交与内阁，内阁即更请旨饬下各省也。以非明发，亦无决断，遂不入《实录》，故不见《东华录》。各省陆续覆到，终成定制，首冠以雍正五年，即其定制之年矣。不然，山西发端在二年，何云五年耶？

要之清初沿明，官俸太薄，官无自给之道，不得不有所取资，制定养廉，即是加俸。且俸因处分而可罚，廉则罚所不及。廉之数较之俸，多至数十倍，如正从一品俸银一百八十两，米一百八十斛，正从二品俸银一百五十五两，米一百五十五斛。总督兼尚书衔者为从一品，不兼者为正二品。而总督养廉，多者若陕甘、云贵，至二万两，少者若浙闽、四川，亦一万三千两。其间一万八千、一万五千各有差。又如七品俸银四十五两，米四十五斛。而知县七品，其养廉多者，首县至二千两，少者简缺亦六百两，其有四五百两者，则简不成体之县，间有一二，盖例外矣。其后京官亦有有养廉者，八旗官员，亦有有养廉者，皆别指款项，不在火耗之内。供各省官员养廉，地大粮多之县，火耗甚微。以吾所知，吾乡武进、阳湖等县，正银一两，加耗仅三分耳。

清世制度，多沿明旧。清全盛时，极知补救，然不敢言制作，故历帝皆倾佩明太祖，奉行惟谨，而不敢学其自我作古，此亦或有自知之明。如官员加俸一事，仅以养廉之名，补苴于俸之不足，仍不敢动额定之俸。惟加征火耗，悉数用于外官之养廉，无丝毫流用，则可见清帝于财用之致慎。既与国人约永不加赋，终清世谨守之。惟以用银翦凿不便，折价收钱，清末以二千二百文为一两。当时银贱，每两有数百文之余谓之平余。漕米则每年由藩司约省城绅士公议，照时定价，本折兼收，听民自便。惟每石征脚费钱一千零五十二文，由官收兑运解。此清末纲纪未破裂时所永遵行者。吾乡为赋重之区，每平原上则田一亩，征银两忙共一钱三分有零，征米六升三合有零，当时无所谓附加税，完纳此数，即所入皆民之生产矣。故清世之赋甚轻，其税额后虽不可复用，然其制节谨度，不敢逾定制一步，清之历朝遵行不替，其风亦可嘉也。

其尤可念者，清一代惟加征火耗为迹近加赋，雍正朝之审慎出之，绝不流用，专用于外官之养廉，似已心安理得。乃至高宗初立，尚以为疑，复大征廷臣意见。此亦清之家法，视加派为最不祥之事也。

《食货志》："自山西提解火耗后，各直省次第举行。其后又酌定分数，各省文职养廉二百八十余万两，及各项公费，悉取诸此。及帝即位，廷臣多言其不便，帝亦虑多取累民，临轩试士即以此发问，复令廷臣及督抚各抒所见。大学士鄂尔泰、刑部侍郎钱陈群、湖广总督孙嘉淦，皆言：'耗羡之制，行之已久，征收有定，官吏不敢多取，计已定之数与策定之前相较，尚不逮其半，是迹近加赋，实减征也。且火耗归公，一切陋习，悉皆革除，上官无勒索之弊，州县无科派之端，小民无重征之累，法良意美，可以垂诸久远。'御史赵青藜亦言：'耗羡归公，裒多益寡，宽一分则受一分之赐，且既存耗羡之名，自不得求多于正额之外，请无庸轻议变更。'惟御史柴潮生，以为耗羡乃今日大弊。诏从鄂尔泰诸臣议。"

轻徭薄赋，为清一代最美之政，而官俸太薄，有此提解火耗制定养廉之举。乾隆间尚恐其迹近加赋，而与内外诸臣共议之。《食货志》浑括甚略，今各举其事实如下：

《东华录》乾隆七年四月乙未谕下注云："是月庚寅朔，策试天下贡士金甡等，制曰：上略。务民之本，莫要于轻徭薄赋，重农积谷。我国家从无力役之征，斯固无徭之可轻矣，而赋犹有未尽合于古者乎？赋之外有耗羡，此固古之所无也。抑亦古尝有之，不董之于官，则虽有若无，而今不可考耶？且康熙年间无耗羡，雍正年间有耗羡。无耗羡之时，凡州县莅任，其亲戚仆从，仰给于一官者不下数百人，上司之苛索，京官之勒助，又不在此限。而一遇公事，或强民以乐输，或按亩而派捐，业田之民，受其累矣。自雍正年间，耗羡归公，所为诸弊，一切扫除，而游民之借官吏以谋生者，反无以糊其口。农民散处田间，其富厚尚难于骤见；而游民喧阗城市，其贫乏已立呈矣。人之言曰：'康熙年间有清官，雍正年间无清官。'亦犹'燕赵无镈'，非无镈也，夫人而能为镈也。语出《考工记》，作"粤之无镈也"，不作"燕赵无镈"。下又云："燕之无函也，秦之无庐也，胡之无弓车也。"各自为文。则此句作"燕赵无镈"有误。而议者犹訾征耗羡为加赋。而不知昔之分项，皆出于此而有余；今则日见其不足，且动正帑矣。是以徒被加赋之名，而公私交受其困而已矣。将天下之事，原不可以至清乎？抑为是言者，率出于官吏欲复公款者之口乎？多士起自田间，其必不出此，而于农民之果有无利弊，必知之详矣。其毋以朕为不足告，而阏之隐之；其尚以朕为可告，而敷之陈之。悉言其志，毋有所讳。"

其乙未谕："办理耗羡一事，乃当今之切务。朕夙夜思维，总无善策，是以昨日临轩试士，以此发问。意诸生济济，或有剀切敷陈，可备采择，见诸施行者。乃诸贡士所对率皆敷衍成文，全无当于实事。想伊等草茅新进，未登仕籍，于事务不能晓彻，此亦无怪其然。今将此条策问发与九卿翰林科道阅看，伊等服官有年，非来自田间者可比，可悉心筹划，各抒所见，具折陈奏，候朕裁度。若无所见，亦不必勉强塞责。至外省督抚，寄重封疆，谅已筹算有素，并着各据所见，具折奏闻。务期毋隐毋讳，以副朕集思广益之意。"

此为临轩发问，不得要领，再征内外清要大僚意见之事实。是科一甲三人：金甡，状元，浙之仁和人，榜眼杨达曾、探花汤大绅，皆苏之阳湖人，一时羡科第之荣。其实廷对碌碌，无裨实用，此见科目之非必得才，而成才实资阅历，未必闭户读书，真能知天下事也。既而言者纷然，又妄有揣摩，以为帝意求取民善法，除加赋而别计殖财，竟未信天子实有官民兼恤之心，只问火耗之当征不当征，非有他意，遂复遭申饬，而清一代慎重于加赋之意愈见。

是月乙巳谕："各省办理火耗，朕恐有不便于民，是以于廷对时入于策问之内，乃诸生无所敷陈，甚且有不知耗羡为何事者。又降旨询问九卿、翰林、科道并督抚等，庶几合众论以求一是，此朕集思广益之意，诸臣如有所见即就事敷奏，待朕采择。如无所见，亦不必勉强塞责，所降谕旨甚明。乃近见诸臣奏对，竟有于耗羡一事之外，旁牵侧引，所答并非所问；即说到耗羡，亦究竟不知原委，万难见诸施行。甚至潘乙震之请开捐，路斯道之请铸币，尤为荒谬之极。诸臣沾沾以国用为言，竟似国用实有不足，不得不从权计议者。此风一开，将见言利之徒接踵而起，其为害甚大，岂止有妨政体而已。不但诸臣不当揣摩及此，陈奏纷纭，即专司钱粮之臣，惟应通计出入，平准制用，亦不当托言国计，徒以综核为尽职也。因系降旨询问导之使言，故虽乖谬，特从宽宥。此后再有节外生枝悖理伤道者，必从重治罪以为妄言之戒。"

于是廷臣商榷甚久，又逾半年以上，至十一月乙丑，由大学士等归纳内外诸臣覆到各奏，统为一议，奏略如下：

奏略言："耗羡归公，法制尽善，不可复更，众议佥同。其间有一二异议者，皆系不揣事势不量出入之论。伏思耗羡由来已久，弊窦渐生，世宗宪皇帝允臣工所请，定火耗归公，革除州县一切陋习，各该省旧存火耗，提解司库，为各官养廉及地方公事之用。从此上官无勒索，州县无科派，小民无重耗，以天下之财，为天下之用，国家毫无所私，可以久远遵行，弗庸轻改。至总督高斌、孙嘉淦等请耗羡通贮藩库，令督抚察核，仍复年终报部之例。查各省动用存公银，款项繁多，若未悉情形，既行饬驳，势必掣肘。若竟听其任意费用，则侵滥之弊，无从剔除。惟送部查核，诸弊可厘，应如所请行。”

此为内外众议，覆由大学士取为定论，请定永远遵行。得旨略如下：

钱粮有耗羡，事势必不得已。未归公以前，贤者兢兢守法，不肖者视为应得，尽入私囊。一遇公事，或强民输纳，或按亩捐派，无所底止。州县以上官员，养廉无出，收受属员规礼节礼，以资日用。州县有所借口，恣其贪婪，上官瞻徇而不敢过问，甚至以馈遗之多寡，为黜陟之等差，吏治民生，均受其弊。我皇考定归公之例，就该省旧收之数，归于藩司，酌给大小官员养廉，有余则为地方公事之用。小民止循旧有之章，有轻减无加益也。而办公有资，捐派不行，贤者无用矫廉，不肖不能贪取，爱养黎元，整饬官方，并非为国用计而为此举。以本地之出，供本地之用，国家并无所利于其间。然通天下计之，耗羡敷用之处，不过二三省，其余不足之处，仍拨正供以补之，此则臣民未必尽知者。此十数年中办理耗羡之梗概。朕御极以来，颇有言其不便者，是以留心体察，并于今年廷试，以此策问诸生，诸生敷衍成文，无当实事，于是降旨询问九卿、翰林、科道并各省督抚。今据回奏，大抵以官民相安已久，不宜复议更易，其中偶有条陈一二事者，不过旁枝末节，无关耗羡归公本务。朕再四思维，州县所入既丰，可以任意挥霍，上司养廉无出，可以收纳馈遗。至于假公济私，上行下效，又不待言矣。向朕所闻，未必不出于愿耗羡在下以济其私者之口。朕日以廉洁训勉臣工，今若轻更见行之例，不且导之使贪，重负我皇考惠民课吏之盛心乎？此事当从众议，仍由旧章，特颁谕旨，俾中外臣民知之。余着照大学士等所议行。”

于是火耗与正赋，并明载由单串票。养廉自督抚至杂职，皆有定额，因公办有差务，作正开销，火耗不敷，别支国库，自前代以来，漫无稽考之赡官吏，办差徭，作一结束。虽未能入预算决算财政公开轨道，而较之前代，则清之雍乾可谓尽心吏治矣。因此事利弊复杂，再举当时赞否两方议论之工者作一比较，俾是非可了然焉。

> 《史稿·钱陈群传》：“及敕询州县耗羡，疏言：康熙间，州县官额钱粮，收耗羡一二钱不等，陆陇其知嘉定县，止收四分，清如陇其，亦未闻全去耗羡也。议者以康熙间无耗羡，非无耗羡也，特无耗羡之名耳。世宗出自独断，通计外吏大小员数，酌定养廉，而以所入耗羡，按季支领，吏治肃清，民亦安业。特以有征报收支之令，不知者或以为加赋。皇上询及盈廷，臣请稍为变通，凡耗羡所入，仍归藩库，各官养廉及各州县公项，如应支给，其续增公用名色，不能划一，多寡亦有不同，应令直省督抚，明察某件应动正项，某件应入公用，分别报销。各省州县，自酌定养廉，荣悴不一，其有支给者，应令督抚确察量增，俾稍宽裕。仍饬勿得耗外加耗，以重累民。则既无加赋之名，并无全用耗羡办公之事。州县各有赢余，益知鼓励。”

据此知康熙间不归公之耗羡，以陆清献之清，只取每两四分，是为康熙朝有清官。至养廉既定，就吾所见清末之吾乡武进、阳湖二县，每两不过三分，嘉定亦赋重粮多之县，断不亚于武、阳，而犹非每两四分不能给，则有耗羡以后之州县，其清有过于陆清献，而决不得谓之清官，是为雍正朝无清官矣。不均者重行支配，公事多者并动正项报销，办公且不全仰耗羡。是即谕旨中申定之意。盖即自钱文端发之。其极指耗羡归公为大弊者则如下：

又《柴潮生传》："疏言：耗羡归公，天下之大利，亦天下之大弊也。康熙间，法制宽略，州县于地丁外私征火耗，其陋规匿税亦未尽厘剔。自耗羡归公，一切弊窦悉涤而清之，是为大利。然向者本出私征，非同经费，其端介有司，不肯妄取，上司亦不敢强，贤且能者则以地方之财，治地方之事。故康熙循吏多实绩可纪，而财用亦得流通。自耗羡归公，输纳比于正供，出入操于内部，地丁公费，除养廉外无余剩。官吏养廉，除分给幕客家丁修脯工资，及事上接下之应酬，舆马蔬薪之繁费，亦无余剩。地方有应行之事，应兴之役，一丝一忽，悉取公帑。有司上畏吏、兵二部之驳诘，下畏身家之赔累，但取其事之美观而无实济者，日奔走之以为勤，故曰天下之大弊也。夫生民之利有穷，故圣人之法必改。今耗羡归公之法，势无可改，惟有为地方别立一公项，俾任事者无财用窘乏之患，而后可课以治效之成。臣请将常平仓储，仍照旧例办理，捐监一项，留充各省公用，除官俸兵饷，动用正项，余若灾伤当拯恤，孤贫当养赡，河渠水利当兴修，贫民开垦当借给工本，坛庙祠宇桥梁公廨当修治，采买仓谷价值不敷，皆于此动给，以地方之财治地方之事。如有大役大费，则督抚合全省而通融之，又有不足，则移邻省而协济之。稽察属司道，核减属督抚，内部不必重加切核，则经费充裕，节目疏阔，而地方之实政皆可举行。设官分职，付以人民，只可立法以惩贪，不可因噎而废食。唐人减刘晏之船料而漕运不继；明人以周忱之耗米为正项，致逋负百出，路多饿殍。大国不可以小道治，善理财者固不如此。此捐监之宜充公费也。"

潮生此疏，《食货志》谓其独指耗羡归公之弊，并乾隆七年廷议耗羡而言之。其实潮生奏在十年，所陈理财三策，此乃捐监宜充公费之一策，故言耗羡归公，法无可改。但有司无宽余任用之资，治地方一切之事，咎耗羡归公之约束太严，其说绝不可行。必欲财政不为法拘，仍当立活动之法。所谓国税、地方税之分款，预算、决算之逐年制定，人民有权监督财政，尤为根本。既不当徒咎耗羡之归公，更不当指捐监为不竭之财源，成永久之裨贩。捐监随人所愿，既无的数可定，监生尽出捐纳，太学之制已亡，尽人皆为监生，久久又谁甘捐此滥品？其立想已非通论。故凡不愿耗羡归公者，皆非通达政体之言也。清世最重民生，其蠲免赋税，至不待凶歉，而以丰年留民余力，颇似汉之文景。康熙五十年以后，每用三年一周普免天下钱粮之法，所谓“百姓足君孰与不足”，康、雍、乾三朝颇知其旨矣。

## 第三节　武功之继续一——收青海及喀木

前于《绥服蒙古篇》，已言准噶尔之侵掠外蒙，适为清代效驱除之力。准噶尔为四卫拉特之一，其强盛在噶尔丹为酋长之时。以前自明末以来，则以和硕特为四卫拉特之首。四卫拉特本以天山之北，阿尔泰山之南，为其聚牧之地。和硕特汗图尔拜琥本元太祖弟哈布图哈萨尔十九世孙，哈布图哈萨尔之八世孙乌噜克特穆尔，始分为和硕特部，又九传至博贝密尔咱，始称卫拉特汗。卫拉特明人谓之瓦喇，原非元代帝室之裔，至和硕特入居之，则卫拉特中有元之帝裔矣。始居乌鲁木齐，即后设迪化府，为新疆省城地。图尔拜琥为博贝密尔咱之孙，又称顾实汗，袭据青海，遂徙牧焉。青海本古西羌，唐以后为吐蕃地。吐蕃亦分四部：一曰青海；二曰喀木，即今西康；三曰藏，亦称前藏；四曰后藏。顾实汗既袭青海，并取喀木。吐蕃后音转为图伯特，又作唐古特。唐古特故有王，明末时为藏巴汗。其时黄教已盛，而藏巴不尊信之。四世达赖喇嘛云丹嘉穆错之第巴，乞兵于顾实汗，入藏攻杀藏巴汗，以达赖、班禅二喇嘛分主前后藏黄教，而以其长子达延统藏地为汗。于是唐古特为和硕特蒙古所有。传至达延之孙拉藏汗，为准噶尔策妄阿喇布坦所袭杀。其时第六世达赖喇嘛真伪发生纠纷，中朝顺青海部人信仰，与其族拉藏汗被戕之仇，用青海为出兵根据地，逐准噶尔据藏之将，纳青海所奉之达赖喇嘛入藏地安禅，事在康熙六十年，详前《定西藏篇》。斯时中朝为青海伸其达赖喇嘛之信仰，为和硕特复其拉藏汗被戕之仇，用拉藏遗臣仍理藏地政务，可谓有惠于青海和硕特矣。乃至世宗嗣位，青海又叛。青海顾实汗卒于顺治十三年，其子在青海者为鄂齐图汗，亦为噶尔丹所破。自此为准噶尔称强于四卫拉特之时，四卫拉特皆受其压制。康熙三十六年，圣祖既大胜准部，噶尔丹走死，和硕特台吉扎什巴图尔等请觐，谕以“天暑未便，至秋凉来朝”。扎什巴图尔为顾实汗亲子，特封以亲王爵，余诸青海台吉授贝勒、贝子、公爵有差，又预定藏功、青海复振。准部惮中朝，不敢蹂青海，止戕顾实汗后人拉藏汗于藏地。扎什巴图尔之子罗卜藏丹津，既袭亲王爵，从大军入藏归，感觉唐古特本皆和硕特部属，已又顾实汗嫡孙，思复先世霸业，反结准噶尔策妄阿喇布坦为助，于雍正元年夏，诱青海诸台吉盟于察罕托罗海。令去清廷所授王、贝勒、贝子、公等爵，各用所部故号为台吉，自号达赖珲台吉以统之。诸台吉中，察罕丹津为顾实汗曾孙，雍正元年，以补叙定藏功，由郡王晋和硕亲王，与罗卜藏丹津埒。额尔德尼额尔克托克托鼐，亦顾实汗曾孙，由贝勒晋郡王。二人者，均不从叛谋，余多附逆，或被胁从，遂以兵掠不附者。察罕丹津及额尔德尼及两人所属，先后来归，处之兰州甘州境内。署抚远大将军贝子延信以状闻，诏遣驻西宁之侍郎常寿谕和罗卜藏丹津。常寿寻疏报抵青海，罗卜藏丹津不从诏。十月，敕授年羹尧抚远大将军，改延信为平逆将军，而罗卜藏丹津亦执使臣常寿，笔帖式多尔济死之，遂寇西宁，为守将所败。年羹尧旋奏迭败来犯之敌，亦奏青海台吉以下被胁者屡次率属来归，又奏罗卜藏丹津送侍郎常寿回营，诏拿解西安监禁。时青海有大喇嘛，曰察罕诺们汗者，自西藏分支，住持塔尔寺，为黄教宗。罗卜藏丹津诱使从己，于是远近风靡，游牧番子喇嘛等二十余万同时骚动。二年正月甲申谕："逆贼罗卜藏丹津一事，喇嘛等理宜善言开导，令不致起事，戕害生命，是为维持佛教。如不能，亦应呈明该将军等，闭户安居，岂意反助背逆之人，纠合数千喇嘛，手持兵刃，公然抗拒官兵，及溃败犹不降顺，入庙固守，以致追杀覆灭，有玷佛教甚矣。钦惟太宗时，第五辈达赖喇嘛遣使入觐，极为恭顺，世祖时又延至京师，蒙被殊礼。百年以来，法教兴隆，皆我朝之恩赐。准噶尔寇犯招地，杀僧毁庙，圣祖遣师恢复，重安达赖喇嘛法座，佛教复兴。如此隆恩，喇嘛并不感激，反助悖逆之人，凶恶已极，于佛门之教尚可谓信受奉行者乎？将朕此旨，遍谕各处寺庙喇嘛，并住居蒙古扎萨克处之大小喇嘛知之。"

观清世之待遇喇嘛，纯以宗教操纵蒙藏，非为佞佛。下此谕后越数日，年羹尧奏："张家胡土克图之胡必尔汗，原住西宁东北郭隆寺，属下喇嘛甚多，又传令东山一带番人于正月十一日齐集拒战。遣提督岳钟琪进剿，转战数日，毁寨十七，焚屋七十余所，前后杀伤贼众六千余名，随毁郭隆寺。张家胡土克图之胡必尔汗，众喇嘛预先携往大通、河西、杂隆地方，将达克玛胡土克图正法。"凡此皆与元明以来崇信番僧之风大异。

是月以十二日丁亥，始命岳钟琪为奋威将军专征青海。盖以郭隆寺之役，兵止三千，破敌万余，大将军年羹尧喜谓钟琪："上知公勇，将命公领万七千兵，直捣青海，约四月启行何如？"钟琪曰："青海无虑十万，我以万七千当之，宜乘其不备，且塞外无畜牧所，不可久屯，愿请精兵五千，马倍之，二月即发。"羹尧以奏，帝壮之，故有此命。

如期以二月八日出塞，中途见野兽群奔，知前有侦骑，急麾兵进，果擒百余，又歼其守哈达河之敌二千。于是敌无哨探，蓐食衔枚，宵进百有六十里，二十日黎明抵乌兰穆和儿敌帐，敌尚卧，马未衔勒，闻官军至，惊不知所为，则皆走，生擒罗卜藏丹津母阿尔太哈屯及其妹夫克勒克济农藏巴吉查等，并男女牛羊无数。二十二日至柴旦木，罗卜藏丹津率二百余人窜越戈壁，北投准噶尔。擒获倡乱之党吹喇克诺木齐、阿喇布坦鄂木布、藏巴札木等，八台吉之助乱者皆就擒，青海部落悉平。自出师至平定，仅十五日。三月初九日癸未奏至，次日即封年羹尧一等公，加一精奇尼哈番，即子爵。岳钟琪三等公。

五月戊辰，二十六日。王大臣等遵旨议善后事宜，悉据年羹尧奏请十三条：（一）青海各部落人等，分别功罪，以加赏罚。拒逆投诚随军效力之王、台吉，均加封爵；俘获后效力悔过后投诚之台吉，留原封爵；扰乱内地者革爵；助逆久而投诚者降爵。（二）青海部落，分别游牧、居住，如内札萨克例，百户置佐领一，不及百户为半佐领。该管台吉俱为札萨克，拣选其弟兄内一人为协理台吉，下设协领、副协领、参领各一，每参领设佐领、骁骑校各一，领催四。一旗有十佐领以上，添副协领一。每两佐领，酌添参领一。岁会盟，奏选盟长，不准私推。（三）朝贡交易，按期定地。贡期自明年始，三年一班，分三班，九年而周，自备驼马，由边入京。市易以春秋二仲月，集西宁、四川边外那拉萨拉地。官兵督视，有擅入边墉者治罪。（四）罗卜藏丹津所属吹宰桑，察罕丹津从子丹衷部下宰桑色布腾达什等率众降，各授千、百户等官，就地住牧。（五）喀尔喀及厄鲁特四部之非和硕特者，不属青海。诸部向错居青海，为所属。今乘兵威，将喀尔喀、土尔扈特、准噶尔、辉特各部人，照青海例编旗，分佐领，添设札萨克，分青海之势，而益令各族台吉感恩。（六）西蕃宜属内地管辖。陕西之甘州、凉州、庄浪、西宁、河州，四川之松潘、打箭炉、里塘、巴塘，云南之中甸等处，自明以来，或为喇嘛耕地，或纳租青海，惟知有蒙古，不知有厅、卫营伍官员。今西番归化，应添设卫所，将番人心服头目，给予土司千、百户，土司巡检等职分管，仍辖于附近道厅及添设卫所。（七）青海等处宜加约束。青海、巴尔喀木即康，今称西康。藏、危即卫，即后藏。乃唐古特四大部。顾实汗据此，以青海地广可牧畜，喀木粮富，令子孙游牧青海，而喀木纳其赋。藏、卫二处，原给达赖、班禅二喇嘛，今因青海叛逆，取其地交四川、云南官员管理。达赖喇嘛向遣人赴市打箭炉，驮装经察木多、乍雅、巴塘、里塘，向各处居住之喇嘛索银有差，名曰鞍租，至打箭炉始纳税。应饬达赖喇嘛勿收鞍租，打箭炉亦免其税，岁给达赖茶五千斤，班禅半之。（八）喇嘛庙宇定例稽察。西宁各庙，喇嘛多者数千，少者五六百，易藏奸。番民纳租税于喇嘛，无异纳贡。喇嘛复畜盔甲器械，罗卜藏丹津叛，喇嘛率番众为抗官兵。应于塔儿寺选老成喇嘛三百名，给予印照，令守清规。嗣后岁察二次，庙屋不得过二百间，喇嘛多止三百，少者十余。令首领喇嘛具甘结存档。番民粮赋，令地方官管理，量各庙岁用给之。（九）边防宜严界限。陕西边外河州、西宁、兰州、中卫、宁夏、榆林、庄浪、甘州等处，水草丰美，林麓茂密，弃此不守，蒙古遂占大草滩之地，将常宁湖为牧厂，各处相通，竟无阻碍。应于西宁北川边外上下白塔等处，自巴尔扎海至扁都都口，修边墙，筑城堡，令西番据攘之区，悉成内地。又肃州之西洮赉河、常马尔、鄂敦他拉等，俱膏腴地，应令民人耕种。布隆吉尔地方修城驻兵之后，即安西州。渐至富饶。至宁夏险地，无过贺兰山。即阿拉善。顾实汗裔，旧游牧山后，今竟移至山前，应令阿拉善札萨克郡王额驸阿宝，饬属归阿拉善后，其山前营盘水、长流等处，悉为内地。（十）甘州、西宁等处，添设官弁营汛。青海巴尔虎盐池，自古原系内地，蒙古等至西藏噶斯等处，所必经过，应速取回。所设总兵、副将、参、游、都、守、千把等官，各有汛地及所管兵额。详《东华录》。西宁改设同知，移原设之通判驻盐池，办理税务。（十一）打箭炉等处亦添设官弁。青海既平，应并收喀木。除罗隆宗之东察木多、乍雅地方，俱隶胡土克图管辖外，诸番目悉给印照，与内地土司一体保障。打箭炉外各处添设总兵、副、参、游、守、千把，各定汛地兵额，统辖于新设总兵，详《东华录》。以为川、滇两省声援。青海属左格诸番，急移内地。阿巴土司头目墨丹住等，从剿有功，应给安抚司衔，不隶青海辖。又黄胜关外设副、游、都、守、汛地兵额，详《东华录》。隶松潘总兵辖。里塘添设同知，管理兵粮，收纳番民贡赋。南至滇，北至陕，俱可援助。（十二）边地弁兵归并裁汰。西宁宁夏等处外有添设之兵，及川省内地，均可裁省兵弁。详《东华录》。（十三）开垦边内地方。西宁边墙内大通地方，俱属可耕之田，可招西宁人民及驻大通兵丁之子弟亲戚，愿往种地者。布隆吉尔远在边外，愿去者少，行文刑部，发直隶、山西、河南、山东、陕西五省佥妻军犯，除贼盗外，即发往，令地方官动支正项钱粮，买给牛具籽种，三年后照例起科。又定禁约青海十二事，前六事即善后事宜中所有；其余六事：（甲）背负恩泽，必行剿灭。（乙）内地差遣官员，不论品级大小，若捧谕旨，王公等俱行跪接；其余相见，俱行宾主礼。（丙）恪守分地，不许强占。（丁）差员商贾往过，不许抢掠。（戊）父殁不许娶继母，及强娶兄弟之妇。（己）察罕诺们汗喇嘛庙内，不得妄聚议事。

雍正初，因康熙间西陲兵事余势，本备对准部，而适值青海和硕特反结所仇之准部先动。世宗命将得人，以五千之众，疾驱人数十万之蒙族及喇嘛势力中，用十五日之期间决之，青海下而喀木与为一家，尽收为设官置戍布政宣威之地，较之康熙间绥服外蒙，缜密过之。又于其间尽复汉唐故疆，明代所陷于蒙古者西宁并边玉门关内外，悉为郡县奥区。北则逼视伊犁，南则直接藏卫，遂开平定新疆治理藏地之路。

## 第四节　武功之继续二——再定西藏

罗卜藏丹津之奔准噶尔也，朝命准部归之，不奉命。准噶尔自噶尔丹之死，从子策妄阿喇布坦报宿憾倾噶尔丹，得收准部故地。渐有贰志，袭西藏，戕和硕特裔，旋又勾通为变，事败而纳其亡。情态已极反侧，然未敢公然为寇。雍正朝虽亦命将征之，始失利而后获胜，卒亦未奏大功。延至乾隆二十年，而后结罗卜藏丹津之案。此当专述于后篇。今先详雍正中兵事之有结果者。

康熙末既定西藏，以和硕特拉藏汗旧臣第巴康济鼐理前藏务，颇罗鼐理后藏务。同时封康济鼐及同为第巴之阿尔布巴，皆为固山贝子，隆布鼐为辅国公，同理前藏。颇罗鼐则封为札萨克一等台吉，理后藏务；各授噶卜伦。噶卜伦为唐古特高官，总理藏务者。定前藏设四噶卜伦，谓之四相。盖自拉藏被戕以后，藏无汗，以噶卜伦共理之。雍正元年，诏给第六世达赖喇嘛册印，别赐敕司噶卜伦务，则达赖喇嘛亦兼一行政长官之职。既平青海，于喇嘛颇有淘汰。三年撤大军还，以康济鼐总藏务，阿尔布巴副之。是时年羹尧失帝意，于羹尧所奏唐古特善后事宜，多有挑剔。阿拉善札萨克朝驸阿宝忽称被羹尧蔑视，曲加慰谕。羹尧已请勅阿宝让出山前，归牧山后，于奏善后事宜中，已荷世宗奖允，忽又允阿宝请，以青海贝子丹忠所遗博罗充克牧地给之，并钤青海族属，且谕羹尧遣员赍饷助徙牧。博罗充克，即《汉书·地理志》称湟水。又责羹尧不恤青海王公穷窘，给以万金太薄。务损羹尧威信，以市恩于诸王公。既而以羹尧表文中“夕惕朝乾”语发难，夺大将军，使为杭州将军，旋赐死。此别有故，详余《世宗入承大统考实》，不具录。而诸王分邀一时之赏赉，原无足重轻，惟阿宝则于七年，以博罗充克牧地隘，擅请再徙乌兰穆和儿及额济内河界，议削爵，寻复其爵，而仍归阿拉善牧地，不许复居青海，则仍用羹尧原定，固知羹尧规划为有方，世宗指摘为别有用意。小小波折，去一羹尧而边计非有出入也。而唐古特之喀木部，则于三年亦改羹尧原议，以察木多以东为内地，以西罗洛宗等部仍属唐古特。此则缘准部方张，意在声讨，且将内徙达赖、班禅以避之。准部平而唐古特自在掌握，当时未至其会也。而其时所委以与唐古特者，则以康济鼐及阿尔布巴为治理全藏及喀木半境之首长。未几康济鼐被戕，而藏地又扰。

第五世达赖喇嘛之昏愦，造成康熙间蒙古数十年之患。援立一青海所信之胡必勒罕为第六世达赖喇嘛。喇嘛年幼，以其父为保护人。康济鼐总藏务，为噶卜伦之首。诸噶卜伦忌之，达赖之父索诺木达尔札，娶噶卜伦隆布鼐之二女，隆布鼐恃与达赖喇嘛姻，益耸动阿尔布巴不服康济鼐，其党札尔鼐附之。后藏之阿里地，廷议令康济鼐自择人代为治理，康济鼐遵旨议以其兄喀锡鼐色布登喇什为阿里总管。三年四月，既调年羹尧为杭州将军，以岳钟琪为川陕总督。钟琪奏分喀木西境仍隶唐古特，辖于其噶卜伦，世宗允之。遣副都统鄂齐往谕达赖喇嘛。五年正月，鄂齐奏唐古特情状，恐阿尔布巴以下阴险党附，构达赖与康济鼐不睦，请罢隆布鼐、札尔鼐，翦阿尔布巴羽翼。谕但令达赖偕康济鼐、阿尔布巴和衷。赍谕之臣，以副都统玛拉、内阁学士僧格往，二臣遂驻藏，为驻藏设大臣之始。时康济鼐与准噶尔构兵，阿尔布巴、隆布鼐、札尔鼐等结合前藏头目，于是年六月，戕康济鼐。后藏噶隆即噶卜伦。扎萨克台吉颇罗鼐奏闻，并称阿尔布巴等发兵来侵，被臣杀伤无算，今率后藏军民前往剿捕，乞援。帝命陕西各路及四川、云南各派兵马候调。既知康济鼐被戕，由西藏噶布伦彼此不睦，准噶尔策妄阿勒布坦尚未有窥伺之意，命撤备。十月，谕遣学士班第传示岳钟琪，令择员入藏，密告驻藏之玛拉、僧格二臣，听颇罗鼐征剿阿尔布巴，毋为阿尔布巴所惑，从中讲和，转致颇罗鼐受害。十一月，乃命四川、陕西、云南各遣兵进藏，以左都御史查郎阿、副都统迈禄经理一应军务。颇罗鼐知有援兵，藏中人心已震动厌乱，于六年五月，率部至前藏界，藏斥候兵皆从之，鼓行而前，驻藏大臣玛拉、僧格，即往布达拉地守护达赖喇嘛。颇罗鼐兵围布达拉。越日，各庙喇嘛自擒献阿尔布巴、隆布鼐、札尔鼐等。查郎阿抵藏，会同玛拉、僧格及颇罗鼐鞫阿尔布巴等罪俱实，诛之，藏地平。奏令颇罗鼐总理后藏事，其先康济鼐所举其兄喀锡鼐色布登喇什于阿尔布巴来侵后藏时，已战殁，至是由颇罗鼐代，而令举二人理前藏，暂由颇罗鼐兼辖前、后藏，俟达赖喇嘛移居里塘事毕，乃回后藏。达赖至里塘，建噶达寺居之。盖将讨准噶尔，防其袭杀篡取达赖为奇货也。当是时，朝廷威德已足震慑西藏，达赖喇嘛私其父，于噶卜伦有所亲疏，致相残害而为乱，其实未敢叛中朝，驻藏大臣居其间亦无恙。帝先敕二臣勿居间妨颇罗鼐事，即足平乱，出兵乃助颇罗鼐声势便早集事耳。从此中朝设官常驻治藏，与元明时之敬仰番僧者大异矣。

## 第五节　武功之继续三——取准噶尔

准部自康熙初代和硕特雄长四部厄鲁特，旁掠诸部，东则喀尔喀外蒙，西则哈萨克及葱岭东西回部，南及唐古特，为最强悍之种族。自其酋长噶尔丹走死，策妄阿勒布坦旋即代兴，既扰西藏，被逐回，入雍正朝阴结青海为变。世宗平青海，策妄阿勒布坦收纳青海罗卜藏丹津，清廷诏索之，始终不奉命。雍正五年冬，策妄阿勒布坦死，子噶尔丹策零立，对清廷无宾服意，因谨防之。大军再定藏地，噶尔丹策零使至，奏请入藏煎茶，清廷至徙达赖喇嘛入内地避之。七年二月，谕王大臣等议申讨，谕文备详本末，可明历来史实。稍简括其文如下：

《东华录》：雍正七年二月癸巳，谕诸王、内阁、九卿、八旗大臣等：准噶尔噶尔丹、策妄阿勒布坦，世济其恶。我朝定鼎，各处蒙古倾心归顺，已八十余年。惟准噶尔一部落，遁居西北五千里外，扰乱离间众蒙古。噶尔丹身为喇嘛，破戒还俗，娶青海鄂齐儿图车臣汗顾实汗兄拜巴噶斯之子。之女为妻，即阿努。后又潜往青海，贼害妻父，掳其属人。续因喀尔喀七旗内彼此稍有嫌隙，奏恳圣祖仁皇帝为之和解，因遣大臣同达赖喇嘛使者前往。噶尔丹遣人暗探消息，遂以喀尔喀卑视达赖喇嘛使人为辞，遣伊族内微末台吉多尔济查布，将喀尔喀汗、台吉等肆辱。喀尔喀汗等怒彼狂悖，将彼杀害，遂称杀害伊弟多尔济查布，猝击喀尔喀众溃，纷纷来投，圣祖仁皇帝施恩养育。遣使往谕噶尔丹，与喀尔喀和好。拒噶尔丹借追袭喀尔喀之名，入犯边汛。仁皇帝遣使责问，噶尔丹设誓撤兵，乃并不归伊牧所，潜居克尔伦图拉，暗行窥伺。仁皇帝复降旨谕回原牧，佯称遵旨，仍潜掠沿边蒙古畜牧，蒙古不获安居。我皇考遂亲统大兵，声罪致讨，噶尔丹接战大败，妻子被擒，窘迫自杀。彼时恐有黩武之议，因而中止。噶尔丹之侄策妄阿喇布坦与伊叔不睦，带领七人潜逃至吐鲁番居住。圣祖以伊遁迹逃生，加以恩泽，伊当感激归诚，将噶尔丹余剩部落赏给策妄阿勒布坦，彼时策妄阿喇布坦甚为恭顺。其后离间伊妻父图尔古特即土尔扈特。之阿玉气汗与其子三济札布，诱三济札布携万余户至伊牧处，因而强占入己。从此窥伺青海，被哈密驻兵击败遁回。又假黄教为名，潜兵入藏，杀伊妻弟拉藏汗，策妄后妻顾实汗曾孙女。毁寺庙，杀喇嘛，掠供器。是以特遣大臣往问，乃伊阻兵拒命，圣祖仍赐包容，令大兵缓进，遣使示以能悔过恳恩具奏，其时另降谕旨。朕绍登大宝，伊虽遣使求和。朕谕来使分析利害，又恐伊心怀疑贰，将两路大兵尽撤。伊因此愈生骄傲，于定界一事妄欲侵占。朕又向来使降旨，令告知伊定界实于伊有益，如遵旨即遣使具奏，不遵亦必遣使前来，乃伊并不回奏。伊旋身故，伊长子噶尔丹策零使来，奏闻伊父已经成佛，又称："欲使众生乐业，黄教振兴。"此岂噶尔丹策零应出之语？伊欲求和，应代伊父谢罪恳恩，送回青海叛逃之罗卜藏丹津，乃敢以如许诞妄之词见之陈奏。闻策零甚属凶暴，西藏阿尔布巴等罪状，皆因与伊处相近，而罗卜藏丹津原系姻戚，彼此相依，仓猝窘迫时，必有投奔准部之计，因颇罗鼐奋勇截其去路，未得前进，即被擒获。今朕已将来使遣回，若伊遵旨陈奏，临时裁夺降旨；傥仍前玩抗不恭，将来必生事妄为。西北两三路大兵尽撤，如许安享太平之喀尔喀等，及安插妥帖之青海、西藏，必被扰害，甚属可虑。此乃圣祖皇考注意未完之事，仰赖天、祖福佑，帑充兵奋，可以举行。迟疑不决，定贻后悔。此朕一人之见。用兵大事，不可轻率，著各抒所见，公同密议具奏。寻议乞命将兴师。得旨：众议佥同，即着办理。

以上谕旨中留其有关事实，而略其故示威德之空文。又其述准部先世源流与《明史》不合，与《蒙古源流》亦不合。《朔漠方略》具载谕文，张穆《游牧记》中已辨正之，谓准部未平，中朝传闻未审。乾隆时撰《蒙古王公传》所叙即不如此，故删之。

三月丙辰，命领侍卫内大臣三等公傅尔丹为靖边大将军，北路出师，川陕总督三等公岳钟琪为宁远大将军，西路出师，征讨准噶尔。六月，上御太和殿，命大学士捧敕印授大将军傅尔丹出征，官吏行礼毕，上率大将军等诣堂子行礼，吹螺于兵部，大纛前行，礼毕，遂御长安门外黄幄，大将军等佩弓矢跪辞，以次行跪抱礼，上亲视大将军等上马启行。其进兵攻战之期，则犹定在明年也。十月十三日甲寅，岳钟琪自巴尔库后改巴里坤，又改镇西府，复为厅。奏："噶尔丹策零使臣特磊于十月初六日至军营言，原解送罗卜藏丹津前来，闻总督有兵从哈密来，是以请示策零，将罗卜藏丹津仍回伊犁，轻骑赍折前来，语难凭信。"得旨：差员伴送至京。初六由巴里坤发折，十三日已奉旨，当时驿递亦甚速。八年五月谕："准噶尔藏匿罗卜藏丹津，发兵致讨，期于今年直捣伊犁。今噶尔丹策零遣使特磊奉表陈奏，谓已解送罗卜藏丹津，闻兵信暂中止。若赦其已往，即行解送。朕欲将进兵之期，暂缓一年，遣回特磊，并差大员往谕准噶尔，受封定界，敦族睦邻，送出逃匿。俟特磊起身后，着岳钟琪、傅尔丹及参赞大臣等来京，应行事宜，著详议具奏。"寻议："由傅尔丹知会岳钟琪先后到京，会同商酌。"

《圣武记》谓噶尔丹策零之将解送罗卜藏丹津，以罗卜藏丹津与其族罗卜藏舍楞谋杀噶尔丹策零，事觉被执，故使特磊表献，闻师出而止。此说不确。罗卜藏丹津依准部三十余年，至乾隆二十年伊犁平，乃就俘，高宗待以不死，且授其二子蓝翎侍卫，则其久依准部，非有相谋之隙。至罗卜藏策凌乃噶尔丹策零妹夫，其弃噶尔丹策零将内附，且败噶尔丹策零之追兵，亦傅尔丹所得谍传，不足信。解送之说，乃诡词以玩中朝耳。傅尔丹所奏谍言，在九年六月，尤非此时事，乃其败绩前数日所奏也。

两路大将军方入觐，噶尔丹策零已令其宰桑祃木特以兵二万至科舍图汛，谋掠牛马，总兵樊廷等御却之。九年四月，傅尔丹筑城科布多，于五月初六日身至筑城处，据侍卫巴尔善等所获准部苏尔海丹巴一名供称："噶尔丹策零遣其将大小策零敦多卜以兵三万来犯，小策零敦多卜已至察罕哈达，大策零敦多卜兵未到，见到者止二万余名。而噶尔丹策零恐哈萨克闻讯乘虚来攻，分兵两处各万人防守，噶尔丹策零游牧处，兵丁不过二千自保。"又供："噶尔丹策零前令其妹夫罗卜藏策零率兵防哈萨克，罗卜藏策零自率其属归顺中朝，噶尔丹策零又派兵追之，为所败，续遣兵再追，因此大策零敦多卜延不得至。”傅尔丹信之，迭次具奏，并称选兵万人，轻装由科布多河西路以六月初九疾进，途次复迭获准卒，语符前供。至七月丁卯，初六。尚谕大学士等，据傅尔丹奏罗卜藏策零来投，曾降旨缘路查问安置，今情形可疑，着密谕加谨防范。而傅尔丹已于六月二十日遇贼二万余，连日交战被围，阵亡副将军巴赛、查弼纳，将校死者甚众，索伦蒙古兵皆溃，惟满兵四千卫辎重，退渡哈尔哈纳河。七月朔得还科布多者二千人。岳钟琪闻北路被围，使纪成斌进攻乌鲁木齐，以分敌势，敌已委城先徙，无所得。诏降傅尔丹为振武将军，以顺承郡王锡保代之，斩先遁之参赞陈泰，移科布多营退至察罕廋尔。又以马尔赛马抚远大将军，屯归化城，为后路援应。是役也，世宗张皇大举，命将之礼极隆，盖狃于青海之骤胜，实未尝得准部要领，与康熙间朔漠之功大异。康熙时，噶尔丹转欧喀尔喀来投，而策妄阿喇布坦已绝噶尔丹之归路，圣祖皆先得其情而投其间。雍正时准部无间可投，彼之行诈，将帅茫然。夫无间可用，虽有良将，胜败亦在相持之数，况命将又为蠢蠢之傅尔丹耶？

《史稿·傅尔丹传》：“颀然岳立，面微赪，美须髯。其为大将军，廷玉，张。实荐之。钟琪尝过其帐，见壁上刀槊森然，问安用此？傅尔丹曰：‘此吾所素习者，悬以励众。’钟琪出曰：‘为大将，不恃谋而恃勇，败矣！’”此据《先正事略·岳钟琪事略》载入。

时青海部落以防准部设汛，亦乘间叛。虽由其本部未叛之王、台吉，自相追捕，已颇纷扰。世宗抚谕甚至，谓：“蒙古系元后，准部系奴仆，投中朝则爵赏稠叠，投准部则徒受虐使。”前后封赏劝导，而准部亦遣间诱煽，蒙古台吉颇有从叛者。西藏亦以防准部故，再内徙达赖喇嘛至泰宁。九年八月，西藏贝勒颇罗鼐奏报："准噶尔欲送回拉藏之子苏尔杂立为西藏汗。"谕以准夷杀害拉藏而掳其子，今称送回，又与往年噶夷遣策零敦多卜送回拉藏长子噶尔丹丹忠，遂袭藏而杀拉藏如出一辙。令颇罗鼐以此宣谕唐古特众。准部屡窥北路科布多，清廷已命抚远大将军大学士马尔赛由归化城进扎图拉等处会同喀尔喀王公防守。九月，大策零敦多卜取道阿尔台迤东，略喀尔喀。土谢图汗部亲王丹津多尔济，三音诺颜部郡王额驸策凌，时皆以从征功授定边副将军，迎击准部，斩其骁将喀喇巴图尔。大策零敦多卜退走，仍布文书诱厄鲁特公、台吉等，多从叛者。清廷复谆谕未叛者省悟，赏丹津多尔济银万两，策凌晋和硕亲王，亦赏银万两。十年六月，小策零敦多卜率众三万犯北路。七月，傅尔丹接战大败，西路岳钟琪之师亦久无功。谕以钟琪办理军务不妥，召还京。其先钟琪奏军十六条，谕谓："一无可采。"又奏筑城于巴里坤西北四百余里之木垒，屯兵一二万，与巴里坤大营犄角。城未成，敌众已逼哈密，钟琪遣总兵曹勷击败之于二堡，又遣将军石云倬等赴南山口、梯泉等处截敌归路。云倬发兵迟一日，敌已窜越，钟琪劾之。既治罪，而大学士鄂尔泰并劾钟琪。得旨：削公爵及少保，降三等侯，戴罪立功。七月城成，大军由巴里坤进驻木垒，而已奉召还之旨，以副将军张广泗护大将军印。钟琪奏木垒四面受敌，必不可驻大兵，诏速撤回巴里坤。广泗并言钟琪主用车战敌准部马力。谕革钟琪职，交兵部拘禁候议。越二年，大学士等覆讯拟斩决，得旨：改斩监候。

礼亲王昭梿《啸亭杂录》："岳威信公佩抚远大将军印。以入觐，命提督纪公成斌权其篆。会准夷入寇，掳马驼万余，纪不时奏，乃为总督查郎阿所发，遂褫岳公爵，置纪于法。

然尝闻老卒有云：‘岳既入朝也，纪以满人强劲，因以驼马命副参领查廪领卒万人驱牧。廪性懦葸，畏边地寒，因以马驼付偏裨，以五十人放牧，而己率众避寒山谷间，日置酒高会，挟娼妓以为乐。会准夷入寇，偏裨报廪，廪笑曰：“鼠盗之辈，不久自散。”因按兵不往。及马驼被掳，廪闻信，乃先弃军去，过曹总兵勷垒，呼曹救之。曹性卞急，因率兵往，为其所败，单骑而奔，赖樊提督廷率本标卒追之，转战七昼夜始却敌。廪见纪公，皆委罪于曹勷，纪笑曰：“满人之勇固如是耶！”将收缚斩之。会岳公至，纪告其故，岳公惊曰：“君今族矣！满人为国旧人，宗戚甚众，吾侪汉臣，岂可与之相抗以干其怒耶？”因解廪缚，以善言谕之，因皆委罪于曹，斩之以徇，而以捷闻。廪乃恨公刺骨。会查郎阿巡边，故廪戚也，廪因矫控岳公诸不法事。以及纪公掩败为功诸状。查故怒岳公，因诬实其言以闻。上大怒，斩纪公于营，置岳公于诏狱，而廪官固如故也。’呜呼！世宗之于岳公，君臣之际，可谓至矣，因忤一满人卑职者，乃使青蝇之谗，为祸若尔，持国柄者可不省欤！”

昭梿袭爵在嘉庆间，去雍正时七八十年，据一老卒言，未必极确。但钟琪为将有名，亲贵犹崇拜之，觉世宗之谴责为太过，则公道不可诬也。世宗以初即位时，平青海太易，时即收功于钟琪。至此大举幸功，已属骄兵，逮一再挫衄，以敌无衅可乘，虽钟琪亦无必胜之策，遂斥其所陈军事一无可采。旋因小人之间，至怒而欲杀钟琪，此特泄忿于钟琪耳。吐鲁番产粮，钟琪发驮马往运，会准部入寇，世宗谓为钟琪炫视粮多之故，应给价令吐鲁番自运云。以此归罪，何至夺爵下狱论斩。故雍正年之用兵准部，为失败之兵事，特内度其帑藏充盈，军士用命，尚不至遽伤元气，则虽不知彼，尚能知己，故不至甚败。且旋即与准部议和撤兵，泄忿于将帅而不敢泄忿于敌，故不以忿兵致害，此尚为明主之事耳。然亦幸外蒙有一策凌，能拒强敌，若纯恃满洲军，外蒙不可保而青海西藏皆震动生变矣。

北路战事，当十年七月，傅尔丹再失利，准部突至杭爱山掠哲卜尊丹巴胡土克图牧地。时哲卜尊丹巴已徙避至多伦泊，空无所得。八月，探知策凌军赴本博图山，遂突袭其帐于塔密尔河，尽掠子女牲畜，策凌还击敌，并急报顺承郡王请夹攻。贼方饱掠不设备，蒙古兵夜半绕间道出山背，黎明突至，敌仓皇溃遁，追击大战二日，敌大败，而援师不至。策凌独转战至额尔德尼昭，锡保及丹津多尔济无能为助。额尔德尼昭地右阻山，左逼水，道狭而喇嘛寺横亘之。寺，即蒙古语谓之昭也。蒙古兵乘暮薄险蹴准部，敌被击斩及挤坠溺毙者甚众，以无兵夹攻，敌得突围推河，尽弃辎重山谷间以阻追师。策凌急檄驻拜达里克河马尔赛之师邀其归路。拜达里克有城，城中有兵万三千，副将军达尔济整兵待发，不许；副都统傅鼐至跪求，亦不应。敌骑过者无复行列，翌日，将士皆不问将军下令，自开城追斩尾敌千余，敌酋长则已先过矣。事闻，诏斩马尔赛及附和阻挠之都统李杕以殉，旋并罪顺承亲王锡保、土谢图汗亲王丹津多济，独奖额驸策凌，晋封和硕超勇亲王，据大札萨克。策凌在雍正三年，已奉诏于喀尔喀三部中自袭祖称三音诺颜号，别为三音诺颜部。喀尔喀于是始有四部。盖分土谢图汗部为二，以土谢图汗部已渐收西北境，拓至乌梁海科布多，由十七旗滋息至三十八旗，以策凌功，分二十旗使之别自为部。至是更以御准部大捷受上赏。若非此捷，则漠北大扰，震及漠南，对准一役为不可收拾矣。亲贵无能，将帅失律，不审敌情，骄兵取败，赖策凌以蒙古兵累胜，佩定边左副将军印，屯科布多，总理进剿机宜，相持逾年。于十二年五月，谕停止进兵，遣使宣示准部利害，退驻北路兵，示和意。十三年三月，噶尔丹策凌亦报使请和，争定地界，谓阿尔泰原系厄鲁特牧，杭爱乃喀尔喀牧，请由哲尔格西喇呼鲁苏至巴里坤，画界分守。诏下策凌议，策凌言："喀尔喀牧地可如所请，惟设汛已在哲尔格西喇呼鲁苏界外，应如故。准噶尔游牧应以额尔齐斯及阿尔泰为界。"帝韪之。谕噶尔丹策凌："阿尔泰之属厄鲁特，乃噶尔丹从前之事。今可以为界，不可以为牧地。"付准部使臣赍谕归，并撤青海驻防兵，达赖喇嘛回藏，哲卜尊丹巴胡土克图亦回牧。此雍正之于准噶尔以征讨始，以约和终，是为西陲未竟之局。岳钟琪至乾隆二年方出狱，囚禁盖已五年。家居逾十年。至乾隆十三年用兵金川，乃再出立功，以十九年卒。明年，准部内衅已熟，发军平定之，钟琪不及见矣。

终世宗之世，以与准部议和为归结。乾隆元年，撤两路大军还。北路于乌里雅苏台为前线，鄂尔坤为后路，西路以巴里帅为前线，哈密为后路，各留兵戍守。嗣是噶尔丹策凌尚与策凌往返争阿尔泰地，亦遣使来请于朝，俱弗许。四年，界议始定。十年，噶尔丹策凌死，次子策妄多尔济纳木札勒嗣。于时准部尚守约，清廷以其间平金川，盖自十一年瞻对土司之乱始，至十四年春乃定。十五年二月定边左副将军超勇亲王额驸策凌卒，特敕配享太庙，创蒙古诸藩未有之典，视怡贤亲王例，崇祀京师贤良祠，谥曰襄，建碑纪功烈，从其世子成衮札布言，以遗意祔葬公主园寝。初策凌有二子陷准部中，与准部议界时，准使至京师，语及之，策凌不为动，厉辞拒折，准使意沮，乃定议。六月，授其子成衮札布嗣为定边左副将军。西藏郡王颇罗鼐卒于十二年二月。颇罗鼐子珠尔默特那木扎勒以颇罗鼐请，越其兄为长子。郡王之应袭者称长子。至十五年，阴通准部为外应。既请罢驻藏兵，得允，又袭杀其兄，扬言准部兵至欲为变。驻藏大臣都统傅清、左都御史拉布敦先发图之，以无兵，乃诱珠尔默特那木扎勒至寺中，登楼手刃之，二人亦为其党所害。帝命四川总督策楞、提督岳钟琪引兵入藏，达赖喇嘛已使公爵班第达擒叛者以闻，遂止所调大兵，封赠先事靖变之二臣。自是藏中不复封汗王贝子，以四噶布伦分其权，而总于达赖喇嘛。命副都统班第为驻藏大臣。班第达，颇罗鼐婿也，不附叛者，先为珠尔默特纳木札勒所恶，夺其孥，至是以达赖喇嘛令摄藏事，遂平乱。诏以其未能救护二臣，仅使以辅国公爵管理噶卜伦事。

金川，内地土司也，用兵虽久，得人即蒇事。藏乱则与准噶尔相呼应，准部不平，西事终为患。至乾隆十五年间，准噶尔内衅生，而开辟新疆之机乃成熟。是年正月壬子，准部使来，犹为策妄多尔济纳木扎勒所遣，盖嗣汗位既第六年矣。九月壬戌，准部宰桑萨喇尔率众来降，朝廷始知策妄多尔济纳木札勒已为其姊夫萨奇伯勒克所杀，而助其庶兄喇嘛达尔札篡汗位。准部有同族两台吉，皆名策零敦多卜，冠大、小字为别，皆以谋勇辅策妄阿喇布坦父子，屡扰邻境。及汗被弑，小策零敦多卜之子达什达瓦与辉特台吉阿睦尔撒纳、和硕特台吉班珠尔，谋立噶尔丹策凌幼子策旺达什为汗，达什达瓦及策旺达什二人，皆为喇嘛达尔札所杀。时大策零敦多卜之孙达瓦齐游牧额密尔领准噶尔二十一昂吉之一，与阿睦尔撒纳等惧祸及，欲来降，定边左副将军成衮札布以闻。诏以准部与中国只定界约，未尝定不纳降人之约，许纳之。而达瓦齐已变计走哈萨克，喇嘛达尔札索之，遂窜归，与阿睦尔撒纳等又弑喇嘛达尔札而袭其位。准噶尔与杜尔伯特部同姓绰罗斯，同为明时也先后，向与准部同牧，牧地在额尔齐斯河。其台吉有三车凌因部内乱，达瓦齐方篡，又与小策零敦多卜之孙讷默库济尔噶尔构兵，各召令为助，三车凌不知所可，遂谋内附以避之。三车凌，一名车凌，一名车凌乌巴什，一名车凌蒙克。内附之讯既达，诏定边左副将军纳之，其部众从者至五千余户，入边令暂驻乌里雅苏台。达瓦齐遣宰桑玛木特追之。由博尔济河入喀尔喀汛，不及，复逸出。上以守汛不谨，责驻防乌里雅苏台副都统达青阿。达青阿召玛木特至，诱擒之，解送京师。谕又责其召而辄至，何用诱擒，宥罪给冠服，就道中释之归，盖用攻心之术矣。三车凌子弟亦有叛遁，诏厚抚其未叛以致之。准部日有离散，未几内哄又起。

达瓦齐之篡也，恃阿睦尔撒纳及班珠尔等羽翼之。既而小策零敦多卜之孙纳默库济尔噶尔与达瓦齐构兵不解，将与分辖准部。阿睦尔撒纳复计诱纳默库济尔噶尔杀之，恃功益骄横，达瓦齐不能堪，以兵击之。阿睦尔撒纳遂偕班珠尔内附，事在十九年七月。阿睦尔撒纳者，策妄阿勒布坦之外孙，班珠尔则其同母兄也。其父为和硕特顾实汗之玄孙，名噶尔丹丹衷。顾实汗曾孙拉藏，康熙末为西藏汗，其子丹衷，赘于准部。时策妄阿勒布坦娶拉藏之姊，而以其女赘丹衷，假送婿女归藏名，袭杀拉藏，亦杀丹衷。丹衷妻先生子名班珠尔，丹衷死时复有孕，生阿睦尔撒纳，再嫁辉特部，阿睦尔撒纳遂为辉特台吉，班珠尔则仍为和硕特台吉，而居准部，至是来归。准部中，杜尔伯特部讷默库以下，封郡王、贝勒、贝子、辅国公、台吉有差，辉特部阿睦尔撒纳封亲王，和硕特部班珠尔以下，封郡王、辅国公。祃木特之归也，为达瓦齐掠阿睦尔撒纳罪。阿睦尔撒纳既内附，祃木特感不杀恩，亦有归志，诏授内大臣。二十年二月大举讨准噶尔，命班第为定北将军，出北路，阿睦尔撒纳副之，科尔沁亲王色布腾巴勒珠尔、郡王成衮札布、内大臣祃木特参赞军务；永常为定西将军，出西路，萨喇尔十五年来降之准部宰桑。副之，郡王班珠尔、贝勒札拉丰阿、内大臣鄂容安参赞军务。各携两月粮，分出乌里雅苏台及巴里坤，期会于博罗塔拉河，缘途降者相继。博罗塔拉河，距伊犁三百余里，达瓦齐素纵酒不设备。至是，仓卒遣亲信两宰桑出令箭征兵，自率亲兵万人，走保伊犁西北百八十里之格登山，阻淖为营。清军遮获其征兵之宰桑，具悉其国中解体状，士争奋渡伊犁河，追袭将及格登山，夜遣降人阿玉锡等率二十余骑觇路。阿玉锡即乘夜大呼突其营，其众瓦解，达瓦齐逾冰岭南走回疆，官兵以二十余骑收其众七千余。达瓦齐率余众半途逃散，仅余百骑，投所善乌什阿奇木伯克霍吉斯。大军于伊犁获罗卜藏丹津。霍吉斯亦承将军檄执达瓦齐献之，准部不血刃而平。逮献俘至京师。帝以罗卜藏丹津在世宗曾有来归不死之谕，亦赦之。既封功臣，亦封阿睦尔撒纳双亲王，食双亲王俸，萨喇尔一等超勇公。旋封达瓦齐、霍吉斯皆为亲王、郡王。分建四厄鲁特汗，各部落设盟长及副将军一人。

十月，阿睦尔撒纳复乱。时大军已撤，班第、鄂容安留伊犁筹善后，仅余兵五百。初，四部厄鲁特本各有汗。准部强盛，伊犁始为四部长，抗中国者数世。帝既命分建四部，阿睦尔撒纳意不慊，阴使哈萨克、布鲁特诸部纵流言，非己总四部，边不得安。擅诛杀掳掠，擅调兵，不服赐衣翎顶，不用副将军印，自用浑台吉菊形篆印。帝令九月至热河行饮至礼，中道北逸，日出煽乱，伊犁诸喇嘛、宰桑蜂起相应，班第、鄂容安力战走二百余里，被围死之。北路军将既陷，西路永常有兵不相援，仓皇退回巴里坤。帝逮治永常，以策楞代，永常道死。又命玉保、富德、达尔党阿为参赞。赐轻信纵逃之喀尔喀亲王额林沁多尔济自尽。二十一年二月，策楞等复伊犁，阿睦尔撒纳遁入哈萨克。时追之将及，彼遣人诳报有台吉诺尔布已擒阿来献，玉保驻军待之，先以红旗报捷于策楞，策楞据以入奏。既知为敌所误，将军、参赞互相咎，谓马力竭，顿师伊犁不进。帝命达尔党阿、哈达哈代之，命兆惠自巴里坤赴援。二十二年二月，达尔党阿由西路击败哈萨克二千人，阿睦尔撒纳易服潜遁。又使哈萨克人来言："需汗至即擒献，乞暂缓师待。"达尔党阿果下令驻军。阿睦尔撒纳扬去。哈达哈出北路，又遇哈萨克不击。从征降人宰桑见两将军皆见卖无能，皆轻之，诸部并叛，都统和起被诱歼焉。策楞、玉保逮问，途次为厄鲁特所杀。兆惠以兵千五百人伊犁，阿睦尔撒纳闻诸部构乱，自哈萨克归，会诸部于博罗塔拉河，欲自立为汗。准部大扰，兆惠闻变，自济尔噶朗河转战而南，沿途杀敌数千，于二十二年正月至乌鲁木齐，敌众皆会，连日数十百战，至特讷格，不复能冲击，乃结营自固。会帝先命侍卫图伦楚率巴里坤兵往迎，围乃解，复往剿巴雅尔部落，属杜尔伯特。始回巴里坤。四月，议大剿准部，定边左副将军成衮札布出北路，右副将军兆惠出西路。会诸部落自相攻伐，且大疫，兆惠兵至，诸部落皆溃，阿睦尔撒纳则投哈萨克。哈萨克汗阿布赉已与阿睦尔撒纳积衅，且惧清军，遣使入贡，阿睦尔撒纳来投只率二十人，遂先收其马，阿睦尔撒纳携八人夜走俄罗斯界，旋患痘死。成衮札布以定边左副将军归镇乌里雅苏台，兆惠率兵四千弹压厄鲁特，未几，而回疆兵事又起。

## 第六节　武功之继续四——取回疆

回疆已服属于准噶尔，准部既平，似已一并收功，不用再举，高宗初志本然。乾隆二十年正月，甫动讨准之兵，二月即传谕西路参赞鄂容安："汉时西陲，塞地极广，乌鲁木齐及回子诸部落皆曾屯戍，有为内属者，唐初都护开府，扩地及西北边。今遗地久湮，此次进兵，凡准噶尔所属之地，回子部落内，伊所知有与汉唐史传相合可援据者，并汉唐所未至处，一一询之土人，细为记载，遇便奏闻，以资采辑。"此谕见《东华录》，可见成功者自有意识，而事实正不如是之易也。数月内果平伊犁，而回部和卓木甫脱准部之羁绊，而准部则又有阿睦尔撒纳之变，回部因有大、小和卓木之生心，鄂容安亦死于变中，回疆乃终用武力取之矣。

回疆在汉唐时，早为西域城郭之国，唐以前佛教流行，其变为伊斯兰教，世系有不能详。而《圣武记》特凿凿言之，虽未知其所根据，然与他官书多未尽合，则亦不敢尽信也。

《圣武记》："隋、唐之际，其国王天方国。谟罕默德者，生而神灵，尽臣服西域诸国，始扫佛教。自立教，造经三十篇，敬天礼拜，持斋戒，葱岭以西，皆尊曰天使。回回语称天使为别诸拔尔，亦曰派罕巴尔。传二十有六世，曰玛墨特者，当明之末年，与其兄弟分适各国，始自墨德逾葱岭，东迁喀什噶尔，是为新疆有回酋之始，即霍集占兄弟等之高祖也。其回部旧汗，本元太祖次子哈萨岱之裔，世封回部。及玛墨特自西方至，各回城靡然从之，旋值厄鲁特强盛，尽执元裔诸汗，迁居天山以北。回部及哈萨克皆为其属。哈萨克行国仅纳马，而回部各城则分隶诸昂吉，准部昂吉二十一。昂吉者，分支也，乃台吉所有之户下。征租税，应徭役，并质回教酋于伊犁。康熙三十五年，噶尔丹败后，其质伊犁之回酋阿布都实特自拔来投，圣祖优恤之，遣人护至哈密，归诸叶尔羌，是为霍集占兄弟之祖。至其子玛罕木特，噶尔丹策零复袭执而幽之，并羁其二子，使率回民数千，垦地输赋，长曰布那敦亦曰博罗尼都，次曰霍集占，即所谓大、小和卓木也。"篇末又著论，略曰："考霍集占高祖玛墨特之初迁喀城也，当明之末季，距其始祖派罕巴尔已千余年。徒以来自天方，回人神明奉之，生即所居为寺，没即所墓为祠。其时回疆各城，尚皆有汗。皆元太祖之裔，非回国裔也。顺治初，哈密有巴拜汗，叶尔羌有阿布都汗，吐鲁番有苏勒檀汗，皆以叶尔羌酋为大宗。每表贡皆叶尔羌汗署名。康熙二十五年，贡表称臣成吉思汗裔，承苏赍满汗业，其时尚未为回酋所有。逮准噶尔强盛，攻破回子千余城，自后无复表贡。而乾隆二十年，大军荡平准部时，惟有吐鲁番旧头目莽苏来降，此外无蒙古遗种。吐鲁旧头目亦已迁居喀喇沙，失其故土久矣。然则回城各蒙古酋汗，盖康熙中准夷灭之，非回教逐之。准夷既灭，元裔各汗，并执回教之长归伊犁。是则霍集占祖宗，并未占有回疆，享一日之威福，且派罕巴尔子孙，分适各国，喀城和卓，特其一支，非其嫡裔大宗也。彼大、小和卓兄弟，又非有功德于回民也。王师出之拘幽，反之旧部，饥附饱扬，以怨报德。”

据魏氏言，蒙与回之递代，亦由理想推之，事实固不可以理想为定断，但当存为一说耳，文已稍嫌武断，证以史实，殊有非是。并因其推断之不确，而其确举之名字世系，亦大有疑问。

《明史·西域四卫传》略言：“哈密，汉伊吾卢地，唐为伊州，宋入于回纥，元末以威武王纳忽里镇之，寻改为肃王，卒，弟安克帖木儿嗣。洪武中，太祖既定畏兀儿地，置安定等卫，渐逼哈密，安克帖木儿惧，将纳款。成祖初，遣使来朝贡马。永乐元年十一月至京。明年六月，封忠顺王。八年，封兔力帖木儿为忠义王。嗣王脱脱从弟。宣德三年，以所命脱脱子卜答失理嗣忠顺王、兔力帖木儿弟脱欢帖木儿嗣忠义王，二嗣王同理国政。自是二王并贡。成化三年，马文升言：‘番人重种类，且素服蒙古，哈密故有回回、畏兀儿、哈剌灰三种，北山又有小列秃乜克力相侵逼，非得蒙古后裔镇之不可。今安定王族人陕巴，乃故忠义脱脱近属从孙，可主哈密。’五年春，立陕巴为忠顺王。六年春，吐鲁番速檀阿黑麻袭哈密，执陕巴。廷臣议：陕巴即使复还，势难复立，令都督奄克孛剌总理哈密事，与回回都督写亦虎仙、哈剌灰都督拜迭力迷失等，分领三种番人以辅之。十年，阿黑麻送还陕巴，仍其旧封。十八年，陕巴卒，其子拜牙即自称速檀，命封为忠顺王。时吐鲁番阿黑麻已卒，其子满速儿嗣为速檀。正德六年，满速儿甘言诱拜牙即叛。八年，拜牙即弃城叛入吐鲁番。嘉靖初，刑部尚书胡世宁言：‘拜牙即久归吐鲁番，回回一种，早已归之，哈剌灰、畏兀儿二族逃附肃州已久，不可驱之出关，然则哈密将安兴复哉？乞置哈密勿问。’后哈密服属吐鲁番，迄隆庆、万历朝，犹入贡不绝，然非忠顺王苗裔矣。”

综《哈密传》文，明初其地已属色目，而非蒙古。色目有三：曰畏兀儿，曰回回，曰哈剌灰。元以色目与蒙古为阶级，自与蒙古为标异。《辍耕录》载色目三十一种，畏兀儿作畏吾儿，回回同，哈剌灰当即阿儿浑。畏兀儿、哈剌灰所奉之教，未敢必为回教，回回则必系回教，非回纥或回鹘旧有之名。唐回纥亦佛教，后天方之摩诃末教渐风行各国。元初惟知回纥为西方大国，而奉摩诃末教，即名此教为回纥教，而奉此教者即名之为回纥，不暇深辨，音又讹为回回。盖回回之名，即从奉回教而来，说详屠氏寄《蒙兀儿史记》。哈密为回疆东界，元时已为回族所居，则谓明末始有谟罕默德二十六世裔孙玛墨特东迁喀什噶尔，为新疆有回族首领之始。其意殆谓以前只有回民，而其中并无布教长耶？且玛墨特与其兄弟分役各国，皆在同时，独玛墨特东逾葱岭，为新疆回族有首领之始，其他兄弟所适之国尚多，当葱岭以西回教之国，皆待此而始有耶？哈密忠顺王为元代威武王之裔，非元太祖次子哈萨岱之裔，哈萨岱《元史》作察合台，官书叙回部之祖，亦作察哈岱，《圣武记》作哈萨岱，字已误倒。威武王，《元诸王表》作威武西宁王出伯，大德八年封。十一年，进封豳王。又：豳王出伯，大德十一年由威武西宁王进封。喃忽里，延祐七年袭封。喃忽里即纳忽里，然在进封豳王之后始袭，所进王非肃王，《明史》微误。此王驻西宁或豳州，兼经哈密，或元亡后退驻边外而抵哈密。要为元在中国本部之藩王，非察合台藩国之分王。速檀系回部之长之称，《哈密传》中一见，下《吐鲁番传》中，累易其长皆称嗣速檀位。盖即今回教国中所称苏丹，清官书作苏勒檀，顺治中之吐鲁番苏勒檀名阿布勒阿哈默特。魏氏以苏勒檀为吐鲁番汗之名，亦殊不审。

《明史·吐鲁番传》略言:“去哈密千余里,汉车师前王地,隋高昌国。唐灭高昌,置西州及交河县,此则交河县安乐城也。宋复名高昌,为回鹘所据,尝入贡。元设万户府。永乐四年,其万户赛因帖木儿遣使贡玉璞。后其酋迭来朝贡,命为都督佥事,或指挥佥事,或都指挥佥事。正统间,其酋也密力火者,侵并火州、柳城,国日强,僭称王。景泰、天顺间一再来贡。成化五年,遣使来贡,其酋阿力,自称速檀,迭有奏请,不可尽从。九年春,袭破哈密,执王母,夺金印,分兵守之而去,而修贡如故。谕献还哈密王母及城印,屡不果。十四年,阿力死,其子阿黑麻嗣为速檀。而哈密都督罕慎于十八年潜师克哈密。弘治元年,罕慎后被诱杀,仍据哈密,后献还,又夺又还,求通贡如常。十七年,阿黑麻死,长子满速儿嗣为速檀,桀骜变诈逾于父,修贡如故。正德九年,诱哈密袭王拜牙即叛归己,复据哈密。朝廷大臣张璁、桂萼等倾陷异己,阴庇满速儿,起封疆之狱,谴逐杨廷和、彭泽诸人,满速儿桀骜益甚。中朝许通贡,而哈密存亡置不复问,河西稍获休息。嘉靖二十四年,满速儿死,长子沙嗣为速檀,其弟马黑麻亦称速檀,分据哈密,而兄弟仇杀。嗣其弟琐非等三人,亦各称速檀,迄万历朝,奉贡不绝。”

吐鲁番在元设万户府,则非有驻守之汗王,其为元裔与否,《明史》不著。正统间,阿力自称王,成化间来贡亦称为速檀,自阿力以下传其嗣阿黑麻及满速儿,二世称雄。满速儿尤能使哈密自投,明廷不能复问,享国尤长,为吐鲁番之最强者,疑后世彼族自称先业,侈言苏赉满汗,即此满速儿译音之歧出也。

《旧国史·吐鲁番回部总传》:“顺治三年,吐鲁番苏勒檀阿布勒阿哈默特阿济汗遣都督玛萨朗琥伯峰等奉表贡,谕曰:‘吐鲁番乃元青吉思汗次子察哈岱受封之地,前明立国,隔绝二百八十余载,今得幸而复合,岂非天乎?’苏勒檀者,犹

> 蒙古称汗，明成化时酋号如之。十年，贡表署苏勒檀赛伊特汗。十二年，回使克拜赍叶尔羌表至，表署阿布都喇汗，诘表异名违例故，克拜告曰：'哈密、吐鲁番、叶尔羌长皆昆弟，其父曰阿都喇汗，居叶尔羌，卒已久，有子九：长即阿布都喇汗，居叶尔羌；次即阿布勒阿哈默特汗，居吐鲁番，先二年卒；次苏勒檀赛伊特汗嗣之；次巴拜汗，居哈密，以得罪天朝故，为叶尔羌长所禁，阿布勒阿哈默特汗子代之；次玛哈默特苏勒檀，居帖力；次沙汗，居库车；次早死；次伊思玛业勒，居阿克苏；次伊卜喇伊木，居和阗。前叶尔羌汗遣其弟自吐鲁番请贡，故表称吐鲁番罕名，今以叶尔羌汗为昆弟长，故表称叶尔羌汗名。'康熙十二年，吐鲁番使乌鲁和卓等至，贡表称祃木特赛伊特汗，署一千八十三年。二十年，吐鲁番使伊思喇木和等贡，表署阿布勒穆咱帕尔苏勒檀玛哈默特额敏巴图尔哈什汗。二十五年，复遣使乌鲁和卓至，表称：'臣青吉思汗裔，承苏赍满汗业，谨守疆界，向风殊切，今特遣献方物。'三十四年，大军议征噶勒丹即噶尔丹。先是噶勒丹强胁吐鲁番为己属，兄僧格子策妄阿喇布坦与构怨，携父僧格旧臣七人走吐鲁番，寻徙和博克萨哩。吐鲁番为策妄阿喇布坦属。至是刑部尚书图纳请檄吐鲁番，令知罪只噶勒丹，勿惊惧，诏允之。三十五年，噶勒丹败遁，叶尔羌汗阿卜都斯伊特自军所降，告：'叶尔羌有兵二万，吐鲁番有兵五千，请携孥赴吐鲁番，宣圣德，偕策妄阿喇布坦擒献噶勒丹。'上悯其情，遣归，噶尔丹寻走死。"

顺康间，回部来贡诸汗之为元裔，略如魏氏之说。惟称吐鲁番独为苏勒檀汗，稍未审。《传》言噶尔丹强胁吐鲁番为己属，策妄阿喇布坦因与噶尔丹构怨，走吐鲁番，吐鲁番遂属于策妄阿喇布坦，为弱小顺服随遇而安之常态。侪准部为上国，不获自达于中朝。谓攻破千城，故无贡表，未必确。回虽属于准，固未尝灭绝。魏氏误以蒙与回分为二，其实回疆之蒙古诸汗，即为其长。康熙十一年为回历千八十三年，十二年始达京师，署表固在前一年也。叶尔羌汗阿卜都斯伊特即魏氏所谓阿布都实特，而又谓为即霍集占兄弟之祖，则自为出自派罕巴尔而非蒙古。此为官书所绝不言，不但此传不言，其详叙霍集占源流时亦不言，疑未必确。康熙时大军未至伊犁，噶尔丹走死，伊犁已为策妄阿喇布坦所据，所云自军所降，未必由伊犁自拔来归，特为噶尔丹挟以从军，军败出降耳。为质伊犁之说既不确，且亦当是蒙裔之回部长，非派罕巴尔裔也。

清《国史·回部台吉哈什木传》："吐鲁番人，姓博尔济吉特，为元太祖裔。初元太祖定西北诸部，分遣王驸马等领之。次子察哈岱居伊犁，兼辖吐鲁番回众。越十传，至特木尔图呼鲁克，弃蒙古俗习回教，子吉匝尔和卓布哈尔拜密尔徙居吐鲁番，不复有伊犁地。本朝康熙二十五年，有阿布勒穆咱帕尔苏勒檀玛哈玛特额敏巴图尔哈什汗者，自吐鲁番贡称元裔，见《吐鲁番回部总传》。五十九年，大军讨准噶尔，由吐鲁番进击乌鲁木齐，哈什木兄莽苏尔迎献驼马。军还，策妄阿喇布坦罪之，禁诸喀喇沙尔。乾隆二十年，大军定准噶尔，莽苏尔闻之乞降，定北将军班第奏请，遣辖吐鲁番旧属。未定议而阿睦尔撒纳叛，莽苏尔等不获归吐鲁番。二十四年，叶尔羌诸回城定，乃获莽苏尔及哈什木。二十五年入觐，上以其为元太祖裔，诏并授一等台吉，留京师。"

此为吐鲁番旧头目莽苏尔事之曲折。其迁喀喇沙，缘策妄阿喇布坦怒其迎清军，献驼马。阅四十年而归京师，受爵传世，以终回疆、蒙古之局。魏氏恍忽言之，反滋疑窦矣。

清《国史·回部贝勒霍集斯传》："霍集斯，乌什人，父阿济斯和卓，为吐鲁番头目，准噶尔胁徙喀喇沙尔，复自喀喇沙尔徙乌什。阿济斯和卓死，葬阿克苏，霍集斯嗣，居乌什。其兄曰阿卜都伯克，弟曰阿卜都里木，居阿克苏。乾隆二十年，大军征准噶尔，抵伊犁，达瓦齐窜逾库鲁克岭，霍集斯侦达瓦齐将赴喀什噶尔，伏兵绐迎，擒以献。阿卜都伯克告叶尔羌、喀什噶尔将偕色沁准部官名，专司炮者。布卜察克众，袭库车、阿克苏、赛里木、多伦诸回城，请遣旧和卓子归。旧和卓曰阿哈玛特，为派罕帕尔裔，世居叶尔羌、喀什噶尔辖回族，准噶尔诱执之，禁诸阿巴噶斯，赍恨死。子二：长布拉呢敦，次霍集占，仍羁阿巴噶斯。大军至，乃释之。将军班第遵旨，遣霍集斯偕布拉呢敦归抚叶尔羌诸城。"

此为霍集占兄弟之缘起。其父为旧和卓，名阿哈玛特，与魏氏作玛罕木特者略异。旧和卓为世居叶尔羌、喀什噶尔辖回族者，不言其先世之名，魏氏以为即名阿布都实特者。据前《吐鲁番总传》，叶尔羌汗阿卜都斯伊特自即阿布都实特其人，称汗而不称和卓，是蒙而非回。和卓与汗同居一地，特和卓专辖回族，是为宗教之首领，与汗、王等长之称不同，恐非旧和卓之父也。魏氏盖粗阅官书，遽以理想推断，出之太快，于事实有未尽合。盖准、回两部，经兵力荡平，后又以其地改设行省，不为藩属，藩属尚多有记其原委者。有《准噶尔全部纪略》，高宗所制，以矫正雍正间传闻之误，故尚有可据。回则无翔实之记载。魏氏约略叙之，不免失实，特为疏通证明之如此。

乾隆二十年平伊犁，大、小和卓木被羁于伊犁者，奉诏遣大和卓布拉呢敦先回，安抚叶尔羌等处，小和卓霍集占尚留伊犁。未几阿睦尔撒纳复变于伊犁，霍集占颇为阿用。二十一年三月清军再入伊犁，阿睦尔撒纳遁入哈萨克，霍集占亦遁归叶尔羌，遂与其兄布拉呢敦共谋纠回众据境自守。清廷方遣侍卫托伦泰赴叶尔羌、喀什噶尔抚谕大、小和卓，久未返。七月，定边右副将军兆惠自伊犁奏遣副都统阿敏道率兵往收阿克苏、库车、乌什各回部，且侦托伦泰信。是月，霍集占送托伦泰还，兆惠饬阿敏道驰往抚谕，霍集占驱率回众，列城尽靡，库车、拜城、阿克苏等城阿奇木伯克统理地方诸务之回官。鄂对等不从乱，奔伊犁。十月，兆惠奏霍集占作乱状，令鄂对等从阿敏道进兵。鄂对在道闻亲族被杀，各城响应，小和卓心腹阿布都已守库车，劝阿敏道急归，待大军偕进。阿敏道不从，率索伦兵百、厄鲁特兵三千，至库车。霍集占在焉，闭城拒师。且诡言："厄鲁特吾仇，虑为害，撤还即降。"阿敏道遂命厄鲁特兵退，以百索伦兵入城，为霍集占所执。明年遇害，从者数将及兵百人皆从死。是时准噶尔余众，以清军自哈萨克撤回，复煽乱。兆惠驻伊犁，后路尽梗。整师东旋，至鄂垒扎拉图。巴里坤办事大臣雅尔哈善以闻，诏趣赴援，甫得脱归。阿睦尔撒纳又回窜伊犁，北疆军事亟，兆惠檄参赞大臣富德追阿睦尔撒纳，自驻济尔哈朗地防回变。谕饬其不知缓急，盖高宗知回部无远图，先以靖准部为急。五月，阿敏道死事事闻。九月，乃命兆惠等筹攻回部，诏授兆惠定边将军。二十三年正月，兆惠奏言："沙喇伯勒厄鲁特众尚万户，请先剿除。"诏以参赞大臣雅尔哈善为靖逆将军，专办回部。四月，兆惠奏准噶尔之事将竣，请由伊犁趋回部。七月，命与雅尔哈善合兵以进。会雅尔哈善已围库车，霍集占来援，为清军击败，入城拒守。城以柳枝、沙土密筑甚坚，炮攻不能入。提督马得胜穴地入城，已将及，雅尔哈善督之急，夜秉燧入穴开凿，城上之敌见火光，于城内为横沟，灌水入穴，清兵皆没。鄂对告雅尔哈善："库车食且尽，霍集占必出走，城西鄂根河水浅可涉，北山通戈壁，走阿克苏，分兵屯此二隘，霍集占可擒也。"不省。越八日，霍集占夜引四百骑，启西门涉鄂根河遁。又数日，阿都卜克勒木复夜遁，余头人阿拉难尔等率老弱以城降。高宗闻失霍集占，怒，以纳穆札尔代为靖逆将军，三泰为参赞，命兆惠至军，斩疏纵之副都统顺德讷，逮雅尔哈善及得胜返京师。二十四年正月，亦以失机鞫实正法。顺德讷者，当霍集占逃出时，侍卫噶布舒知之以报，顺德讷闻报，以夜不肯往追，令敌得渡河，据桥断后者也。未几，参赞哈宁阿亦论斩。

回疆自古为城郭国，势分力弱，弓马无特长，慓悍非素习，故西域从无为中国患者，非劲敌也。惟中国之兵远征，则主客异势，一失呼应，后路可虞。统观西师将帅，雅尔哈善等固为旗下纨袴，偾事有余，易以兆惠，不过较勇敢不避艰险耳，其功成乃乘单准部之势，取准部之所已胁服者而继续之，其事至顺。霍集占以其世为和卓木之资望，由伊犁脱归，亲见阿睦尔撒纳未俘，准部已降者亦多反侧，料中朝疲于奔命，无暇南来，故敢于侥幸一试。是时清廷实力甚厚，北路之军未撤，别遣专征回部之师，若雅尔哈善等属中材，大、小和卓木在库车早已就擒。迨二人均逸，将帅骈诛，兆惠移伊犁得胜之师南下，逾天山，抵阿克苏，回部头目颇拉特等以城降。不数日，霍集斯亦自乌什迎降。霍集斯亦回部强族，前大军初定伊犁，霍集斯因达瓦齐逃入回疆，诱擒以献。又以布拉呢敦及霍集占为旧和卓子，请于大军，得释归。故霍集斯以回部盛族，而又有德于霍集占兄弟，霍集占感且惮之。时阿睦尔撒纳方为副将军，预讨达瓦齐有功，霍集斯阴乞于阿，事平以己长回部，中朝密防之。既而阿睦尔撒纳变，霍集占兄弟继之，遂析霍集斯兄弟子侄各居一城为伯克。霍集斯父阿济斯和卓，本吐鲁番头目，为准噶尔累徙至乌什。至是霍集占以霍集斯为和阗伯克，子漠咱帕尔为乌什伯克，兄阿卜都伯克为叶尔羌伯克，兄之子阿布萨塔尔为阿克苏伯克，实挟之以从军。至霍集占自库车出走，霍集斯绐之，请入乌什召其众从徙。既入乌什，遂以兵拒霍集占。兆惠檄至，霍集斯父子出降，并遣子弟赴叶尔羌招降其兄阿卜都伯克，时在二十四年九月，回部降者已相踵，无坚城可相抗矣。十月初三日，兆惠兵至距叶尔羌四十里之辉齐阿里克讯擒获回人供："霍集占已入叶尔羌城，布拉呢敦驻当噶勒齐，离喀什噶尔一站地。”奏言：“叶尔羌城大，兵少不足合围，且自乌什进兵，以三千余人行戈壁千五百里，马亦疲乏，南路通痕部斯坦、巴达克山、喀喇土伯特等处均拟驻兵堵截。又回人多窖粟，须分军搜掘以窘之。令内自生变，以故兵马皆需接济。”十一月奏至，谕前命富德帅师自准部赴兆惠军，著速进。又命阿里衮为参赞大臣，选马二千匹，率兵六百，亲送兆惠军营，而是时兆惠已被围于黑水矣。

黑水之围，清记载侈其事，其原盖出高宗《御制十全武功诗》而来。按之《东华录》，当时奏报无此夸大也。神奇之说，本不足信，今两相比较，以考其实。

> 《东华录》：二十三年十一月丁酉，阿克苏办事头等侍卫舒赫德奏：“十月二十日，将军兆惠差人送到文书，并所派往截喀什噶尔贼援之副都统爱隆阿途中相遇，带到移文，内称：将军问知霍集占牧群所在，领兵往攻，至叶尔羌城外，贼众阻河为阵，因渡桥攻剿，过兵甫四百余，桥断，贼众四合，将军奋击，两易马俱中枪毙，面及胫俱伤，幸不甚重，力战浮水至营。贼马步万余来合围，虽有剿杀，无马不能冲突，遂掘濠结寨，贼亦结寨相持。计军需马驼，尚可供两月食，惟军器火药不足。被围后乘夜前行，遇爱隆阿之兵，令其先来通信”等语。数日间，兆惠奏迭至，略言：“臣等渡河向叶尔羌城南进兵，十月十三日，贼兵约四五千骑，步贼在后，并迎出，沟内排立。臣等冲突，贼败走，又放枪拒敌。臣等正在奋击，贼又从两翼夹攻，因马力不能驰骤，回保大营，贼四面合围。我兵杀贼虽多，阵亡亦百余，总兵高天喜、原任前锋统领侍卫鄂实、原任副都统三格、侍卫特通额，俱殁于阵。骑贼数千，步贼亦多，与我兵接战五昼夜。臣等固守大营，相机剿杀，口粮尚可支持一两月。臣等以阿克苏、乌什既定，机不可失，轻敌妄进，臣兆惠罪实难逭，然策应之

兵，年内齐集，尚可合力攻剿。”又据爱隆阿奏：“靖逆将军纳穆扎尔、参赞大臣三泰于十月十二日，带巴图鲁侍卫奎玛岱并兵二百余前赴兆惠大营。夜四鼓时，遇回兵三千余，仓卒冲拒，三人均已阵亡。”既而舒赫德又奏：“十二月初三日，询据叶尔羌来投回人言：布拉呢敦、霍集占马步万人，合围大兵三十余日，因闻布拉呢敦所辖之喀什噶尔属城英吉沙尔忽被布鲁特抢掠，二贼狰谋御敌，是日薄暮，将军领兵纵火夺贼营二，劫杀看守人众过半，二贼谓将军与布鲁特有约，遣人议和，将军射书传谕，缚献霍集占方允纳款。往复未决，从此遂不交锋。又军营脱出之厄鲁特人告称：军营掘得米一百六十窖，收马千余匹，驼千余只。布拉呢敦因喀什噶尔告急，撤回防御，所留仅二百人。”二十四年二月，谕：“富德等奏报正月初六日，领兵至呼尔璊，霍集占等率骑五千抗拒，转战至初九日，马匹远行力乏，不能悉行斩获。是夜月落后，阿里衮送马已到，即与分为两翼，阵戮贼众甚伙。初十日天晓收兵，计五日四夜，杀贼千余，及中伤者无算。布拉呢敦于初六日战时，胁间中枪甚剧，舁入城，旋回喀什噶尔。计阵戮贼巴图尔十五名，大伯克数十名。兆惠闻枪炮声，即遣人赍文通信”等语。又谕：“苏赫得称有乌什回人，告称将军掘得窖粟，及得马驼各千，布拉呢敦已回喀什噶尔。今览兆惠咨文，并未收获马驼，而富德又称布拉呢敦临阵负伤，舁入城中。是来投之回人托克托默特所言尽属子虚，或系霍集占遣来懈我军心。自应查明此人见在何处，严拿送军营，交与兆惠审理。”越数日，富德又奏：“呼尔璊转战五日，得兆惠咨，于十三日至叶尔羌河岸侦探，相距二十里。十四日黎明，前进六七里，右翼阿里衮、爱隆阿以枪炮败贼数次，余贼仍依芦苇放枪。臣富德、舒赫德领左翼兵急进，贼渡河而逃，计剿贼二三百人。又防城内突出，中军与右翼以次进攻，令左队努三等领马兵堵截，寻至营盘。知将军大臣官兵无恙，贼人屡败，不敢来犯，见派努三等殿后，徐回阿克苏。”

据上各奏报，兆惠被围，自缘轻进，一时死高职旗员及汉总兵大员为数不少，实属将军失机。至被围数月，回人奄奄如不欲战，可见并非大敌，口粮早称尚可支持，亦不待得窖粟，获马驼，尽邀天赐。回人隔岁之粮，本以窖藏为习惯，故兆惠未被围前，已奉命遣兵搜掘，即得窖粟，非有神奇也。乃清《国史·兆惠传》及《圣武记》，则言之甚怪，《清史稿·兆惠传》又用《圣武记》文。魏氏文笔甚健，录如下：

将军兆惠移师而南，时两和卓木奔阿克苏，其伯克霍吉斯即前禽献达瓦齐受封者也。闭城不纳，给令赴乌什，乌什亦不纳，于是小和卓木奔叶尔羌，大和卓木奔喀什噶尔。兆惠使鄂对抚和阗，而霍吉斯随军。时兵皆未集，惟领步骑四千先行，而留副将军富德剿余贼，俟集大军继进。时小和卓木已坚壁清野，刈田禾，敛民入城，使我军无可掠，又于近城东北五里，掘壕筑台，欲持久困我。而大和卓木据喀什噶尔相犄角。十月初六日，师至叶尔羌，阵于城东，两翼兵先夺据其台，贼东西北三门，各出精锐数百骑，来当我，三战三北，入城固守不出。城大十余里，四面十二门，兆惠以兵少不能攻城，欲伺间出奇，先营城东隔河有水草处，结营自固。葱岭北河经喀城外，葱岭南河经叶尔羌城外，土人称北河为赤水河，南河为黑水河，此所谓黑水营也。回语称赤曰乌兰，黑曰哈喇。水皆曰乌苏。兆惠既分兵八百，使副都统爱隆阿扼喀什噶尔援路。又侦知贼牧群在城南英奇盘山下，谋渡河取之，以充军实。十三日，留兵守黑水营，而率千余骑自东而南。甫渡四百骑，桥忽断，城中贼出五千骑来截，我兵力奋突其阵，步贼万余继之，骑贼复张两翼，围攻我后。我隔河军不能相救，又地沮洳难驰骋，且战且退，浮水退营，中途为贼截隔数队，人自为战，自旦至暮杀贼千计，而马多陷淖，亦阵亡将士百余，伤者数百。兆惠左右冲突，马中枪，再踣再易，明瑞亦受伤，总兵高天喜等俱战殁。贼复逾河来攻五昼夜，我军且战且筑垒，贼亦筑长围困我。十七夜，兆惠遣五卒分路赴阿克苏告急，舒赫德飞章入告。贼于上游决水灌营，我师于下游沟而泄之，营依树林，枪炮如雨，我师伐树，反得铅丸数万以击贼。会布鲁特掠喀什噶尔，我军纵火攻焚贼营，贼疑布鲁特与我军有约，大和卓乃使人议和，兆惠执其使，射书谕以必先缚献霍集占，方许纳款，又掘井得水，掘窖得粟，三月不困，贼骇为神。初上以兆惠、富德两军，久暴露于外，将士皆劳顿，于两月前即命靖逆将军纳木扎尔、参赞三格往代，又命增调索伦、察哈尔兵赴之。及是，兆惠檄爱隆阿率兵还阿克苏催援军，遇靖逆等以二百余骑径进，止之不可，复遇害。富德在北路，闻黑水围急，即率新到之索伦、察哈尔兵二千余及北路兵千余，冒雪赴援。二十四年正月六日，次呼尔璊，遇贼五千骑，且斗且前，转战四昼夜，沙碛乏水，齿冰救渴，又乏马，兵半步行。九日，渡叶尔羌河，距黑水军尚三百余里，贼愈众，不能进，适巴里坤大臣阿里衮奉命，以兵六百，解马二千、驼一千，合爱隆阿之兵千余夜至，遥望火光十余里，知官军与贼相持处也。又途遇我往劫营之卒，知望援孔急，即横张两翼，大呼驰薄，声尘合沓，直压贼垒，与富德军二路奋蹴，贼黑夜不知官兵若干万，自相格杀溃遁，我师遂长驱进，未至黑水营数十里，又击败之。兆惠见围贼日少，又遥闻枪炮声，尘大起，从东来，而营中所掘井忽眢，知大军已集，即勒兵溃围，杀贼千余，尽焚其垒，贼大败入城，两军会合，振旅还阿克苏。

兆惠于解围后，还阿克苏，高宗尚深责之。时和阗方被攻，不急救，乃共还阿克苏。高宗谓前以一军尚进至叶尔羌，今两三军会合，和阗近而阿克苏远，反奔还不顾。后和阗亦未失，回部实无能为。兆惠此时已因受围封一等公，卒以功成加赏宗室公品级鞍辔，富德亦由伯封侯，视其方略则平平也。魏氏于兆惠入回疆时，不叙阿克苏、乌什迎降，末言振旅还阿克苏，围中拔出，未能克一城，何言振旅？中间夸大之语，若圣天子自有神助，即可不用兵力者然。此出高宗不负责之诗歌，遂为官修诸书所承用，然《实录》则无之。高宗当盈满之日，好作粉饰之词，正其日中则昃之象，更录其诗如下：

《御制十全诗文集·黑水行》："喀喇乌苏者，唐言黑水河。去年我军薄回穴，强弩之末难称雄。筑垒黑水待围解，拒人力也天幈幪。明瑞驰驿逾月到，自注：毅勇承恩公明瑞，孝贤皇后侄也，命以副都统行间，为前锋，召回京，问以被围情状，自叶尔奇木抵京，路万五千里。疾驰逾月而至。面询其故悚予衷。蜂蚁张甄数无万，三千余人守从容，窖米济军军气壮，奚肯麦曲山鞠䓖，引水灌我我预备，自注：逆回导渠淹我营垒。将军兆惠等预开沟引之入河，且转资其用。反资众饮用益丰。铳不中人中营树，何至析骸薪材充，着木铳铁获万亿，自注：贼据高施铳，铅丸垒集营树上，我军斫木为薪，木中得铅丸万亿，即取以击贼，毙贼无算。翻以击贼贼计穷。先是营内所穿井，围将解乃眢其中。闻言为之怅，诸臣实鞠躬，既复为之感，天眷信深崇。敬读皇祖《实录》语，所载曾闻我太宗，时明四总兵未战，正值大雾弥霁霁。敌施火炮树皆毁，都统艾塔往视攻，回奏敌炮止伤树，我兵曾无伤矢弓。匪今伊昔蒙帝佑，觐扬前烈励予冲，讵人力也天幈幪，大清寰海钦皇风。"

此诗明言所据为明瑞口语，非将帅奏报之文。奏报尽载《实录》，《东华录》录之。将帅于奏报，已不无张功掩败之习。若诗歌遣兴，原无信史之责，而官私著述据之。自来帝制神权，合二为一，仗迷信以服人者，皆作如是觀可矣。

当黑水解围，已在二十四年正月十四日，而阿克苏办事侍郎永贵奏："正月十九日准前赴和阗之侍卫齐凌扎布等呈称：'回党鄂斯璊统众六百，犯和阗所属额里齐、哈喇哈什两回城，破克勒底雅一回城，请兵救援。'即一面派兵，一面咨商由北路赴援黑水之参赞都统巴禄将所领之兵协剿。”巴禄即奏以进援兆惠为要，未往和阗。至兆惠救出以后，各军会合，即远道撤回阿克苏，巴禄亦在撤回之列。兆惠乃于路奏：“拟回阿克苏后，更由阿克苏、和阗两路进兵，此时未便兵驻阿克苏一处。已与阿里衮、巴禄、阿桂驻阿克苏，候马驼粮饷；分兵一半，令爱隆阿驻乌什就粮，兼防喀什噶尔一路。和阗应援，自不可缓，但马力疲乏，先拣官兵数百，令瑚尔起、巴图济尔噶勒前往，沿途捉生询问，若和阗守御如旧，即会同夹击，否则收兵来迎富德，俟粮饷马匹到时领兵接济。臣兆惠俟办足五千兵粮马，再策应富德，并从和阗往取叶尔羌，并堵截逆贼逃往巴达克山等处路径。”奉谕：“兆惠、富德等遽行撤回，不知是何意见？和阗去叶尔羌颇近，阿克苏则甚远，富德救援将军，自谓了事犹可恕；兆惠身为阃帅，待人救出即撤回，太不知愧奋，且不援和阗，岂不为霍集斯所笑？和阗之围，齐凌扎布以寥寥之众尚能相拒；兆惠到彼，即可败贼，乃仅遣瑚尔起、巴图济尔噶勒往塞责。又巴禄本接永贵行知，赴和阗援剿，以援兆惠未往，今将军已援出，何以不援和阗？”后又谕：“谓兵力不足，则兆惠一军尚能相拒，况与富德两队会合，岂转患其弱？谓马力不足，则既可回至阿克苏，何难就近赴和阗，因粮以守？”旋兆惠等奏：“瑚尔起等二月二十日至和阗、达哩雅河，知额里齐等二城未陷，余为贼据，叶尔羌尚无贼众前来。”谕：“所报和阗情形，霍集占兵力已穷蹙，兆惠等正月十四日解围而出，至二月初二日，已逾半月，和阗回人尚云叶尔羌未有贼众前来。是从前围守军营及侵犯和阗不过乌合之众，兆惠等应就见在兵力加意奋勉，以冀大功速成。”既而哈喇哈什城被陷，齐凌扎布等脱出，仍随同进兵，兆惠等由阿克苏出兵，途次得和阗之克勒底雅及塔克等回城人等，闻清军将至，擒获敌方所用头目来降。兆惠进兵喀什噶尔，于闰六月初三日至伊克斯哈喇。有喀什噶尔投诚回人称布拉呢敦将伊等抢掠潜逃，伊等即来迎大兵。即派人驰往喀什噶尔安抚城堡，据所属牌租阿巴特回城伯克呢雅斯呈称："六月间，霍集占遣人告知布拉呢敦，焚毁叶尔羌、喀什噶尔城堡，令回人等迁往巴达克山。我即闭城拒守。闻霍集占兄弟约于色呼库勒之齐里衮巴苏相会。"于是兆惠檄知布鲁特纳喇巴图等截贼前往色呼库勒投霍罕额尔德尼伯克之路，一面尽力尾追。富德亦奏："由固璊萨纳珠前进，霍集占已弃叶尔羌逃往英吉沙尔，大、小伯克等迎降，抚定其众二万余。"两和卓木走巴达克山，以怒巴达克山不恭，欲约邻部扰之，于是战于阿尔浑楚岭，擒其兄弟，函首军门以献。八月庚午，捷奏至京。宣示中外，于是葱岭以西布鲁特、爱乌罕、博罗尔、敖罕、安集延、巴达克山诸国皆遣使来。

高宗之取新疆，武功之盛逾于前代，虽元代西北土地而逾于此，然三大藩各自立国，乃蒙古族之庞大，几与统治中国之元朝无涉。除元以外，清之武功为极盛矣。然考其终极，西北之气运当亡，收其功者无若何名绩可记，高宗庙谟独运于上，指挥颇中肯綮，而元勋上将，若兆惠之俦，细核其功状，实不足满人意。高宗于此役，亦知取乱侮亡，事非艰巨，特予丰镐旧臣，事前假以立功名，事后资以为汤沐。其昏惰甚不堪者乃诛之；即成功者亦何曾有殊绩。纳穆札尔、三泰以将军、参赞之任，赴敌就死如偏裨，弥见朝廷命将之失。然且专征已非亲贵，所用不过开国勋臣之裔，亦见八旗人才之日耗，与康熙时已大不侔矣。十全武功，铺张极盛，而衰象早伏其中。清一代纪功之文，汗牛充栋，无有就《实录》胪其平凡之状者。总之准部自伐而人伐之？回部不能抗准而反欲抗中朝，亦惟两和卓之妄耳。天之予清特厚，高宗无忧盛危明之意，侈十全之武功，是其福过灾生之渐。又以此私厚旗人，于边计益闭塞无远虑，后来一开行省而气象大变，则知高宗之设置新疆，规模不足取矣。

回疆既平，以采玉为一大役。和阗产玉闻天下，叶尔羌次之。定制春、秋采玉二次。叶尔羌玉山曰密尔岱山，距城四百余里，崇削万仞。山三成，上下皆石，惟中成玉，极望莹然，人迹所不至。采者乘牦牛乃及其巘，凿而陨之，重或千万斤。色黝质青，声清越中宫悬，先后贡重华宫玉磬材、特磬、编磬各如干事，又贡玉册、玉宝各八十具；白微黄者供宗庙；白微红者备庆典。然此任土作贡，未为病民。高宗朝，大功既成，侈心莫遏。遂思以奇宝炫世，屡有采运大玉之事，今宁寿宫有重宝，乃玉一座，周围凿夏禹治水图，是其遗迹之一。阮元《石渠随笔》记："乾隆四十年间和阗贡玉，大至高七八尺，围丈许，敕依大禹治水图雕琢，发在扬州建隆寺治之，元时曾往敬觐。"阮文达之言如此。此玉入大内以后，外人不复见，无由证文达之说，清亡后乃得之于宁寿宫，具如所说。而又读张澍《养素堂文集》，则知大玉之采，不止一次，劳费之巨，于开辟之土为病已甚。《圣武记》言："嘉庆四年，叶尔羌获大玉三，青者重万余斤，葱白者八千余斤，白者三千余斤。边臣侈其祥以闻，上以沙碛辇运劳人，急捐罢之。至今归然存哈喇沙。"读张澍文，乃知其详。所云嘉庆四年，乃太上皇崩后弃玉之年，非采获之岁也。

> 张澍《昭武将军桂亭何公传》："余外舅何公，讳守林，字昆峰，又字桂亭，西宁人也。由行伍积功，洊升湖北兴国营参将。以足疾引退，后缘事褫职，论戍武威，遂家焉。澍，武威人，因此得为其子婿。其官巴里坤游击也，时方运大玉至，大如屋，制大车凡二十四轮，驾骡马百余匹，百人鸣钲击鼓，千夫挥鞭呼喝从之，骡马奔腾，踶压夫役多死者。轮数转即止，稍憩复鞭之行。轴或一日数折，则鸠匠修作。或值雨雪，人畜困泥中，官役苦之。大府以上用不敢奏闻。公慨然曰：'是役不已，为害甚大。'乃禀于钦差吴某、将军杜某，言：'此

役日毙骡马数十，士卒数十，日费金钱若干，万不能运。即运至口，而中原地狭，路窄不可容，且舟船难载，桥梁难胜，亦断不能运至京师。宜奏闻停止，以省民力而节财用。或奏明此玉应作何器，招集玉工，斫成坯段，则运之尚易。'吴使者，和相之舅父也。以此意致书和相，和相不听，督运倍急，公浩叹而已。会仁宗睿皇帝即位，和以罪诛籍没，时于其家得吴书，有以上闻者，即诏停止勿运。公之知大体也如此。"

高宗于新疆定后，志得意满，晚更髦荒。和珅以容悦得宠，务极其玩好之娱，不恤边远疾苦，此皆盛极之所由衰也。自此以前，可言武功；自此以后，或起内乱，或有外衅，幸而戡定，皆救败而非取胜矣。乾隆前后金川两役，以大军与土司相角，胜之不足为武。而初定金川时，以失机诛总督张广泗、经略讷亲。再定金川时，定边将军温福败死，损耗亦甚大，而亦预于十全武功之列，皆高宗之侈也。十全武功者，除准噶尔两役、回部一役外，为两定金川，为土司，一定台湾，为内地，缅甸、安南各一役，廓尔喀两役，为御外。

## 第七节　世宗兄弟间之惨祸

康熙间夺嫡之案，前已叙述。至雍正间，复于诸王多所戕杀，旧时因避时忌，不暇细考其曲折，鲜不以为即夺嫡之余波，颂世宗者且以为能代故太子报怨矣。不知夺嫡之魁为允禩，雍正初尊以亲王，任以总理，极意联络，事实昭然。后来变计，在《实录》情节不备，论者益无所征信。惟事结于曾静劝岳钟琪反清，与吕留良著书排满。诸王同为圣祖之子，岂有党附于反清排满之理，何以并为一谈，此必有故。昔时《大义觉迷录》为禁书，细阅者少，改革后大事研讨，则真相出矣。允禩之得罪于雍正朝，必以不服世宗之嗣位，而世宗之嗣位，自有瑕疵，供人指摘。指摘之根由，出于诸王；指摘之文字，则在曾静笔录。吕留良乃其学派之牵涉，因治及反清排满之罪，非世宗本意所重视也。此事余别有《世宗入承大统考实》，不具述。惟允禩辈前尚身预夺嫡，罪状允禩者犹为有说。至世宗兄皇三子诚亲王允祉，前以保护太子闻，则有功于嫡；后义不入允禩等案内，则无嫌于世宗。只以甘心闲散，不欲预闻政务为罪，至夺爵禁锢以死。此事可作一补叙，知世宗有难言之隐在也。

《东华录》：康熙六十一年十一月十三日甲午，圣祖崩。十六日丁酉，颁遗诏。二十日辛丑，世宗登基。十二月初九日庚申，上释服，移居养心殿。十二日癸亥，谕："陈梦雷原系叛附耿精忠之人，皇考宽仁免戮，发往关东。后东巡时，以其平日稍知学问，带回京师，交诚亲王处行走。累年以来，招摇无忌，不法甚多，京师断不可留，著将陈梦雷父子发遣边外。或有陈梦雷之门生，平日在外生事者，亦即指明陈奏。杨文言乃耿逆伪相，一时漏网，公然潜匿京师，著书立说。今虽已服冥刑，如有子弟在京者，亦即奏明驱遣。尔等毋得徇私隐蔽。陈梦雷处所存《古今图书集成》一书，皆皇考指示训诲，钦定条例，费数十年圣心，故能贯穿今古，汇合经史，天文地理，皆有图记，下至山川草木，百工制造，海西秘法，靡不备具，洵为典籍之大观。此书工犹未竣，著九卿公举一二学问渊通之人，令其编辑竣事，原稿间有讹错未当者，即加润色增删，仰副皇考稽古博览至意。"此为加罪诸王府官属宾友之始，而适以诚亲王开端。惟未明言兄弟相戕，用耿精忠牵涉立说。陈、杨与耿藩旧事，久已消释，今忽重提，其实追憾诚王之得圣祖欢心，由于陈、杨之以学问为辅佐。

世宗当时相形见绌，甫即大位，即修此怨。其证如下：

清宫《文献丛编》第三册载戴铎清折十件，其康熙五十七年第九件云："奴才戴铎谨启：主子万福万安！奴才素受隆恩，合家时时焚祷，日夜思维，愧无仰报。近因大学士李光地告假回闽，今又奉特旨，带病进京，关系为立储之事，诏彼密议。奴才闻知惊心，特于彼处相探，彼云'目下诸王，八王最贤'等语。奴才密向彼云：'八王柔懦无为，不及我四王爷，聪明天纵，才德兼全，且恩威并济，大有作为，大人如肯相为，将来富贵共之。'彼亦首肯。但奴才看，目下诸王各个生心。前奴才路过江南时，曾为密访，闻常州府武进县一人名杨道升者，此人颇有才学，兼通天文，此乃从前耿王之人也。被三王爷差人请去，养在府中，其意何为？又闻十四王爷，虚贤下士，颇有所图，即如李光地之门人程万策者，闻十四王爷见彼，待以高坐，呼以先生。诸王如此，则奴才受恩之人愈觉代主子畏惧矣。求主子刻刻留心，此要紧之时，诚难容懈怠也。谨启。"件后记云：蒙批："杨道升在三府已有数年，此乃人人皆知。"又蒙批程万策之旁："我辈岂有把屁当香焚之理。"又蒙批："我在京时，如此等言语，我何曾向你说过一句。你在外如此小任，骤敢如此大胆。你之死生，轻若鸿毛；我之名节，关乎千古。我作你的主子，正是前世了。"等谕。

戴铎十启，自康熙五十二年至六十年间之事。世宗即位以后，令铎汇录原文并所蒙批谕，成折存档，不过明铎时时望己作帝，而己则时时斥绝之，以见其并不与铎同此奢望也。然其批谕语气，岂是实行斥绝，所谓"其辞若有憾焉，其实乃深喜之"。证以十启中前后各件，可以味其意旨。

第一启，五十二年，略言："主子有尧舜之德，奴才受格外之知。当此君臣利害之关，终身荣辱之际，虽一言而死，亦可少报知遇于万一。皇上有天纵之资，诚为不世出之主，诸王当未定之日，各有不并立之心。处英明之父子，不露其长，恐其见弃；过露其长，恐其见疑。处众多之手足，此有好竽，彼有好瑟；此有所争，彼有所胜，此皆其所以为难。孝以事之，诚以格之，和以结之，忍以容之，而父子兄弟之间，无不相得。我主子天性仁孝，皇上前毫无所疵。其诸王阿哥，俱当以大度包容，使有才者不为忌，无才者以为靠。昔东宫未事之秋，侧目者有云：'此人为君，皇族无噍类矣！'此虽草野之谚，未必不受二语之大害也。奈何以一时之小忿，而忘终身之大害乎？一段。至于左右近御之人，俱求主子破格优礼也，一言之誉，未必得福之速；一言之谮，即可伏祸之根。主子敬老尊贤，声名久著，更求刻刻留心，逢人加意。素为皇上亲信者不必论，即汉宫宦侍之流，似应见而俱加温奖，在主子不用金帛之赐，而彼已感激无地矣。贤日久日盛，日盛日彰，臣民之公论，谁得而逾之？二段。至于各部各处之闲事，似不必多与闻也。本门之人，受主人隆恩难报，寻事出力者甚多。兴言及此，奴才亦觉自愧。不知天下事有一利必有一害，有一益必有一损，受利受益者未必以为恩，受害受损者则以为怨矣。古人云：'不贪子女玉帛，天下可反掌而定。'况主子以四海为家，岂在些须之为利乎？三段。至于本门之人，岂无一二才智之士，但玉在椟中，珠沉海底，即有微长，何由表见？顷闻奉主子金谕，许令本门人借银捐纳。仰见主子提拔人才至意。更求加意作养，使本门人由微而显，由小而大，俾在外为督、抚、提、镇，在内为阁部、九卿，虽未必人人得效，而或得二三人，未尝非东南半臂也。四段。以上数条，万祈采纳。奴才今奉差湖广，来往似需岁月，当此紧要之时，诚不容一刻放松，稍为懈怠。倘高才捷足者先主子而得之，我主子之才智德学，素俱高人万倍，人之妒念一起，毒念即生，至势难中立之秋，悔无及矣。"蒙批："语言虽则金石，与我分中无用。我若有此心，断不如此行履也，况亦大苦之事，避之不能，尚有希图之举乎？至于君臣利害之关，终身荣辱之际，全不在此。无祸无福，至终保任，故但为我放心。凡此等居心语言，切不可动，慎之慎之！”

世宗奖铎语为金石之言，又自明其无此意，不但无此意，且视为大苦之事，避之不能。其余事实俱不辨，则言行不相符，已显然矣。盖所谓金石之言，惟第一段，世宗后来所持态度，颇与相合，故知其最为心赏。惟所言英明之父，不露长则恐见弃；过露长则恐见疑。此种心理，岂是视为苦事而欲避之；苦欲避之则不露长而听其见弃足矣。即其处兄弟之间，欲不以气焰使人生畏，蹈废太子之覆辙，亦非避事之语，而奖之为金石之言，皆言行之矛盾也。第二段要结名誉，是当时诸王所争趋之路。世宗手法独高，所不屑为，若循铎意，以此博臣民之共赞，是即过露长而使英主生疑也。此段必非所谓金石之言也。第三段见世宗在当时干预各部各省闲事，以招声色货利之奉，与诸王相等。以取赂而有所左右，右者以贿得之，自不以为恩；左者以不纳贿失之，则必抱怨。此亦未尝非金石之言。但可知世宗未正位以前，招权纳贿，是康熙诸王积习。后来亦自言在藩邸时举动，乃别有故，以后不许诸王借口仿行，亦可与铎说参证。第四段可知世宗于门下人，借与赀财，令其捐纳得官，广树党羽，岂非事实。党世宗者有年羹尧、隆科多两人已足，而年、隆两人各不相知，戴铎又何从而知。故雍正元年，铎尚言恐年羹尧与十四王西边有事，已愿以死自誓，倒借给兵丁钱粮，冀用其力，则固不知羹尧专为世宗防制十四王也。

第三启，五十五年，略言：“奴才路过武彝山，见一道人，行踪甚怪，与之谈论，语言甚奇。俟奴才另行细细启知。”蒙批有云：“所遇道人，所说之话，你可细细写来，做闲中往来游戏。”

第四启，五十五年，略言：“所遇道人，奴才暗暗默祝，将主子问他，以卜主子。他说乃是一个'万'字。奴才闻知，不胜欣悦。其余一切，另容回京见主子时，再为细启知也。福建到京甚远，代字甚觉干系，所以奴才进土产微物数种，内有田石图书一匣，匣子是双层夹底，将启放于其内，以便主子拆看。谨启。"蒙批有云："你如此做事方是，具见谨慎。所遇道人，所说之话，不妨细细写来。你得遇如此等人，你好造化。"

道人谈祸福，为阴谋储位明证。图书匣双层夹底，中藏启本，又极称其谨慎。此其暧昧妖惑，在史书皆作不道论。当时允禩之于相士张明德，与此何殊？圣祖方议允禩之罪，而世宗以大欲所在，效其尤而加甚焉。"视为大苦，避之不能。"此等口头禅，固亦示戴铎辈不必拘泥矣。

第七启，五十六年，略言："奴才数年来受主子高厚之恩，惟有日夜焚祀，时为默祷，静听好音，不意近闻都门颇有传言。奴才查台湾一处，远处海洋之外，另各一方，沃野千里。台湾道一缺，兼管兵马钱粮。若将奴才调补彼处，替主子屯聚训练，亦可为将来之退计。即奴才受主子国士之知，亦誓不再事他人也。"蒙批："你在京若如此作人，我断不如此待你也。你这样人，我以国士待你，比骂我的还厉害。你若如此存心，不有非灾，必遭天谴。我劝你好好做你的道罢。"等谕。

此启可见戴铎之无知识。当五十六年，十一月间正十四王子允禵受命为抚远大将军之日。故谓正在静听好音。而都门颇有传言，即传言允禵之已默承储眷耳。因此请世宗代谋台湾道缺，在海外屯聚训练，冀作一岛反抗嗣君之计，且表明不事他人，赖此一著。此岂知世宗之心。世宗于西陲早置一年羹尧，允禵此去，正落其度内。此固非戴铎所知，但戴铎辈此时已心索气绝直思据台湾以作雍邸孤忠，直可笑可鄙之至。以上各启，世宗若真无幸心，每启皆可斥绝，或竟举发之，安有此迭次批谕乎?

世宗于允禩诸人，从夺嫡案中，已相形取得胜利，知前此力图夺嫡者，更无再得储位之望。而允祉则前以保护太子，为圣祖所心重，又以踊跃修书，合圣祖尚文好学之意。其实效修书之力者，乃陈梦雷、杨文言二人。杨尤身负天算、律吕绝学，为圣祖自命独有心得而举世罕及之事。此实世宗所最忌而无如之何，甫即位遽修怨于陈、杨。其原委撮叙于下:

据陈梦雷《松鹤山房集》，梦雷与李光地均中康熙九年进士，均入翰林，同省同年，通家相得，同以请假回籍。而十二年撤藩之变，耿精忠以福建叛，既逼梦雷从逆，又召外郡缙绅。光地自泉州安溪本籍至，以年家子先谒梦雷尊人。陈氏父子均劝光地勿受叛藩职，光地意未决。时杨文言在耿幕，与梦雷交密，梦雷约文言与光地相见，告以耿必无成，急归谋间道通疏京师，请兵由赣州径指汀州，精忠方以全力备仙霞关，大兵可由汀州直入闽腹地。朝廷得光地蜡丸书，致前敌行之有效，光地受上赏。十五年，精忠势蹙乞降，文言遂归。梦雷以十九年入都自陈，而朝议方以精忠为所属首告，降后仍通逆，召精忠对质治罪，而梦雷以职官从逆论死。光地为明其非得已，然不言其上疏请兵时梦雷亦预谋也。故仅得减死戍辽东，时为二十一年。至三十七年圣祖东巡，梦雷献诗称旨，召还京，命侍诚亲王邸。王命辑《汇编》一书，分类排纂群籍至二千余卷，校刊未竣而圣祖崩。世宗谕旨中改其名为《古今图书集成》。追论梦雷罪再遣戍，时梦雷年已七十一。所云藩变时之罪，圣祖早雪免之，且颇蒙恩赍，奖其文学，御书联语赐之，有“松高枝叶茂，鹤老羽毛新”之句。故梦雷以松鹤山房名其集。因怨光地，作《绝交书》行于世，世谓之安溪负友，成一公案。世宗于即位后追理梦雷前罪，实为与允祉为难，非圣祖怜才宥过意也。至杨文言以布衣入藩幕，在三藩未变以前，本不为罪。既变被羁，精忠降而脱归，所至不讳其在闽时事。十八年梦雷入都，文言与偕行。梦雷得罪无究及文言者。旋以天算绝学，应征入明史馆预修《历志》。清《国史·梅文鼎传》："康熙间，《明史》开局，《历志》为检讨吴任臣所修，嘉兴徐善、宛平刘献廷、常州杨文言各有增定，最后以属黄宗羲，又以属文鼎。"盖文言之预修《历志》，尚在黄藜洲以前。当康熙二十六年丁卯，李光地自记其《陛辞问对》，尚言："文言为耿精忠幕宾，闽乱起，被留为天文生。"圣祖但问："渠晓《几何原本》否？"李奏："似乎通晓。"上曰"西洋书文理不通者多，用渠理法，改成通顺，则尽善矣"云云。此见文言之依耿，圣祖时大廷公言不讳。而帝欲以中国文字改述《几何原本》理法，即今《数理精蕴》中之《几何原本》。而《精蕴》为《历律渊源》之一种，《渊源》为诚邸属文言所修，其宗旨盖定于是也。是时文言似尚未入史馆。后既预史事，又为徐乾学引参洞庭山书局。至四十年左右，乃由梦雷引入诚邸，修《历律渊源》。据光地《榕村语录》："四十一年壬午，南巡至德州，东宫病，驻跸，语光地古尺及天上一度当地上二百五十里等事，云已叫三阿哥自京师细细量来，三阿哥算法极精等语。其时文言入邸未久，而诚邸之精算学，已为圣祖所夸，则亦非初无所解，尽倚办于文言，但或得文言指授而益可称许耳。"

文言，字道声，《松鹤山房集》中皆称道声，而光地《集》中虽亦称道声，亦或作道生，惟戴铎启本及雍邸批辞作道升。当康熙季年，世宗已极注意道升之归诚邸。道声在闽，原无为耿丞相之说，世宗追诬之，以归罪于诚邸。此康熙六十一年世宗谕旨，不惜以天子诬罔匹夫，知其怨毒之钟于诚邸，不过忌陈、杨修书之能为诚邸博圣祖之欢心而已。自此诚邸若口无间言，当亦可保其躯命，以其究无挤其储位之实迹也。然卒不能免者，则必以诚邸知世宗嗣位真相，辞色之间，既不竭诚输服，将有发其隐覆之嫌。观其坐罪之词，多不成罪状，由世宗自行宣布，而诸王大臣加以描画，归结于父子革爵正法，由特旨改为拘禁终身，何其酷也！世宗所宣布诚邸罪名，惟见《上谕旗务议覆》中。《东华录》无之，想已为《实录》所削。兹录如下：

> 雍正八年五月上谕："诚亲王允祉，自幼即为皇考之所厌贱，养育于外，年至六岁，尚不能言，每见皇考，辄惊怖啼哭。"

诚邸为世宗兄，诚幼时事，岂世宗所能置议？且此事岂论罪所当牵涉？

> "及年岁渐长，则性情乖张，行事残刻。于皇考之前，则不义不孝；于其母妃，则肆行忤逆。是以皇考屡降谕旨，将其心术不端之处宣示于众。此举朝所共知者。"

诚邸生母荣妃，忤逆之说无考。惟于怡邸母敏妃之丧，在康熙三十八年，不满百日薙发，为圣祖所责，允祉自怨自艾，作《责躬集》。陈梦雷《集》中有《责躬集序文》：

> "其接待诸兄弟，皆刻薄寡恩，诸兄弟皆深知其人而鄙弃之。"

诚邸拥护废太子，明见圣祖谕旨褒美之，其他刻薄，惟见本谕旨中怡邸丧事。诚邸有二兄，大阿哥以镇魇太子，为诚邸所发；二阿哥即太子，诸兄弟中惟诚邸救护之，为圣祖所赏。其余仇太子者自不慊于诚邸。若谓诚邸刻薄，诚邸无权，只有情谊之不浃，并无危害之相加。诸弟若果鄙弃其兄，即诸弟亦负不恭之罪，与不友等耳。此亦非论罪所当及。

> “其待朝臣，则倨傲无礼；其待所属，则需索无厌。此亦中外所共知者。”

此为诸皇子所同然，世宗在潜邸时亦然。观戴铎启本即可见。

> “从前二阿哥废黜之后，允禩居然以储君自命，私谓庄亲王曰：‘东宫一位，非我即尔。’其狂诞怪妄如此。”

在储位未定前，有此私语，但储位定后即不复觊觎，亦不当论罪。至独与庄亲王语此，则知世宗所深忌者杨文言代修《律历渊源》一书，当时必深契圣祖之意。庄邸在诸皇子中，亦习天算之学，圣祖甚重此学，故有此揣度。当世宗发此谕之先，庄邸正弹劾诚邸，以引起种种罪状，则前此私语，亦庄邸媚帝而举发之耳。

> “皇考圣躬违和之时，朕侍奉汤药，五内焦劳，而允禩不但无忧戚之容，而且有欣幸冀望之意，为子臣所不忍言者。其天良尽泯，一至于此！”

自夸其孝，责兄不孝，并无违忤实迹，只想象于辞意之间，此不足以罪人，徒见己之不弟而已。

> “皇考以东宫仪仗礼服，从前定制太过，特命廷臣纠正。允禩见廷臣所议，忿然谩骂，且云：‘如此则何乐乎为皇本子耶？’”

此本是为太子不平，不过心眼拙直，狃于前此之尊贵太子，后觉贬损太过，亦有何罪？然宗人府王大臣议罪，则描画之云：“当二阿哥废黜之后，允禩居然以储君自命，见廷臣更正东宫仪仗，辄忿然谩骂，此其妄乱之罪一也。”更引申于世宗谕旨之外，可谓善承意旨矣。

“康熙六十一年，皇考龙驭上宾，方有大事之夜，朕命允祉管理内事，阿其那管理外务。乃允祉私自出外，与阿其那密语多时，不知所商何事。此天夺允祉之魄，自行陈奏于朕前者。及朕令阿其那总理事务，阿其那则在朕前保奏允祉可以大用。此阿其那欲引允祉为党助，共图扰乱国政之明验也。”

大事之夜，兄弟间何以竟不可通一语。既自行陈奏，可知原无避忌。阿其那方任为总理，何能禁其有所保奏？若以当时被保奏为罪，则当时任彼为总理者，罪名岂不更重？

“允祉在皇考时，侵帑婪赃，逋欠累累。朕恐其完公之后，家计未能充裕，两次共赐银十五万两，俾其饶足。而允祉每以该旗该部催追数百两数千两之处，琐屑渎奏，怨忿不平。朕皆宽宥之。”

逋欠是康熙间诸王常态。及世宗令该旗该部催追，特自发内帑赡给其乏，此是世宗限制诸王之能事。诚邸不知风色，尚忿催追而诉于帝前，此实长厚太过。既称宽宥之，即不当论罪。而王大臣论之曰：“贪黩负恩之罪，法所难宥者一也。”则前之宽宥，乃为之并计加罪地也。

“举朝满汉文武大臣，皆受皇考教养深恩，而朕借以办理庶政者。允祉屡奏朕云：‘此辈皆欺罔之徒，无一人可信。’总之凡为国家抒诚宣力之人，允祉则视之如仇敌；而险邪不轨之流，则引之为腹心。如允禵当日与允祉仇怨最深，及允禵逆节显著，朕令允祉搜其笔札，检得塞思黑与允禵书，有‘机会已失，悔之无及’之语。允祉竟欲藏匿，马尔萨力持不可，始呈朕览。又如允禵强悍嚣凌，顾私党而忘大义，朕革伊郡王，并伊子弘春贝子之爵，以教导之。而允祉于乾清门之所，为之叹息流涕：其比溺匪类，肆无忌惮如此！”

据此段谕文，正见诚邸于外廷无交结，而于诸弟则有恩私。与刻薄之说相反。罪之曰：“比溺匪类，肆无忌惮。”则亦所谓何患无辞者矣。

> “又伊子弘晟，冥顽放纵，举动非法，乃不可容于人世之人。朕宽恩但令禁锢，而允祉以此衔恨于心。盖允祉溺此下愚之子，至尊君亲上之义，亦所不顾也。”

弘晟之不可容于人世，亦无事实。惟二年十一月庚戌，宗人府议奏：“世子弘晟，屡次获罪，俱蒙恩宥。今又讹诈银两，请革世子为闲散宗室，令伊父诚亲王允祉严加约束。”从之。六年六月己亥，又议奏拿交宗人府严行锁锢。如此而已。至衔恨于心，又无事实，特未能大义灭亲耳。

> “又从前遣塞思黑往西大同时，朕将阿其那等党恶种种，面谕允祉。允祉奏以此等人能成何事。后又密折奏称‘阿其那、塞思黑等不忠不孝，罪恶滔天，若交与我，我即可以置之死地’等语。朕谕之曰：‘阿其那等罪恶当诛，自有国法，生死之柄，岂尔可操？尔此奏不知何心。盖允祉之意，欲暗置阿其那等于死，而不明正其罪，使天下后世议朕之非。比时曾向廷臣言之。’”

此在诚邸为希意太过，实非令举，但在世宗则亦无罪可论。

> “数年以来，允祉进见，朕必赐坐，以朕勤政忧民之心告之，伊从未许朕一是字，且并未尝一点首也，但以闲居散适之乐，娓娓陈述，欲以歆动朕怠逸之心，荒废政事，以遂其私愿。”

弟为天子，勤政爱民；己为天子之兄，闲居自乐，正是各行其是。怠逸岂以此而歆动？古来中主，能以此谅其诸弟者多矣。世宗方侃侃而谈，使天伦之乐澌尽，岂不可愧？

“前年八阿哥之事，诸王大臣无不为朕痛惜，而允祉欣喜之色倍于平时。”

此或为太子旧怨，但既为世宗所罪，则对罪人无甚哀戚，亦不当论罪。

“至于怡亲王，公忠体国，夙夜勤劳，朕每向允祉称道其善，冀以感悟之。而允祉置若罔闻，总未一答。今怡亲王仙逝，因允祉素与诸兄弟不睦，果亲王体素羸弱，不能耐暑，是以未令成服，而果亲王再三恳请，允祉则淡漠置之。且数日以来，并未请朕之安，朕心甚为疑讶。今据庄亲王等参奏，不料允祉之狂悖凶逆，至于此极。以怡亲王忠孝性成，谟猷显著，为皇考之令子，为列祖之功臣。今一旦仙逝，不但朕心悲痛感伤，中外臣工，同深凄怆，即草野小民，亦莫不以国家失此贤王，朕躬失此良佐，为之欷歔叹息。况允祉以兄弟手足之情，乃幸灾乐祸，以怡亲王之薨逝为庆幸，尚得谓有人心者乎？又朕将褒奖表扬怡亲王之谕旨颁示在王府人等，众人宣读传示之际，允祉并不观览，傲然而去，尚得谓有君上者乎？”

兄弟之间，意志不同，乃道义之品评，非刑法所裁制。此固不当论罪。文中以庄亲王等参奏，定为狂悖凶逆，已至其极，则参奏中是否尚有别情。今检《东华录》“本月己卯，庄亲王允禄、内大臣佛伦等参奏：臣等奉命办理怡亲王丧事，所见齐集人员，无不衔恩垂泣。独诚亲王允祉，当皇上视临回宫之后，迟久始至。逮宣读皇上谕旨之时，众皆呜咽悲泣，而诚亲王早已回家。且每日于举哀之时，全无伤悼之情，视同隔膜。请交与该衙门严加议处”云云。参奏语不过如此。谓兄临弟丧不哀，何得加以狂悖凶逆之目？且兄不哀此一弟之丧，本非他一弟所能参论。又其不令成服，乃由帝旨，不成服之弟两人：果亲王则以恳请成服，为逆探言外之隐衷；诚邸则以遵令不成服，为拘守言中之明示。逆探者或有逢迎之能；拘守者何来狂悖凶逆之咎？

“允祉从前过恶多端，不可枚举，但因其心胆尚小，未必敢为大奸大恶之事。从前陈梦雷之案败露，朕若据事根究，允祉之罪甚大，朕心不忍，姑令寝息。及后为诸王大臣等参劾，宗人府议令拘禁，朕仍复宽恩，将伊降为郡王，薄示惩儆，而伊毫不知畏惧。今年又特加恩，复伊亲王之爵，而伊毫不知感激。兹当怡亲王仙逝，众心悲戚之时，而允祉丧心蔑理若此。是法不知畏，恩不知感，以下愚之人，而又肆其狂诞，势必为国家之患。朕承列祖之洪基，受皇考之付托，不能再为隐忍姑息，贻患于将来也。其作何治罪之处，著宗人府、诸王、贝勒、贝子、公、八旗大臣、九卿、詹事、科道会同定议具奏。特谕。”

陈梦雷案已见前。谓陈为耿藩从逆，则戍所召回，命入诚邸，乃由圣祖，非诚邸罪也。谓陈为招摇不法，则当时并无招摇害政事实。刑部满汉尚书陶赖、张廷枢皆不知所坐何等罪名，至均以轻纵降调，又何至罪及府主。乃谕中既涉及陈梦雷，王大臣议覆，遂于陈梦雷一款添出事实。文云“允祉素日包藏祸心，希冀储位，与逆乱邪伪之陈梦雷亲昵密谋，遂将陈梦雷逆党周昌言私藏家内，妄造邪术，拜斗祈禳，阴为镇魇。及事迹败露，允祉罪在不赦，我皇上法外施仁，不忍加诛”云云。周昌言前未见过，此时忽添邪术镇魇等说，果有此事，纵对诚邸法外施仁，何以对陈梦雷仅止遣戍。且未究周昌言其人，意议覆之王大臣直以意为之，且以杨文言含混为周昌言耳。此种议覆，本无真伪可辨，且今年已复亲王爵，前事本不当复论。今所谓丧心蔑理，无过怡王之丧临哭不哀一款，其余皆任意诬蔑之辞。其实则陈梦雷、杨文言为所忌之人;《古今图书集成》《历律渊源》二书为所忌之物。是为清皇室之文字狱。较之允禩诸人，以传播世宗得位之不正而被罪者，更为得已而不已。既为《东华录》所不详，想为《实录》之所已讳。胪举之以见世宗之忍。至允禩、允禟、允䄉、允禵之事，则《东华录》之外，已详余《世宗入承大统考实》中。

## 第八节　雍乾之学术文化（上）——禅学

圣祖以宋儒性理之学为宗，用以培养士大夫风气，其于致用，则提倡科学，实为中国帝王前所未有，后亦莫之能及。故康熙间学术，德性与学问并重，而稽古右文，公卿风雅，天下翕然，知所向往，其气象已略述于前矣。至世宗而独以禅学鸣。雍正八年以前，于兄弟间意所不慊者，排除已尽。十年以后，多刻佛经，又自操语录选政，自称圆明居士，亦随诸大师之后，列为语录之一家。其传播语录，自是禅宗派别，然挟万乘之尊，自我作古。所选语录，首为姚秦之肇法师，在达摩未到禅未成宗之日，其下共选十余家，似皆禅宗，而又杂出一佛门以外之紫阳真人，禅门以外之净土宗莲池大师，已则以居士厕禅宗诸师之后。又认章嘉胡土克图为恩师，则又错入西藏密宗喇嘛教。所记章嘉口语，亦有似乎禅和;已之顿悟禅机，亦有似乎夜半传衣之秘。喇嘛何知，此必世宗之作用耳。世宗选历代禅师语录，分前后集，后集又分上下。其后集下序云:

> 朕少年时，喜阅内典，惟慕有为佛事。于诸公案，总以解路推求，心轻禅宗。谓如来正教，不应如是。圣祖敕封灌顶普慧广慈大国师章嘉呼土克图喇嘛，乃真再来人，实大善知识也。梵行精纯，圆通无碍。西藏、蒙古中外之所皈

依，僧俗万众之所钦仰。藩邸清闲，时接茶话者十余载，得其善权方便，因知究竟此事。壬辰春正月，延僧坐七，二十、二十一随喜同坐两日，共五枝香，即洞达本来。方知惟此一事实之理。然自知未造究竟，而迦陵音乃踊跃赞叹，遂谓已彻元微，侂侗称许。叩问章嘉，乃曰：'若王所见，如针破窗纸，从隙窥天，虽云见天，然天体广大，针隙中之见，敢谓偏见乎？佛法无边，当勉进步。"朕闻斯语，深洽朕意。二月中，复结制于集云堂，著力参求。十四日晚，经行次，出得一身透汗，桶底当下脱落，始知实有重关之理。乃复问证章嘉，章嘉国师云"王今见处虽进一步，譬犹出在庭院中观天矣，然天体无尽，究未悉见。法体无量，当更加勇猛精进"云云。朕将章嘉示语，问之迦陵音，则茫然不解其意，但支吾云："此不过喇嘛教回途工夫之论，更有何事？"而朕谛信章嘉之垂示，而不然性音之妄可，仍勤提撕。恰至明年癸巳之正月二十一日，复堂中静坐。无意中忽踏末后一关，方达三身四智合一之理，物我一如本空之道，庆快平生。诣章嘉所礼谢，国师望见即曰："王得大自在矣。"朕进问更有事也无？国师乃笑，展手云："更有何事耶？"复用手从外向身挥云："不过尚有恁么之理，然易事耳。"此朕平生参究因缘。章嘉呼土克图国师喇嘛，实为朕证明恩师也。其他禅侣辈，不过曾在朕藩邸往来，壬辰、癸巳间坐七时曾与法会耳。

据世宗自言其得道，在禅门，为已得正果；在喇嘛门下，亦为已成呼土克图。其得道在壬辰、癸巳间，是为康熙五十一二年间，正太子复废之会。世宗在其时亲近沙门，当是表明其无意逐鹿。及后屠戮兄弟既尽，又追述其事，并重张其焰，以自身直接历代高僧，著书立说，自成一人王兼作法王宗派，居之不疑。此当是掩盖平生之残忍，故托慈悲。观其佞佛，绝无为释子眩惑之弊，英明固自天赋，要亦其对于宗教实非迷信，读史者可得而推考之也。

世宗不认禅宗名德为本师，而认章嘉佛。清廷之尊黄教，本以驭藩，喇嘛在所必尊，则即用以为学佛之标帜，亦一客不烦二主之意。缁流攀附，无所影响，至其不伦不类，则王者自有大权。《大藏》中于世宗选辑之书，及其自著语录，皆赫然著录，万世宗门，引为荣幸，孰议其宗派之歧？其严绝禅钻之路，时时见于佞佛说中，如《历代禅师后集》下序中，深抑性音，防其以蒙召之故，高自位置。又于世祖时敬礼之二僧，以玉林屏绝虚荣，木陈稍参世法，一则扬之升天，一则抑之入地，以示其防杜攀缘之峻。在序文中即云：

> 朕身居帝王之位，口宣佛祖之言。天下后世理障深重者，必以教外别传之旨，未经周公、孔子评定，怀疑而不肯信。然此其为害犹浅。若夫外托禅宗，心希荣利之辈，必有千般诳惑，百种聱讹。或曾在藩邸望见颜色；或曾于法侣传述绪言。便如骨岩、木陈之流，捏饰妄词，私相记载，以无为有，恣意矜夸，刊刻流行，煽惑视听。此等之人，既为佛法所不容，更为国法所宜禁，发觉之日，即以诈为制书律论。

世宗既谈禅，又拒绝释子，则恐语言文字无所附丽，徒恃刊刻二十八经，选辑历代语录，尚觉乏味，乃又开堂授徒，以天子为一山之祖。集其徒众，自相倡和，命曰《当今法会》。其所择之人，必取其不敢禅钻者，而又以旨意严示之。观所撰《当今法会序》，可想其防禁之密。序云：

> 朕自去腊阅宗乘之书，因选辑从上古德语录，听政余闲，尝与在廷之王大臣等言之。自春入夏，未及半载，而王大臣之能彻底洞明者，遂得八人。夫古今禅侣，或息影云林，栖迟泉石，或诸方行脚，到处参堂。乃谈空说妙者似粟如麻，而了悟自心者凤毛麟角。今王大臣于半载之间，略经朕之提示，遂得如许人，一时大彻，岂非法会盛事？选刻语录既

竣，因取王大臣所著述，曾进呈朕览者，择其合作，编为一集，锡名《当今法会》，附刊于后。朕惟如来正法眼藏，涅槃妙心，如杲日在空，有目共睹。迷者自迷，悟者自悟。诚于此一直超入，则经纶万有，实为行所无事。朕一日二日万几，诸臣朝夕不懈于位，莫非平治天下之为。而即于此深尝圆顿甘露之味，可知此事之为实际理地，而非狂参及解路所可得而托也。朕居帝王之位，行帝王之事，于通晓宗乘之虚名何有，况此数大臣皆学问渊博公忠方正之君子，一言一行，从无欺妄，又岂肯假此迎合为谄谀小人之事？朕又岂肯默传口授作涂污慧命之端？诚以人果于心性之地，直透根源，则其为利益自他，至大而至普，朕之惓惓于此，固非无谓而然也。卷中言句，所谓"狮子只三岁，便能大哮吼"，可以启人弘信，广布正灯。是选之传，或于宗风不无小补。至在内焚修之沙门羽士，亦有同时证入者六人，其所作亦附刊焉。是为序。

法会中又有羽士在内，而历代禅师语录内亦有紫阳真人，竟无宗教门户。《四库书目》亦有《释家》，而世宗御选御制之书竟不收入。尤异者，《宫史》御刻御制之书亦不涉及。外间传刻转惟《释藏》。清之尊用佛教，绝非本心，视宗教为一种作用，不足与大经大法相混。《四库》定自高宗，《宫史》亦乾隆间所修。世宗之舞弄佛教、箝制佛教如彼，高宗之拒外佛教如此。更证以乾隆末年《御制喇嘛说》，则于清代之约束西藏活佛，更可知以政驭教，决不以教妨政之真相矣。《喇嘛说》作于廓尔喀既平之后。廓尔喀与西藏纠葛，引兵侵藏，中国讨之，并声西藏构煽廓尔喀各喇嘛之罪，事定后作此说以谕众也。其说云：

佛法始自天竺，东流而至西番，其番僧又相传称为喇嘛。予细思其义，盖西番语谓上曰喇，谓无曰嘛。喇嘛者谓无上，即汉语称僧为上人之意耳。喇嘛又称黄教，盖自西番高僧帕克巴旧作八思巴。始，盛于元，沿及于明，封帝师、国师者皆有之。

自注：元世祖初封帕克巴为国师，后复封为大宝法王，并尊之曰帝师。同时又有丹巴者，亦封帝师。其封国师者不一而足。明洪武初，封国师、大国师者不过四五人。至永乐中，封法王、西天佛子者各二，此外灌顶大国师者九、灌顶国师者十有八。及景泰、成化间，益不可胜纪。

我朝惟康熙年间只封一章嘉国师，相袭至今。

自注：我朝虽兴黄教，而并无加崇帝师封号者。惟康熙四十五年，敕封章嘉呼土克图为灌顶国师。示寂后，雍正十二年，仍照前袭，号为国师。

其达赖喇嘛、班禅额尔德尼之号，不过沿元明之旧，换其袭敕耳。

自注：黄教之兴，始于明番僧宗喀巴。生于永乐十五年丁酉，至成化十四年戊戌示寂。其二大弟子：曰达赖喇嘛，曰班禅喇嘛。达喇赖嘛位居首，其名曰罗伦嘉穆错。世以化身掌黄教，一世曰根敦珠巴，二世曰根敦嘉穆错，三世曰索诺木嘉穆错，即明时所称活佛锁南坚错也，四世曰云丹嘉穆错，五世曰阿旺罗卜藏嘉穆错。我朝崇德七年，达赖喇嘛、班禅喇嘛遣贡方物。八年，赐书达赖喇嘛及班禅呼土克图，盖仍沿元明旧号。及定鼎后，始颁给敕印，命统领中外黄教焉。

盖中外黄教，总司以此二人，各部蒙古一心归之。兴黄教即所以安众蒙古，所系非小，故不可不保护之，而非若元朝之曲庇谄敬番僧也。

自注：元朝尊重喇嘛有妨政事之弊，至不可问，如帝师之命与诏敕并行，正衙朝会，百官班列，而帝师亦专席于坐隅。其弟子之号司空、司徒、国公，佩金玉印章者，前后相望。怙势恣睢，气焰熏灼，为害四方，不可胜言。甚至强市民物，捽捶留守，与王妃争道，拉殴堕车，皆释不问。并有“民殴西僧者截手，詈之者断舌”之律。若我朝之兴黄教，则大不然。盖以蒙古奉佛，最信喇嘛，不可不保护之，以为怀柔之道而已。

其呼土克图之相袭，乃以僧家无子，授之徒与子何异，故必觅一聪慧有福相者，俾为呼必勒罕，即汉语转世化生人之义。幼而习之，长成乃称呼土克图。此亦无可如何中之权巧方便耳。其来已久，不可殚述。孰意近世，其风日下，所生之呼必勒罕，率出一族，斯则与世袭爵禄何异。予意以为大不然，盖佛本无生，岂有转世？但使今无转世之呼土克图，则数万番僧无所皈依，不得不如此耳。

自注：从前达赖喇嘛示寂后，转生为呼必勒罕。一世在后藏之沙卜多特地方，二世在后藏大那特多尔济丹地方，三世在前藏对咙地方，四世在蒙古阿勒坦汗家，五世在前藏崇寨地方，六世在里塘地方，现在之七世达赖喇嘛，在后藏托卜札勒拉里冈地方。其出世且非一地，何况一族乎？自前辈班禅额尔德尼示寂后，现在之达赖喇嘛与班禅额尔德尼之呼必勒罕，及喀尔喀四部落供奉之哲卜尊呼土克图，皆以兄弟叔侄姻娅，递相传袭。似此掌教之大喇嘛，呼必勒罕皆出一家亲族，几与封爵世职无异。即蒙古内外各札萨克供奉之大呼必勒罕，近亦有各就王公家子弟内转世化生者，即如锡呼图呼土克图，即系喀尔喀亲王固伦额驸拉旺多尔济之叔，达克巴呼土克图，即系阿拉善亲王罗卜藏多尔济之子，诺尹绰尔济呼土克图，即系四子部落郡王拉什燕丕勒之子，堪卜诺们汗札木巴勒多尔济之呼必勒罕，即系图舍图汗车登多尔济之子。似此者难以枚举。又从前哲卜尊丹巴呼土克图圆寂后，因图舍图汗之福晋有娠，众即指以为哲卜尊丹巴呼土克图之呼必勒罕。及弥月竟生一女，更属可笑。蒙古资为谈柄，以致物议沸腾，不能诚心皈信。甚至红帽喇嘛沙玛尔巴垂涎札什伦布财产，自谓与前辈班禅额尔德尼及仲巴呼土克图同系弟兄，皆属有分。唆使廓尔喀滋扰边界，抢掠后藏。今虽大振兵威，廓尔喀畏惧降顺，匍匐请命。若不为之剔除积弊，将来私相授受，必致黄教不能振兴，蒙古番众猜疑轻视，或致生事。是以降旨藏中，如有大喇嘛出呼必勒罕之事，仍随其俗，令拉穆吹忠四人降神诵经，将各行指出呼必勒罕之名，书签贮于由京发去之金奔巴瓶内，对佛念经，令达赖喇嘛或班禅额尔德尼同驻藏大臣公同签掣一人，定为呼必勒罕。虽不能尽除其弊，而较之从前各任私意指定者，大有间矣。又各蒙古之大呼必勒罕，亦令理藩院行文，如新定藏中之例，将所报呼必勒罕之名，贮于雍和宫佛前安供之金奔巴瓶内，理藩院堂官会同掌印之札萨克达喇嘛等，公同签掣，或得其真传，以息纷竞。

> 去岁廓尔喀之听沙玛尔巴之语，劫掠藏地，已其明验。虽兴兵进剿，彼即畏罪请降，藏地以安。然转生之呼必勒罕，出于一族，是乃为私。佛岂有私，故不可不禁。兹予制一金瓶，送往西藏。于凡转世之呼必勒罕，众所举数人，各书其名置瓶中，掣签以定。虽不能尽去其弊，较之从前一人之授意者，或略公矣。夫定其事之是非者，必习其事而又明其理，然后可。予若不习番经，不能为此言。始习之时，或有议为过兴黄教者。使予徒泥沙汰之虚誉，则今之新旧蒙古，畏威怀德，太平数十年可得乎？且后藏煽乱之喇嘛，即正以法。

自注：上年廓尔喀侵掠后藏时，仲巴呼土克图既先期逃避，而大喇嘛济仲、札苍等遂托占词，为不可守，以致众喇嘛纷纷逃散。于是贼匪始敢肆行抢掠。因即令将为首之济仲拏至前藏，对众剥黄正法，其余札苍及仲巴呼土克图等俱拿解至京，治罪安插。较元朝之于喇嘛，方且崇奉之不暇，致使妨害国政，况敢执之以法乎？若我朝，虽护卫黄教，正合于王制所谓“修其教不易其俗，齐其政不易其宜”。而惑众乱法者，仍以王法治之，与内地齐民无异。试问自帕克巴创教以来，历元明至今五百年，几见有将大喇嘛剥黄正法及治罪者。天下后世，岂能以予过兴黄教为讥议乎？

元朝曾有是乎？盖举大事者必有其时与其会，而更在乎公与明。时会至而无公与明以断之，不能也；有公明之断，而非其时与会，亦望洋而不能成。兹之降廓尔克，定呼必勒罕，适逢时会，不动声色以成之。去转生一族之私，合内，外蒙古之愿。当耄期归政之年，复成此事，安藏辑藩，定国家清平之基于永久，予幸在兹，予敬益在兹矣。

自顺治初，达赖喇嘛来京，要帝出迎，满臣赞之，汉臣谏阻，卒从汉臣，时已绝非蒙古信喇嘛之故习矣。世祖学佛乃学流行中国之佛，视喇嘛纯为作用。世宗学佛，意更在语录等书，明明学中国佛学，而偏戴章嘉佛为师，宗派不同，强合为一。舍雍邸故宅为雍和宫，为章嘉佛诵经之所。己称居士，自谓得教外别传，厕身于诸禅师之列。已则立地成佛，而不许天下攀附宗门，其为别有取义，显然可见。高宗嗣位，视世宗掩饰之行为，皆知其无益有损，故于雍正一朝之佛学，绝不表章。此与杀曾静、张熙，毁《大义觉迷录》，同一干蛊之事。《大义觉迷录》一案，别见余《世宗入承大统考实》，不赘。至乾隆末作《喇嘛说》，更不为世宗得道于喇嘛稍留余地。盖世宗之英明，又犹欲以口舌胜人，术数驭世；高宗之英明，则知无所事此，其见解为更进矣。

## 第九节　雍乾之学术文化（下）——儒学

世宗于吏治民生，极尽心力，讲事功，实不讲心性。晚乃遁入于禅，亦与世祖之学佛不同。自命为已经成佛作祖，无所于让。其对儒宗，则敬仰备至，不敢予圣，盖知机锋可以袭取，理道不能伪为也。然所收纯儒之效，远逊康熙朝，即有数理学名臣，亦不过守先朝作养之余绪耳。清一代尊孔之事，莫虔于雍正一朝。后惟末学欲以孔圣救亡复有过量之崇敬，则又非世宗时规模矣。前乎此者，世祖因前代之故，祀大成至圣文宣先师孔子，四配、十哲、两庑及启圣公祠，祀位皆仍其旧。惟顺治十四年，去“大成文宣”四字，改题“至圣先师”。康熙末，跻朱子于十哲，位卜子之次，而从祀增一范仲淹。盖未尝于文庙祀典多所改定也。雍正元年，诏追封孔子五代王爵，于是锡木金父公曰肇圣、祈父公曰裕圣、防叔公曰诒圣、伯夏公曰昌圣、叔梁公曰启圣。孔子父自元以来已封启圣王，明嘉靖时改封公，此为先有之故事。以上四世，则封于自此始。旧称启圣祠，今以启圣王为祠中之一世，改称崇圣祠。清世俗人则称“五王祠”焉。二年，复以衲飨庙庭诸贤，有先罢宜复，或旧阙宜增，与孰应附祀崇圣祠者，议一再上，于是复祀者六人：曰林放、蘧瑗、秦冉、颜何、郑康成、范宁；增祀者二十人，曰孔子弟子二人——县亶、牧皮，曰孟子弟子四人——乐正子、公都子、万章、公孙丑，曰汉一人——诸葛亮，曰宋六人——尹焞、魏了翁、黄干、陈淳、何基、王柏，曰元四人——赵复、金履祥、许谦、陈澔，曰明二人——罗钦顺、蔡清，曰清本朝一人——陆陇其。入崇圣祠者一人，宋张迪。陆陇其仕康熙朝，卒于康熙三十一年，距今不过三十二年。陇其笃守程朱，身殁未久，而公论早定，可见圣祖所倡学风之纯一。以立朝事实论，同寮间颇有异同，如李光地亦以讲学名世，然于陇其之以争捐纳当罢夺官，即以其不谅时艰为罪。

光地固以讲学为投时之具者。不数年间，陇其之大名已定，非时论所能游移，则执德固而信道笃者获伸于世。即清全盛时之学术，由此可观其趋向矣。历乾隆至嘉庆朝不改，于从祀不生异议。惟于乾隆二年，复元儒吴澄祀。三年，升有子若为十二哲，次卜子商，移朱子次颛孙子师，不过取其相配平均耳，余无他异。

雍乾间之儒学，天子不自讲学，惟以从祀示好尚，于学术亦有影响。汤斌之人品未必下于陆陇其，然以其学尚陆王，在道光以前，竟不能言从祀。清之中世，理学守门户甚谨，于此可知。若李光地，不免曲学阿世，亦自谓从事程朱，正投时好耳，其语录谓汤斌以不好朱学，故不甚读朱子书。光地指朱子上时君言事之书，谓龙逢、比干不是过，斌乃折服。斯言故作雌黄，决非事实。汤何尝不服朱子，惟受学于孙夏峰，宗为陆王，得力有自，非待他人指出朱子有直谏之长，而后服之。朱子处仁弱之世，宽大之朝，纵献直言，决无杀身灭族之祸，正谊明道之君子皆能为之。指以示斌，有何可以折服之处。凡光地所言，皆令人不敢置信，而要其揣摩时尚，与乾、嘉以前理学宗传相合，即知清中世之儒，笃信谨守，自是学术趋于一途，虽豪杰各有信仰，然使程朱能为历世摩钝之用，则专为学的亦已足矣。汤斌等自信陆王，初不与程朱相诋毁，此即太平气象。人品不足企陆陇其、汤斌，而朱、陆异同，争辩不息。“天下无道，辞有枝叶”，此其验矣。

雍乾间儒学无争辩，而余事则昌明文学。清沿前代用科举制，又沿明代以八股为科举取士之用。圣祖以身自向学，使天下承风。世宗以政事留心，不足言学问。其振兴文教之事，则于雍正十一年正月，谕各省建立书院，各赐帑银一千两为倡，余令各该省督抚豫筹膏火，以垂永久，不足者在存公银内支用。择一省文行兼优之士，读书其中，使之朝夕讲诵，整躬励行，有所成就，俾远近士子观感奋发，亦兴贤育才之一道，云云。谕中又言："各省学校之外，每设书院。临御以来，未敕令各省通行，盖欲徐徐有待，而后颁降谕旨。"此为省会遍设书院之始。自明初遍立郡县学，是为学校制。学官本为课士而设，后不能举其职，乃移其事任于书院。夫使回复学校初制，士以学官为师，似不必尽待书院之山长。然延师之道，不可以资格拘，就旧日任用翠官之法，求为士子得师，事必无济。又为士人求学而不出乡，声气虽通，见闻不广，终有隘陋之患。清一代学人之成就，多在书院中得之，此固发展文教之一事也。是年四月，诏在京二品以上，及外省督抚会同学政，荐举博学鸿词，一循康熙年间故事。是诏未定试期，应诏荐举者人数寥寥。至十三年八月，世宗崩，高宗即位。十一月申谕速行保荐，乃于乾隆丙辰九月己未御试。十月，引见考取博学鸿词刘纶等十五员，授翰林院编修、检讨、庶吉士有差。二年七月，复试续到博学鸿词，授万松龄等四人为检讨、庶吉士。是科取才之意，颇与康熙己未不同，得人亦不及己未之盛。然承平之世，天子右文，海内不但以入彀者为荣，即应试报罢之人，亦享高名于世。科目有灵，即国家无故，此亦世运隆替之征也。

清一代有功文化，无过于收辑《四库全书》，撰定各书提要，流布艺林一事。自古明盛之时，访求遗书，校雠中秘，其事往往有之。然以学术门径，就目录中诏示学人，如高宗时之四库馆成绩，为亘古所未有。盖其搜罗之富，评隲之详，为私家所不能逮，亦前古帝王所未及为也。《四库全书》之起源，以安徽学政侍读学士朱筠于乾隆三十七年，奉购访遗书之诏，奏陈四事：一、旧本抄本，尤当急搜。二、中秘书籍，当标举现有者以补其余。三、著录校雠当并重。四、金石之刻，图谱之学，在所必录。其第二款中有云："臣在翰林，常翻阅前明《永乐大典》，其书编次少伦，或分割诸书，以从其类，然占书之全而世不恒觏者，辄具在焉。臣请敕择取其中古书完者若干部，分别缮写，各自为书，以备著录。书亡复存，艺林幸甚。”内阁议覆内称“《永乐大典》一书，系永乐初年所辑，凡二万二千九百余卷，共一万一千九十五册。旧存皇史宬，复经移置翰林院典籍库，扃贮既久，卷册又多。派员前往库内逐一检查，据此书移贮之初，本多缺失，现在存库者共九千余本，较原目数已悬殊”等语。又奏：“校核《大典》，就翰林院设办事之所，并拟定条例进呈。”奉旨：“依议，将来办理成编时，著名《四库全书》。”是《四库全书》之取名，本为辑《大典》中轶书而起。事在三十八年二月二十一日。至三月间，办理《四库全书》处又奏“遵旨排纂《四库全书》，仰蒙皇上指示，令将《永乐大典》内原载旧本，酌录付刊，仍将内府所储，外省取采，以及武英殿官刻诸书，一并汇齐缮写，编成四库，垂示无穷”等语。是知前此奉旨，定名《四库全书》，帝早有编定群籍之意，方使《四库全书》名实相称。是为今存《四库全书》办理之原委。又其必为提要，最为四库馆中裨益艺林之伟举，其端亦自朱筠发之。其奏陈四事中第三款云：“前代校书之官，如汉之白虎观、天禄阁集诸儒校论异同及杀青，唐、宋集贤校理，官选其人，以是刘向、刘知几、曾巩等并著专门之业。历代若《七略》《集贤书目》，其书具有师法。臣请皇上诏下儒臣，分任校书之选，或依《七略》，或准《四部》，每一书上，必校其得失，撮举大旨，叙于本书首卷，并以进呈，恭俟乙夜之披览。臣伏查武英殿原设总裁、纂修、校对诸员，即择其尤专长者，俾充斯选，则日有课，月有程，而著录集事矣。”后来提要规程，实定于此。朱筠与弟大学士朱珪齐名，性情品行，学问文章，具载清《国史·儒林传》。私家属作传记尤多，清史不应无传。他且不论，即此《四库》开馆、《大典》辑轶两事，皆自筠发其端，为一代文化述其源流，亦不应不有传载，而《清史稿》竟遗之，此为遗漏之最难解者。

乾隆朝武英殿刊版之书，及御纂、御定、御制之书，较之康熙朝更多，具在《宫史》，不备列。其搜采各书，兼有自挟种族之惭，不愿人以“胡”字、“虏”字、“夷”字加诸汉族以外族人，触其忌讳，于是毁弃灭迹者有之，刊削篇幅者有之。至明代野史，明季杂史，防禁尤力，海内有收藏者，坐以大逆，诛戮累累。以发扬文化之美举，构成无数文字之狱，此为满、汉仇嫉之恶因。统观前史，暴君虐民，事所常有，清多令主，最下亦不失为中主，宜可少得罪于吾民，而卒有此涂毒士大夫之失德。今文字狱已有专辑，其不出于档案者，余亦稍有搜辑，当别成专著，不能列入本篇。惟乾隆以来多朴学，知人论世之文，易触时忌，一概不敢从事，移其心力，毕注于经学，毕注于名物训诂之考订，所成就亦超出前儒之上。此则为清世种族之祸所驱迫，而使聪明才智出于一途，其弊至于不敢论占，不敢论人，不敢论前人之气节，不敢涉前朝亡国时之正义。此止养成莫谈国事之风气，不知廉耻之士夫，为亡国种其远因者也。

文字狱不暇细数，果属触犯而成狱，虽暴犹为罪有可加，谓其为违梗也。即无意中得违梗之罪，而遽戮辱，犹谓使人知有犯必惩，不以无意而解免之，所以深惩违梗之嫌疑也。雍乾间文字之狱，有最难解者三事。谢济世注《大学》，从《礼记》本，不从朱子《四书集注》本，不用程子所补《格致传》。顺承郡王锡保参奏济世谤毁程朱。此因济世以参世宗所倚任之田文镜得罪，希意摭拾其过。然《礼记》亦颁定之经书，既与《四书》并行，信此信彼，必无大罪。乃世宗则云“朕观济世所注之书，意不止谤毁程朱，乃用《大学》内‘见贤而不能举’两节，言人君用人之道，借以抒写其怨望诽谤之私也。其注有‘拒谏饰非，必至拂人之性，骄泰甚矣’等语。观此则谢济世之存心，昭然可见”云云。遂深辩田文镜之不当参，己之非拒谏，令议济世罪。九卿等议斩立决，后得旨免死，交锡保令当苦差，效力赎罪。此谢济世之幸而不死，后卒释回而以名臣传于世者也。夫济世既注经文，经文自是如此意义，而竟议斩。则如宋儒之说经，多涉事理者，圣经贤传，孰非警戒人君之语，一涉笔即得死罪，程朱皆寸磔而有余矣。乾嘉间天下贬抑宋学，不谈义理，专尚考据，其亦不得已而然耳。故清一代汉学之极盛，正士气之极衰，士气衰而国运焉能不替。此雍、乾之盛而败象生焉者一也。陆生枏作《通鉴论》今已不见其书。生枏与济世，均广西人，得罪亦同时，同在锡保军前，为锡保所奏。世宗逐条谕驳，所引原文，具在《东华录》。可见生枏就《鉴》论《鉴》，所见与世各有异同，要是作论本色，绝无桀骜不驯耸听激变之语。一曰论封建，则云：“封建之制，古圣人万世无弊之良规，废之为害，不循其制亦为害，至于害深祸烈，不可胜言。”又云“圣人之世，以同寅协恭为治。后世天下至大，事繁人多，奸邪不能尽涤，诈伪不能尽烛。大抵封建废而天下统于一，相既劳而不能深谋，君亦烦而不能无缺失。始皇一片私心，流毒万世”等语。二曰论建储，则云：“储贰不宜干预外事，且必更使通晓此等危机。”又云“有天下者不可以无本之治治之”等语。三曰论兵制，则云：“李泌为德宗历叙府兵兴废之由，府兵既废，祸乱遂生，至今为梗，上陵下替。”又云“府兵之制，国无养兵之费，臣无专兵之患”等语。四曰论隋炀帝，则云“后之君臣，傥非天幸，其不为隋之君臣者几希！”等语。五曰论人主，则云：“人愈尊，权愈重，则身愈危，祸愈烈。盖可以生人杀人赏人罚人，则我志必疏，而人之畏之者必愈甚。人虽怒之而不敢泄，欲报之而不敢轻。故其蓄必深，其发必毒”等语。六曰论相臣，则云：“当用首相一人，首相奸谄误国，许凡欲效忠者，皆得密奏，即或不当，亦不得使相臣知之。”又云：“因言固可知人，轻听亦有失人。听言不厌其广，广则庶几无壅；择言不厌其审，审则庶几无误。”又云“为君为臣，莫要于知人而立大本，不徒在政迹，然亦不可无术相防”等语。七曰论王安石，则云：“贤才尽屏，谘谋尽废，而已不以为非，人君亦不知人之非，则并圣贤之作用气象而不知。”又云“笃恭而天下平之言，彼固未之见；知天知人之言，彼似未之闻也。人无圣学，能文章，不安平庸，鲜不为安石者”等语。八曰论无为之治，则云：“虽有忧勤，不离身心；虽有国事，亦第存乎纲领。不人人而察，但察铨选之任；不事事而理，止理付托之人。察言动，谨几微，防谗间，虑疏虞，忧盛危明，防微杜渐而已。至若笾豆之事，则有司在。”又云“绛度数谏，异镈顺从，是以陷于朋比而不知。盖有圣功即有王道，使徒明而不学，则人欲盛而天理微，固不能有三代之事功。至力衰而志隳，未有能如其初”等语。

以上皆世宗所举《通鉴论》之原文，驳其是非可也，竟曰“罪大恶极，情无可逭，将陆生枏军前正法，以为人臣怀怨诬讪者之戒”云云。夫《通鉴论》原文必甚多，世宗特挑出此八端，必以其为罪恶所在无过于此数语。今试由读《史》读《鉴》者平心论之，有一语可致杀身否？即其论人君而作危词，古所云“城高池深，兵甲坚利，不得人和，委而去之”，此乃“寡助之至，亲戚畔之”之定理。温公作《通鉴》本以为法为戒之故，分别诏人。学者能加以发挥，正是忠君爱国之真意。以此掇杀身之祸，复谁乐致力于史实，以与国家社会相维系乎？乾、嘉学者，宁遁而治经，不敢治史，略有治史者，亦以汉学家治经之法治之，务与政治理论相隔绝。故清一代经学大昌，而政治之学尽废，政治学废而世变谁复支持，此雍、乾之盛而败象生焉者二也。

尹嘉铨为故父会一请谥。又请将汤斌、范文程、李光地、顾八代、张伯行及其父会一，从祀文庙。事在乾隆四十六年。奉旨拿交刑部治罪，并查伊家有无狂悖不法字迹。此为因冒昧渎奏而引入文字之狱。有司查得嘉铨所著书籍，嘉铨主聚徒讲学，其文有云："朋党之说起而父师之教衰，君亦安能独尊于上哉？"谕旨则云："显悖世宗《御制朋党论》。"又有"为帝者师"之句，则云："无论君臣大义，不应妄语，即以学问而论，内外臣工各有公论，尹嘉铨能为朕师傅否？"又著有《名臣言行录》，胪列本朝大臣。则云："朱子当宋式微，又在下位。今尹嘉铨欲于国家全盛之时，妄生议论，实为莠言乱政。"又自称古稀老人。则云"朕御制《古稀说》，颁示中外，而伊竟以自号"云云。嘉铨不以朋党为非，又袭讲学家自重之习，学孟子"为王者师"之说，纂集当代大臣言行，乃留心文献之要务。七十曰古稀，自杜工部有此诗句，人尽习称，岂可以帝王专其利？高宗于上年刚及七十，自称"古稀天子"。嘉铨之称古稀，是否在其后，今尚未明，姑不论。此外日记中家庭琐屑语，即有迂腐可笑，岂有杀身之罪？乃大学士等竟定拟凌迟处死，家属缘坐。满廷无救正之言，惟以逢迎为宰相之责，是何气象！特旨改绞立决，免其凌迟及缘坐，谓之加恩，是此案归结。而谕旨又特提嘉铨二罪：因日记中记有任大理卿时，与刑部签商缓决事，谓之"市恩"。又称大学士、协办大学士作"相国"。则云"明洪武时已废宰相，我朝相沿不改。祖宗至朕，临御自以敬天、爱民、勤政为念，复于何事，藉大学士之襄赞？昔程子云'天下治乱系宰相'，止可就彼时阘冗而言。我国家世世子孙，能以朕心为心，整纲维而勤宵旰，庶几永凝庥命，垂裕万年"云云。此则视大学士为赘疣。谓清沿明制，不设宰相，则不知明大学士五品，后来兼尚书宫保，其位乃尊，何云大学士非宰相？清则大学士正一品，礼绝百僚，何得云非宰相？有宰相便是阘冗，并诫世世子孙，不许倚任大臣襄赞，此真亡国之言。是以当时之大学士，只能希意议尹嘉铨之凌迟缘坐矣。孟子所谓“訑訑之声音颜色，拒人于千里之外。士止于千里之外，则谗谄面谀之人至矣，与谗谄面谀之人居，国欲治可得乎？”当时自大学士以下，孰非谗谄面谀。又是何气象！天之厚清，实异寻常。康熙六十一年，享国之久，古已仅有。高宗二十五岁始即位，自称在位六十年必退休，居然满六十年，以八十六岁之年，内禅仁宗，称太上皇训政逾三年，于嘉庆四年正月始崩，享寿至八十九岁。西陲拓地万里，臣属至葱岭以西，卫藏以外。国内太平，文治自然兴起。而顺、康、雍、乾四朝，人主聪明，实在中人以上，修文偃武，制作可观。自三代以来，帝王之尊荣安富，享国久长，未有盛于此时者也。而乃盈满骄侈，斩刈士夫，造就奴虏，至亡国无死节之臣，呜呼！

# 第四章　嘉道守文

## 第一节　内禅

乾隆间，高宗常自言：践阼之初，即以周甲归政告天。至六十年九月初三日辛亥，帝御勤政殿，召皇子、皇孙、王公、大臣入见，宣示立皇十五子嘉亲王颙琰为皇太子，以明年丙辰为嗣皇帝嘉庆元年。

高宗遵世宗家法，不立太子，惟密定皇储，缄名于乾清宫正大光明匾额后。始于乾隆元年，密定元后孝贤皇后所生皇二子永琏为太子。三年殇，追赠为皇太子，谥端慧；时仁宗未生。至三十八年，仁宗生十四岁，被密建为太子。至六十年九月辛亥，集王公、百官御勤政殿启密缄，立为太子，并命太子名上一字改书颙字，是为嘉、道两朝帝讳目避习用字之始。

丙辰元旦，举行授受大典。帝侍太上皇帝诣奉先殿、堂子行礼，遣官祭太庙后殿，太上御太和殿，亲授帝宝，帝跪受宝，太上受贺毕还宫，帝即位受贺。奉太上传位诏书，颁行天下，覃恩有差。太上以宁寿宫为颐养之所。太上有所行幸，帝必从。帝听政，必御乾清门；在圆明园，则御勤政殿。三年之中，太上训政。当乾隆之季，高宗倦勤，和珅用事，帝之得立与否，和珅颇有关系。既受内禅，高宗已称太上，耄而健忘，和珅颇能左右其意旨。清世所传如是，然无正大之记载。及阅《朝鲜实录》，颇足征实，节录如下：

> 朝鲜《正宗实录》：二十年，即清嘉庆元年，三月十二日戊午，召见回还进贺使李秉模等，上曰："太上皇筋力康宁乎？"秉模曰："然矣。"上曰："新皇帝仁孝诚勤，誉闻远播云。然否？"秉模曰："状貌和平洒落，终日宴戏，初不游目，侍坐太上皇，太上皇喜则亦喜，笑则亦笑。于此亦有可知者矣。"李秉模于二月十九日乙未，先有驰启言："正月十九日平明，因礼部知会，诣圆明园。午后，与冬至正、副使入山高水长阁。太上皇帝出御阁内后，入参内班，礼部尚书德明引臣等及冬至正、副使，至御榻前跪叩，太上皇帝使阁老和珅宣旨曰：'朕虽然归政，大事还是我办。你们回国问国王平安，道路遥远，不必差人来谢恩。'中略黄昏时，太上皇帝从山高水长阁后御小舫，嗣皇帝亦御小舟随之，又令臣等乘舟随后，行数里许下船，入庆丰图。太上皇帝御楼下榻上，嗣皇帝侍坐，设杂戏赐茶。使内侍引臣等乘雪马行，一里许下岸，仍为引出退归。中略臣等使任译问：'从今以后，小邦凡有进奏进表之事，太上皇帝前及嗣皇帝前，各进一度耶？'答云：'现今军机姑未定例，当自有文书出去云。'申后，礼部又送上马宴桌于馆所。二十六日，礼部知会有传谕事件，年贡、庆贺各该正、副使明日赴部。故二十七日巳时，臣等及冬至正、副使与任译诣礼部，则员外郎富森阿誊示传谕事件，以为贺使带来三起方物，业经钦奉敕旨：移准于下次正贡。再现奉敕旨'此后外藩各国，惟须查照年例，具表赍贡，毋庸添备贡物于太上皇帝、皇帝前作两份呈进'"云云。

据此则内禅以后，依然政由太上，而和珅为出纳帝命之人，对外使且然，一切政务可想。但多一已显明之嗣皇帝，到处侍游侍宴，以全神贯注太上、和珅喜怒而已。此为仁宗动心忍性之日。

又：二十一年，即嘉庆二年，二月十七日戊子，冬至正使金思穆、副使柳烱在燕驰启曰："臣思穆去年十二月二十七日，追到燕郊堡，与副使臣烱，书状臣翊模会竣使事间，于皇帝宴戏，辄进参，太上皇召至榻前，亲酌御酒，凡三赐之，又频赐食物，命撰进观灯诗，臣等各制七言律诗一首以进，赐缎匹、笔、墨。圆明园宴时，太上皇使和珅传言：'尔还以平安以过，传于国王。'又问曰：'世子年纪几何？'臣等对曰：'八岁矣。'又问：'已经痘乎？'臣等对曰：'未也。'"

又：二十二年，即嘉庆三年，二月十九日癸丑，冬至正使金文淳、副使申耆驰启："臣耆与书状官洪乐游十二月十八日入北京，陪表咨文诣礼部。清侍郎多永武率诸郎官依例领受后，臣等退归南小馆。二十一日，太上皇帝观冰戏，礼部知会，诣西华门外祗迎。太上皇帝乘黄屋小轿，到臣等祗迎处，使阁老和珅传旨曰：'国王平安乎？'对曰：'平安。'又问：'一国安乎？'对曰：'安。'太上皇帝入西苑门，仍令臣等随来，伺候于瀛台近处。有旨赐食，引臣等一行坐于殿门檐阶上，俱赐饭桌，又赐臣等御桌上克食。少顷，太上皇帝出御两龙雪马，设冰戏，臣等亦随后观戏。二十三日，赐臣耆及书状官鲟鳇鱼各一尾。臣文淳一行，则十二月二十五日追到燕京。二十六日，赐臣等书状官回回葡萄各一小袋。二十九日，皇帝行太庙岁暮祫祭，因礼部知会臣等，等待于午门外。皇帝乘黄屋小轿，侍卫甚简，出自午门，臣等祗迎。黎明，皇帝还宫。良久，自内赐臣等克食及鹿肉、鹿尾，仍令退归。三十日，设年终宴于保和殿，臣等两人共一桌。少顷，皇帝先出御殿，候太上皇帝升殿御榻，皇帝别设小榻，西向侍坐。乐作进爵，文武官亦皆陪食。又馈臣等酪茶一巡。礼部尚书德明引臣等进御座前跪，太上皇帝手举御桌上酒盏，使近侍赐臣等，宴罢退归。又赐臣等及书状官榴、柑各一桶，又自内务府颁送宴桌二坐，此则朝宴所受之桌云。又自光禄寺输送岁馔桌于臣等及书状官。今年正月初一日，因礼部知会臣等与书状官及正官等，诣午门前伺候。皇帝乘黄屋小轿幸堂子，少顷回銮，鸣鞭动乐。太上皇帝御太和殿，皇帝在殿内西向侍坐，文武官循序趋入，臣等随入殿庭，立于西班末、琉球使臣之右，行三跪九叩礼，太上皇帝旋即还内，又鸣鞭动乐。皇帝御太和殿，文武官及臣等行礼，一如初仪，礼毕退出。初五日，皇帝幸天坛，行祈谷大祭，臣等诣午门前祗送。初六日回銮时当为祗迎，而是日太上皇帝与皇帝幸圆明园，两处迎送，谓难兼行，礼部只以太上皇帝动驾时祗迎之意知会，故臣等与书状官俱诣三座门外伺候。日出后，太上皇帝乘黄屋小轿，到臣等祗候处，顾盼而过。须臾，皇帝坐马而出，御乘鞍具，皆用黄色，左右若干官，骑马侍卫。初十日，臣与副使同往圆明园，住接间舍，则闻已前期设蒙古帐幕于山高水长之前云。十一日，通官引臣等入就班次，太上皇帝乘黄屋小轿而出，臣等祗迎后，太上皇帝入御蒙古大幕，皇帝西向侍坐，动乐设杂戏，亲王及蒙古王以下，俱赐宴桌。臣等两人共一桌，馈酪茶一巡。礼部尚书德明引臣等诣御坐前跪，太上皇帝手举御桌上酒盏，使近侍赐臣等。宴讫，太上皇帝乘轿还内，皇帝跟后步还。内务府预设赏赐桌于帐前左右，颁赐亲王以下及各国使臣。臣文淳锦三匹，漳绒三匹，大卷八丝缎四匹，大卷五丝缎四匹，大荷包一对，小荷包四个。臣耆锦二匹，漳绒二匹，大卷八丝绸三匹，大卷五丝绸三匹，大荷包一对，小荷包四个。岁初设宴于紫光阁，例有此赏赐。今年不设紫光阁宴，故移给于蒙古幕宴，而琉球使臣赏赐亦如臣等。通官以太上皇帝特旨，引臣等进诣正大光明殿内，俾观左右鳌山，行中译员之黑团领者，俱为随入，琉球使臣亦许观光，此则近年未有之事。自殿内至槛外，皆铺花纹玉石，鳌山制样，则正大光明殿内，东西壁俱有层桌，桌上作五彩蓬莱山之形，岩壑高阔，楼阁层叠，珍禽奇兽，琪树瑶花，杂遝焜煌，不可名状。内设机关而外牵绳索，则仙官姹女，自谷而出，绣幢宝盖，从天而降，扃户自开，人在其中，急滩如泻，帆樯齐动。桌下围以小帐，帐内设乐器，机括乍摇，止作如法，其声俱是笙管丝钟。臣等退出后，由礼部知会，撰进观灯诗，以‘上元赐宴观灯’为题，臣等各制七律一以进。十二日朝，礼部还给前诗，又送他题，而以‘承恩宴赏观灯恭纪’为题。此则昨进诗未登彻，旋更出题云。故臣等又制七律一以进。琉球使臣亦应制。十四日，拟设灯戏于山高水长，以风紧姑停。十五日朝，先设放生戏，又赐宴于正大光明，通官引臣等入诣殿楹外，太上皇帝升殿，皇帝西向侍坐，动乐设戏，各赐馔桌及酪茶一巡。礼部尚书德明引臣等至御座前，太上皇帝手举御桌上酒盏，使近侍赐臣等本班，又赐御棹一器，印花长饼及一盘猪羊。须臾，太上皇帝还内，皇帝随入。罢宴，通官来传礼部言：‘进诗使臣今当受赏，可留待。’退待正大光明外门，臣等在东，琉球使臣在西，礼部侍郎多永武传授御前加赏幪缎一匹，大小绢纸四卷，福字方笺一百幅，笔四匣，墨四匣，砚二方，玻璃器四件，雕漆器四件。臣等处各赏大缎一匹，绢纸二卷，笔二匣，墨二匣。琉球国王及使臣赏亦如之。亦设灯戏于山高水长，皇帝于前侍坐，设角抵戏，赐酪茶一巡，馈果盒及猪羊肉鹿尾盘，又以元宵各一器，遍及臣等及从人。次第设灯火杂戏，西洋秋千，炮烽埋火谓焰火。尤轰烈如雷响，烟焰涨空。十六日归馆。十九日更诣圆明园，饭后，通官引臣等山高水长亭下，太上皇帝出座，皇帝侍坐，德明以特旨引臣等至御座前，太上皇帝使和珅传言曰：‘你们还归，以平安以过之意传于国王。’臣等叩头退出班次，各赐酪茶一巡，果盒饼肉之馈，灯戏炮具之设，一如上元宴。几毕，皇帝先入，宴毕后，太上皇帝入内，礼部官皆退。宦侍手招通官，引臣等随入山高水长阁内，从后门出，逶迤数十步，太上皇帝所乘黄屋小轿，载于小船，船上从官不过四五人，时已昏黑而无烛炬，但有一人以火筒从岸前导，明照左右。筒制以土，外施绘彩，内装火药，节次冲火，光焰烛地，似因火禁严，不用燃烛之故。臣等乘小舟从行，琉球使臣亦随入。其地极深严，两岸皆造山，间有石假山，山亭水阁分六所。舟行几一里，始泊岸而下，即庆丰园也。皇帝先候于此，侍坐如仪。御屏则纸涂而黄其中，每层安架，燃烛晃朗，前设灯架，如屏而高广倍蓰。灯架左右俱设灯棚，如白塔形，下广上尖，面面灯影，不可数计。仍赐阁老以下及臣等酪茶一巡。设杂戏于庭前，少顷罢宴，随入朝官不过数十人。臣等退出，又乘小舟顺流下，登岸步行一帐场，所谓一箭之地。此是正大光明之后也。仍为出来。当即由此而出。二十四日，因礼部知会，臣等与书状官及正官等诣午门前领赏御前年例。回送礼单外，万寿圣节表缎四匹，里紬四匹，妆缎三匹，云缎三匹，豹皮七十张，马一匹，玲珑鞍鞊全部，一体祗受。逢授于上通事处，使于臣等复命日，同时呈纳。琉球使臣二十五日另领赏。”

乾隆末荒于游宴，具见《朝鲜实录》。至授受礼成，太上既自命倦勤，又率帝般乐怠傲，稀御几务。时禁旅苦战苗疆，白莲教横行川、楚，天下不谓太平，而视为癣疥，戏愉之态，不为贬损。国史所不详，属国陪臣目击之记载，足尽当日训政时情事。

又：三月二十二日丙戌，冬至书状官洪乐游进闻见别单，中有两款，关太上皇帝及皇帝情状：一、太上皇帝容貌气力，不甚衰耄，而但善忘比剧。昨日之事，今日辄忘，早间所行，晚或不省。故侍御左右，眩于举行，而和珅之专擅，甚于前日，人皆侧目，莫敢谁何云。二、皇帝平居与临朝，沉默持重，喜怒不形。及开经筵，引接不倦，虚己听受。故筵臣之敷奏文义者，俱得尽意。阁老刘墉之言最多采纳，皇上眷注，异于诸臣，盖墉夙负朝野之望，为人正直，独不阿附于和珅云。

和珅之权加重，乃由太上之记忆力益衰，和珅不过为传太上意旨之人，所传之真不真，无从质证，不得不畏而奉之，则其对嗣君不暇计自全之道，假借一时而已。嗣君于政事虽沉默，然讲筵犹可择人自近，其韬晦之程度，不过至不敢预政而止，未尝至自饰为清狂也。附帝而不附和珅之人，和珅亦未尽倾陷，则亦非大奸慝，惟乘太上之耆昏而专擅，亦未尝顾及后祸矣。

又：二十三年，即嘉庆四年，正月二十二日辛巳，冬至使李祖源、副使金勉柱以清太上皇帝崩逝事及仪注一度，同封驰启：上略十二月十九日到北京，直诣礼部呈表咨文，住南小馆。二十八日，礼部知会，臣等一行诣鸿胪寺，演元朝朝参礼。暹罗使臣同演。二十九日，皇帝幸太庙，礼部知会接驾，五更进午门前祗迎，暹罗使臣亦祗迎，在臣等下。礼部尚书纪昀押班。待皇帝还宫，臣等仍祗迎。少顷，以太上皇旨，引臣等入重华宫，太上皇御漱芳斋，引臣等进前，传谕曰："国王平安乎？"臣等谨对："平安。"仍命臣等退就班次。暹罗使田亦参班。设宴观杂戏。二十日设年终宴于保和殿。礼部知会晓诣保和殿，坐东陛上。平明，皇帝出御殿内，举乐设戏，进馔献爵，赐臣等馔二人共桌。礼部尚书德明引臣等进御榻前跪，皇帝手赐御桌上酒，臣等受领。少顷，皇帝入内。本年正月初一日五更，臣等诣乾清门外等候。天明，皇帝率三品以上行贺礼于太上皇帝。殿庭狭窄，诸王、贝勒门内行礼，三品官及外国使臣门外行礼。礼毕，臣等由右上门至太和殿庭。少顷，皇帝出御太和殿受贺，三品以上官至外国使臣，行三拜九叩礼，一如太上皇帝前贺仪。盖太上自昨冬有时昏眩，不能如前临朝云。初三日卯时，太上皇帝崩逝于乾清宫。戌时仪注来到，主客司移付，以朝鲜、暹罗使臣等处各颁大布一匹，随时成服。初四日昏后，礼部知会朝鲜、暹罗使臣等，每日辰、午、申三时，赴景运阁随班举哀。初五日，黎明，臣等诣景运门外，参辰时哭班。留待午时，礼部以皇旨，引臣等及正官一人，入乾清宫魂殿门外，暹罗使臣亦同入。午时参内哭班。仍退待景运门外。申时又参内哭班。退归。初六日黎明，又入乾清宫，参三时哭班。三辰时前，以皇旨颁鹿肉三斤，似是解素之意。初七日，传讣敕使始差出，上敕散秩大臣侯汉军张承勋，副使则内阁学士满人恒杰，通官一大倭克精额，二大太平保，别大倭升额，一次继文，二次保德，自礼部派定。起程日尚未的定。仪注一度，同封驰启。

太上崩在正月初三，前数日岁杪时犹及见太上临御问对。其使臣岁币事宜及成服礼节，不关当日事状者从略。朝鲜国中犹称中国敕使为北使，且以成服礼隆重为耻，对故明久而犹慕恋不已；对清则终以夷狄视之，此则直到朝鲜亡国犹然。特乾隆时累记宫庭之富盛，稍异以前诅咒菲薄之口吻耳。

太上有遗诰，朝鲜于敕使到日，敕中即遗诰之文，然不见于《东华录》。《东华录》决不肯遗此冠冕文字，其不载，当是《实录》所本无。遗诰中自述功德，《东华录》于上谕中述之，即缘以奉上尊谥，而于当日未蒇之军事，遗诰中作铺张粉饰之语，上尊谥谕中不之及，别一谕则直发其欺蔽皇考高年之罪，以归责于将帅，是与遗诰不侔。可见太上初崩，在廷之举措，旋即有所改正。此与和珅之得罪，皆朝局之小小翻覆也。

《朝鲜实录》：三月初二日庚申，幸慕华馆迎敕，还御庆熙宫，宣敕于崇政殿，勅书曰："奉天承运太上皇帝诰曰：朕惟帝王诞膺天命，享祚久长，必有小心昭事之诚，与天无间，然后厥德不回，永绥多福。是以兢兢业业，无怠无荒，一日履乎帝位，即思一日享于天心。诚知夫持盈保泰之难，而慎终如始之不易易也。朕仰荷上苍鸿佑，列圣贻谟，爰自冲龄，即蒙皇祖钟爱非常，皇考慎选元良，付畀神器。即位以来，日慎一日，当重熙累洽之期，不敢存豫大丰亨之见。敬思人主之德，惟在敬天法祖，勤政爱民。而此数事者，非知之艰，行之惟艰。数十年来，严恭寅畏，不懈益虔，每遇郊坛大事，躬亲展恪，备极精禋，不以年齿自高，稍自暇豫。中间四诣盛京，恭谒祖陵，永惟创业之艰，益切守成之惧。万几躬揽，宵旰忘疲，引对臣僚，批对章奏，从无虚日。各省雨阳丰歉，却萦怀抱。凡六巡江、浙，相度河工、海塘，轸念民依，如保赤子。普免天下钱粮者五，漕粮者三，积欠者再，间遇水旱偏灾，蠲赈频施，不下亿万万。惟期藏富小民，治臻上理。仰赖天祖眷佑，海宇升平，版图式扩，平定伊犁、回部、大、小金川，缅甸来宾，安南臣服，以及底定廓尔喀，梯航所至，稽首输忱。其自作不靖者，悉就殄灭。凡此肤功之叠奏，皆不得已而用兵。而在位日久，经事日多，只惧之心因以日切，初不敢谓已治已安稍涉满假也。回忆践阼之初，曾默祷上帝，若能仰邀眷命，在位六十年，即当传位嗣子，不敢有逾皇祖纪年之数。其时朕春秋方二十有五，预料六十年时日方长，若在可知不可知之数。乃荷昊慈笃祜，康强逢吉，年跻望九，亲见五代玄孙，周甲纪元，竟符初愿。抚衷循省，欣感交加。爰于丙辰正朝，亲授玺皇帝，自称太上皇，以遂初元告天之本志。初非欲自暇自逸，深居高拱，为颐养高年计也。是以传位之后，朕日亲训政，盖自揣精力未至倦勤，若事优游颐养，则非所以仰答天祖深恩，不惟不忍，实所不敢。训政以来，犹日孜孜，于兹又逾三年。近因剿捕川省教匪，筹笔勤劳，日殷盼捷，已将起事首逆，紧要各犯，骈连就获。其奔窜伙党，亦可计日成擒，蒇功在即。比岁寰宇屡丰，祥和协吉，衷怀若可稍纾，而思艰图易之心，实未尝一日弛也。越岁庚申，为朕九旬万寿。昨冬皇帝率同王公内外大臣等，预请举行庆典，情词恳切，实出至诚，业降敕旨俞允。夫以朕年跻上耋，诸福备膺，皇帝合万国之欢，申亿龄之祝，因为人子为人臣者无穷之愿，然朕之本衷，实不欲侈陈隆轨，过滋劳费。每思《洪范》以考终列五福之终，古帝王躬享遐龄，史册相望，终归有尽，且人生上寿百年，今朕已登八十有九，即满许期颐，亦瞬息间事。朕惟庄敬日强，修身以俟，岂尚有所不足而奢望无已。朕体气素强，从无疾病，上年冬腊，偶感风寒，调理就愈，精力稍不如前。新岁正朝，犹御乾清宫受贺，日来饮食渐减，视听不能如常，老态顿增。皇帝孝养尽诚，百方调护，以冀痊可。第朕年寿已高，恐非医药所能奏效。兹殆将大渐，特举朕在位数十年翼翼小心，承受天祖恩佑之由，永贻来叶。皇帝聪明仁孝，能深体朕之心，必能如朕之福，付托得人，实所深慰。内外大小臣工等，其各勤思厥职，精白乃心，用辅皇帝郅隆之治，俾亿兆黎庶，咸乐升平。朕追随列祖在天之灵，庶无遗憾矣。其丧制悉遵旧典，二十七日而除。天地宗庙社稷之祭，不可久疏，百神群祀，亦不可辍。特兹诰诫，其各宜遵行。"

此遗诏于嗣君初无抵触，而官书竟不载。细绎仁宗谕旨，于川、楚军事，词气与此迥殊。时战斗方张，距蒇事之期正远，遗诏先作自欺欺人之语，仁宗殆觉其可愧，故于《实录》去之。检太上崩日谕旨，欲行三年之丧，谕有云："服制一节，钦奉皇考遗诏，持服二十七日而除。"此三句即根据遗诰而来，是必有一遗诏也。此诏颁之属国，而卒不入《实录》。其于应述功德，改用上谕，即在太上崩逝之日，谕云：

自古帝王，功德显著，并有隆称懿号，昭垂万世，典至巨也。我皇考大行太上皇帝，御极六十年，抚御万邦，法天行健，遇郊庙大祀，必亲必敬。崇奉皇祖妣孝圣宪皇后四十二年，大孝弥隆，尊养备至。综览万几，爱民勤政，普免天下钱粮者五、漕粮者三、积欠者再。偶遇水旱偏灾，蠲贷兼施，以及筑塘捍海，底续河防，所发帑金，不下亿万万。至于披览章奏，引对臣工，董戒激扬，共知廉法。礼勋旧而敦宗族，广登进而育人才。征讨不庭，则平定准部、回部，辟地二万余里，土尔扈特举部内附，征剿大、小金川，擒渠

> 献馘，余若缅甸、安南、廓尔喀，僻在荒服，戈铤所指，献赆投诚，其台湾等处偶作不靖，莫不立即歼除。此十全纪绩，武功之极于无外也。

自此以下，言其诗文全集之富，开四库，刊石经，集石鼓文，复辟雍制，研六律，纂群编。乃言文德为遗诰中所未见。其以上则皆遗诰语而浑括之。遂以此代遗诰。而于川、楚军事则于次日癸亥，别发一谕，正是不以遗诰为然之意。谕云：

> 我皇考临御六十年，天威远震，武功十全。凡出师征讨，即荒徼部落，无不立奏荡平。若内地乱民王伦、田五等，偶作不靖，不过数月之间，即就殄灭，从未有经历数年之久，糜饷至数千万两之多而尚未蒇功者。总由带兵大臣及将领等全不以军务为事，惟思玩兵养寇，借以冒功升赏，寡廉鲜耻，营私肥橐。即如在京谙达、侍卫、章京等，遇有军务，无不营求前往。其自军营回京者，即平日穷乏之员，家计顿臻饶裕，往往托词请假，并非实有祭祖省墓之事，不过以所蓄之资，回籍置产。此皆朕所深知。可见各路带兵大员等有意稽延，皆蹈此借端牟利之积弊。试思肥橐之资，皆娄索地方所得，而地方官吏，又必取之百姓，小民脂膏有几，岂能供无厌之求？此等教匪滋事，皆由地方官激成。即屡次奏报所擒戮者，皆朕之赤子，出于无奈，为贼所胁者。若再加之朘削，势必去而从贼，是原有之贼未平，转驱民以益其党，无怪乎贼匪日多，展转追捕，迄无蒇事之期也。自用兵以来，皇考焦劳军务，寝膳靡宁。即大渐之前，犹频问捷报；迨至弥留，并未别奉遗训。仰窥圣意，自以国家付托有人，他无可谕。惟军务未竣，不免深留遗憾。朕躬膺宗社之重，若军务一日不竣，朕一日负不孝之疚，内而军机大臣，外而领兵诸臣，同为不忠之辈，何以仰对皇考在天之灵？伊等即不顾身家，宁忍陷朕于不孝，自列于不忠耶？况国家经费有常，岂

可任意虚糜坐耗，日复一日，何以为继？又岂有加赋病民之理耶？近年皇考圣寿日高，诸事多从宽厚，凡军中奏报，小有胜仗，即优加赏赐；其或贻误军务，亦不过革翎申饬，一有微劳，旋经赏复。虽屡次饬催，奉有革职治罪严旨，亦未惩办一人。即如数年中，惟永保曾经交部治罪，逾年仍行释放。其实各路纵贼窜逸者，何止永保一人，亦何止一次乎？且伊等每次奏报打仗情形，小有斩获，即铺叙战功；纵有挫衄，亦皆粉饰其辞，并不据实陈奏。伊等之意，自以皇考高年，惟将吉祥之语入告。但军务关系紧要，不容稍有隐饰。伊等节次奏报，杀贼数千名至数百名不等，有何证验？亦不过任意虚捏。若稍有失利，尤当据实奏明，以便指示机宜。似此掩败为胜，岂不贻误重事？军营积弊，已非一日。朕总理庶务，诸期核实，止以时和年丰，平贼安民为上瑞。而于军旅之事，信赏必罚，尤不肯稍从假借。特此明白宣谕：各路带兵大小各员，均当涤虑洗心，力图振奋，期于春令，一律剿办完竣，绥靖地方。若仍蹈欺饰，怠玩故辙，再逾此次定限，惟按军律从事。言出法随，勿谓幼主可欺也。

初四日既有此谕，而遣使颁发遗诰自远在其后。是在当时并不隐藏遗诰，虽与谕文抵触，未计及也。惟可知遗诰乃宁寿宫所出，和珅等所定。又证以谕中言“大渐之前，犹频问捷报；迨至弥留，并未别奉遗训”之说，则遗诰本非实有太上亲笔，与历来遗诏，出于顾命大臣等之手者一辙。本非仁宗所预知，后遂删去亦不为嫌也。所云：“伊等以皇考高年，惟将吉祥语入告。”明揭前日欺饰之源。又云：“朕止以时和岁丰，平贼安民为上瑞。”明不以捏报吉祥语为瑞，言外可知太上之耄荒，与昔日处分张广泗、讷亲等时作用大异。一和珅得窥其旨，将帅皆从而附和之。仁宗时年已四十，犹自称幼主，盖愤于和珅、福长安辈以太上旧臣相临也。

《朝鲜实录》:“三月三十日戊子，书状官徐有闻进闻见别单，中有云:(一)正月初四日，既褫和珅军机大臣、九门提督等衔，仍命与福长安昼夜守直殡殿，不得任自出入。又召入大学士刘墉、吏部尚书朱珪。珪则为珅中伤，方巡抚江南。乃于初八日，下珅于刑部狱，数珅二十大罪，布示中外。”

初四日为太上崩之明日，《东华录》不书免和珅两职事。至初八日丁卯乃书以科道列款纠劾，夺大学士和珅、户部尚书福长安职，下于狱。《史稿·本纪》从之。下狱时乃夺和珅大学士职。初四日先夺两兼职，不相抵触，但可补史之略。至数珅二十大罪，《东华录》所纪，非初八日一日之事。先之以十一日庚午谕:“苫块之中，每思三年无改之义，皇考简用重臣，断不轻为更易，获罪者亦思保全。今和珅情罪重大，经科道列款参奏，实难刻贷。是以于恭颁遗诏日，即将和珅革职拿问，胪列罪状，特谕众知之”云云。是初八日拿问和珅，亦即于是日颁遗诏，是明明有遗诰也。所云“胪列罪状，特谕众知之”，即在初八日。科道纠参，由王念孙为倡，见念孙《本传》，原疏未见。盖罪状经上谕乃明，并非言官所尽知也。先以纠参而拏问，继由王大臣鞫讯，和珅供认，乃有十一日之谕。谕中已言鞫讯供认情事，著通谕各省督抚，今将已指出各款，如何议罪，并此外有何款迹，各据实复奏。至十五日，直隶总督胡季堂复到，再奉谕始定为二十款。和珅《本传》遂以宣布罪状为在十五日，其实初八日已宣布矣。第一款为：乾隆六十年九月初三日，蒙皇考册封皇太子，尚未宣布谕旨，而和珅于初二日，即在朕前先递如意，漏泄机密，居然以拥戴为功。可见和珅能得太上之意，而仁宗以此为大罪，不受和珅之笼络。和珅以仁宗韬晦，疑为庸碌无能，故以拥戴为功，冀邀倾注，帝亦默然若承受之，使和珅安心，乃得相安至四年亲政之日。此见帝之尚有作用。二十罪《国史》具详，今可不赘。十八日赐和珅自尽，史文遂以谕宣罪状为在其日，官书盖未若《朝鲜实录》能详现状矣。

> 徐有闻闻见别单又云："其子之尚公主者，其婿之为郡王者，及婢妾奴仆，并时囚系，封门孥籍，而使第八王按其事。珅之别业又在西山之海甸，亦令皇孙一人按而籍之。珅之京第，宝玩山积，过于王府。皇帝初欲剐杀之，皇妹之为珅子妇者，涕泣请全其肢体，屡恳不止，大臣董诰、刘墉亦乘间言曾任先朝大臣，请从次律。正月十八日，赐帛自尽，珅临绝作诗曰：'五十年来梦幻真，今朝撒手谢红尘；他时水泛含龙日，认取香烟是后身。'遂缢而死。"

和珅有婿为郡王，必是宗室，而未详其人，虽经囚系，亦必旋释。和珅之狱，概未株连。仁宗初年，亦由操心虑患而来，故颇有意识，不甚为过当之举也。和珅姓钮祜禄氏，正红旗籍文生员。由其高祖尼牙哈那军功袭三等轻车都尉。乾隆三十七年，始授三等侍卫。四十年冬，始迁乾清门侍卫。四十一年正月，已授户部右侍郎。三月，已命在军机大臣上行走。四月，已授总管内务府大臣。自此遍历重职，且为翰林院掌院，四库馆正总裁，教习庶吉士，殿试读卷累次。盖不待高宗耄及，已邀特眷。当充乾清门侍卫，即一见相得，此亦佞幸之遭逢，不可思议者也。临绝作诗，似偈似谣，不甚可解。或谓水泛含龙，似用夏后龙漦故事，为孝钦祸清之兆。香烟后身，孝钦或有烟瘾，而和珅于嘉庆初已染此癖，亦未可知。当时能吸洋烟者为绝少，至咸、同、光则不足奇。但以此为识，直谓再生作亡清之祸首，以报身仇耳。此无稽之谈，姑存轶闻。其解说则朋辈酒间拈《朝鲜实录》此则而推测之词也。和珅籍没清册成专案，今已印行，详故宫《文献丛编》。

> 别单又云："新皇帝自丙辰即位以来，不欲事事，和珅或以政令奏请皇旨，则辄不省，曰：'惟皇爷处分，朕何敢与焉。'是以珅亦恣行胸臆。至是处置明决，众心悦服。又下一

谕，以为重治珅罪，实为贻误军国重务，而种种贪黩营私，犹其罪之小者，是以刻不容贷。初不肯别有株连，惟儆将来，不咎既往。凡大小臣工，无庸心存疑惧。自有此诏，平日之趋附和珅者，始无疑惧之心云。”

清代两权相，和珅以前有明珠，皆以得君之故，造成贪黩乱政之罪。和珅之贻误军国，正为贪黩所必致，此外更有何因？仁宗分别言之，不过不欲株连，以此开脱行贿者耳。圣祖之于明珠，一经发觉其罪，即授权言官，使振纲纪，去明珠如土芥。且又不至养成大患，免其阁职，仍获以内大臣效用。于所宠爱，保全实多。高宗自谓英明，方之圣祖，有愧多矣。有制裁之臣民，享高年或可言福；无制裁之帝王，享高年恒足为祸。梁武、唐明，其晚节颓唐之尤甚者耳。

郭琇参明珠直声振天下，实由高士奇受圣祖意旨，令琇具奏。先以疏稿密呈，帝为定稿乃上。见李光地《语录》。且云：“这样龙、比，很容易做。”然则圣祖之不欲自示聪明，而以风节成就台谏，尤不可及也。

## 第二节　嘉庆间兵事一——三省苗

乾隆末叶，以十全武功自夸大，吏治不饬，滋生变端，得清强长吏可了者，必用帝室私亲，旗下贵介，借以侈其专征之绩。轻调重兵，但张声势，不求其肯綮所在，费繁役困，迭殒重臣，草草告蒇事，而患且百出。卒之得贤有司，而后真有措手之道，历十余年乃大定。绝非高宗所信赖之武力，克有成功。此亦见人君骄侈偏私，虽富强无益于事。嘉庆初三省苗事，官书侈福康安之功，于事实正相反。此亦盛极而衰之一征象。守文之主，尚能补救于用人之际，尽反先朝耀兵而不察吏之弊，久乃敉平。此为清代应付内乱中最有意义之一事。

乾隆间国威远震，视边裔之民，较腹地编氓，尤为鱼肉。苗民介湘、黔山中，环以凤凰、永绥、松桃、保靖、乾州各城。官兵营汛相望，其驭苗也，隶尊如官，官尊如神。汉民与苗民相接，亦存凌侮之意。官弁军民，各肆其虐，苗民无所控，铤而走险。高宗未尝不知，而不解苗民之倒悬，却急谋私亲之封拜。清《国史》载福文襄王破竹之功，百余年来，读史者亦从而尊信之，今不能不发其覆，以为后世之遇变者警也。

乾隆六十年二月初四日丙辰，湖广提督刘君辅奏："正月二十二日，准镇筸镇总兵明安图咨：黔省松桃厅属大塘苗人石柳邓，聚众不法，恐窜入楚境，见带兵堵截。旋于二十五日，据镇筸游击田起龙等禀称：侦闻永绥厅属黄瓜寨苗人石三保，纠众抢劫，由永绥之黄土坡及凤凰厅之栗林，烧毁民房，杀毙客民，见在竭力保护城池等语。臣恐石三保等，或与大塘苗人勾结，檄派永靖、辰沅、常德兵千四百名，速赴凤凰、栗林等处听用，臣带本标将弁及战兵六百名，前往办理。"是为苗事之始。

是日谕军机大臣等："贵州、湖南等处苗民，数十年来，甚为安静守法，与民人分别居住。向来原有民人不准擅入苗寨之例。今日久懈弛，往来无禁，地方官吏暨该处土著及客民等见其柔弱易欺，恣行鱼肉，以致苗民不堪其虐，劫杀滋事。迨至酿成事端，又复张皇禀报。看来石柳邓、石三保等，不过纠众仇杀，止当讯明起衅缘由，将为首之犯获严办，安抚余众，苗民自然帖服，何必带领多兵前往，转致启其疑惧，甚或激成事端。是因一二不法苗民，累及苗众，成何事体？"云云。此谕深悉苗变原由，则整顿政治，不必倚恃兵威，应有定见。乃甫阅两日，戊午，湖广总督福宁奏"正月二十九日，据辰州府禀报：乾州城已被围，仓库被劫，并闻署乾州同知宋如椿、巡检汪瑶俱已殉难。各路苗人约有数千，镇筸镇臣明安图在永绥、鸭西地方被阻”等语。奉谕“逆苗聚众不法，必须痛加剿除。福康安迅速到彼，相机剿捕”云云。剿捕而烦此大勋贵，则封拜之欲起矣。再阅八日，丙寅，又谕“和琳自西藏暂缓来京，接受四川督篆，带印速赴西阳驻扎。并谕孙士毅交卸督篆，仍暂留四川。设和琳有需要带兵策应剿捕事宜，孙士毅兼办军需，期多一人多得一人之益”云云。和琳者，和珅之弟。权贵群集，封拜之欲更炽矣。至二十二日乙亥，又谕：“福宁奏，查询起衅根由，据百户杨国安供‘苗人生计本薄，客民等交易不公，与苗人争执，以致生变’等语。客民与苗人争利，固事之所有，但地方胥吏、兵役藉端滋事，良民尚被扰累，何况苗民，岂有不恣行凌虐之理？而地方微末员弁，任意侵欺，亦所不免，何得以客民交易争执，即为起衅之由。此事着福康安于事定后，必须切实查询，究明严办，以示惩创。”高宗既知苗民激变之有由，其查究应在用兵之先，待事定后，则屠戮已畅，封拜已遂，乃始理激变之失，其何能及？

自是福康安、和琳迭次奏捷邀赏。和琳旋命专任军事，川督仍由孙士毅署理。福康安一赏三眼翎；再赏由公爵进封贝子；三赏貂尾褂；四赏官其子德麟副都统，在御前侍卫上行走；五赐御服黄里元狐端罩，皆在六十年年内。明年嘉庆元年，更命赠其父傅恒贝子。至五月染瘴卒于军，加郡王衔，从傅恒配太庙，谥文襄，子德麟袭贝勒，递降至未入八分公，世袭罔替。和琳则一赏双眼翎；再赏封一等宣勇伯；三赏上服貂褂；四赏黄带；五赏加太子太保，赏元狐端罩；入嘉庆元年，赏用紫缰。福康安卒，命督办军务，再赏三眼翎。八月卒于军，晋赠一等公，谥忠壮，赐祭葬，命配飨太庙，祀昭忠、贤良等祠。准其家建专祠，此苗事尚未结束，权贵所已邀之封拜也。其奏捷之词，则攻破苗寨数十百计，擒获首领吴八月，据称八月自诡为吴三桂后，自称吴王，是为福康安督办时之功。福康安督七省官兵，计两广、两湖、云、贵、四川之兵皆集，与苗相持一年余。始既奏么么不足数，及老师旷日，则频以暴雨山潦阻涨为词，而饷道崎岖，先后益兵数万，降苗受官弁百余人，月给盐银者数万人，旋抚旋离，军士中暑毒死甚众，敷省转输，费巨万计。及和琳代将，擒石三保，此为和琳督办时之功。八月和琳又卒，额勒登保代将，又斩石柳邓父子及吴八月之子吴廷义。此数苗族首领皆倡乱以来所指目。其实苗之为乱，不与此数人相终始，撤兵以后，苗中为数首领所为者何限。当时以著名苗族首领俱获，平陇寨亦克，而白莲教日益蔓延于川、楚，急于移师应之，遂告苗事已毕定，又封明亮襄勇伯，额勒登保威勇侯，德楞泰子爵，鄂辉男爵，时嘉庆元年十二月十七日戊子也。至奏报中，大帅之运筹，将士之用命，起势之凶猛，苗寨之险阻，自是封拜应有之资。而以腹地蕞尔数百里间，劳师七省，用众数万，乱事未平，指目之首领亦未尽获，而二贵迭封，与开疆拓土之功无异，官文书所载如是。

《圣武记》一书，各篇亦多以官书为本，间采私家著述，或转有失实者。惟湖、贵苗事，独不据官书，极得事实。盖自事定宣捷、爵赏既沛之后，苗变复起，经营十年，而后化苗为民，易兵为屯，纯得力于政治。魏氏生长湘南，耳目相接，其乡先辈严如熤号乐园者，躬预其事，又专著为书，有《苗防备览》《三省边防备览》等作。平苗兴屯之傅鼐，大功成于一手，魏氏熟娴其事，又由傅鼐后任姚兴洁招修《屯防志》《凤凰厅志》，考订公私文据极详。故此篇之首即云："呜呼！以臣所闻，乾隆六十年湖苗之役，盖与当时颇殊云。"此盖深悉乡里近事，无庸作考订类似语矣。所叙大帅之失机，奏保之不实，诱擒石三保出于效顺之土蛮而由绅士严如熤力白其被诬之头目张廷仲，始屡收其效。征苗之师，以嘉庆二年三月撤移，应湖北教乱之急，留官兵二万分防，而降苗受抚，月给盐粮银者三万七千人，劫掠四出，边无宁日。抚事由总督毕沅、巡抚姜晟主之。及四年，黑苗吴陈受又起，于是诏问："久奏勘定，何复有纠众数千连犯边卡之事？"是前此福康安、和琳奏报不实，及草率蒇事之咎。自是湖、贵大吏不敢讳用兵，始奏以凤凰厅同知傅鼐总理边务，乃有募勇修碉，兴屯充饷，苗疆乃安。清《国史》亦载鼐《传》，其安苗之功未尝不记。则元年之"荡平封拜"，二年之"奏凯移兵"，其为粉饰何如？《圣武记》载鼐复总督百龄书，稍见真相。魏氏集中有《傅鼐传》一首，读此乃知苗事真相。俱录如下：

鼐复总督百龄书曰："三苗自古叛服靡常，治之惟剿、抚两端，叛则先剿后抚，威克厥爱乃济。迩者楚苗之役，福、和二大帅以七省官兵，挞伐二载，而未底定，何哉？论者谓始则恃搏象之力搏兔，以为功成指顾，而无暇总全局以商定算。继则孤军深入，苗巢前坚后险，实有羝羊触藩之势。兵顿乌草河、牛练塘、九龙沟者俱累月，不得已广行招纳，归咎于客民争占之滋衅，尽撤苗巢汛四十八处，以期苗释怨罢兵。如豢贪狼，养骄子。大功未就，相继赍志而殁。踵其后者，承士卒之疲劳，国帑之糜费，又值川、楚事急，仓皇移师北去。是以苗志得气盈，鸱张鱼烂，不可收拾。而大兵既罢，势难再议兴戎。鼐思民弱则苗强，民强则苗弱。因而卫民以壮其气，练勇以摧其锋，驾驭以伸其信，进剿以威其凶。碉堡既成，我墉斯固。坚壁清野，无可觊觎。而后入其穴，扼其吭，夺其恃，歼其强，稚莠渐除，良善乃康。此又嘉庆二载来善后之情形也。"

据此书则事尚未蒇，而既报平定撤兵，不能复言兵事，于是所有真实安苗之举，反作非兵事论。使以前张皇讳饰之军功，独专封拜，岂不可笑!

清《国史·傅鼐传》:"嘉庆元年八月,调湖南凤凰直隶厅同知。四年,随巡抚姜晟截击苗匪,设法生擒首逆吴陈受。上以傅鼐将首犯擒获,尤为出力,赏给知府衔,即行补用,仍交部议叙。五年正月,姜晟保荐堪胜知府人员,奏:'直隶凤凰厅同知傅鼐,于嘉庆元年到任,时值军务甫经告蒇,该员清理苗占民田,安置归业难民,苗民畏服。该员才长耐劳,能胜艰巨,而不急功近利,为丞牧中仅见之员,堪胜保荐。见在办理镇箄右营一带荒弃民田均给长壮丁勇抽撤盐粮一事,未便遽令离任,俟其妥善竣事,再行给咨送部。'奏入报闻。八月,晒金塘砦黑苗因乏食出扰民村,鼐随总兵富志那截击之,歼毙首逆吴尚保。得旨奖励,交部议叙。又谕曰:'凤凰厅同知傅鼐前经赏给知府衔,著加恩即照知府食俸,俟有苗疆道员缺出,再予升补。'六年正月,湖南巡抚祖之望奏:'苗疆建碉置卡,屯勇均田,头绪纷繁。凤凰厅同知傅鼐,克胜巨任,不避劳怨,能得兵民心力,应责成该员,帮同道员,往来督率,独总其成。'奉旨:'傅鼐实好!朕亦知其官声,俟奏到时再降恩旨。'十一月,两湖总督吴熊光奏:'苗疆一应边务,必得专员亲身周历,随时督办,尤须文武员弁同心共济,方能妥速完善。见任道员郑人庆,统辖苗疆,镇箄地处紧要,应令常驻镇城,坐镇办理,势不能分身督查。凤凰厅同知傅鼐官声、办事,均蒙圣明鉴察,自应仍令往来督率,以专责成。惟该员究系见任同知,与各厅营不相统辖,未免呼应不灵,即恐不无掣肘。查该员系蒙恩照知府食俸、遇有苗疆道缺准予升补之员,合无仰恳赏给道衔,令其总理边务。'谕曰:'傅鼐平日官声甚好,在苗疆一年,一切筑卡、均田等事,俱能妥速完善。著加恩赏给道衔,即令其总理边务,遇有苗疆道员缺出,准予升补。'七年丁父忧,湖南巡抚高杞奏留原任。谕曰:'傅鼐自嘉庆元年以来,办理该处边防妥协,素为民、苗悦服。即见在所办建城、筑堡、设卡、均田,仍系军务善后事宜，此时未便骤易生手。著准其署理凤凰直隶厅同知，不必开缺。’八年，永绥九里癞苗陇六生等纠众滋衅，傅鼐等先期得信，设法擒捕。上嘉其办理妥速，交部议叙。十年四月，永绥逆苗石崇四与积匪石贵银纠集附近苗人，攻扰边汛，鼐派员弁分调兵勇驰击，复督率官兵，奋勇围剿，迭次追捕，经官兵拏获石崇四、石贵银，先后擒斩逆党三百余名，众苗震慑，自行投首，呈缴器械，良苗安堵，地方宁谧。上以所办殊属可嘉，交部从优议叙。寻湖南巡抚阿林保奏：‘据傅鼐禀称：嘉庆元年平苗善后案内，奏将查出逆苗叛产，并客民插花地亩分给无业穷苗耕种。当日并未查明分给，所有田土，悉为强苗侵霸。此次剿办逆苗石崇四名下，已有侵占他砦田地一千余亩，其余各犯亦多有侵占之田。见在分别清查，即照叛产归公，另佃良苗耕种。正查办间，远近砦苗，闻风震慑，各愿将从前侵占田地全行缴出，请收作良田，分佃良苗，每年纳租，以充公用。见在永绥七八九十等里，业已缴出一万余亩，其余乾州、凤凰、保靖等处，亦纷纷呈缴，恳求一律办理。鼐又请将边防撤后，仍挑苗兵分交带管，即将此项官粮，赏给苗民支食。’疏入，得旨允行。五月，补授辰永沅靖道。十三年二月，来京引见，奏对详晰，谕曰：‘傅鼐由佐贰出身，荐升道员，历任苗疆十有余年，剿除顽梗，安抚善良，前后修建碉卡哨台一千余座，均屯田土十二万余亩，收恤难民十万余户，挑留屯练八千名，收缴苗砦器械四万余件。又复多方化导，将苗民妄信巫师椎牛聚众恶习，禁止革除，设立书院六处、义学一百处，近日苗民已知向学，吁求分额考试。所有凤凰、乾州一带边界苗众，实已革面洗心，辑宁安堵。凡该省历任大员，及在廷诸臣，多称系傅鼐一人任劳任怨，不顾身家，尽心筹划，克臻完善。朕久有所闻，特因未识其人，尚未特沛恩施。本日召见傅鼐，见其人安详谙练，明白诚实，洵属杰出之才，堪为苗疆保障。著加恩赏给按察使衔，令其先换顶戴，以示奖励。’十四年，补授湖南按察使。十六年六月卒。”此下恤典，照巡抚例赐恤，谕文从略。

清《国史传》最不明了，盖缘嘉庆元年之苗疆平定案不撤销，封拜不追夺，则苗疆不得为军事地方，所叙傅鼐之功，竟不知建碉置卡，屯勇均田，一切所为何事。嘉庆四年之擒获吴陈受，五年之击毙吴尚保，明系战绩，而隐约有似寻常捕盗。既云独总其成，又云帮同道员，因总理边务一年，而其官仅同知，不足呼应各厅营，乃赏道衔。丁忧不开同知缺，改为署任，是大吏统军夺情办法，亦不叙明军中墨绖之义。元年善后案，既定清查叛产收缴苗寨器械，乃十年不办，即是乱事未毕，无后可善。至此由鼐举行，乃真蒇苗疆兵事。叙述全不明晰。谕中言苗众革面洗心，辑宁安堵，中外大臣，多称系傅鼐一人筹划。则前此封拜多人，举不及此一人矣。而持其出身佐贰，以示资格不及亲贵。虽成永久之功，不及涂饰一时之计也。在鼐乐以才器自鸣，功名自奋，原不问区区官赏，但从此知汉人中有人才，非若旗员挟从龙之阀，椒房之亲，赖专制之积威，朘举国之物力，重赏严罚，驱策效死之士，仅成焦头烂额之短计，不顾其后，兵撤即乱事如故。且苗本不出其乡，出人不过数州县，若有意涂饰，尽可糜烂三省，而自谓太平，虽数十年间，亦或不至窜扰天下，震惊宫阙也。故自以为平定即平定也。知此则七省大兵本不当用，既用而撤移，官书有所牵掣，不言嘉庆元年以后尚有苗民之变。其实清一代能定内乱者，莫善于苗疆之役，而实在虚报平定不许动兵以后。魏氏于《圣武记》之外，作《傅鼐传》，此则既传苗事之真相，所谓用武力之成分少于用政治者甚远，惟傅鼐足当之矣。录魏氏《鼐传》如下：

“嘉庆初，湖北、四川教匪方棘，诸将移征苗之师而北，草草奏勘定，月给降苗盐粮银羁縻之。而苗氛愈恶，借口前宣勇伯和琳苗地归苗之约，遂蔓延三厅地。巡抚姜晟至，倡以苗为民之议，议尽应其求。时凤凰厅治镇箪，当苗冲，同知傅鼐有文武才，知苗民愈抚且愈骄，而兵罢难再动，且方民弱苗强也，乃日招流亡，附郭栖之，团其丁壮，而碉其要害。十余碉则堡之，年余犄角渐密。苗妒出没，遂死力攻阻，鼐以乡勇东西援救，且战且修。其修之之法，近以防闲，遥其声势，边墙以限疆界，哨台以守望，炮台以堵敌，堡以聚家室，碉卡以守以战，以遏出，以截归。边墙亘山涧，哨台中边墙，炮台横其冲，碉堡相其宜。凡修此数者，近石以石，远石以土，外石中土，留孔以枪，掘濠以防。又日申戒其民曰：'勉为之不可失也。是有三利：矢不入，火不焚，盗不逾；有三便：族聚故心固，扼要故数敷，犄角故势强。'民竞以劝，百堵皆作。而三年苗大出，焚掠下五峒，大吏将中鼐开边衅罪，又兵备道田灏者，阿大吏意，吝出纳以旁掣之，事且败。会四年，镇箪黑苗吴陈受众数千犯边，于是有'苗疆何尝底定'之诏。责巡抚姜晟严获首贼。鼐为禽之，始奏加知府衔俸。是年碉堡成，明年，边墙百余里亦竣，苗并不能乘晦雾潜出没。每哨台举铳角则知有警，妇女牲畜立归堡，环数十里戒严，于是守固矣，可以战。时镇箪左右营黑苗最患边，适谍晒金塘骁苗悉出掠泸溪，即夜三路捣毁其巢，复回要伏苟瑟岩，大歼之，苗气始夺。六年而贵州变起。盖湖南环苗东、南、北三面七百余里，其西南二百余里之贵州边，尚未修备。故石岘苗复思狡逞，煽十四砦并附近湖南苗以叛。鼐以乡勇千五百驰赴铜仁，而贵州巡抚伊桑阿至，叱其越境要功，鼐还楚界。伊桑阿遂以招抚勘定奏，回贵阳。时首逆枪械皆未缴，各砦方沸然，边民赴愬云贵总督琅玕。琅玕至，急檄鼐会剿，三日尽破诸砦。中略琅玕奏楚勇功最，并仿湖南法建碉堡守之。而伊桑阿冒功误边罪，为新巡抚初彭龄所劾，伏法。鼐遂奉旨总理边务。鼐以永绥孤悬苗巢，形如釜底，自元年尽撤营汛后，城以外即苗地，有三难二可虑，议迁城花园，而贵州方藉永绥声援，难其移。鼐乃请于贵州边设螺蛳堡，移湖南守备戍之，助弹压。于是总督琅玕亦奏移驻是。七年九月，厅既移出，群苗争占旧城，弥月枪炮闻黔境，鼐以乡勇数百，深入弹压，忽远近苗大集，鼐急据吉多砦，苗数重环之，铳如雨骤，鼐按兵不动，徐以奇计穿围去。苗疑不敢逼。然自此遂议缴枪械，以绝其牙距。其抗命者，则复有永绥生苗、凤凰黑苗之剿矣。初永绥以厅城孤悬掣肘，从未深捣其巢，及是果抗缴械，阻丈田。于是石宗四等纠数千苗，复大猖獗。而是时厅已移出，且分驻形势地，又得贵州螺蛳堡可驻兵，遂立以乡勇千余，苗兵二千往，首败之夯都河，连烧六砦，乘胜穷追，宿阳孟冈。五鼓，万苗突至，四面噪攻，我兵时火药少，后路已绝，势岌岌。会雨霰杂下，苗绳硝皆湿，枪冻。比晓，我兵刀槊并前，人自为战，鏖至山后，斩堕溺死二千余，生擒石宗四。明春正月，移兵螺蛳堡，连剿破口、漏鱼、补抽等寨，皆焚巢破卵。是役也，贼起事即戕良苗，故鼐得以驱策苗兵深入，转战月余，破砦十六，获枪炮刀矛三千有奇，余砦乞命降，永绥苗一举平。由是师行所至，万苗詟服，纳兵恐后，罗拜犒迎。贵州吏未能行令于黔苗，鼐并檄黔砦勒缴枪械，震叠罔抗，边境销兵，时嘉庆十一年也。”

以上为平苗之真实兵事。前此七省大兵，乃兵至苗去，兵过苗集，治标不治本之策。《圣武记》谓：嘉庆元年六月，和琳复乾州，使额勒登保等进攻平陇，而自与毕沅、福宁及巡抚姜晟等毕沅新任两湖总督。福宁旧任，调督两江。遂奏善后章程六事，大抵民地归民，苗地归苗，尽罢旧设营汛，分授降苗官弁羁縻之。惟购收枪械一事，颇关系而议旋寝。及嘉庆十年，兵备道傅鼐始按察勒缴四万余件云。《东华录》不载和琳善后六事疏，殆以善后之说为虚饰，以后十年事实具在，故《实录》删之欤？清《国史·和琳传》则曰：“七月，疏陈苗疆善后六事：清厘田亩，归并营汛，酌改土弁，修复城垣，收缴鸟枪，安插被难民人。上以收缴鸟枪一条，尚须斟酌，仍敕和琳筹办妥善。”然则缴械事反由上意寝之，此亦太上耄昏，和珅用事，知其弟所必不能办而故缓之也。夫不缴械则何谓善后，此固给盐粮以养持械之苗民，使遇机而逞。和琳于给银、缴械二事，尚不敢不并言，中旨成就其封拜之盛，亦由白莲教日炽，急欲移师，乐得置苗为后图也。

《传》又言：“初乾隆乙卯，嘉勇贝子征苗时，川、湖、贵、广重兵环境，湖南提督刘君辅进五路平苗策，不用，故苗得并力拒大军。鼐则侦谍阒然，声东击西，倏然其去，忽然其来。苗各自守则党日离，不测则情益绌。从来备西北边，莫善于李牧一大创之法，御流寇莫如坚壁清野法，而惩苗则莫如沈希仪雕剿法，鼐专用之。大小百战，歼苗万计，追出良民五千口，良苗千余口，而所用不过乡兵数千。则又其训练有过人者，大都苗兵有三长：奥壑重巘，足仄目悸，兽跖猱腾，如蓦平地，此一长也；地不可容大众，其进无部伍行列，退则鸟兽窜，冈回箐邃，贼忽中发，内暗外明，猝不及防，此二长也；铳锐以长，随山起伏，命中莫失，惟腰绳药，无重衣装，耐饥渴寒暑，此三长也。鼐因苗地用苗技，先囊沙轻走以习步，仿造苗枪，立上中下三的，以习俯击仰攻，临敌亦不方阵进，呼聚啸散，无异以苗攻苗，又苗兼挟利刀，乘火器甫发，冒烟豕突，因兼习藤牌刀法，狭路相逢，则短兵接战，复以趋捷胜。每战还必严汰，不但趦趄者去，贪掠者去，即徒勇而昧机宜昧号令者亦去，数年始得精兵千，号飞队。优养勤练而严节制之，行山涧风雨而行列不乱，遗赀货载道无反顾者，共甘苦若妻孥，哭阵亡若子弟，报公愤如私仇。而乡兵既明地利，习苗情，又多被祸同仇之家，故致死如一。十年，剿永绥苗事闻，诏各省督抚提镇，以鼐练乡勇法练官兵。《宋史》称辰州土官秦再雄练土兵三千，皆披甲渡水，历山飞堑，遂一方无边患。故详著之，庶后筹边君子有考焉。”

以上为与苗民战之兵来历及编练。就地发自爱身家之人，以地方官为帅，不用勋贵之重，七省调发之烦，批却导窍，不用泰山压卵大而无当之力。此因兵事而详其兵制者。以下乃可言善后。非元年平陇未下，和琳等遽奏善后六条，后悉作废之比也。

《传》又言：“至其屯田一事，与修边御苗错举，皆于十年蒇事。其始不无广占民田，以权利害轻重。及事定民争复业，屡有讼言，于是议者人异词。今独载鼐上巡抚高杞书曰：‘防边之道，兵民相辅。兵卫民，民实屯。有村堡以资生聚，必有碉卡以固防维，迩者贵州巡抚初公，奏商均田一事，请陈利害情形而效其说。湖南苗疆，环以凤凰、永绥、乾州、古丈坪、保靖五厅县，犬牙相错。其营汛相距，或三四里，或五六七八里。故元年班师后，苗云扰波溃如故。维时鼐竭心筹之，无出碉堡为上，遂募丁壮子弟数千，以与匪苗从事。来痛击，去修边，前戈矛，后邪许，得险即守，寸步而前。而后苗锐挫望绝，薪烬焰熄，堤塞水止。然湖南寅、卯二载乾隆五十九及六十二年。用兵以来，苗乱奏报以六十年正月为始，湖南本省用兵乃先一年已起。已糜帑金七百余万。国家经费有常，而顽苗叛服无定。募勇不得不散，则碉堡不得不虚；后患不得不虞，则目图不得不亟。通力合作，且耕且战，所以招亡拯患于始也。均田屯丁，自养自卫，所以一劳永逸于终也。相其距苗远近，碉堡疏密，为田亩多少。凤凰厅堡八百，需丁四千轮守，并留千人备战，共需田三万余亩。乾州厅碉堡九十余，守丁八百，屯田三千余亩。保靖县碉堡四千余，守丁三百，屯田千五百余亩。古丈坪厅苗驯，止设碉堡十余，守丁百，屯田五百余亩。永绥厅新建碉堡百余，留勇丁二千，亦屯田万余亩。而后边无余隙，各环苗境以成圈围之势，峻国防，省国计也。异族逼处，非碉堡无以固，碉堡非勇兵无以守，勇丁非田亩无以赡。在边民濒近锋镝，固愿割世业而保身家；即后路同资屏藩，亦乐损有余以补不足。此所以谓之均田，始本民愿，后有讼言，不为主者罪。况所募土丁，非其子弟，则其亲族，而距边稍远者，则仍佃本户输租，视古来屯戍，以客卒土民杂处者，势燕、越矣。与其一旦散数千骁健无业子弟，流为盗贼，为无赖，何如收驾轻就熟之用，而不费大帑一钱。稽之古效则如彼，筹之今势则如此，惟执事裁之。'其坚持定议者大指盖如此也。"

以上为善后之根本。高杞任湖南巡抚，在嘉庆七年至八年，时办屯已有效。以丁御苗，以屯养丁，兴屯之田，视需丁之数而定，均之于民户，而计其所养之丁，仍为各户子弟亲族。又有但输屯租，不以田别授者。后来首祸已弭，民思故业，不免兴讼，遂于鼐有间言。当其初不费国家给养，而得节制精劲之兵，功成之后，民有缺望，国家当设法代弥之，而反为任事者之谤议，较之福康安之泥沙帑项，师亦无功，徒得封拜，何可比也。

《传》又言："积久制益密，田益辟，则又有出前议外者。于是垦沿边隙地二万亩，曰官垦田。又赎苗质民田万余亩，曰官赎田。以补助折耗，以廪赏，以葺缮，以赒恤，百务并举。而苗占田三万五千余亩，亦以兵勒田，别屯苗兵五千。其苗弁复自呈七千余亩为经费。以苗养苗，即以苗制苗。于五年陈屯政三十四事，十年陈经久八事，十二年复陈未尽七事。大抵其经费田，皆佃租变价者，其屯丁田，则附碉躬耕者。其训练与农隙讲武，则屯守备掌之，以辖于兵备道者。使兵、农为一以相卫；民、苗为二以相安。故约官与兵民曰：'无擅入苗砦，毋擅役苗夫。'约苗曰：'毋巫鬼椎牛群饮以靡财，毋挟枪矛寻睚眦以酿衅。'则永永不穷且变，遂同学校同考试，呜呼，其亦善深长思矣。"

以上为真善后。《先正事略》又详之云:“又以诗书礼乐，化其獉狉之气，请将乾、凤、永、保四厅县，编立边字号，广乡试中额一名，苗生编立苗字号，外加中额一名。苗民益感奋。”李元度亦湘人，故《事略》亦得其详，然大致用魏氏说，稍补苴耳。当时收拾人心，以科举为最有力，新疆于清末行科举数次，遂与满、蒙、藏情态迥殊，苗疆善后，至此而攻其心矣。

《传》又言:“雍正间，张尚书广泗改黔、粤苗归流，设九卫军屯法，盖以经略督抚之权行之，故帖帖无异议。鼐区区守土吏，未领县官斗粮尺兵，所事大府，不掣肘即已幸，徒自奋于龃龉拮据中，盖独为其难。即其始欲不借屯以养丁，继不长屯以安乌合数千众，其可得乎?后之君子设身以处之。综其始末，揆其利害，而知其用心苦矣。十三年，屯务竣，入觐，诏加按察使衔。明年，授湖南按察使司按察使，以苗弁兵民吁留，命每秋一赴苗疆，慰边人思。鼐之在苗疆也，日不暇给，门一木匦，诉者投满其中，夜归倒出阅之，黎明升堂剖决尽。兵民以专至，直至榻前，及为按察使，一如同知时，下无壅情，故事无不举。十五年，兼权湖南布政使司布政使。十六年，复入觐，天子方将擢鼐巡抚湖南，而六月卒于官。事闻震悼，赠巡抚，赐祭葬，敕祀名宦祠，并许苗疆专祠。呜呼!捍大灾，御大患，有大功德于民者矣。鼐年五十有四，嗣子端弼幼，故未有碑状。嗣兵备道者桐城姚兴洁，招源纂《屯防志》《凤凰厅志》。志例当有传，乃传。”

以上略举兴屯之与所凭借，为三省安边，民得苏息。不当以事后之浮议为据。以平苗之人，而留苗疆去思，苗人德之如此。立苗疆专祠，较之配享太庙，入祀京师贤良等祠，纯出于君主恩私者，其荣辱何如也!嗣子端弼幼，清《国史》作四岁。四岁嗣子主鼐后，故无碑状，则本无谀墓之文。魏源修《屯防志》及《凤凰厅志》，皆鼐立功所在，而屯防尤由鼐而成，《志》当有传故为传，更非有傅氏后人请托之，此诚地方人士之公论矣。

> 《啸亭杂录》谓："福文襄王惑于幕客言，欲养贼自重，以邀封拜，乃顿兵不进，与川督和公琳日夜饮酒听乐。苗匪因玩视王师，煽惑勾连者日众，加以山岩险阻，我兵不能寸进。又有不肖将士兴言以价赎地，苗益肆无忌惮，日相焚掠。二公受瘴相继死。傅厚庵鼐，浙江人，以吏掾仕湖南，习知苗中情形，文襄王倚重之，明参政亮因荐公为凤凰厅同知。公受命时，乾州、凤凰各厅苗民出没，居民逃窜，公翦荆棘，招逃亡，团练乡勇数月，曰可以用命，因率兵攻苗寨。苗目笑曰：'往时宿将如福王者，尚不敢撄吾锋，藐尔微员，何足污吾刃！'转战数旬，苗大败奔还其寨，公围之，苗民请降，公与之约曰：'嗣后有阑入汉界者，缴诛不贷。'苗稽首惟命。公乃抚之曰：'叛吾仇，降即吾子，忍不抚育耶？'苗民益感激。公在任十年，苗民无敢出寨滋事者。天子喜，擢公按察使。"

昭梿以宗室亲王，于福康安亦作此语，然其曰"养贼自重邀封拜"，则无是理。封拜则已封拜矣，又何用养苗民自重为？若不死，则久顿兵，必且无以见天下，其不进乃计无复之耳。

乾隆间辟新疆二万里，自是事实，然纯由天予，将帅无足称。余所谓"十全武功"，亦自乘富强之势耳。至征苗而亦于太上训政时告蒇，务与十全之语相配。其后十年，傅鼐成功，然后知平苗有表里二役。鼐之真实事迹为清代武事之足训于后世者，不可不知其详也。

## 第三节 嘉庆间兵事二——三省白莲教

三省白莲教之役，为清代第一次长期之内乱，旗军之不得力，亦显露于此。其乱象与明季末年相仿佛。众股迭发，不相统率，残破各处，不据城池。出没三省，大股人数动辄数万。事亦起于乾隆中叶以后，而大发作于内禅告成太上训政之日。盖吏治至乾隆朝而坏，内乱之原，无不出于吏虐。康熙间崇奖清廉，大吏中有若汤斌、于成龙、张伯行、陈摈诸人为尤著。风声所树，为大吏者大率端谨。雍正时亦勤于察吏。至高宗则总督多用旗人，风气大坏。时方自谓极盛，乱机已遍伏矣。乾隆三十九年，山东寿张清水教民王伦，以治病练拳，号召徒党。于八月间起事，袭城戕吏，连陷旁邑，方据临清旧城夺新城，援军大集，擒伦于城中，凡一月而平。明年而白莲教事发河南鹿邑，遂为川、楚巨乱之嚆矢。

> 《圣武记》曰："白莲教者，奸民假治病持斋为名，伪造经咒，惑众敛财，而安徽刘松为之首。乾隆四十年，刘松以河南鹿邑邪教事发被捕，遣戍甘肃，复分遣其党刘之协、宋之清授徒传教，遍川、陕、湖北。日久党益众，遂谋不靖，倡言劫运将至，以同教鹿邑王氏子曰发生者，诡明裔朱姓以煽动流伪。乾隆五十八年，事觉复捕获，各伏辜。王发生以童幼免死，戍新疆，惟刘之协远扬。是年，复迹于河南之扶沟，不获。
>
> 于是有旨大索。州县吏逐户搜缉，胥役乘虐，武昌府同知常丹葵奉檄荆州宜昌，株连罗织数千人，富破家、贫陷死无算。时川、湖、粤、贵民，方以苗事困军兴，而无赖之徒，亦以严禁私盐、私铸失业。至是益仇官思乱，奸民乘机煽惑，于是发难于荆、襄、达州，骎淫于陕西而乱作。"

以上为白莲教缘起。《东华录》不载，当出方略。《东华录》于嘉庆元年正月戊申朔，铺张内禅盛典。二十五日壬申，枝江、宜都白莲教聂杰人、刘鸣盛等纠众滋事，命惠龄剿之。惠龄，时湖北巡抚也。二月，擒聂杰人，而当阳白莲教林之华陷城戕官，命西安将军恒瑞率满兵二千往剿。三月初三日己酉，命乌鲁木齐都统永保往会剿。三月，襄阳白莲教姚之富与教首齐林妻王氏陷竹山、保康，施南之来凤亦陷，扰及四川酉阳。而恒瑞复竹山。四月丙子朔，命将郧县郧西责成陕甘督宜绵督属办理。竹溪至保康，责成永保、恒瑞。当阳、远安、东湖责成湖广总督毕沅。枝江、宜都责成惠龄、富志那。襄阳、谷城、均州、光化责成侍卫鄂辉等。来凤责成四川总督孙士毅。于是白莲教遍三省之交，三省大吏又益以北来禁旅尽赴军，声势浩然矣。未几，孙士毅且以剿来凤白莲教功晋男爵。又命直隶提督庆成、山西总兵德龄各以兵会。又散蒙古窃犯之在湖广、河南者，从军助骑队。六月，永保复请调湖南苗疆兵二万移剿。前督湖广之福宁，已调任督川留办兵事，与荆州将军观成破白莲教于旗鼓寨，投出者二千余，诱坑之，而以阵斩报，加宫保，益坚附从顽抗计。大帅麇集，各顿兵避战，久无功。赏复头等侍卫明亮追襄阳白莲教，教众走河南唐县，官军劳顿，复请增调山东、直隶兵四千，简健锐火器营兵各一千。九月，以和琳卒苗疆，诏明亮驰往湖南，遂受平苗封爵而返。十月，四川达州徐天德等激于胥役，与太平东乡王三槐、冷天禄等并起。四川故有啯民，盖金川之役，永保之父温福以大学士督师，于乾隆三十八年，败殁于木果木，逃卒无归，与悍民以剽掠为生计，散处于川东北者也。官捕之急，遂合于教。又襄阳白莲教亦多入川，皆战斗如素习。孙士毅已卒，新川督英善、成都将军勒礼善、陕西巡抚秦承恩，皆无敢掩之者。毕沅惟力请罢苗疆兵移剿。白莲教愈蔓延，所过则官军报捷蒙奖，实则白莲教本不坚留一地也。总兵大员，累有战死者。

二年正月，苗事报大定，额勒登保奏移荆州将军兴肇兵回襄阳，总兵张廷彦兵二千余赴长阳，都统德楞泰、将军明亮率兵六千赴达州。白莲教又有王廷诏、李全诸股出没豫西。河南巡抚景安尤怯敌，其人和珅族孙，任用别有径窦，仁宗亲政后乃发之。在鄂境之姚之富、齐王氏亦入河南南阳，其众不整队，不迎战，不走平原，惟数百为群，忽分忽合，忽南忽北。而豫西之教众则被清军追，又入陕，齐、姚各股又与合，清军尾追每后数日程，所突至无迎阻者，去则谓之扑灭，来则谓之滋扰，谓之蹂躏。四月，诏言："明季流寇横行，缘其时纪纲不整，朋党为奸，文恬武嬉，置民瘼于不问，以致坏事；方今吏治肃清，勤求民隐，每遇水旱偏灾，不惜多费帑金，蠲赈兼施。百姓具有天良，均应知感。邪匪不过乌合乱民，国家威棱远播，荒徼无不宾服。若内地乱民，纠众滋扰，不能立时殄灭，其何以奠九寓而服四夷耶？"云云。勤求民隐，实有此意；蠲赈兼施，实有此事，其不至为明之继者在此。至云吏治肃清，根本即为欺谩。白莲教之乱数年不能已，岂得与吏治并存。时太上训政，和珅当事，锢蔽聪明，矛盾不自觉也。同日即免受扰应山等五县额赋。后七日，又予达县等三州县难民三月口粮及修屋银。此皆恤民之可证者。后复常有其事，然未知实惠及民否也？

军事在嘉庆初中制之最谬者，为严斥明亮、德楞泰奏请筑堡守御事，事在二年九月，《东华录》竟不载，清《国史》《明亮》、《德楞泰传》亦无之。《圣武记》："明亮、德楞泰奏言：臣等自楚入陕，所经村庄皆已焚烬，盖藏皆已搜劫，男妇皆已虏掠，目不忍见。已扰者固宜安恤，未扰者尤宜堤防。查各州县在城之民，有城池以保障，是以贼匪皆不攻城。其村落市镇，仅恃一二隘口，乡勇或远不及防，或间道失守，仓皇逃避，不但衣粮尽为贼有，且备卫之火药器械，反以藉寇而资盗。而各贼所至之处，有屋舍以栖止，有衣食火药以接济，有骡马刍草以夺骑更换，有逼胁之人为之乡导负运。是以自用兵来，所杀无虑千万，而贼不加少。且兵力以保城为急，则村市已被虔刘；以保荆、襄为急，则房、竹、安、康已难兼顾。为今之计，欲困贼必须卫民，莫若饬近贼州县，于大镇市劝民修筑土堡，环以深沟，其余因地制宜，或十余村为一堡，或数十村为一堡，贼近则更番守御，贼远则乘暇耕作。如此以逸待劳，贼匪所至，野无可掠，夜无可栖，败无可胁，加以大兵乘压其后，杀一贼即少一贼，灭一路即清一路。近日襄阳绅士梁有谷等，筑堡团守，贼屡攻不能犯，此保障之成效。至川东各属，多有险峻山寨，只须令乡民临时移守其中，一如守堡之法，于以御贼安民，必可克期扑灭。”奏上，虽奉旨以“筑堡烦民，不如专禽首逆”，而坚壁清野之议实始此。魏氏不指当时之失计，而以后卒筑堡收功，谓实始于此。《史稿·本纪》：“十月戊戌，初二日。明亮、德楞泰请广修民堡，以削贼势，诏斥其迂缓。”而列传不见此事，可知《实录》本无，而《东华录》自无可录矣。

是时情况，据九月癸巳谕：“闻近日匪至一村，先将年壮平民逼令入伙，遇官兵辄令当先，贼匪随后接应。当先者被剿败，匪即先窜。官兵杀掠报功，节次折称杀贼无数者，皆逼胁平民，而真匪早远扬，所以日久不能成功。而新起入伙之贼，未必不由官兵驱迫所致。”至十二月癸亥，勒保奏言“贼匪随处焚掠，即随处勾胁，是以日久愈多。川、陕、楚三省犬牙相错，数千里崇山峻岭，处处有险可恃，有路可逃。及官兵择隘堵御，贼又向无兵处滋扰，致有贼之地无兵，有兵之地无贼，并有贼过而兵未来，兵到而贼已去者。东剿西窜，南击北驰。以言兜剿，即数十路难以圈围；以言堵御，虽數十万兵亦不敷分布”

等语。其为清野之法不行，清军以备多而见少，教众以所向随意而见多。徒以朝旨急于灭白莲教，不许先为灭之之备，虽亦真有奏捷之时，清军亦屡丧敢战之提镇大员，得失略相当耳。三年正月，以明亮、德楞泰追剿高均德，责其不先歼齐王氏、姚之富等，尽夺世职及优赏，止留本职戴罪图功。二月，并将明亮革职，拿交刑部治罪。而是时，明亮、德楞泰已破齐、姚于郧西，齐王氏及姚之富皆陨崖死。谕尚以未能生擒为不满，且言："此时陕省首逆系高均德、李全，其次即张天文、阮正通，不可再令自毙逃戮。"

教之炽也，由于吏虐，仅凭教徒鼓众之口，实未可为信，教众之扰则有反证焉。四川南充县知县刘清，以贵州广顺拔贡官蜀，适当扰，清数以乡兵破之，所抚兵民，皆以儿子畜之，人乐为死。教众自为民时知清名，战莫为用，故遇清辄逃。教众分青、黄、蓝、白为号，白号首领王三槐横于蜀，总督宜绵命清亲入三槐营，三槐跪谒清，随至谒督，约率所部出降。清知降非诚意，设备以待。三槐于所约纳降之日，诡来投，所伏教众沿途接应，将为掩袭计，清大败之。此二年四月事也。三年，总督勒保受命专责剿办三槐，委清署广元县事，再议抚三槐，令清迭赴三槐营宣谕。三槐诣军门，勒保擒以奏捷，符诏书"生致首逆"之旨，勒保由侯晋公，晋和珅由伯为公，封珅党福长安爵侯。时距平乱尚远，只得教中首领之一耳，赏亦不及刘清。清既为总督所卖，然有所招徕辄遣清，清仍累至白莲教营，教众惩三槐事不敢出，以清廉吏，不忍加害。其非著名头目信清者仍伙，前后招降川东教众二万，皆遣散归农。清所练乡勇尤敢死，尝破罗其清、冉文俦于方山坪，破三槐于巴州江口，转战川东数载，大小百十战，斩馘万计，见奏牍者十仅二三。三槐被绐俘至京，廷讯时供："官逼民反。"帝问："四川一省官皆不善耶？"对曰："惟有刘青天一人。"于是刘青天之名闻天下，以军功累进官至建昌道。嘉庆十年教乱已平，清入觐，仁宗赐诗，首有“循吏清名远迩传，蜀民何幸见青天”之句。丁艰起复，授按察使，升布政使。自陈才力不胜藩司任，恳开缺，斥其冒昧陈奏，降补员外郎。十八年，清已补山东盐运使，天理教李文成起河南，煽及山东，清再从戎，以破扈家集功最，谕以布政使缺与伊不甚相宜，以二品顶戴留运使任。二十一年，因病请开缺，令来京医治，旋授山东登州总兵，调曹州总兵。年老休致回籍，奉旨入祀贵州贤良祠、山东名宦祠，给子孙荫。

川、楚之役，以刘清事为最奇特。尤奇者教众皆颂刘青天，被斩馘而不仇，被招抚失信而不怨。非一二教目之特性，盖凡教众皆戴青天，然则良民之尽礼于贤长官，能过是乎？且能及是乎？以如此有性情之教众，而卒不乐为良民，是可知官逼民反之非借口矣。当三槐供及刘青天时，太上尚训政。明年正月太上崩，和珅获罪，仁宗谕“教匪滋事，以官逼民反为词。昨冬贼首王三槐解到，讯供亦有此语，闻之恻然，是以暂停正法。我国家百数十年厚泽深仁，皇考临御六十年，痌瘝在抱，普免钱粮漕粮，以及蠲缓赈贷，不啻亿万万，百姓安土乐业，焉肯铤而走险？缘亲民之吏，不能奉宣朝廷德意，激变至此。然州县剥削小民，不尽自肥己橐，半奉上司；而督抚之勒索属员，不尽安心贪黩，无非交结和珅。是层层朘削，皆为和珅一人，而无穷之苦累，百姓当之。见在大憝已去，各省官吏，自当大法小廉，湔除积习，民无扰累，可遂其生”等语。盖已认“官逼民反”之语为真，而一委其祸本于和珅，或未可尽其事理。以廉吏仅得刘清，而不用以整率百僚，乃使浮沉吏议，至不欲为藩司之官，改武职而后守职数载，仍以老休致，一以寻常礼数待之，视康熙时之激浊扬清，使成风俗，度量之相越，何其远也！故知去和珅为积年隐忍之憾，非真为去吏治之蠹也。国家爱惜廉吏之心，尚不如三省普遍之白莲教众。以吾辈今日计之，若以异等之礼待刘清，以能识刘青天之良心奖教众，直使清主兵号召之，大甄汰地方长官，大筹措归农生计，或不至更阅五六年，而后仍以武力靖乱。不数年，络续教乱，兵及宫廷，知守文之主，果不足与大有为也。

二月辛卯初四日。又谕："自川、楚邪教逆匪滋事以来，所过劫掠焚烧，迫胁煽惑，良民不得已从贼日多。奔驱三载，不能自拔者数逾十万，室庐焚荡，田亩抛荒，欲返无所归，即归无所食，势不得不托贼巢栖身，借盗粮糊口。此非徒作招抚空谈，能收解散实效者也。前经降旨，剿抚兼施。大约谓自古惟闻用兵于敌国，不闻用兵于吾民，自相攻击，屠戮生灵。朕日夜哀怜，几废寝食。百姓极困思安，久劳思息，谅必一见恩旨，翕然来归。第思既归之后，目前何以食？将来何以居？务使此番安集，即成永远规模。设非虑及，他时恐倍难于今日。凡从各股贼匪中受抚来归者，应如何绥辑安插之处，令勒保就近传唤同知刘清及川省素有清名之州县，俾其悉心妥议具奏。刘清既素谐民望，必能深识民情。他乡流落者，如何资送还农；失所无依者，如何编丁占籍。朕几余检阅《明史》，成化中，项忠、原杰先后办理荆襄流民一案，具有章程，或可采取其法，施之当今。或因事异时移，不宜泥古，可一一详细奏闻。至陕省抚辑情形，马慧裕新授藩司，正伊职分中事，亦著详议具奏。"此谕亦知从官逼民反之后，求其症结而理之。顾首称"邪教逆匪"，意少矜怜，既不重视刘清，仅与他州县同被勒保传唤，即非有清勇于任事之地。在受抚者意中，见传唤者为旗下纨绔之勒保，被传唤者有腼然与刘青天并列之多员，固已索然意尽矣。项忠与原杰并称，前例已未能确辨性质，固知其知识在明昧之间。既知贪污害民，不向百姓告罪，而作此是非蒙混之语，知乱事之不能豁然立解也。清居官廉，逢陋规必裁，为大吏所不便。任州县所碍大吏者仅一州县，若任藩司则碍一省矣。清后为藩司，勒保即劾以“民社有余，方面不足”，改降运使。清知若任财赋，终不见容，致改武职去，帝竟听之。编修洪亮吉于四年上书，即云：“进贤退不肖，似尚游移。刘清尚为州牧，仅从司道之后办事，似不足尽其长。”亮吉几杀身，特宥犹获遣戍，刘清则终不大用，此足以见仁宗之持国是矣。

筑堡御守之策，二年已被斥不行。及仁宗亲政，有兰州知府留川督宜绵军中充左翼长之龚景瀚，复上坚壁清野之议，备陈调兵、增兵、募勇三害，征剿四难。谓：“先安民然后能杀贼，民志固，贼势衰，使之无所裹胁；多一民即少一贼，民居奠则贼食绝，使之无所掳掠。民有一日之粮，即贼少一日之食。用坚壁清野之法，令百姓自相保聚，贼未至则力农贸易，各安其生；贼既至则闭栅登陴，相与为守。民有恃无恐，自不至于逃亡。其要先慎简良吏，次相度形势，次选择头人，次清查保甲，次训练壮丁，次积贮粮谷，次筹划经费，如是行之有十利。”反复数千言，切中事理。嗣是被兵各省，举仿其法，民获自保，教无所逞，成效大著。论者谓三省教众之平，以此为要领。以上《史稿·循吏·景瀚传》。《史稿·循吏·景瀚传》略具全文，不备录。四年六月，庚寅，初三日。诏曰：“朕闻湖北随州，未被贼扰，因民人掘沟垒山，足资捍御，民间村堡，尽可照办。勒保、松筠、吴熊光，即晓谕百姓知之。”时勒保为经略，松筠督陕甘，熊光抚河南，四川则勒保兼督，湖北则勒保经略所在也。十一年，续修《皇清文颖》，仁宗出此议付馆臣载入，盖深赏之，而明亮、德楞泰前所奏为始行矣。

先是谕斥清野策为迂缓，严敕诸将力战。三年正月，擒覃加耀，以蒇事缓，夺额勒登保爵职。六月，破齐王氏、姚之宣，逼令陨崖死。七月，擒罗其清，又斩冉文俦，又诱擒王三槐，遂封拜勒保、和珅、福长安等，并释勒保弟永保于狱，而教乱仍如故。四年，仁宗亲政以后，三月，斩萧占国、张长更，又胜冷天禄一股，额勒登保迭进爵至一等男。七月，斩包正洪。八月擒龚文玉，又擒卜三聘。九月，毙汪正潅。十月，德楞泰擒高均德，封二等男，授参赞大臣。德楞泰前亦夺爵职。十二月，擒王登廷。五年二月，毙王金柱。三月，擒冉天元，晋德楞泰三等子。四月，歼教首雷士玉、孙嗣凤。五月，以歼净陕西教首刘允恭、刘开玉，擒获头目王洪儒，晋额勒登保三等子。七月，教首刘之协就擒于湖南宝丰，讯明正法。八月，歼毙教首伍金柱、宋麻子。九月，毙教首唐大信。十月，获张子聪。十二月，歼教首杨开第、齐国谟。六年正月，毙教首张世陇等，又毙徐万富等。二月，射死王士虎，生擒王廷诏。四月，擒教首高三、马五及马五之子，余众悉平，并前擒王廷诏功，晋额勒登保二等子，予提督杨遇春骑都尉世职。德楞泰又击毙教首张允寿。六月，德楞泰等追剿青号教众，淹毙首领徐天德。额勒登保等擒张天伦、伍怀志。七月，吴熊光等毙白莲教首王镇贤。勒保奏擒徐天寿、王登高等。八月，勒保擒冉学胜等，赏还一品顶戴，本年四月，革勒保翎顶。封三等男。是月，以三省大功将蒇，撤盛京兵归伍。十月，额勒登保擒辛斗及总兵苏启志。德楞泰击毙龙绍周。十一月，额勒登保奏督剿通江一带，擒获元帅冉添璜、头目庞思宇等，又擒高见奇、周万友等。十二月，额勒登保击毙头目苟朝献。七年正月，额勒登保擒辛聪。吴熊光等擒青号教首张允寿之子德贵。二月，额勒登保奏道员刘清擒李彬及辛聪之弟辛文。三月，勒保击毙张天伦、魏学盛及其元帅陈国珠等。德楞泰截击线号教众，毙其首领龚其尧，擒老教师李世汉、李国珍等。五月，勒保擒庹向瑶并老教掌柜徐天培、张思从及头目多名。庆成擒元帅康二麻子、总兵张昌元等。六月，德楞泰击毙樊人杰等并其妻子弟侄，晋三等侯。勒保击毙杨步青。七月，勒保又歼除黄、白、青、蓝四号教众，擒刘朝选，晋一等男。额勒登保击毙苟文明，晋一等伯。勒保击毙楚省教首赖先锋，扑灭全股，并兜截张长吉一股。十二月，额勒登保、德楞泰、勒保、惠龄、吴熊光等奏报川陕楚一律肃清。自成亲王、仪亲王以下，论功行赏有差。额勒登保、德楞泰俱晋一等侯，勒保、明亮俱一等男，赛冲阿、杨遇春俱轻车都尉世职。八年，诏四川、湖北、陕西、甘肃、河南被扰各州县，自元年至七年，带征缓征逋欠钱粮，普予豁免。

是时三省之靖也，不过著名教首络续擒斩，大股教众无复纵横，山林薮逋逃，未可核也。诏经略、参赞毋遽来京，诸帅分扼三省要冲，穷搜遁伏之教众。其众皆百战之余，出没为变，诱官军入林，突出格杀，翼长穆克登布中矛死。穆克登布与杨遇春同为经略翼长，俱以敢战名。清诸师拥胜兵，分多路会哨排搜，并予招抚，先后降青、黄、蓝及有名号之教众多起。八年五月，额勒登保奏陕境已清，川、楚各有零股数百，散窜延喘，已成从前之啯，别筹搜捕之策。乃与勒保、德楞泰督诸将分二十余路排搜老林。七月，三人再报三省肃清，官兵凯旋，乡勇遣撤，每人以银五钱缴刀矛，二两资回籍。各勇多骁桀习战，无家可归，复入山泽与所匿教众合。教首苟文润者领其众，势复张，戕副将朱槐。此众具悉官军号令，及老林径路，腾趫如猱，忽陕忽川，忽聚忽散，分军遇之则不利，大队趋之则兔脱，三省不得解严。十一月，德楞泰进击山中，前队乡勇忽与白莲教队中乡勇旧识相诉苦，官军大败，阵亡副将以下数十人。乡勇中以功曾得翎顶者，遣往招谕，苟文润杀之。诏悬赏购捕苟文润与向购苟文明等重。大帅统重兵，与畸零之教众角逐，时围逼一隘，辄复逸走，将士且久役思归，额勒登保时已改任钦差大臣督师，乃先汰遣疲病兵勇，又下令四卒擒一教者，即优遣回籍。而教众反纠散遣乡勇以益数，牵缀甚久。至九年夏，诏书切责，而暑雨时行，额勒登保、德楞泰、杨遇春皆病，时尚无欺饰报竣之弊，则诸帅尚得人也。八月，教中赵洪周乃应购斩苟文润出降，教众乃涣散，官军又奋起搜捕数著名头目，于是重报肃清。以九年九月班师。其不为明季之续者，以全盛博一隅，势不同耳。

用兵易，撤兵难。兵归原额则易，撤无归之兵大难。白莲教之役，用乡勇无几，撤时尚缀大兵经年而后定。其不先筹消纳之生计，仍是国无吏治也。

清自国初用兵，皆以八旗为主军，始命将皆亲贵。至乾、嘉时，已酣豢不足临敌，而犹用旗籍庶姓勋爵之裔，最疏远亦必为满洲世仆，时尚能得人，若额勒登保、德楞泰为将，为有方略及忠实可任使。《清史稿》言仁宗亲政，以三省久未定，卜宫中，繇曰：“三人同心，乃奏肤功。”遂常以勒保参两帅，功非其比也。而叙劳以清野策由勒保首行之，膺上赏，封伯爵，加宫保，正揆席，领军机，卒赠一等侯，谥文襄。殆亦自应其兆欤？汉人立功，杨遇春后由武转文，为总督，亦为异数。满人文武不分，汉人当时则仅有。与遇春起稍晚而齐名者为杨芳，时称二杨，三省平时为提督。道光初回疆有变，乃以功封侯，以宿将屡平川滇边乱，至鸦片案起对英吉利兵乃颇怯，为粤人所笑，则国防将转变矣。未几亦卒，幸以功名终焉。

## 第四节　嘉庆间兵事三——海患

海盗之为患，自明而始大且久，统名之曰倭。与万历间之出兵朝鲜御倭，截然非一事也。嘉靖平倭之说，亦不过殪其名酋，稍杀一时盗敌耳。至明末乃归结于郑氏。郑芝龙受抚而并歼他盗刘香，郑成功用其遗众而开台湾，则为明之遗忠。清用绿旗各营，举不足以与之争长技，则于漳泉习海之人中物色其能胜大任者，要亦皆郑氏旧部，有内衅而离郑自归，且亦视清为可与共功名者耳。台湾平后，经营海疆，习海者既开功名之路，亦遂暂分盗业，而倚海为巢，盗故时有。海上言剿捕之事，日有所闻，至乾隆末而大炽。盖盗以安南为外援，得大肆于粤、闽海滨也。安南黎氏，自明宣德间有国，入清累世臣服。其强臣阮氏，世逼其君。至乾隆五十四年，阮光平终逐其君黎维祁而代之。清廷先救黎氏，维祁已一次复国。及阮氏复逞，清师大败，总督孙士毅退入镇南关，帝撤士毅归，以福康安代将，光平乞降，而请主其国，恳赐封号，福康安遽受之，帝亦俞允，而转以福康安不能于此役受王封为惜。是为高宗之昵于所私，而犹以安南已降，张大武功，为十全之一。此高宗之汰侈，而亦清室之衰征也。

阮光平之发难，由佛兰西教士阿兰特为介，乞得佛国兵船为助，又仿造船械，训练其兵，颇师西人海上余技。既以兵篡国，国用不足，乃遣乌槽船百余，总兵官十二，以采办军饷为名，多招中国海盗为向导，为寇海疆。当乾隆五十七年，光平死，子光缵嗣。嘉庆初，各省奏擒海贼屡有安南兵将及总兵封爵敕印，诏移咨安南，尚不谓国王预知。安南黎氏甥阮福映以暹罗兵马黎氏复仇，号旧阮，而以篡黎氏者为新阮。光缵既与旧阮构兵，益苦费绌，其总督陈宝玉招集粤艇，肆掠海中。浙定海总兵李长庚御盗，获安南艇队大统兵进禄侯伦贵利。又有安南总兵黄文海，与盗目伍存七有隙，以二艇投于闽，闽乃用其式以造艇。盖是时盗有较坚巨之艇，清军弗及也。浙抚阮元讯伦贵利供，备得安南伙盗为患状。光缵谢罪，委之旧阮，而以伦贵利为罪首。时贵利已于取供后磔死。 清廷又以川楚白莲教事日棘，未暇深问，以国王不知赦之。嘉庆二年，光缵解盗犯六十余名至广东，降敕褒赐，而盗不止。七年，旧阮克新阮，光缵被擒。八月，福映缚光缵所招中国盗犯莫观扶等三名，皆受光缵封东海王及总兵职者。十二月，福映灭安南，遣使入贡，并陈复仇始末。又言其国本古越裳，乞以南越名国，帝以南越古两广地，不可予此名。八年，改为越南，封福映为越南王。越南不复通盗，而盗已得船械，驾官军之上，为海疆巨患矣。盗以同安人蔡牵为魁，有凤尾、水澳诸帮，皆附牵。商船出洋，勒税番银四百圆，时银圆乃外国币，谓之番银。回船倍之。结陆地会党济其粮械。官无舰，有舰亦不可用，雇商船载兵任战。既而粤仿商船造艇有效。浙抚阮元先奏，以李长庚总统浙定海、黄岩、温州三镇水师，旋升提督。阮元率官商捐金付长庚，造大舰三十，名“霆船”，铸配大炮四百余。而粤抚孙玉庭尚奏言：“古有海防，不闻海战。”盖入海搏贼，固非时议之所拟及也，而诏特行之。六年艇成，兵威大振，迭获盗中著目。八年正月，迫盗首蔡牵于闽，牵窘，乞抚于闽督玉德，纳之。牵请勿令浙师由上风来逼我，玉德调长庚兵居下风，牵遂缮器备物扬帆去。以畏霆船故，厚赂闽商，更造大于霆之船，载货出海济牵，而以被劫报。牵得大船复振，横渡台湾，劫米数千石，分济闽粤温盗米，遂与合。大船至八十余，势甚炽。长庚建议禁商造大船，免资盗。海上驰逐累年，牵未就获。十一年二月，扼之于鹿耳门，复脱去。诏夺长庚翎顶。长庚奏言：“船不得力，臣坐船尚较蔡牵船低五六尺，诸镇船更下于此。曾与诸镇议，愿预支廉造大船三十号，督臣以为需时费财，不肯具奏。”诏褫玉德职逮治，升湖南巡抚阿林保代之。阿林保至，连疏密劾长庚，请革职治罪。帝疑之，密询浙抚。时阮元以忧归，代者为清安泰，颇能与元同意倚长庚，为疏辩。帝意解，切责阿林保。疏言当时海军状甚悉，《东华录》不载，清安泰《本传》亦无之。谕旨中稍述数语，其原文详《圣武记》，而《先正事略》采之入《长庚事略》。今录之，以见中国前所无之技术，官与盗皆习海者，而后争此奇胜。

后则为欧洲尤习海而兼科学先进，海上技术，更非此比，则非徒不习海者不足言海事，中国之习海者亦相去甚远。此世运之不同，而善事之必先利器则一也。

清安泰奏言："长庚熟悉海岛形势，风云沙线，每战自持柁，老于操舟者不能及。且忘身殉国，两载在外，过门不入。以捐造船械，倾其家赀，所俘获尽以赏功，故士争效死。且身先士卒，屡冒危险。八月中剿贼渔山，围攻蔡逆，火器瓦石雨下，身受多创，将士亦伤百有四十人，鏖战不退，故贼中有'不畏千万兵，只畏李长庚'之语，实水师诸将冠。惟海艘越两三旬，若不燂洗，则苔粘蠔结，驾驶不灵。其收港并非逗留，长庚函署督温承惠，言以七月十日收港燂洗。阿林保抵任得其书。疑为私自回署，为具劾之首。且海中剿贼，全凭风力，风势不顺，虽隔数十里，犹数千里，旬日尚不能到也。是故海上之兵，无风不战，大风不战，大雨不战，逆风逆潮不战，阴云蒙雾不战，日晚夜黑不战，飓期将至，沙路不熟，贼众我寡，前无泊地，皆不战。及其战也，勇力无所施，全以大炮相轰击，船身簸荡，中者几何。我顺风而逐，贼亦顺风而逃，无伏可设，无险可扼，必以钩镰去其皮网，以大炮坏其柁牙篷胎，使船伤行迟，我师环而攻之，贼穷投海，然后获其一二船，而余船已飘然远矣。贼往来三省数千里，皆沿海内洋，其外洋浩瀚，则无船可掠，无岙可依，从不敢往。惟遇剿急时，始间以为逋逃之地，倘日色西沉，贼直窜外洋，我师冒险无益，势必回帆收港，而贼又逭诛矣。且船在大海之中，浪起如升天，落如坠地，一物不固，即有覆溺之忧。每遇大风，一舟折桅，全军失色，虽贼在垂获，亦必舍而收泊。易桅竣工，贼已远遁，数日追及，桅坏复然。故常屡月不获一贼。夫船者，官兵之城郭、营垒、车马也。船诚得力，以战则勇，以守则固，以追则速，以冲则坚。今浙省兵船皆长庚督造，颇能如式。惟兵船有定制，而闽省商船无定制，一报被劫，则商船即为贼船。船愈高大，多炮多粮，则愈足资寇。近日长庚剿贼，使诸镇之兵，隔断贼党之船，但以隔断为功，不以禽获为功。而长庚自以己兵专注蔡逆坐船围攻，贼行与行，贼止与止。无如贼船愈大炮愈多，是以兵士明知盗船货财充积，而不能为禽贼禽王之计。且水陆兵饷例止发三月，海洋路遠，往反稽时，而事机之来，间不容发，迟之一日，虽劳费经年，不足追其前效。此皆已往之积弊也。非尽矫从前之失，不能收将来之效；非使贼尽失所长，亦无由攻其所短。则岸奸济贼之禁，尤宜两省合力，乃可期效。"

帝责阿林保，谓："到任不过旬月，地方公事、海洋情形，素不熟悉，于李长庚更从未谋面，辄连次参奏，殊属冒昧。朕又不昏聩糊涂，岂受汝蛊惑，自失良将。朕已降旨，将剿办蔡逆，责成该提督。若阿林保因参奏不遂，遇事掣肘，致蔡逆逋诛，海疆贻误，朕惟执法惩办。浙省既无高大商船，阿林保等速在闽省雇募，迅即解交李长庚，口粮火药，亦须源源接济。"事在十一年八月。疏内"皮网钩镰"云者，蔡牵船用牛皮网纱多层，淋海水使湿，以御炮火，必用长柄钩镰拉去之，炮始有效也。嗣是长庚迭出击，至十二年十二月，率闽水师提督张见升追牵，穷所向，至黑水外洋，当粤潮阳县地，牵仅存三舟，长庚击破牵舷篷，自以火攻船，维其船后，敌急发一炮，适中长庚喉而殒。时闽、粤水师合剿，船械数十倍于敌，而张见升见总统船乱，即麾舟师退，牵乃遁，未就获于此役。

《啸亭杂录》："上罢玉德，以阿林保代之。阿林保见贼势难结局，置酒款长庚曰：'大海捕鱼，何时入网？然海外事无左证，公但斩一假蔡牵首至，余即飞章报捷，而以余贼归善后办理，则不惟公受上赏，余亦当邀次功，孰与穷年冒鲸波侥幸万一哉？'长庚慨然曰：'石三保、聂人杰之事，长庚不能为。且久视海舶如庐舍，不畏其险也。誓与贼同死，不与

> 贼同生。’闽督不怿。丁卯十二月，贼以三舟舣某岛，去官军半里，长庚以舟师围港口，计日就禽，闽督飞檄促战，动以逗桡为词。长庚斫舷怒，下令誓一日禽贼。贼决死战，有卒跳上贼船，几禽牵者再，牵奴林阿小素识长庚，暗中由篷窗出火枪，中长庚胸而薨。”

亲贵纪事，不满于旗员，而悼惜名将如此。其时满人之信望已坠矣。然核其言，殊未可信。玉德以五月革，阿林保由湘抚升闽督，奉命在五月十九日丙寅。七月间连劾长庚，谕旨明谓其到任不过旬月，于长庚更未谋面，但据称拆阅长庚致代督温承惠书，有“七月初十将兵船进港燂洗”，疑其私行回署。又于七月二十一日盗首李按一事，尚未知悉，遽迭参其玩误纵贼，力请革职治罪。疑忌参劾，自是实情。长庚在浙逐敌不暇，安有暇赴闽督置酒宴？新督亦知旧督以不得于长庚而夺职，因此谓非去长庚，督威不立，则有之；若敢于以大不韪之语，要长庚同意，必无是理。长庚本海中搏战，并非困敌于一岛，浙、闽会剿，何能飞檄专促长庚？长庚与阮元交最密，剿海盗事互助为功。元撰《长庚传》，于长庚中炮时事，则云：“见升本庸懦，又窥总督意，颇不受提挈。及是，远见总帅船乱，遽率舟师退，牵乃遁入安南夷海中。”则闽督与长庚自有芥蒂，亦属事实，但未必如礼邸所录之甚也。

长庚死事闻，帝谕有“览奏心摇手战，震悼之至”等语。追封伯爵，谥忠毅。命以所部王得禄、邱良功嗣任。军无总统，命阿林保择驻厦门、漳州一带调度。海盗巨酋，自蔡牵外有粤朱濆，与牵时合时分，互寇海疆。十三年，濆为金门镇总兵许松年轰毙，弟朱渥复领其众。浙洋复有土盗张阿治、骆亚卢等，为邱良功等所歼。十四年，朱渥以众三千余，船四十二，炮八百余，降于闽。旋邱良功为浙江提督，王得禄为福建提督。浙、闽将帅无间，以是年九月，合剿蔡牵于定海之渔山，乘上风逼之，转战至黑水深洋，逾一夜至明日午，良功见水已绿，近内洋，惧日暮敌更遁外洋，大呼，以己舟骈敌舟，闽舟又骈浙舟，敌死战，毁浙舟蓬，扎伤良功腓，浙舟脱出，闽舟又骈敌舟，敌余舟皆为诸镇所隔，不能救牵，牵船中创，毙余三十人，铅丸亦罄，以番饼作炮子，得禄亦受伤，挥兵火其尾楼，复以坐船冲断其柁，牵乃首尾举炮，自裂其船沉于海。封王得禄二等子，邱良功二等男。粤洋尚有安南余艇之众，百龄代吴熊光督粤，严断接济，粮及硝磺不得漏出洋，其众以外洋无可掠，乃冒死入掠内河，官兵守待捕斩，有以制之，而尚有总兵许廷桂败死，敌突围遁走一事。敌终以穷蹙，各帮先后降，百龄所降至二万余众，船三百余，炮千数百。粤事平，赏百龄轻车都尉世职。蔡牵余党亦降于闽，尚有千余人。时澳门葡萄牙人备兵舶二，英吉利备兵舶四，各愿助战，朝议不许。见《圣武记》。自后海上外国船械日精，官与盗旧法皆见绌，遂开新海防时代。

## 第五节　嘉庆间兵事四——畿辅天理教

嘉庆兵事，有何可纪？纪兵事，见吏治之败也。乾隆以前，非开辟疆外之兵不纪。乾隆中叶以后，台湾已为内属后之兵事，亦略之。临清一役，乃嘉庆教乱之先见者，以为时甚暂，亦不专述。而内乱之萌孽，实始乾隆朝之骄泰，为种败亡之因。嘉庆间，苗、教、海，皆内地子民，所以暴动者，皆缘官吏之非人，纵不尽由迫压，而寸土皆官治之地，一民皆受治之人，岂有省道郡县层层统摄，而为变之民，能久久部勒不散，酿成大乱之理？海事甫靖，教乱又兴，此事前接川、楚，后接金田，秘密党会之无法解散，于刘清之不见用验之。

嘉庆十六年春，有星孛见紫微垣，教众指为惑众之具，谓应在二年后之九月十五日。十八年七月十八日壬午，帝东巡启銮，秋狝并谒东陵。九月甲子朔，命随扈之皇次子绵宁、皇三子绵恺先还京。绵宁即宣宗讳，以先还，故得以宫中御寇立功，封智亲王者也。初十日癸酉，帝自避暑山庄回銮，而是时教众已事露先发。盖距九月十五之期已近，一则伏戎于道，要回銮之驾；再则窜迹入宫，起事即在禁中，皆其所预谋，以应期会。其主名则为天理教，又名八卦教，以卦名八字为分股之目。《圣武记》谓："天理教聚众敛财，愚民苦胥吏者争与焉。"可知民之从教，亦由官迫也。从教则何以减胥吏之苦，今不知其详。意当时胥吏多奉教，入教则可共一家，藉保身家，冀少受鱼肉耳。教首在河南者为滑县李文成，在直隶者为大兴林清。教众谋久，自必外泄。会知滑县者为强克捷，亦不似他上官及同僚之愦愦。有退吏讼系，感克捷白其诬，告以教众谋。克捷密封白巡抚高杞，申卫辉知府郎锦骐，请兵掩捕，皆不应。克捷知事急，于九月初六日，突执文成，先刑断其胫，及其党二十四人，繘之狱。夜半，其党牛亮臣劫狱出文成等，屠告发之退吏家，踞城叛，克捷及家属均死之。时高杞已调任热河都统，新任方受畴未到，旋仍命高杞留署。台斐音署巡抚而滑县失陷事，由直隶总督温承惠奏闻行在。十二日乙亥谕："温承惠奏河南滑县老岸镇地方，有匪徒黄兴宰、黄兴相并宋姓为首，兴天理会。于本月初七日聚众滋事，滑县已失，县官被戕。长垣县亦有习教之人。高杞若尚未离豫，著督同河北镇总兵色克通阿防堵，勿令匪渡河滋蔓。"又"以温承惠为钦差大臣，偕古北口提督马瑜驰往长垣、滑县剿贼"。又"命陕西提督杨遇春来直隶协剿"。又"命山东巡抚同兴巡防山东边境，剿捕贼党"。十三日丙子，又谕："据素纳当是正定镇总兵。奏：东明县朱炜禀报：县属齐五集铁匠张文典，首称有长垣县南乐集人姜复兴，托打钢刀十把。该县盘获姜复兴，究出伊与滑县白家道口宋义升、长垣县马塞村马文陇伙同习教。当将姜复兴收禁。又于初十日，长垣县典史刘世治禀报：民人王白小，向都司陈梦熊首告，知县被害，都司领兵抢出该县尸骸，遍身有伤，身首异处。又知开州于晓禀报：东明县城被围危迫。恤长垣知县赵纶，量赏铁匠张文典。”十四日丁丑谕：“色克通阿奏：滑县匪徒牛亮臣等，杀入县署，劫放狱囚。著添兵并力歼除。”十五日戊寅，驻跸髫髻山行宫。山东巡抚同兴前奏：“拏获金乡县编造歌词敛钱惑众之匪徒李允魁、崔士俊、张文明等十八人。”至是又奏：“崔士俊供：‘先从城武县刘燕习八卦离字教，又从直隶长垣县徐安国习震卦教。徐安国告以今岁九月交白洋劫，届时老教首给白布小旗插门首，可免杀戮。’”又据奏：“定陶县城于初十黎明被陷，文武官存亡未保。”又递到十三日由五百里驰奏折。十一日，曹县续陷被据，敕温承惠与东省并力夹击。此皆九月十五日以前各日事。由强克捷先破教众之谋，刑伤其首，致三省交界地带，不及期尽发，而行在无警矣。十六日己卯谕：“绵宁、绵恺奏：本月十五日午刻，突有贼入苍震门，经总管太监擒获。未刻，内右门西又有贼越墙入，绵宁仓促取进鸟枪，击坠墙上一贼，又击毙手执白旗在墙上指挥之贼。”又谕：“仪亲王等递到折，称剿办事已大定，讯取活贼供词，贼进禁城二百名，歼毙及活拏者三十一名。又供地安门外尚有贼五百名。此项余贼如何办法，著回奏。”旋知已为留守京师王大臣入卫官兵所擒捕。此为九月十五克期直攻内廷之教众拒退情状。十六日，诏停谒陵回京。十七日，下诏罪己。是日，步军统领英和等选派番役，于近京之宋家庄拏获林清，盖由前同兴奏首犯刘真空潜匿离京二十八里之沙河，即谕英和派弁兵巡察，至是拏获。供称：“前生姓刘，所有十五日禁城贼匪，由伊派拨属实。”又据所供太监刘得财等伙同入教。引入东华门者，刘得财、刘金；引入西华门者张太、高广福；又王福禄、阎进喜在内接应。又究出杨进喜，亦由西华门引路。复严诘林清，坚供太监在内同谋者止此七人。凌迟处死完案。此办理禁城之情形也。

直、东、豫三省失守各州县，以李文成为首，既戕官据滑县城，胫断不能远出，遂不能与京畿教众相应。林清竟不知外地消息，坐待所定期日行事，无援而败。滑城教众萃精锐于距县十八里之道口镇。镇临运河，有积粮，据以号召诸所据州县，而出兵围浚。时温承惠督兵大名，巡抚高杞军浚，皆按兵不动。同兴亦闻报逾旬不发兵。刘清于川楚军罢，仁宗从其志辞布政使，改任山东运使，力争于同兴始发，身先士卒以攻，总兵陈某反随其后作策应，而奏报中以同兴在山东战绩独佳。帝不满于温承惠，诏以陕甘督那彦成代为钦差大臣，节制三省兵进剿。那彦成以阿桂孙蒙倚任，又调禁军及西安、徐州兵益之。至卫辉，闻滑势盛，请俟调山西、甘肃、吉林索伦兵五千而后进。诏以“远道征兵，非数月不达，任贼蹂躏，束手坐视，停留长智，或奔突四出”，严旨斥之。赖杨遇春能战，在东省又有刘清，亦尚因以有恃。至十一月，各县皆复，惟滑坚厚而多粮，教众以守，无敢忤。官军围之久，教众拥李文成出收外属众，作西入太行之计。文成胫创，以车载乃行，招众四千，入辉县山，据司寨。总兵杨芳追之，累战，夺司寨。李文成自焚死，获其尸，然后并攻滑。滑城外官军已屡隧地谋轰城，辄为城中觉阻之。杨芳来，乃成掘隧计。十二月十日，药发城崩，官军夺城，巷战自晡至夜，俘教首牛亮臣、徐安国等。事平，那彦成加宫保，封三等子；杨遇春三等男；杨芳、刘清赏赉有差。是役敢战者惟平川、楚旧将，而那彦成居功首，刘清则径改武职，名从其志，抑可谓失人矣。时用人之柄，满洲固例居人上，汉人以科目为重，若刘清起拔贡，与苗役之傅鼐起吏员，皆不易自显。视雍正时之用田文镜、李卫，不受翰林出身者排挤，虽未必尽当，然帝王自有魄力，非仁宗之所能及矣。

强克捷以先发，刑李文成断胫，功大，事后赐谥忠烈，世袭轻车都尉，官其二子，于原籍韩城及滑县各建专祠，并加韩城学额。所扰各县中，惟金乡知县吴阶守御有法，得不破，事平，超升曹州知府。沈宝麟撰阶《传》，详其城守功，乃颇得义和团之力。此知义和团由来已久，与天理会向仇敌，故官收其助。宝麟，嘉庆三年举人，官汤溪教谕，所纪自当时事。近言秘密会党者，谓白莲教在北变义和团，又言诸教会皆明遗忠，此持种族见，皆迎合潮流语。今满族去矣，各省红枪、黑枪、大刀、小刀之会如故，此又何说？在理会弥漫全国，亦不闻有他变。说者又附会吕留良之孙女吕四娘曾刺雍正帝至死。吕四娘之说，余亲见吾乡许国英伪造，当时责其紊乱史实，为失纪载之道德，许唯唯。今许君殁矣，而其说为浅薄好事者所乐述。又以《聊斋·侠女篇》为证，夫《聊斋》多脱胎《广记》，以笔墨自娱，原不负纪事之责，且蒲松龄卒于康熙五十四年，何以能知雍正十三年以后事。以好奇之故而不顾常识，愿谈历史者自重，勿蹈此陋习。

宣宗守御有功，相传因此而得大位。然据《东华录》，《宣宗录》首云“嘉庆四年四月初十日，仁宗遵密建家法，亲书上名，缄藏镉匣，默体先志，慎简元良。由是寿皇展拜，则命随行；裕陵敷土，则命恭代。隐然以神器攸归，面稽列圣，寅承对越，胥寓深心。”云云。则建储不待立功后矣。云“缄藏镉匣”，不云“缄名于乾清宫正大光明匾额后”。其镉匣究藏何所？缄名之制，定自世宗，高宗承之，皆在正大光明匾后。但高宗两缄储名，一则先夭，一则亲行内禅，俱不待受遗诏而后启镉。仁宗则缄镉而不书正大光明匾。文宗以后，穆宗系独子，德宗、宣统系西后援立，以便其私，无所用其缄镉。高宗作《储贰金鉴》，发明从古立储之害，若千圣百王，早定太子，皆为不智。此实因噎废食之拙计。父子兄弟，一片机心，天伦薄，人道乖，真夷狄之俗也。正大光明匾，不过在乾清宫内，苟欲窃视，有何阻难？仁宗以后，更不置匾后，据当时记载，乃托之于内侍之身畔，以内侍之身，当正大光明之匾，此一内侍，怀此重器，在宫中给事历数十年，以小人挟此神秘，其变幻何所不有。其未肇清室之大变者，别有天幸，谓为可作家法，可傲千圣百王，则真无知之见矣。宣宗已名在镢匣二十余年，宫中更有御寇大功，又仁宗元后所生惟此一子，依历代立储法，亦为天定无可改移之事。乃仁宗崩后，遍觅镢匣不得，大臣搜索御箧，最后于内侍之身得之，不知彼内侍于帝崩后，犹不自陈明者何故！若搜而不得，是否遂不立嗣君？以此言之，尤为出于情理之外，诚荒诞之甚也。《清史稿》于戴均元、托津两《传》，俱载其事。尤详者包世臣所撰《戴均元墓碑》。世臣童试时即受均元知，均元历官中外，世臣从游数十年，得之口授，不应无据。且墓碑传拓行世，方当宣宗在御之事，岂能以无据之言，诬蔑宫寝，将不为戴及己身家计乎？然则语必可信，录如下：

> 《戴均元墓碑》："庚辰嘉庆二十五年。春，拜文渊阁大学士，晋太子太保，管理刑部。七月，公偕满相托文恪公名托津。扈滦阳围。甫驻跸，圣躬骤有疾不豫，变出仓猝，从官多皇遽失措。公与文恪督内臣检御箧十数，最后近侍于身间出小金盒，锁固无钥，文恪拧金锁发盒得宝书，公即偕文恪奉今上即大位，率文武随瑞邸成礼，乃发丧，中外晏然。"

所云"锁固无钥"以为慎密，而盒在近侍之身已二十一年，谓无钥为不可开，是何异俚俗语谓箱箧被盗取去，主人自庆云："钥尚未失，盗无如此箧何也。"

## 第六节 道光朝士习之转移

嘉庆朝，承雍、乾压制，思想言论俱不自由之后，士大夫已自屏于政治之外，著书立说，多不涉当世之务。达官自刻奏议者，往往得罪。纪清代名臣言行者，亦犯大不韪。士气消沉已极。仁宗天资长厚，尽失两朝箝制之意，历二十余年之久，后生新进，顾忌渐忘，稍稍有所撰述。虽未必即时刊行，然能动撰述之兴，即其生机已露也。若赵翼之《皇朝武功纪盛》，严如煜之《苗防备览》《三省边防备览》，皆有涉世务之作。但在嘉庆朝为极少数。至道光时则时事之接触，切身之患，不得不言有三端：曰盐，曰河，曰漕。议论蜂起。当时亦竟有汇而刻之以传世者，贺长龄之《经世文编》是也。未几海警渐动，士大夫急欲周知外事，疆臣为倡，林则徐之译各国图志，徐继畲之译《瀛寰志略》，皆为筚路蓝缕之功，而纪蒙古之《游牧》，作藩部之《要略》，皆在于此时。道光间学士大夫之著作，非雍、乾之所有，亦可谓非嘉庆朝所有矣。盐、漕、河三事，能文绩学之士皆有论述，而当事之臣采用之，朝廷听纳之，颇有改革。惟河患迄未能以人力挽回，至咸丰初天然溃决，不可收拾而后改道，乃得苟安数十年。此道光朝之国事，亦即道光朝士习所由成也。分述如下。

盐务之坏，坏于高宗之侈心。清代家法，以不加赋为永制。不加赋云者，固念民生，尤杜子孙之以侈得祸也。圣祖六次南巡，东巡、西巡及亲征漠北，累巡塞外，俱不闻所过病其劳费。高宗亦六次南巡，则昭示太平，跸路所过，皆有点景，尤以扬州为极盛，高宗所谓“商人捐办，不碍务本之民”，此即取之盐业为一时自谓得计。实则节次内乱用兵，平教乱者三，平海患者一，何一非由私盐利厚而成？然事非直接，上下相蒙，不发其覆。至道光间国课积亏，乃始哗然盐法之弊。此士论以盐为集中之点者一也。

考唐以前榷盐之法，偶行辄罢，不为经制。刘晏以善理盐策著名，置十三巡院以捕私，“私”之名始见于史。继晏者更累加盐赋，而私之利益厚，积私贩为枭盗。有厚利以歆之，而趋附日众；有拒捕以习之，而犷悍日增，捕以公战怯，枭以私斗勇，既常苦于不相敌。而为他劫掠之盗，民必仇之，助官纵迹除患；为枭盗则与国争利，无累于民，民反得廉价购盐之益，故不加嫉视或反阴庇之。至秕政更多，善良失业，倚盗为生者益多，则大乱成矣。黄巢之亡唐，张士诚、方国珍之亡元，皆最著之盐枭。明之倭寇，清之海盗，倚海为家，即依盐为活。其余凡持久不散之秘密社党，无资粮不能团结，资粮莫如私盐。此必然之事无待疑议者也。官盐价平，至私盐无利而枭自散，无所用其捕也。以捕胜私，则为盗练抵抗之力，使由小盗为大盗而已矣。

《清史稿·食货志》:“垂舆屡次游巡，天津为首驻跸地，芦商供亿浩繁，两淮无论矣。”此说盖指高宗之南巡。夫谓长芦、两淮因供亿乘舆而致困商耶？则正不然。亏帑许其病国，加价许其病民，商挟帝眷以挥霍于其间，正是最得意之日。芦商海宁查氏，声气之广，交结之豪，世称天津水西庄。至所谓查三膘子，历见诸家笔记，至今流为戏剧。淮商则《扬州画舫录》所载，园林栉比，尽态极妍，备一日之临幸，即为诸商家豪侈娱乐之所。河道稍宽，则就凿为湖，所凿之土，垒于湖中，名小金山。岩石嵌空，楼台曲折，经营于其上，导御舟至其地登岸。蒙允则一夕造成御码头，白石广平，翼以栏盾。登岸即天宁门外上下街，诸商所造园林盛处。今虽一片荒凉，遗址犹人人能指点也。《食货志》又言:“盐商时邀眷顾，或召对，或赐宴，赏赉渥厚，拟于大僚，而奢侈之习，亦由此而深。”此商倚国而为豪举，帝自以为不累民，而盐贵私盛，养成枭盗不知凡几。国取润于商资，商转嫁于民食，国取其什一，商耗其百千，谓民食贵盐而即有碍生理，其说为主张加价者所笑，谓斤加数文，人食盐多不过三钱，斤盐可供两月之食，一人一月多负担数文，何至告病。不知商品贱则销，贵则滞，所争在毫厘之间。官盐价贵，即为枭贩驱除。内乱之萌，起于枭贩，枭贩必有结合，则所谓秘密社会皆发生于是，长养于是。近时人留意秘密社会史料，吾以一言蔽之：官盐价不敌私盐有以造成之耳。

乾隆间，帝王与盐商之自生轇轕，尤可怪叹。《食货志》言："或有缓急，内府亦尝贷出数百万，以资周转。帑本外更取息银，谓之帑利，年或百数十万，数十万，十数万，不等。自三十三年，因商人未缴提引余息银，数逾千万，命江苏巡抚彰宝查办，盐政高恒、普福、卢见曾皆置重典，其款勒商追赔。至四十七、四十九两年，乃先后豁免三百六十三万二千七百两有奇。"

> 清国史馆《彰宝传》："乾隆三十三年二月，调江苏。六月，两淮盐政尤拔世奏缴本年提引征银，谕曰：'此项银两，历来盐政并不奏明，显有朦混侵蚀情弊。且自乾隆十一年提引之后，每年二十万至四十万不等，以每引三两计，应有千余万两。著彰宝会同尤拔世详查。'寻查得前任盐政高恒、普福，运使卢见曾藉端侵肥状，俱伏法。"

此一案，各书叙述不明。《东华录》虽谕斥之文甚繁，而提引之来源未著。清世《三通》述盐法，皆不及此事。各记载中，以卢见曾之牵涉多为一代文学名流，往往道及卢之得罪，所谓"卢雅雨都转狱事"，王昶、纪昀、赵文哲等皆得罪，高恒、普福定斩候，卢定绞候。时卢已七十八岁，未伏法死于狱。合《食货志》与《彰宝传》观之，知高宗借帑给商，规取利息，本利齐拔，年数十万。前后套搭，永无清日。其实则商人按引提银备缴，所提之数甚巨，而缴者则年止二十万至四十万而止，其余商又中饱。盐政运使则坐享其馈送，代为蒙混，不报提引确数。事历二十余年，忽于尤拔世为盐政时，题明所提为每引三两，则至少以年销五十万引计，亦应有三千万两。以故兴此大狱。夫盐引所提，皆盐价所出，孟子所谓“上下交征利，而国危矣”。财货不自天降，不自地出，必有自来。理财者以为取于盐为最轻微而易成大数，是诚然矣；殊不知有私盐以拟其后。此则国危之真谛，圣贤所垂戒，断非揣测过甚之词也。

乾隆中叶以后，教乱海患，迭起不止，民生之糜烂，军饷之耗费，不可数计。而养成之源，尚无人指陈盐弊者。商人营求盐政，定为封轮之制，轮到售盐，不准争先抢售，致有跌价。把持愈甚，盐价愈坚，私销愈畅。道光元年，两江总督孙玉庭奏请楚岸开轮。二年，盐政曾燠奏称：“轮规散后，有亏商本。”玉庭奏驳之。湖广总督陈若霖亦言：“本年较前实溢销二十六万余引。”既而楚督易李鸿实，又徇商求，言“抢售难免”。八年复封轮。时两淮私枭日众，盐务亦日坏。淮盐岁应行纲额百六十余万引，及十年，淮南仅销五十万引，亏历年课银五千七百万；淮北销二万引，亏银六百万。于是朝廷始认为切己之事，召江督蒋攸铦还京，以江苏巡抚陶澍代之。澍，湖南安化人。嘉、道以后，留心时政之士大夫，以湖南为最盛，政治学说亦倡导于湖南。所谓首倡《经世文编》之贺长龄，亦善化人。而澍以学问为实行，尤为当时湖南政治家之巨擘。澍之治盐务，先见于其嘉庆末为川东道时。川东道驻重庆，私盐横行，沿江千百成群，当事议令营汛开铳击遏，澍谓是必激变，请减价敌私，计减四分之一，居民尽食官盐，私贩遂绝，数郡安堵，而商销亦倍额。此川盐事。川盐之减价，有司尚能主持，遂有此效。淮盐则积重更难返，而减价敌私为根本之计，则天下所同也。

道光十年，澍既为两江总督，朝命户部尚书王鼎、侍郎宝兴赴江宁，与澍会商改革盐法。京朝官所陈变法有二：一、就场定税，二、立厂抽税。皆主一税后听其所之。澍用运使俞德渊议，皆以为未可遽行，主申明旧章，以除弊为兴利，奏定章程十一条。钦差亦密请裁盐政归总督管理，以一事权。于是先行票盐法于淮北，废淮北纲商，以裁陋规为轻本敌私之根本办法。陋规悉在杠坝，起杠过坝，历五坝十杠，再改捆大包赴岸，官吏胥役，层层需索。每引成本至十余两。今立法在改道不改捆，不由杠坝淮所旧道，而改从王营减坝渡河入湖，且每包百斤，出场更不改捆，直抵口岸，除盐价钱粮外止加运费一两，河湖船价一两。每引五两有奇，减于纲盐大半。民贩由州县给照，赴场买盐，分司给以三连票之一连，立限运岸，不准票盐相离及侵越到岸。始则官胥吏举嚣然议其不便。澍委员领运倡导，使人灼知其利，远近辐辏，盐船衔尾到岸，未及四月，请运已逾三十万引，无改捆之搀杂，盐质纯净，而本轻价贱，私贩无利，改领票盐乃有利，贩私皆贩官矣。非特完课有赢无绌，兼疏场河，捐义厂，修考院，本为盐引附纳之项，以销畅收旺，百废俱兴，盖以轻课敌私，以畅销溢额，故一纲行两纲之盐，即一纲行两纲之课也。又是岁海州大灾，饥民赖输运之多，转移佣值，全活无算。此淮北彻底变法之效也。

淮南则厘除积弊，大端有三：一曰裁浮费。淮盐自正课外，扬商大费，谓之公费；岸商有费，谓之匣费。公费旧定七十万两外，总商复浮用数十万两。盖存留普济、育婴、书院、义学等项，而裁其御书楼、务本堂、孝廉堂等处挂名董事岁支二十余万两。又各衙门公费，及盐政、运司书役辛工纸饭，并乏商月折等项，岁需银八十余万两，则加删除。于本身所管盐政衙门，即裁十六万余两。扬州每年正开支三十万，匣费则湖广汉岸，每引征至一两二钱，已有百余万两，乃奏定公费、匣费两共每引正征四钱，永不加增，各费共减银百十余万两。至纲商并不自运，沿自前明，即得国家特许，谓之窝家，亦名根窝。其运盐之商，先向有窝之家买单，然后赴场纳课，以一纸虚根，先正课而享厚利，致商本加重，昂价病民。但既未革纲商之名，定为每纲每引给一钱二分，亦省费百四十余万两。领运旧例，名目过多，致运司衙门书吏多至十九房，商人办运请引，文书辗转至十一次。盐务大小衙门，节节稽查，为需索陋规之具，交运司查明删并。二曰慎出纳。盐课入库，向来不分正杂，遇有紧解，百计挪应，始则以帑本抵额课；迨帑本罄，则令商豫纳减纳，而以豫给印本抵课；迨商垫复穷，则又令其以印本帖息质贷，而以减帖额数摊于后数纲，辗转葛藤，莫可究诘。又有总商管库，不行盐而专领费，甚至名为报效，实出库垫冒支，从无报销。乃奏分二库，以正项贮内库，专候部拨；以杂项贮外库，不许以正项挪垫。革去总商管库以杜侵渔，永禁印本减帖以截虚抵，俾勿贻后患。三曰严粮私船私。向日粮艘回空，夹带芦私，每占正纲三月额销。澍派弁力查，令行禁止。至十三年，漕督贵庆奏请漕舟许带芦盐，仍完淮课，以剂家丁。御史亦以为言。澍三奏驳之，谓不但病鹾，亦且误漕，盖漕船回空带私，即有随帮风客，除本分利，此出赀附和者即是枭犯，坐占淮南数十万引纲额，随路停泊卖私，尤误回空归次之期，即误下年趱运。丁情苦累，止可准带土宜免税津贴。若以鹾纲为丁舵沾润之计，则以天庾正供之船，为聚集匪党之薮，所卖尽长芦之私，所缺尽淮南之课。澍力争绝之。此严于粮私也。盐船遭险，例予津贴，并许批补沉失之盐，免其输课。自准封轮，守轮待售，迁延时日，船户盗卖后，凿沉空船，运商例有津贴批补，且可分装多船，越轮先售，是为淹消之名，尽出卖私虚报。又重斤夹带，一船所装不止报运之数。盐船由埠头串通商伙，勒扣水脚，甚且由船户出钱买装，倒赔水脚，共图贩私之利。澍定水脚按例价照实核发，各船拟次统号，连环保结，蹈故习者，船户埠保一并治罪。汉岸派员会盐道办理散轮，永不许再有整轮，以杜延滞。如实有淹消，准其补运，不准免课，并停津贴。又从前淮盐必由仪征全数运汉，验实后折回下游各口岸行销。粮船、江船贩私则随路售盐，官盐水脚加重，益不敌私。澍请查明各口岸额销，豫发防杜越运之水程，照例汇缴，以省周折。又挑浚仪征内河，利运道而轻商本。此严于船私也。三大端既定，纲商自乾隆间所积弊混，固不容复试，然恤商亦无所不至，尤恤实在运盐之商，而坐享根窝之利者，则予以限制。此淮南虽不彻底变法，而亦收化私为官之效者也。

澍未受任以前之十年中，淮南只行六纲，淮北尤只行三纲。每年奏销报解，恃有二途：一则全亏帑本七百余万，而以帑利贻患后来纳课之商。一则设豫纳、减纳、贴息名色，寅支卯粮，以数十年后之课，豫亏之于数十年之前，以致旧商累倒，新商裹足。至道光八年、十年间，已无可挪垫，无可借贷，遇报解则库如悬罄，遇开纲则只收空本。澍改章以后，年清年款，又带征还未销印本积欠残课三百数十万。所不得志者，游食于淮鹾之士绅官吏，扬州人家，至有以纸牌绘桃树，另绘一伐树之人，以寓诅咒者。十二年九月，澍奏："蠹商被革，乾俸全裁，从前之每年坐食数千金、数百金者俱多怨恨，兼闻扬人相斗纸牌，绘一桃树，另绘一人为伐树状，以寓诅咒，其切齿若此。恐误全局，请易专管为兼管，以顺物情。"宣宗不许。只有避让之语，初无根究之心，足国利民，内省不疚，得行所学，固已幸矣。

黄河夺淮数百年，淤垫已甚，至道光间岌岌不可终日，士大夫以筹河为急务。河底已高于平地逾丈，赖堤以夹之，行全河于人家屋脊之上，断无可以安心之理。于是议者争言改河。或谓堤外筑堤，再成一河身，而以原有之河身为堤之一面。或谓引入六塘河，使改道入海。事皆窒碍难行，徒有议论驳辩而已。至咸丰五年，河决兰阳铜瓦厢，夺大清河入海，始听其自然改道。当道光间，所争议而得行者，惟筑坝改用石为用砖，事易实验，然且勘驳停废，争而后复。其实用石拥堤，亦起于嘉庆之末，而行于道光之初。初用石时，亦多异议，既用石十余年，议者亦以石为便，而反对砖。总之，胥侩既成之窟穴，把持者多，工程之学不明，有精心任事之河臣，则以经验而得善法，中枢无定识，往往易于动摇。略志之，以见科学未明时河工之程度。

禹之治水，水由地中行，地面高于水，以地域水，所谓堤工，不过使地不刷入水中致有淤垫而已。其时即有护堤之法，大约堤内隔若干距离，置一当水之物，使水不直冲堤土，盖视水之流向，而定其有可当之冲，则为之布置当冲之物也。旧法束柴秸为之，其形如扫，遂名之曰埽。嘉庆末，黎世序督江南河道，以柴秸值昂费縻，于长河埽工挺险处所兼以碎石填护，埽遂无失，秸值亦平，遂奏减值十之一。又奏御黄、束清两坝，址过深，请积石基之，俱有效。而胥侩侧目，异议蜂起。世序言："昔贾让策言：'为石堤五。'师古云：'聚石堤旁冲要之处，激去其水。'《水经注》载王诲言：'大河以竹笼石、苇葺土为遏，坏败无已。请疏山采石，叠以为障。'工防宜石，古籍显著。"为固工节帑计，遂于道光元年，与总督孙玉庭合奏，略云："徐城旧有护堤碎石，即滨山工埽，亦以填护壕御湍溜，碎石既利于徐，于长河宜无不利。夫河防平时恃埽，水盛没滩始恃堤，至河流纡曲，溜势逼堤，则又恃埽卫堤。埽坝专用柴秸，即坚实亦易朽腐，每岁拆旧使新，费倍力殚。自间埽填石，上下均倚为固。且埽斗立，易激水怒，故埽前淘深或四五丈，或六七丈，石则迤下，高一而坡二之，水遇坦坡，即游缓无湍激。又膏以河泥，凝致巩固。故有石之埽，恒少蛰陷；其上下无石之埽即朽塌，补筑亦易为力。难者谓石数冲击，渐入中深，恒病梗阏。不知南北堤相距千余丈不等，至狭率七八百丈，河流经者不过二三百丈，余尽滩淤旁溜，迁徙靡常，攻塌南堤，则北堤生滩，逼扼此堤，则彼堤沙涌，埽石既不患攻塌，则溜且去而刷滩。夫以广千丈之河，岂惧此十余丈之埽石，且河中深率一二丈，独埽前溜激，始镂啮至四五丈，中深不及埽前之半，石既沉重，偎护埽前，庸能舍此之下而就彼之高哉？”奏入，得旨：“岁行之为例。”时议始息。此河工用石护堤之一争议也。

道光十五年，栗毓美督河东河道，时串沟久为河患。串沟者，在堤河之间，始仅断港积水，久而沟受河，又久沟尾入河，于是串沟遂成支河，而远堤十余里之河，变为切近堤身，往往溃堤。毓美莅任，乘小舟周历南北两岸，时北岸原武泛串沟，受水已三百丈，行四十余里，至阳武泛，沟尾复入大河，又合沁河及武陟、荥泽诸滩水，毕注堤下。两泛素无工，无秸石，堤南北皆水，不能取土筑坝。毓美乃收买民砖，抛成砖坝数十所。工甫就而风雨大至，支河首尾皆决数十丈而堤不伤，于是始知砖之可用。疏陈办理情形，以图说进，寻奏请设窑造砖。御史李莼疏言其不便。十七年五月，命宗室肃亲王子尚书敬征赴东河查办，并令李莼随同往勘。七月奏云：“密采舆论，用砖抢办险工，未可深恃。治河之法，不外以土制水，镶埽以料合土，取其柔能抵刚。碎石质重体坚，取其刚以制柔。砖本土成，可济料石之不足，但沿河土性沙咸，断难坚实。且近堤例有取土之禁，近料宜防意外之虞，应请停止。烧砖已停，应以改办碎石为急务。请自本年始，将豫提防险银十万两，尽数采办碎石，限明年伏汛前运工。其旧例于添料银十万两内，以六成购石，仍照常发办。”奉旨“如所请行”。毓美疏争言：“豫省历次失事，皆在无下处所，堤长千里，未能处处筹备。一且河势变迁，骤遇风雨，辄仓皇失措。幸而抢护平稳，埽工费已不赀，镶埽引溜生工，久为河工所戒。昧者转谓非此别无良策。查北岸为运道所关，往者原阳分溜，几掣动全河，若非用砖，费何可数计？今祥符下汛，陈留一汛，滩水串注堤根，形势正与北岸同。滨河士民，多有呈请用砖者，诚有见于砖工得力，为保田庐，情至切也。夫事有益于民，断无不利于国；特事近于创，难免浮言。前南河用石之始，众议纷如，良由工程平稳，用料减少，贩户不能居奇；工简务闲，游客幕友不能帮办谋生，是以妄生浮议。赖圣明独断，敕下东河试办，至今永庆平成。惟自用碎石，请银几七十余万两，嗣改办六成碎石，然因购石不易，埽段愈深愈多，经费仍未能节省。自试办砖，三年未生一新工，较前三年，节省银三十六万。盖豫省情形与江南不同，采石只济源、巩县，采运维艰；砖则沿河民窑不下数十座，随地随时无悮事机。且石性滑，入水流转；砖性混，入土即黏，卸成坦坡，自能挑溜。每方砖块直六两，石价则五六两至十余两不等。碎石大小不一，堆垛半属空虚；尺砖千块为一方，平铺计数堆垛均实。每方石重五六千斤，而砖重九千余斤。是一方石价，购砖两方，而抛砖一方，可当石两方之用也。或谓砖块入土易损裂。不知砖得水更坚，抛成砖坝，一经游泥，即已凝结。或谓抛筑砖坝，近于与水争地。不知堤前之地，尺寸在所必争。自来镶埽之法，堤前必先筑土坝数十丈，然后用埽镶护，砖则无须乎埽。师土坝之意，不泥其法，抛作坦坡，大溜自然外移，未有可筑土坝而不可筑砖坝者。所占河面无几，安得有与水争地之患？夫堤前水深则险，水浅则平；水近则险，水远则平。自抛筑砖坝，凡堤前水之深且近者，莫不浅且远。尚书敬征来豫，据道厅密禀，谓‘砖办险工，未可深信’。连年水小，未敢自谓必可施行。今十八年盛涨，较二年、十二年尤为猛迅，砖坝均屹立不移，并未出险生工，可知遇大水亦能得力。且上年春间仪睢厅、秋间中河厅河水下卸，塌滩汇坝，抢镶埽段，旋即走失，因砖抛护，均能稳定。砖办险工，较镶埽更为便捷。昔衡工失事，因滩陷不能镶埽，马工失事，因补堤不能得碎石。使知用埽不如用砖，运砖易于运石，则费省而工已固矣。各厅有工之处，皆易为力；惟无工之处，串沟隐患，必应未雨绸缪。若于黄沁、下南豫储砖块，则可有备无患。应储之砖，仍令向民间采买，不必厅员烧造。此外别无流弊。”疏入，奉谕：“该河督既确有把握，朕即责成办理。”毓美又言：“从前治河用卷埽法，并有竹络、木囷、砖石、柳苇，自用料镶埽，以秸料为正宗，而险无定所，亦无一劳永逸之计。缘镶埽陡立，易激水怒，其始水深不过数尺，镶埽数段，引溜愈深，动辄数丈，无工变为险工。溜势上提，必须添镶；溜势下坐，必须接镶。片段愈长，防守愈难，新工既生，益形劳费。埽工无法减少，不得已而减土工，少购碎石，皆为苟且因循之计。自试抛砖坝，或用以杜新工，或用以护旧工，无不著有成效。且砖工不特资经久，而堆储亦无风火堪虞，从此工固澜安，益复培增土工，专用力于根本之地，既可免漫溢之患，亦保无冲决之虞。”宣宗嘉纳之。巡抚牛鉴入觐，谕以毓美治河得手，遇事毋掣其肘。此河工改用石为用砖之又一争议也。

漕运之制，未行海运以前，为承明代军运之法。明军制遍设卫所，复唐府兵之旧，而漕则始由民运，后乃兑与卫军。明代军制既紊，除边卫尚有任战之军外，腹地卫所，有漕之处尚充运，其余调充班军，只以供役。万历末年以后，卫兵不可用，纷纷召募，兵已重出，饷已不尽由于各卫之屯田。屯田亦辗转侵变，原额纷舛。清初所恃武力在八旗，余则招降之官兵及群盗，不编为汉军旗者，悉隶绿营。向所谓卫所屯田之军，不任战守之事，惟于有粮运之处仍任运粮而已。

《清通考》:"顺治三年，更定屯田官制。每卫设守备一员，兼管屯田，量设千总、百总，分理卫事。其原设指挥、副指挥等，俱裁去。改卫军为屯丁。凡卫所钱粮职掌及造船事务，并都司、行都司分辖，皆仍旧。七年，令卫所屯田，分有无粮运科征。先是卫所屯田，分给军丁承种，因有操演、城守、捕盗、领运之责，科征较民地稍轻。至是裁汰卫军，凡有运粮卫所，屯粮仍旧派征；其无运粮卫所，屯田俱照州县民田例，一体起科。十三年，定屯丁贴运之例。浙江金乡等卫，有屯无运；杭、宁、温、台各卫，嘉、湖、严、衢各所，有屯带运；金华等所，处、绍等卫，无屯有运，应均算津贴。向例漕船一艘，派屯田一百五十一亩有奇。今议定带运卫所，照数分派，余田征租银拨贴无屯卫所。至有屯无运卫所，若有愿运者，照例给田佥运；若无领运者，计田征租银，拨贴无屯卫所运丁。至康熙十年，以屯丁缺额，定每船给田一百一十三亩。"

此清初以来规定之漕制。至道光时漕事弊极，其大弊与河患相连，而政事之不理亦居其一。今先言政事之妨漕者。政既妨漕，漕又妨政，亦论政之可为炯戒者。盖屡次开捐，到省候补之员多，无缺可补，则以差委为调剂。盐、漕、河，皆容纳差委之大窟穴。以漕而论，据当时包世臣《剔漕弊说》:"各卫有本帮千总领运，而漕臣每岁另委押运帮官，又分为一人押重，一人押空。每省有粮道督押，又别委同、通为总运。沿途有地方文武催趱，又有漕委、督抚委、河委，自瓜洲抵淀津，不下数百员。各上司明知差委无济公事，然不得不借帮丁之脂膏，酬属员之奔竞，且为保举私人之地。淮安盘粮，漕臣亲查米数，而委之弁兵。通州上仓，仓臣亲验米色，而委之花户。两处所费不赀。又一总运费二三万金，一重运所费二三千金，一空运，一催趱，费皆浮于千金。又沿途过闸，闸夫需索，一船一闸，不下千文。故帮丁专定运粮，其费取给于官而有余；合计陋规贿赂，虽力索州县之兑费而尚不足。此帮丁之受朘削于大吏也。”又据江督孙玉庭《恤丁除弊疏》：“旗丁勒索州县，必借米色为刁制。各州县开仓旬日，各厫即已满贮。各丁深知米多厫少，必须先兑。每藉看米色为由，逐厫挑剔，不肯受兑，致使粮户无厫输纳，往往因此滋事。旗丁即乘机恣索，州县不敢不应其求。或所索未遂，即借口米色未纯，停兑喧扰。及至委员催兑开行，各丁不俟米之兑足即便开船，冀累州县以随帮交兑之苦。”此旗丁于受兑前刁制州县之弊。“漕米兑竣，运弁应给通关，而过关出自尖丁。尖丁者，积年办事旗丁也，众丁及运弁皆听指挥。尖丁索费，必先议定私费，再议通帮公费。故有尖丁后手及程仪等项名色。州县不遂其欲，则通关勒靳不交，至使州县枉罹迟延处分。”此弁丁于既兑后刁制州县之弊，此州县之受勒索于帮丁也。又据江督蒋攸铦《拟更定漕政章程疏》：“州县既须贴费，势不能不向粮户浮收；州县既有浮收，势不能不受包户挟制。缙绅之米，谓之衿米；举贡生监之米，谓之科米；素好兴讼之米，谓之讼米。缙绅之米，不能多收；刁生劣监好讼包揽之辈，即升合不足，米色潮杂，亦不敢驳斥。并有虚收给串，坐吃漕规，以图买静求安。受制于刁衿劣棍，仍取偿于弱户良民。良善乡愚、零星小户，收至加五六而不敢抗。始则忍受剥削，继亦渐生机械，贿托包户代交，较自交加五六之数，所省实多。包户日多，乡户日少，刁民效尤，良民亦渐趋于莠。吏治民风土习，由此日坏。此漕弊之相因而成积重无已之实情也。”

至运河受黄河之累，当嘉庆间，已成不可救药之势。《清史稿·河渠志》：“嘉庆十四五年间，淮、扬、运河三百余里浅阻，两淮盐政阿克当阿请俟九月内漕船过竣，堵闭清江三坝，筑坝断流，自清江至瓜州分段挑浚。下部议，覆称：‘近年运河浅阻，固由叠次漫口，而漫口之故，则由黄水倒灌，倒灌之故，则由黄水垫高，清水顶阻，不能不借黄济运，以致积淤溃决，百病丛生。是运河为受病之地，而非致病之原。果使清得畅出敌黄，并分流济运，则运口内新淤不得停留，旧淤并可刷涤。若不除倒灌之根，而亟亟以挑浚运河为事，恐旋挑旋淤，运河之挑浚愈深，倒灌之势愈猛，决堤吸溜，为患滋多。'命尚书托津等偕河督勘办。"此勘办未言结果，盖河无办法，运河终无办法，部覆已言之甚明也。又曰："自嘉庆之季，黄河屡决，致运河淤垫日甚。而历年借黄济运，议者亦知其非计，于是有筹及海运者。道光五年，上因漕督魏元煜等筹议海运，群以窒碍难行，独大学士英和有'通筹漕、河全局，暂雇海船，以分滞运，酌折漕额，以资治河'之议。下所司及督抚悉心筹划，卒以黄、运两河受病已深，非旦夕所能疏治，诏于明年暂行海运一次。"时议论之士多有力促海运之成者。齐彦槐有《海运南漕议》，谓："驳海运之说者三：一曰洋氛方警，适滋盗粮。二曰重洋深阻，漂没不时。三曰粮艘须别造，柁水须另招，事非旦夕，费更不赀。然三者皆无虑。出吴淞迤南多矶岛，水深澜巨，非鸟船不行；迤北多碛，水浅礁硬，非沙船不行。鸟船必吃水丈余，沙船大者才吃水四五尺。洋氛在闽、粤，皆坐鸟船，不能越吴淞以北也。不足虑者一。沙船聚上海，约三千五六百号，大者载官斛三千石，小者千五六百石。船主皆崇明、通州、海门、南汇、宝山、上海土著富民。一船须银七八千两，一主多者有船四五十号，名曰船商。自康熙二十四年开海禁，关东豆麦至上海年千余万石。布、茶各南货至山东、直隶、关东者，亦由沙船载而北行。沙船有会馆，立董事以总之，问其每岁漂没数，不过百之一。今南粮由运河每年失风，殆数倍于此。上海人视江宁、清江为远路，而关东则每岁四五至，殊不介意，水线风信，熟如指掌。关东、天津之信，由海船寄者至无虚日。此不得以元、明之事为说也。不足虑者二。秦、汉、唐漕粟入关，未言官艘，唯《刘晏传》有官漕之说，谅亦杂雇民船。国家除南粮外，百货采办，皆官与民为市，且间岁有采买米粮以民船运通之事。山东、江南拨船，皆由雇备。雇船未尝非政体，何必官艘？沙船以北行为放空，南行为正载。凡客商在关东立庄者，上海皆有店，有保载牙人，在上海店内写载，先给水脚，合官斛每石不过三百余文。船中主事者名耆老，持行票店信放至关东装货，并无客伙押载，从不闻有欺骗。又沙船顺带南货，不能满载，皆在吴淞口挖草泥压船。今若于冬底传集船商，明白晓谕，无论其船赴天津，赴关东，皆先载南粮至七分，其余准带南货。至天津卸于拨船，海南粮一石，给水脚银五钱，上载时每石加耗米三升，卸载时以九五折收，合计南粮三百五十万石，不过费水脚一百七八十万两，曾不及漕项十之三四。陆续开行，二月初，江、浙之粮即定可抵淀，往返三次，全漕入仓矣。船商以放空之船，反得重价，而官费之省者无数，又使州县不得以免费、津贴、旗柁名目，藉词浮勒，一举而众善备。先期咨会浙江提镇哨招宝、陈钱，江南提镇哨大、小洋山，会于马迹，山东镇臣哨成山十岛，会于鹰游门，以资弹压护送。而淀津有拨船数千号，足数过载。由淀津抵通二百里，无粮艘阻滞，挽行顺速。惟装卸及发水脚，若任吏胥克扣需索，则船商或畏怯不前。悉心端意，了此一节，亦非难事。至行之有效，然后筹裁撤粮艘，安插柁水，清查屯田，皆有条理可循矣。”

彦槐在嘉庆季年上此议于苏抚，苏抚召与诘驳，终以不必改章为言，寝其事。至陶澍抚苏而办海运，世以盐、漕两大改革推澍，澍亦善用通人议也。当道光四年，南河黄水骤涨，高堰漫口，自高邮、宝应至清江浦，河道浅阻，输挽维艰。吏部尚书文孚等，请引河入运，添筑闸坝，钳束盛涨，黄水挟沙，日久淤垫，为患滋深。朝廷亦知借黄济运非计，于是嘉庆间驳斥之海运议复兴。当嘉庆时，苏抚之寝彦槐议，亦承朝旨而然。盖勒保督两江，时有患运河阻滞建议海运者，勒保挈浙江大吏会奏海运十二不可行。于嘉庆十六年奉谕“海运既多窒碍，惟有谨守前人成法，将河道尽心修治。万一盈绌不齐，惟有起驳盘坝，或酌量截留，为权宜之计，断不可轻议更张”等语。明旨煌煌也。海运议再起，诏江督、漕督、苏、浙巡抚魏元煜、颜检、张师诚、黄鸣杰各就辖境情形筹议。诸臣惮更张，以窒碍难行入奏。其时前任江督孙玉庭，因渡黄艰滞，军船四十帮须盘坝接运，请帑至百二十万金。未几，因水势短绌，难于挽运，复请截留米一百万石。上令琦善往查，覆称：“玉庭所奏渡黄之船，有一月后尚未开行者，有淤阻御黄各坝之间者，其应行驳运军船，皆胶柱不能移动。”帝震怒，元煜、玉庭、检均得罪。协办大学士户部尚书英和建言：“暂停河运以治河，雇募海船以利运。国家承平日久，航东吴至辽海者，往来无异内地。今以商运决海运，风飓不足疑，盗贼不足虑，霉湿侵耗不足患。以商运代官运，舟不待造，丁不待募，价不待筹。至于屯军之安置，仓胥之稽察，河务之张弛，胥存乎人。矧借黄既病，盘坝亦病，不变通将何策之从？”诏仍下有漕各省大吏议，迁延半载不决。会澍由皖抚移苏，与总督琦善奏言：“海运虽属创行，海船实所熟习。折漕变价数百万，势必银涌贵而谷陡贱，恐官民交困。请以苏、松、常、镇、太四府一州之粟，全由海运，其安徽、江西、湖广，离海口较远，浙江则乍浦、宁波海口或不能停泊，或盘驳费巨，仍由河运。使布政使贺长龄亲赴海口，督同地方官招徕商船，筹议驳运兑装等事。澍又亲往雇定沙船千艘，三不像船数十，分两次装载，运米百五六十万石。朝命设海运总局于上海，并设局于天津，复命理藩院尚书穆彰阿会同仓场侍郎驻津，验收监兑，以杜经纪人留难需索诸弊。海道水师会哨防护，并如十余年前齐彦槐所议。六年正月，各州县驳运之米，以次抵上海受兑，分批开行，计水程四千余里，旬月抵津，一船不损。穆彰阿赴验米色，莹洁远过河运。海商运漕而北，载豆而南，两次得价，且由部发帑，收买海船耗米十余万石，其出力之商，优给顶带，皆踊跃过望，先后共用银百余万两。不请一帑，而漕项银米，自解津应用及调剂旗丁外，尚节省银米各十余万。其海关免税不过万余，视河运又省费过倍。此商民具有组织能力，而国家始利用之；书生具有政治通识，而公卿能采取之，皆世运之渐变也。明年，江督蒋攸铦再请踵行，而朝议以河湖顺轨，又不许。历二十年，各省岁运额漕，逐渐短少，太仓积粟，动放无存。二十六年，诏复行海运，始为常例。至轮船通行，益无风险之说，而招商局且揽为国营公司专利，不许外国商船承运，则无复河运之事。由今思之，漕事本不成大议论，且交通既便，亦无庸议漕，而古来代有烦言，清世于道光朝作一改革，在当时为极可纪载之事实，撮述之，以见昔人知识之无法骤开，而士大夫之明通强干者，能救一时之弊，已不可谓非难能可贵矣。

## 第七节　鸦片案

道光朝兵事，六年有叛回张格尔之役，十二年有叛瑶赵金龙之役，不旋踵而皆定。清廷之威信尚存，亦恃川、楚立功宿将。杨遇春、杨芳之于回，罗思举之于瑶，转战迅速，而赏功必以旗籍大员居上。实则平回大帅长龄，主张割西城膏腴，封回酋而退守东四城；平瑶钦差宗室禧恩攘功逃责，均暴露勋贵之无能，其事皆不足述。至鸦片一案，则为清运告终之萌芽。盖是役也，为中国科学落后之试验，为中国无世界知识之试验，为满洲勋贵无一成材之试验，二百年控制汉族之威风，扫地以尽，于清一代兴亡之关匪细也。

三代以后，至清中叶以前，国无外交名义。“外交”二字，作罪恶之称。《礼记》所谓“为人臣者无外交，不敢贰君”。《谷梁传》所谓“大夫无境外之交，束修之馈”。至于国君，则名为天子，即无敌于天下。四征不庭，乃为王者。至力屈于敌，明明卑以事之，仍称彼来曰“款”，我往曰“抚”。此古来夷夏相对之通例。鸦片案乃引起事变之端。中国之盲于外交，应受事变之教训，则固不自量力者所必致也。政治不自量力，必使万国就臣妾之列；学问不自量力，致使国防民用皆自趋于弱与贫，而以强与富让人。苟非如此，鸦片案何由发生？即发生鸦片害人，乌即成束手屈服之交涉？故鸦片非主因，中国之政与学相形见绌，乃其主因。今先略述鸦片案之来历。

中国自古有罂粟，词赋家皆或赏艳其花，农学家或采用其实，为济荒之用，从未有发明其为毒品者。明万历间李时珍作《本草纲目》，始有阿芙蓉一品。时珍解云：“阿芙蓉前代罕闻，近方有用者，云是罂粟花之津液也。”又引王氏《医林集要》，言是天方国种红罂粟花，不令水淹头，七八月花谢后，刺青皮取之者。作《医林集要》者为王玺，当与李时珍时代尚近。天方国用以入药，据云纪元前早已传自希腊，既而流行各国，印度尚为最后。取浆凝为干块，款客嚼食如槟榔。明末，始有苏门答腊人吸食之法。康熙中，台湾平，海禁弛，沿海居民，得南洋吸食法，精思之，遂成中国吸烟特色。流行各省，至开馆卖烟。雍正七年定兴贩鸦片罪至充军，开馆卖烟照邪教惑众律拟监候，船户地保邻佑人等杖徒；失察之地方文武及关监督严加议处，是为鸦片定罪之始。时尚未定吸食者罪名也。嘉庆十五年以后，一再饬禁。而自英吉利以公司侵占印度之后，制烟土益精。英商以贩烟为大利，始犹泊于澳门，以葡萄牙既有之埠地为卸载转贩地；既且移之黄埔，于货物中夹带私售。道光元年，申禁洋船至粤，先令行商具结，所进黄埔货船，并无鸦片，方准开舱。若行商容隐，查出加等治罪。开馆者绞，贩卖者充军，吸食者杖徒，法愈密矣。行商者，粤商十三家，经官立案，开设洋行，以承接外商之贩货来者。其初十三家谓之洋商，而外商则曰夷商。后订约讳言“夷”字遂称外商为洋商，洋行并废，外商得自设行栈销售。乾嘉以来不如是也。当有洋行时，外商非投行不能销货。英人设公司经理贸易，主其事者名曰大班。大班来粤，率寄寓洋行。洋行优其供应，而朘削之无所不至。初定行佣，每两货价奏抽三分，继而军需出其中，贡价出其中，又与关吏相比，课税增、规费亦增，取之十倍二十倍于前。而十三洋行为世业，悉索于外商，养尊处优，驾两淮盐商之上。今所传粤中富家刊刻丛书，若海山仙馆潘氏、粤雅堂伍氏，皆当时洋行十三家之一也。鸦片不过商品之一，其实即无烧烟案，通商既久，必有变端。一缘葡萄牙擅澳门之先占利益，二缘粤关之加重规费。葡商在澳门，筑高楼而居，其商船到者，只纳船钞，别无课税。他国之商，船泊黄埔，钞课并纳，又非投行，无寄顿销售之策。既销之后，又不能久寓，必回澳租赁葡人之屋，谓之住冬。葡人俨然为各国之东道主，各国皆羡之。而英人商务尤盛，印度又近，重以鸦片之销行，视中国贸易尤重，而不得如葡人之有根据，嘉庆间，一再窥澳门，葡人辄请中国援助。粤督辄宣谕不许相犯，或且绝其互市，迫令退师；其时英人不敢深抗。中国固地主，有主权。而心不能平，必欲谋一相当之地，以雪见绌于葡人之愤。此一事也。中国关征之法，应本宽大，守“讥而不征”之训，各关所定征额甚微。以粤关论，乾隆《会典》所载十八年奏销之额，广东海关五十一万五千一百八十八两，为天下额征最巨之关。其时江苏海关额征只有七万七千五百有九两。今以上海关为收数最高，年必数千万。

可知通商以后，国家之受惠实多矣。昔时额征之外，或解羡余，不为常例。而士大夫往往用名刺讨关。关督爱才者，过客投一诗，以为可观，即许其满载而去。百年以前，中国国民为别一种风味。但国家并无多取之意，官吏自有婪索之能。课赋之外，加以规费，关员之外，加以行商。所领军需、贡价，未尝不为公用，而又决非正供。洋行求取于外商者多端，遂分内用外用名目。当康熙间平定台湾，始开海禁，外商通互市之处，原不限定粤中。康熙三十七年，设定海关，英人始来通市。然粤近澳门，寄寓近便，多聚于粤，粤关即迭增重费，外商争执不见应。雍正中控于大府，稍稍裁减，未几如故，乃有移市入浙之志。商船赴舟山者日多，粤督争之，奏请浙关增税使倍于粤。朝旨亦以宁波番船云集，日久留住，又成一粤之澳门，将示限制，许增浙关税。未几复定制，外商不准赴浙贸易，归并粤港。粤洋行益据垄断之利，诛求不已。于是乾隆二十四年英商喀喇生遣通事洪任辉仍赴浙，请在宁波开港。而浙抚已奉新令，悉毁定海关夷馆。闻又有舟泊舟山，发令驱逐，断其岸上接济。洪任辉愤甚，自海道至天津，乞通市宁波，并讦粤关陋弊。七月，命福州将军来粤按验，得其与徽商汪圣仪交结状，治圣仪罪，而下洪任辉于狱，久之乃释。后又禁丝斤违禁出洋，亦为英商所不便。隐忍既久，乃于乾隆五十八年，英王雅治遣使臣马嘎尔尼等来朝贡，表请派人驻京，及通市浙江宁波、舟山，天津，广东等地，并求减关税。不许。六十年，复入贡，表陈中国大将军前年督兵至的密，英国曾发兵应援。的密，即廓尔喀也。奏入，敕书赐赍如例。

英国两次入贡，其后一次有表文，无专使，特由在粤大班名波朗者呈粤督请转奏。《东华录》具载之，故宫复发表原档。盖为前一次贡使回国后之回讯耳。附带土宜，作为贡物，亦不过大呢六箱。所欲就此次说明者，为廓尔喀之役曾有助力，补述之以见好于中国而已。其动机为欲避粤关，改市赴浙。商人请之不得，由国王具礼命使代请之。此其君民利害之相共，资本主义之实行，与当时中国人心理不同。转译表文，亦失原意。在康熙、雍正朝当不如此盲昧。

英国经此郑重声请，仍不得当。嘉庆中，英遂有一再谋占澳门之举，中国又禁格之，使不得逞，事在七年及十三年。至十五年，其大班又禀控粤抚，谓贸易资本皆自国帑借领，不堪亏折，请酌量裁减，以利远人。粤抚韩崶饬司议，寝不行。二十一年，英国复遣使分入京、粤。其入粤者，先以谒见仪注起争执。盖旧制，外夷贡使见制府、将军皆免冠俯伏，大吏坐堂皇受之。英使加拉威礼不可，署督董教增勉许免拜伏礼，使者免冠致敬，大府离席立受，在粤主宾，尚为成礼。其入京之正贡使罗尔美、副贡使司当东，舟抵天津，朝命户部尚书和世泰就津赐宴，有司谕以谢宴应跪叩，不可。又告以乾隆五十八年该国使臣入觐仪注，不答。和世泰导使臣至圆明园，仁宗御殿受觐，使臣称病。帝怒其无礼，却贡不纳，旋虽酌收数事，仍颁敕赐以珍玩以答之。然为粤关规费事而来，本意竟未能达，怏怏而去。

乾隆五十八年觐见礼节，据档案：八月初六日字寄留京王大臣，有“使臣迁延装病，不知礼节。伊无福承受恩典，亦即减其接待之礼，以示体制”等语。次日又有寄字，有“该使臣等经军机大臣传谕训戒，颇知悔惧。既遵天朝法度，自应仍加恩视，以遂其远道瞻觐之诚”等语。则是此次英使曾为中朝勉行拜跪礼也。然据嘉庆二十一年英使来聘档案，司当东原系乾隆朝贡使之子，随带来京，此次责以拜跪，并据当时已行之礼为谕。而司当东言，“彼时礼节，虽经目睹，实系年幼不记得”等语。或者彼时中朝自行斡旋之处，对外言贡使已悔惧，而实未面行觐礼，但留其文于案牍中耶？

至道光时，外商已自立公局为寓所，不住洋行，不复循回澳住冬之例。会粤城外大火，民居荡然，外商修葺公局，多占民居旧址，为民所控，粤抚朱桂桢督役拆毁。英商禀诉，以八事相要挟，“移泊外洋，停止开舱”，相持半年始解。凡此纠葛，外商率致怨于粤。此二事也。

有以上两种积嫌，国家不足酬远人儌惠之恩，即惟有震以畏威之策。若示以威不足畏，则要挟狡展，势必有变端矣。鸦片则会逢其适之物也。当时有一派，目击烟销日旺，银钱外泄，成中国绝大漏卮，昌言自种自销，抵制英印所产，收回利权。此光禄卿许乃济所奏陈，知名之士若吴兰修、仪克中皆有是说。疆臣则卢坤约略言之，不敢明请。粤抚祁填则具稿请邓督领衔，邓亦允之，而为粤绅持清议者所阻。同光间有伪撰《洪经略奏对笔记》行世，其中主张种烟抵制印土，殆即许乃济、吴兰修辈所为，托之洪承畴以惑宫寝。兰修有《弭害论》，见梁廷枏《夷氛记闻》，畅发此指。十八年，鸿胪卿黄爵滋有“漏卮宜防，请置重典”一奏，诏下内外诸臣，广收众议。众无敢言开禁者，独湖广总督林则徐言尤悚切，且规画防禁之法尤备。宣宗为所动，谴言弛禁者。降太常卿许乃济为六品顶带，召则徐至京面授方略，以兵部尚书佩钦差大臣关防驰驿赴粤，会督抚商办。定贩卖吸食皆死，著为令。则徐至粤，粤督邓廷桢亦贤者，体朝旨厉行禁约。除严拏贩烟吸烟之犯，又穷治外来烟土，务尽毁之以绝根株。时英商尽匿烟土于趸船，泊椗零丁洋面者二十有二艘。钦差、粤督坐堂皇，传集十三洋行，发交谕帖，令转谕英商公司，呈报存储烟土实数。时公司大班名义律，得谕迁延不复，则徐侦知英最巨之烟商查顿已遁，其次颠地尚与义律在夷馆谋遁，乃锢其所用买办华人，而调巡船围泊夷馆后，使不得下河；又筏断河口。义律计无复之，乃请就黄埔栈房及椗洋趸船所有，共二万二百八十三箱，尽数呈缴。则徐亲赴虎门验收，凡二百三十七万六千二百五十四斤。奏请派员解京。得旨令在海口销毁，俾军民知所震畏。乃开池引卤水入，随投随夹以石灰，俟其扬沸，旋自糜烂。盖以火烧之，烟灰亦为吸品。同存性之石灰，随水糜烂，乃与灰黏合，无复烟之用也。则徐之布置周密如此。奏定缴烟外商，计箱赏茶叶五十斤。当时出洋茶税石二两五钱。洋行会馆，由公司包饷费六两七钱，并运至海口水脚，及武夷山买价。恩赏则一律蠲兑，所得亦颇抵烟值。遴随员知府余保纯、刘开域颁汉夷字结式，令诸国缮缴。义律坚不具结，负气缴还所赏茶斤，谓“遵结则后有烟土夹带，货没入官，人则正法，恐各商在途尚有烟土，不敢由彼一身代认此责”。时在澳门会议，葡商亦谓“货可充公，人则西国无斩首例，请不具正法字。”则徐以所请不与内地办法画一，斥之。保纯亦无以难义律之说，为具牍代请，而义律则谓委员已许之矣。既为则徐驳斥，乃怨大吏反复，以护货之兵与我舟师抗，我舟攻其趸船于零丁洋，毁其二艘。义律率货船屡战，皆中于炮而退。有英船愿缮结纸求入者，义律挥兵阻之。具结请入之船，见提督巡洋，坐船树红旗，又误以为来战，亦燃炮迎击。接仗凡六次，卒为舟师击毙无算。时别国货船向不带烟者，皆遵令具结，惟英船不就范。大理卿香山曾望颜请封关禁海，设法剿办。下粤中议，则徐以违抗只有英商，不拒各国，正可以夷制夷；粤人以海为生，尤不宜设禁自窘。奏覆而止。

案林文忠禁烟之切实，备战之严密，分别各国之审慎，皆无可议。惟严催具结而不急为英商裁革粤关规弊，无以慰其积年希惠之心，未免视外人之弊害稍有隔膜。即取结，亦稍操切。但严厉禁烟，为民除害，外人舆论亦不甚以为非。若有恤商之德意，平众商之怨尤，义律虽狡，无能鼓煽，事可不至扩大。且体念远人，保其商利，亦大国应持之正义也。

文忠未免忽之。缴烟每箱赏茶叶五十斤，计烟价略相当，出《夷氛记闻》。然文忠《政书》原奏作五斤，且总计赏十余万斤，合五斤之数，岂《记闻》之误耶？

英市既绝，英商船至者三十艘，阻于义律，不得入，咸怨咎之。义律惧，请许率诸商还澳，俟本国信至，开舱贸易，词颇婉顺。而朝旨虽允不禁海，然对英封禁甚严，则徐不敢更张，峻拒之。英船泊外洋，以厚利购接济。则徐自出驻海滨，罔避风雪暑雨，辛勤筹备，民多感愧，相戒无复私售。十九年冬，朝命改则徐督粤，调廷桢督两江，旋改浙闽。英国自得粤中焚烟之讯，其国会议禁烟理直，当听中国之命。而义律以商人烟土被焚，请国库给价；且印度烟销为大利，怂恿发兵。英廷争议汹汹，卒决称兵，命其国戚伯麦率本国兵船十余艘、驻防印度兵船数十艘，联䑸东向。则徐自奉旨断英市，首责诸国毋听英假借船号，毋代运出入货物；激励美、法，使不直英国所为。又以俄旧亲华，而与印度邻，英、俄相忌，又约属夷廓尔喀伺印度之隙。且知英远来费巨，鸦片减值而售，成本不敷尽供军用，决其持久必蹙，与提督关天培定议，严防要隘，全力剿办，悬赏购捕斩义律及白夷黑夷价有差；获其船者，财物尽充赏。移会闽海、江、浙，各刻意防其舍粤他犯。二十年夏，英兵船至，则徐奏闻，尚有“以逸待劳，以主待客，彼何能焉”之谕。英船至粤月余，无隙可乘，驶三十一艘赴浙，经福建，突攻厦门。浙督邓廷桢驻闽，出驻泉州，檄金厦道刘耀椿守御，炮击沉其兵船一，水师焚攻其一船，毙英兵数十。英全䑸驶至浙之定海，陷之。朝命江督伊里布为钦差大臣，赴浙视师。革浙抚乌尔恭额职，旋定罪绞候，以刘韵珂代。经此一挫，而朝旨突变。此宣宗意志之不定，任事者之不能执成命以行事，亦世变之所以不可支持也。

浙未失事以前，剿办意甚坚决。则徐对英人请求较近情之语，亦不能留伸缩之余地。当上年九月义律以兵抗战时，九龙炮台击沉英船奏捷折，奉批："不患卿等孟浪，但患过于畏葸。"而于折内又累加旁批。折文云："苟知悔悟，尽许回头。"其旁批云："不应如此，恐失体制。"折文云："奉法者来之，抗法者去之。"其旁批云："未免自相矛盾。恭顺抗拒，情虽不同，究系一国之人，不应若是办理。"十一月初八日，有诏："英夷反复，先放大炮。未绝其贸易，不足示威。即使此时出结，亦难保无反复情事。兹屡次抗拒，仍准通商，殊属不成事体。区区货税，何足计论。彼自外生成，尚何足惜！着林则徐等酌量情形，即将英吉利国货贸易停止，船只尽行驱逐，不必取结；凶犯亦不值令交出。着出示列其罪状，宣布各夷，倘敢包庇潜带入口，从重治罪。"云云。则徐接此字寄，所以对义律之婉求无从通融也。洎定海一失，粤中之蜚语亦即上闻，谓"缴烟时先许以值，后负之而致激变"。此事当时有数说。

《夷氛记闻》云："林公至粤，居越华书院。洋行总散各商，侨寓其侧，备日夜传讯。义律呈缴禀至，夜传总商入见，责以'汝为官商，倘有私许以价，而后设法赔补事，慎汝脑袋'。总商叩首力言不敢而出。盖是时粤人纷纷疑夷人居奇之物，不数日而呈缴净尽，意行商必许以事后给价。及闻公言，畏得罪，不能不负约以自保，不暇复计夷怨，而夷已禀缴无及。然语皆出揣测，事秘，罔有显据也。"

金安清撰《林文忠公传》云："公才望赫奕冠寰宇。英酋义律慑公威重，与广府余保纯、洋商伍姓者密议，愿缴在海船土二万一千箱，易丝茶偿。余乃常州绅士，为公抚吴时激赏，素以干力著。伍则与义律最昵，知使节不久留，欲弥缝其间，而阴与洋行、分年偿其直。其禀牍恭甚。公据其词入告，奉旨嘉奖，有"不虑尔等孟浪，但虑尔等畏葸"语。公乃驰檄宣示英国王，词意剀壮，外国争传其文。就省城外浚大地，焚毁数月始尽。陶文毅卒，旋奉旨调两江总督。枢相忌其功，思困之，乃请以邓调两江，而移公为粤督。命下，余、伍之初计沮。”

据上两说，许给烟价事有之，而非则徐所知。但衅之由生，亦不由偿价负约。义律并未形诸文牍。因勒令具结，致成决裂。且即给价购焚，亦不甚失体。果有其事，则徐尽可先奏，何必讳言？朝廷以此罪则徐，上欲加之罪耳！当浙陷定海之际，英船留澳门者，忽焚澳门后通香山之关闸，为守闸之前山营都司炮伤英兵数十，沉其小舟。七月十八日，则徐所遣副将陈连升率游击马辰，攻其泊磨刀洋之兵船，战胜，以捷闻。奉批斥则徐贪功启衅。则徐遂力陈六月后粤海防范情形，请戴罪赴浙竭力图克复。不报。

奏言：“窃臣奏报拿获鸦片烟犯折内，钦奉朱批：‘外而绝断通商，并未绝断；内而查拿犯法，亦未能净，无非空言搪塞。不但终无实际，又生出许多波澜，思之曷胜愤懑，看汝以何词对朕也。钦此。’”此为当日所奉严旨，亦未有许给价后负约之说，但转变太速，殊乏君人之度。

是月，伯麦偕义律驶天津陈诉，出一汉文奏本，上直隶总督琦善转奏。其文为英人所具，可证则徐无许给烟价之语。文惟见《夷氛记闻》，录以明以前粤中英人所借口之真相。

奏云：“英吉利国臣统领本国水师主帅子爵巴儿多兔，谨呈天朝大清国大皇帝驾下：窃巴儿多兔现奉敝国主命，协同本国陆路统领总兵官布尔利，带领水陆军兵战船，前来贵国。缘为去年本国之正领事官义律，暨来贵国贸易之商民，竟被广东钦差林、邓总督凌辱无道，以众欺寡。并一向敝国之商民到广东，被该省大宪等欺压无辜。为此奉命前来上诉。惟思船多兵众，夫用兵必须水陆择地，护船安营，是为首要之机，熟思贵国各直省大宪，以为业已封港，不通贸易，决不纳言，不肯接呈代奏，准有相拒之形，此即必彼此相斗，因此不得不直登定海，俾得各船安营有所倚。去年林钦差到广，不数日，首先将西洋各国人，用水陆官兵围困在省城寓行之内，立即封舱，连日不准出入，兼绝伙食，勒缴在洋面停泊船内之烟土。又言限日尽缴，否则要斩要杀。如于限内缴出，则仍前交易买卖也。窃思贵国新例，禁买禁卖烟土，但既已禁绝，无人敢买，则西洋人亦必不再来。即有愚人带来，亦无人敢买，然则带来何益？且去年所缴之烟土，系在洋面，并非起运入内地，而外国商人亦万万不能运得入港也。奈林、邓二宪勒缴，而英国商人等如不缴，则不受杀亦要饿死，虽不惧杀而饥渴难当，只得含恨忍气以缴之，然后再酌议论。讵料缴之后，忽又要具结，称'如有嗣后查出船内夹带烟土，即将货物全行入官，其领事人即正法'等语。但查犯禁货物入官，其领事人连船逐出，不准交易，此例西洋各国古今通行。惟正法条，西洋古今无杀头之刑。况且船多人众，万一遇有水手一二不肖，私自夹带，不拘多少，岂不累人。货物入官，而人亦受杀戮之惨。即因此，正领事官义律暨诸客商，皆不肯具此结之原委也。林、邓二宪因前事不服众，未得具结，即著封港，不准交易。切思英国荷蒙通商已来，百十余年，贸易买卖场中，岂无赊欠通融？今计贵国洋行商人，前后共欠已有数百万两之多。一旦封港，不独不能贸易，又坏了到广东船内之货物，不胜枚举。英国商人所失之本，何可胜言。且封港之后，林、邓二宪曾与义律商允具结，嗣后货船到广，任从查搜，如无夹带烟土，方准入口，否则逐回，不准贸易。奈林、邓二宪，前言不对后语，反复无常，忽然改变，仍执前议，具甘受正法之结也。后来义律等另有求商事体递呈，奈林、邓二宪绝不肯收。即去年封港后，适有英国兵船巡海，到广洋面，该船之总兵官递呈，系请询封港之由，以为开解，奈二宪仍不独不肯收呈，更又命水师提督带领水师官兵前来相拒，是以不得不还炮相喧矣。去年林、邓二宪禁止买办，不准供办伙食之后，有吕宋货船一只，与英国货船同泊洋面，正欲回帆之际，适其船内人过来英船探望，即或随送些少食物，林、邓二宪，责言吕宋人不应与英船人往来，不应送食物，竟用毒计，命人于黑夜之中将吕宋船只烧毁，并伤毙三人。可怜该船无辜，受此惨害，神人共愤。切思欧罗巴洲各国，即大国小邦，帝国王邦，无分统属。吕宋国与英国，火烟相益，非亲即故。今同在异邦客地，过船探候，即或送些伙食，亦系人情之常事。且欧罗巴洲与亚细亚洲相隔九万余里，不独无分统属，而且只有西洋船只到中华，而中华船只万万不能到西洋。今林、邓二宪，系中国之官，在广东止可管中国广东事，岂能管到西洋？即今大英国主仁慈，怜含吕宋船人无辜受此惨苦，即命如数赔其银两。但未审林、邓二宪，此事如何奏报？”

此奏中只言林、邓于具结事反复，即上所云“余保纯允为具牍代请，义律谓委员已许之”之事也，并不言许给烟价，则并余保纯等亦未尝许之可知也。今以理度之，当是实是以商捐茶叶，用给赏之名。以代给价。故《夷氛记闻》较量其值，言土每箱给茶五十斤，凿凿可据。林折只言五斤，乃不欲多举其数。以本系捐办，无需奏销，对朝旨严办之意为合。此正余保纯之干才。其后因具结有违言，义律亦未受赏，其为五斤、五十斤，更无可辨。窃谓此为事实也。

英帅奏辞温雅，其于初次兵船开仗，直曰“还炮相喧”，轻儇已极。要于中国并无必用武力之意，特视其可侮而侮之，亦是事实。奏意虽出自英帅，而达意必有汉奸。以兵官而具此辞令，程度自高。当时中国去文，动足招侮。《中西纪事》载英人在定海递书，内言：“二月间遣使暂讨烟价数十万，入粤东配茶，天朝大臣粤宪回复言，‘本大臣威震三江五湖，计取九洲四海，兵精粮足。如尔小国不守臣节，定即申奏天朝，请提神兵猛将，杀尽尔国，片甲无存’等语。”此语出自英人所递书中，或非实有其事，然夏燮自加数语云：“此盖回复外夷之词，不嫌俚俗也。”然则著书之人有此寒陋，亦见当时士大夫之荒唐召侮，何足与西人比也。奏文外又出其国会致我国相书，要求六事：一索货价，二求广州、厦门、福州、定海、上海为市埠，三欲敌体平行，四索犒军费，五不得以外洋贩烟船贻累岸商，六请尽裁洋商浮费。琦善以闻，又令娴习西文之鲍鹏作覆书，称义律为公使，谓“上年缴烟，必有曲折，将来钦差大臣往粤查办，不难水落石出”。并犒以牛酒。诏革则徐、廷杠职，令俱在粤候勘，而命琦善驰驿至粤代则徐职。琦善在天津见英帅语平和，谓不难驯伏，啬意稍给烟直，仍许贸易，即当了事；而给值则意粤关监督即能任措。既至粤，义律辈亦回粤守待，见新钦差易与，求索益高。而粤关利厚则费亦素巨，无余存，乃知棘手。惟撤海防兵以示无敌英意，冀英人鉴谅。诘开炮创英者将加罪，军心解体。又欲从英人诉词，谓则徐拒不上闻，将奏谴之，欲证成于巡抚怡良；怡良不敢应。检案牍，则又无可指摘，不得发。先是，则徐防海所募，择海滨渔蛋亡命熟沙礁险要者，一旦撤裁使失业，为英购汉奸招引而去。向之所惮，转济其用，形便曲折尽泄，要挟益无顾忌。坚索香港为埠地，以抵葡之澳门。琦善不敢决允，但增许烟价，冀就范。提督关天培请添兵设守，则峻拒以媚英。义律以议迟迟不决，突攻陷沙角、大角两炮台。敢战之将，副将陈连升以下，束手身殉者数人，事在二十年十二月十五日。琦善委罪于天培，奏请重治，仍请续与夷议款。天培与镇将请增发兵药，琦善靳之。然亦恐再有失陷，重得罪，亟奏请开禁通商，给厦门为市地，以明年正初旬为期，还以烟价。其与义律伸约，则称之为公使大臣，许以香港全岛相畀，而以浙江所获英俘易定海。义律覆文，请缴还两炮台，及所掠粤船，愿由海道赴浙撤兵，求备文代递伊里布，俾知缴还定海之由，送给留定英船兵目。琦善依言达浙，而伊里布亦遂无守御意。时朝旨以两炮台失陷，又决痛剿，革琦善、天培顶戴，调湖南、四川、贵州及南赣兵驰赴粤。琦善不知，犹自出阅视虎门，与义律晤商条款。义律耀兵炮以示之，琦善更张皇入奏。奉严旨："朕断不能似汝之甘受欺侮，迷而不返。胆敢背朕谕旨，仍然接受夷书恳求，实出情理之外，是何肺腑！无能不堪之至。汝被人恐吓，甘为此遗臭万年之举。今又摘举数端，恐吓于朕，朕不惧焉。"此谕见《东华录》二十一年正月二十四日辛亥，其失态固与琦善相称矣。

其前，于正月初七日甲午，命宗室奕山为靖逆将军。湖南提督杨芳方入觐，道皖，命折往粤，与户部尚书隆文同为参赞大臣。前在粤候勘之林则徐、邓廷桢，亦于上年十二月中奉旨著琦善督同办理。于是杜门候勘之林则徐复出，则徐询知舟勇已尽撤，无可为计。正月初五日，义律已知朝议复变，驱船攻横档炮台。台药不继，关天培阵亡。嗣是英舰进攻岸台，辄领鸦片舟尾入，约窑户艇泊其旁载运。粤兵名为迎敌，亦与通同，以护贩为利。忠勇之军，撤溃已尽。利之所在，对敌如戏。杨芳以宿将负威望，官民望其来，道佛山，一路呼噪相迓。既至则谓"夷炮命中，能在船舶荡漾中击我实地，较我实地所发转有准，此必邪教挟术所致"，传令地方保甲，遍收妇女溺器为厌胜具，载以木筏，约闻炮急眠器口向敌，伏卒即抄出夹攻。敌掠筏而过，守筏副将先遁，芳急勒兵入城。敌船未敢猝入省河，亦震芳威声，恐有布置，乃使人持书至凤凰冈台营，求入城面致芳。营将总兵长春遽引使人，迨返而敌尽知虚实，分攻猎德及大黄滘炮台，皆下，芳犹奏长春有御敌功，赏花翎勇号，时在二十一年二月。其先，义律、伯麦以琦善已允给香港，联名出示香港居民，称为英国子民，有事须禀英官治理。并以此照会大鹏协副将赖恩爵，恩爵以呈怡良。则徐劝怡良实奏，怡良迟徊，为粤绅所恳促，乃允。奏入，而江督裕谦参琦善畏葸偏私之奏适至。诏革琦善职，拏解赴京，籍其家；以奉命驻江西理饷之刑部尚书祁𡎴代粤督。而杨芳亦有攻守八难之奏，乞允通商，意多与琦善合。奕山、隆文继至，芳亦劝其勿浪战取败，意在徐就抚议。而奕山忽为人言所动，以三月晦发兵冲突省河英船，搜义律于夷馆，义律先遁，官兵遂掠其货物。越日，英船反攻，官军溃退，辎重船筏尽失。乘胜夺北门外山颠耆定炮台，俗名“四方炮台”，于是俯瞰城中，窥以远镜，纤悉毕见。子弹时以城中官署为的。城守始汹惧；而杨芳独以镇定闻，火箭巨弹，肃肃声过耳畔，笑骂而已。或劝稍避，不顾也。于时民居遭毁，兵多擅逃，城守岌岌，款夷之议遂决。则徐已于上月奉旨以四品卿衔赴浙候旨。盖裕谦以钦差大臣入浙，与闽督、浙抚先后皆奏则徐在粤无误故也。粤城上悬白旗示服从，军帅以下会印付保纯，缒城出，就商义律。旋议定，饷军六百万圆，计四百二十万两，作清还商欠，限五日内交足。大将军挈外来兵离省远驻，英船亦退出虎门。洋行括银不足额，仅得百二十万两，由藩、运、关三库垫足，由大将军奕山，参赞隆文、杨芳，驻防将军阿克精阿，督祁𡎴，抚怡良，副都统格瑞会奏给商欠银议款事。其银是否即作烟价，及香港是否停给，款议未之及，奏中亦不以陈明。其实英兵方缺饷，得资为窥犯要胁地也。款成，耆定台未退出，伯麦自台下率众闯诸村落淫掠，至奸及老妇。举人何玉成柬传南海、番禺、增城诸村，各备丁壮，出护附郭三元里。各乡义愤集至数万人，夷目毕霞率众与战。始民稍却，旋各乡众大至，围之竟夜，天明搜杀，伯麦、毕霞皆死，收其调兵符券及防身兵器，夷兵乞命之声震山谷。村民围耆定台英兵，计令饿毙台上。义律密遣人求救于保纯，或劝以兵助民并缚义律，重与约法。所给商欠银，时仅交四之一，当事以款银已去，败盟无利，事在和后，不欲为戎首，不用其策。粤督令南、番两令随广府保纯出，步向三元里拱揖代夷乞免，民乃解围。粤人至今举三元里为快。嗣是粤人踵行团练，遂为后数年拒夷入城督抚封爵之用。

三元里役之后，民气极盛，英兵已约定退出虎门。粤督大修守备，义律因不欲复入虎门，请与粤人市，不忍肆扰，别营市地于香港，请官为示，召商民就港贸易。请之至再，而内商以越海不愿往，又请以退出之尖沙嘴、九龙山二地易香港。当事以未奉谕旨却之，反劝其入市黄埔。义律以入市须经虎门，阻我兴筑炮台。纠纷不已，款市仍滞不行。五月，革则徐卿衔，发伊犁，廷桢亦遣戍。会英国王别派朴鼎查为将，巴葛及思亚刺、力巴、敦时为副，增兵增舰来粤；义律遂返英。朴鼎查以军官兼管商务，与伯麦为将时又有异。奕山偕隆文离省，居三水县之金山，撤湖南兵归，而独留杨芳驻省弹压。隆文居金山，独以愤不食死。朴鼎查按义律所议约，止收商欠而撤在粤兵，无与他省事。思尝试觇中国意，或不止就义律已成之功，于是舍粤洋北抵潮之南澳，泊船于长山尾，且登陆秣马，渐造屋为层楼；澳官无止之者。澄海县诸生在粤受课作海防论，乃及此事。书院监院梁廷枬发之，祁督饬海阳令查毁。朴鼎查遂以七月初十日犯厦门，投书驻厦提督，自称公使，吧噶称水师提督，敦时称陆路提督，谓不照上年天津所议事款，应有兵事，暂借厦门屯军，定议即缴还。提督陈化成适改官江南去，闽海亦奉旨以粤夷就款撤兵，总督颜伯焘仓卒迎击，大败，将士多死丧，遂失厦门。伯焘故有志杀敌，且非议邓廷桢在闽，谓能守而不能攻，事前购船铸炮，称有备。其置炮在台墙深处，炮口止能对一点。英船窥知之，避其中点，鼓行无阻，夺台反炮向内攻，所备适以自杀。英既破厦门，不留据其地，即分扰台湾、定海，而尤以定海为注意。犯台湾者为小股尝试。守台总兵达洪阿、兵备道姚莹，早以海警戒防，莹尤以练达通博知名。当邓廷桢督闽时，已请奏起泉州在籍提督王得禄，故李长庚部下，平蔡牵封子爵者，出襄军事。八月十五日，英船挟三板犯鸡笼杙，越日进口，炮坏二沙湾兵房，台炮击中其船，遁而触礁，生禽黑夷二百数十、杀数十，白夷杀二人，沉一人。后一日，又搜杀白夷五，获其图册。九月十三日，英船再扑二沙湾，击毙二夷遂退。其扰定海者，亦以八月十二日至。自伊里布以钦差入浙，一意附合琦善，撤防待义律交还定海。定海名交还，尚留船盘踞，伊里布示谕居民毋敌视，并以已起椗之船数移慰巡抚，又奏收复定海。巡抚刘韵珂以敌方筑炮台，开河达城中，踞住岑港、沈家门，开两处民房，又出伪示招居民接济，缕奏其患。会朝命于粤义主剿，逮琦善籍其家，遂革伊里布大学士职，仍留江督任，命裕谦驰往代之。旋召伊里布入京；六月，革职发军台。裕谦入浙，奏保则徐，恃为谋主。未几，则徐遣戍去。至闻厦门失守，急檄处州镇总兵郑国鸿、寿春镇总兵王锡朋，会同定海镇总兵葛云飞，以兵五千守焉。至是，敌至，连日拒击小胜。至十七日，敌大举猛攻，三总兵同时阵亡，定海城再陷，进犯镇海，分攻金鸡、招宝二山炮台。金鸡山奋击，毙敌数百。提督余步云守招宝山，先有二心，前数日，裕谦召步云盟神誓师，见裕谦无退志，称足疾不跪。敌至，不令兵开炮，甫抵山麓，遽弃台走。敌据招宝山，俯攻镇海城，城陷，裕谦殉节。裕谦故诚勇公班第曾孙，壮烈思无忝祖先，劾琦善、伊里布，纂林则徐，盖旗籍之矫矫者。既陷镇海，即攻宁波，步云又奔上虞，道府从之，时为八月二十九日。巡抚急守绍兴，扼曹娥江，防其犯省。九月初，英兵迭入余姚、上虞、奉化肆掠，毁其仓库，旋退而乱民乘之，浙东蹂躏甚惨。

九月初四日乙卯，命宗室大学士奕经为扬威大将军，驰驿赴浙办理军务。所命参赞大臣，皆不果行，旋以侍郎文蔚、副都统特依顺为参赞。又命怡良为钦差大臣赴福建，擢河南巡抚牛鉴督两江。出琦善于狱，使效力军前。奕经客宿迁举人臧纡青，劝奕经奏召林则徐来浙勷办，止琦善，斩余步云。奕经庸懦不敢用，仅止琦善。乃改发琦善军台，未几即为叶尔羌帮办大臣，旋仍柄用如故，盖有首相穆彰阿为之内主也。二十二年正月，奕经军次绍兴，与文蔚定议，分袭宁波、镇海。预泄师期，两处皆败。二月，敌攻慈溪，金华协副将朱桂与战，督抬枪兵匿崖石树林自蔽，毙敌四百余，兵无伤者。军无后继，桂请文蔚发兵数百为援，不许。至暮发兵二百，敌已分兵绕出桂兵后，桂与其子武生昭南死之。文蔚从随员侍卫容照等议，防敌夜攻，弃军走，军资尽失。时朴鼎查方嗾兵舰再攻台湾，姚莹督官兵御之于大安港，别设伏于迤北土地公港，诱敌舰入，触礁不能驶，尽覆之。除淹毙杀毙外，擒红白夷十九、黑夷三十。上年获禁之百三十余夷，言官请无庸解京，就台正法。及是，并新获者皆斩于台，仅留禁其夷目勿杀。后遂为朴鼎查诬控所杀非兵，而系商民。穆彰阿主于内，使怡良就讯虚实。怡良嫉台湾镇道未以功归钦差，证成之。镇道皆下狱，以餍英人意，旋释之。至三十年，宣宗崩，文宗宣示穆彰阿罪，始正言镇道之受屈。而扰浙之英人既得志，又以浙为无可恋，更北扰，乃可胁成前约。有郑鼎臣者，前战死之处州镇郑国鸿子，志复父仇，投军自效，率定海水勇，多挈火具，附敌船焚攻，辄烬其船，多有擒斩。文蔚退还浙西，尽撤战火诸船。鼎臣不从，随行请治以法。奕经心重鼎臣忠孝，诺而未行。鼎臣于三月中累焚英船，焚溺英兵五六百。奕经、文蔚前经因败夺翎顶，至是因焚攻有功，皆蒙赏复。而浙抚刘韵珂意在羁縻，奏请仍命伊里布至浙主款；又以杀零夷为非，以鼎臣等为虚报冒功。鼎臣具四大舰，载所获夷级衣械及击碎船板送核，事乃白。时朝廷已复命宗室尚书耆英为钦差大臣入浙，并署杭州将军。耆，满洲亲贵，为一时庸劣之尤，足以显清室之王气已尽者也。三月二十七日，英军弃宁波北犯，奕经遂奏收复郡城，旋又弃镇海，未及夸张克捷。乍浦已于四月初九日失守，驻防副都统长喜投水死。驻防横暴，平时已与土人不洽，至有警，更多所指摘，谓为汉奸，于调集助守之福建水勇亦凌辱之，战时遂举火为内应。英水兵登岸，顷刻而城陷，平湖、海盐大扰，会城亦戒严。事闻，以乍浦顷刻溃散，皆余步云屡走屡失城池，未议重谴，有以倡之。始奉严旨拏解治罪；久之，至岁杪乃伏法。鸦片之战，失律逃溃者相望，正法者止步云一人。当时朝议，能却敌者，既以挑衅得罪；其逃避者，自应以弥衅邀赏，则步云之见法亦冤也。

浙抚刘韵珂，以煦煦为惠，得民心。浙中军事，有大将军、参赞及钦差辈先后坌集，责亦不在巡抚。其竭力赞和，惟恐失敌意致败，则不可掩。然民乃谅其弭祸，亦颇感之。伊里布之再来，韵珂所请，专为议款。乍浦既失，伊里布诣英船商款事，英人气骄甚，无成而返。韵珂意郑鼎臣辈屡获英俘，未还俘，故仇不解，乃奏出所获白黑夷于狱，载送乍浦，则英又弃乍浦，虏其军资去矣。追送镇海，俘还船不谢，受俘者亦默无一言以复。五月己酉朔，朝命乃以伊里布赏四品顶带，署乍浦副都统，而英船于是日已泊吴淞。江督牛鉴以办防驻海口。初三日，英攻宝山。至初八日，提督陈化成在南门外海迎战，炮沉英船二，折一船桅，英船以炮弹火箭，焚及民舍。牛鉴方与化成分守海口，炮弹落其近处，失色退走还城，所督诸军从而皆溃。英军大进。余步云旧部徐州兵先遁，化成余亲军不及百，为夙所训练，随化成不退。化成手燃巨炮击贼，临危犹破一舟，中炮遽卒。鉴遁而城亦陷，驻上海文武官皆走松江。英船随入上海，城已空矣。十四日，更向松江，先奉调来援之寿春镇总兵尤渤，沉船塞港，置炮相拒于城外八里之地。英兵亦缘道示威，无意深入，被拒，遂退出吴淞，改驶长江口。六月七日甲申，牛鉴奏请仿照乾隆年间征缅罢兵事，准予英人通商。奉批："中伊里布之害不浅矣，曷胜愤懑。"又批："朕之用兵，实出于万不得已。若将征缅之事比拟，事不相类，拟甚不伦，想卿必为伊里布簧惑矣。朕愈加忧愤。傥将士有所窥伺，稍有解体，将成瓦解，可设想耶？总因朕无知人之明，自恨自愧。"先是，宝山失守之报至，朝命伊里布、耆英驰赴上海，会同牛鉴筹防堵。至是，又命伊里布回乍浦副都统任，止留耆英会办防剿。其时江防荡然，英船已过江阴、瓜洲抵镇江矣。牛鉴遁还江宁，京口副都统海龄守镇江，忌汉人，谓有汉奸，搜索骚扰。参赞齐慎、提督刘允孝以兵至，亦拒不延入。相持二三日，英军梯陴而上，镇江陷，海龄自缢，家属多殉。江宁相距，一日可达矣。

朴鼎查先奉英王命，仍赴天津请议约通商，故由宁波迭退而北，闯吴淞，闯长江，皆视可侮而取胜以壮声势。既陷镇江，其部夷马理逊者，其父为贡使，曾至北京，父亦名马理逊，当时谓之秧马理逊，自命为知中国地理政事，进言于朴鼎查，谓江宁为南北咽喉，踞以要挟，无不得志；或且扬言将冲挖高家堰堤，坏河防，阻运道，北京必汹惧，胜往天津。朴鼎查从之，令诸船齐进。一路声炮，焚毁瓜洲、仪征所有盐舶商船殆尽。以六月二十八日，集船八十五，逼江宁城。伊里布以议款情熟，仍具奏驰抵江省，其先既奉有"设法招抚，许便宜行事"之旨，遣其家仆张喜赴英船，以候款开导。英果不攻城，但责成议甚亟。初六日，耆英亦至，复遣员与张喜再诣英船。朴鼎查用马理逊预议：索三千万圆。稍减为二千一百万，以六百万为补偿烟价，三百万为续还旧商欠，千二百万为军费。本年先交六百万，余分三年带交。又索香港为彼商侨居地，广州、福州、厦门、宁波、上海五口为通商贸易地。税项公立章程，遵中国例则征输，先占厦门、宁波、镇海、定海、乍浦、宝山、镇江各城岸，俟五口通商即退还。贸易各口设关，自设领事官经理。货至，责成领事官赴关纳税。裁去官设行商，由来商自行交易。彼国官至，与中国官用平行礼。及事后彼此释放俘虏。语毕，即促归商定。委员佐领塔芬布等还报，当事以不但悉如英初意，且所索更奢，迁延不敢覆。更往返议拟，英船已易白旗以俟，忽于初八日夜令易红旗，约次日复开仗。谓闻之谍者，中国用缓兵计，实调兵来决死战也。

总督、钦差急遣布政使黄恩彤，偕前委员侍卫咸龄见英帅，开诚告以无他，并一切勉循所请，船众欢呼。于是牛鉴、伊里布、耆英会奏言："夷逼金陵，情形危迫，呼吸即成事端。根本一有挫动，邻近如安徽、江西、湖北，皆可扬帆直达。所请虽贪利无厌，而意但在求市地通商，尚非潜蓄异谋可比。与其兵连祸结，流毒滋深，曷若不惜巨费，以全大局。所索纹平七折银一千四百七十万两，商欠折二百十万两，行令粤商按数归还。本年先交四百二十万，就将扬州商人现给之五十万圆扣抵外（英攻镇江，扬州盐商赂以五十万圆，称犒师，祈勿过江扰累），令江苏捐备百万，再拟于浙江、江苏、安徽三省库存，及关征粤税库通融借拨；其余三年带交，岁不及三百万（计数实应岁三百五十万，故意轻减，为掩耳盗铃计），彼国货税既新加饶裕，可以作抵（此则甚确），较用兵费实不及三之一。至厦门，夷虽退，尚未收复；香港、古浪屿、定海、招宝山，则仍据守未退。与其久被占踞，不若归我土地。既愿遵输税课，即属悔过向风。此后彼因自获马头，我即借以捍蔽海疆，以为国家之利。所请与官讲平礼，虚文本可通融。事定后，亦应释俘囚以讲和好，宽胁从以安反侧。"附单详载条款以闻。奏入，帝甚怒。穆彰阿委曲晓譬，为东南数百万民命强为抑遏，加恩勉如所请，而谕令反复详议，永消后患。耆英等同诣英船，与立和约十三条、善后事宜八款，钤以关防。海关丁书巡役陋规，亦悉予禁革。八月初十日，恭值万寿，英官仰祝纯嘏，虔请代奏。英船以八月二十五日出江入海，诸帅设饯于正觉寺而去。此所谓壬寅《白门约》，即所谓不平等条约之第一缔结也。

## 第八节　鸦片案究竟

鸦片案之赔款割地，战败以后事也。所异者，当时欧亚交通之难，兵舰炮械亦远非后来坚利之比，中国以毫无设备而败。若稍讲设备，则如林、邓之办海防，亦颇使英人却顾。惟海岸线长，不能得复有如林、邓者二三人。又奸壬在内，始以忌刻而欲败林，继则务反林之所为，并谴及力能却敌之邓，乃至并谴及御敌获胜之达洪阿、姚莹。此皆满首相穆彰阿所为，而汉大学士王鼎至自经以尸谏，请处分首辅，而为首辅所抑，竟不得达。林则徐褫职，裕谦奏请入浙勷办，则必令远戍伊犁，惟恐其御夷有效。王鼎再留则徐助塞河决，又力促其赴戍。鼎至以死冀一悟君，而卒为穆党所厄。宣宗之用人如此！至叹息痛恨之伊里布，卒倚其与英人情熟，使卒成和议。琦善既议斩而复大用，耆英则议和之后专任为通商大臣。盖帝犹遵祖制，重任必归满洲。满洲无非庸怯，帝亦以庸怯济之，以乞和为免祸之至计，故口憾之而实深赖之也。王鼎尸谏之事，《国史》不载，私家纪之。《清史稿》乃直书于鼎传，盖据汤纪尚之《书蒲城王文恪遗事》、陈康祺之《郎潜纪闻》。康祺又取证于孙衣言之《张芾神道碑》，此亦道光间一大事。

汤纪尚《书蒲城王文恪遗事》："枢相穆彰阿秉政，张威福，尤深嫉两广总督林公勋名出己上，乃巧构机牙，媒蘖其短，以触上怒。由是林公罪废，虎门防撤，海氛益炽。逮公逼朝奏对毕，痛陈御座前，力诤不可得。退，草疏请罪大帅，责枢臣。怀疏趋朝，待漏直庐中。灯火青荧，遽自缢暴薨。疏卒遏不上。朝野骇愕，事隐秘，莫测其端。……惜乎，公子孙下材，无以成公志，使公之曲艰隐愍，卒幽隐而不彰也！”

陈康祺《郎潜纪闻》：“蒲城王文恪公鼎，为宣宗朝名宰相……值西夷和议初成，公侃侃力争，忤枢相穆彰阿。公退草疏，置之怀，闭阁自缢，冀以尸谏回天听也。时军机章京领班陈孚恩，方党穆相，就公家减其疏，别撰遗折，以暴疾闻。设当时竟以公疏上，穆相之斥罢，岂待咸丰初年！蕞尔岛夷，知天朝有人，或不至骄横如此。……康祺初入京，闻老辈言是事，犹以为未确，不敢遽笔也。嗣见冯中允桂芬《显志堂集》有公墓铭，称公自河上还，养疴园邸，行愈矣，卒以不起。词意隐约，殆公后人讳言之。朱侍御琦记公事，亦言一夕暴卒。顷见孙方伯衣言所撰《张文毅芾神道碑铭》，……又云：‘额额蒲城，深膑太息。闭阁草奏，忠奸别白。疏成在怀，遂缢以绝。或匿不闻，闻以暴疾。’则情事昭然矣。”

吴增祺《清史纲要》：“道光二十二年五月己酉，大学士王鼎自杀，予谥文恪。鼎自河防归，为遗疏数千言，极言穆彰阿等欺君误国之罪，并荐林则徐可大用，遂服药自尽。穆彰阿使人以危言怵其子，竟不得上。”

此皆为《清史稿·王鼎传》所本。吴增祺，闽人，或得诸林文忠之后。言使人以危言慄其子，与汤纪尚所云“公子孙下材，无以成公志”其说合。后文宗初立，宣示穆彰阿罪状，不及王相尸谏事，盖遗疏既改上，官书中无此一事矣。

《白门约》定，牛鉴革职拿问，以耆英为江督，而以伊里布为钦差大臣、广州将军，办理善后事宜。奕山、奕经、文蔚，均议斩候；后仍大用。是年十二月，耆英奏英吉利控诉台湾镇道，妄杀遭风被难洋人。盖朴鼎查于约成后交换俘虏汉奸，始知台湾所俘先已正法，无以对所部，遂冀泄愤于镇道。奏入，命怡良渡台查办。怡良以钦差兼署闽督，台湾为辖境，战胜由台专奏，怡良心嫉之，兼体枢臣意媚夷，遂证成夷诉，逮镇道入都下刑部狱。舆论哗然，寻释之。二十三年二月，伊里布卒于粤，赠太子太保。三月，以耆英为钦差大臣，赴广东办理通商事宜。先是，法、美等国皆在粤通商，烧烟之役，二国颇居间和解，且不直英之所为，示善意于中国。英约既成，美、法求援例，未允。英得香港，欲使诸国市舶就彼按船抽钞，而后入黄埔输税中国。至五口，亦如之。美、法皆大愤讶，英始不敢持前说。而法、美以必得中国许援英例五口通商，耆英奏许之，自后援例者纷起矣。

通商非辱国也，中国当时则以为不得已而允之。《白门约》十三条，其于赔款割地，乃城下乞盟，一时之事。其于通商，英人亦尚未知以不平等束缚我也。不过以中国不用平等相待，于优待仪式争平等耳。在本有外交之国，彼此立约，从无需此。英人与中国约，自不能不及此。官立洋行之勒索，关署胥役之征求，英人所视为创巨痛深，国家亦本不当为此黑暗。若照《白门约》通商范围与各国订定，原无不平等条约发生。其不平等者，中国君臣强要之，使英人不得不覆，而后节节授以侵占之便利。然其初英人且有不愿承受之端，覆辞责中国官不应退让至此者。略举如下：

> 传教在西国实非恶意，且确有利益于人。中国从前视教会为蛇蝎，深信挖眼采生等说，以为西人技术之神，必藉人眼人胎等物以济其恶，教堂即收集此等物之机关，因而谓传

教之订入约章，亦始于《白门约》。今档案具在，《白门约》十三条中无有也。而《中西纪事》言之，近刘氏《续清考》亦载之，殊失检点。传教入约，自咸丰八年始，自此中国受教案之害者数十年。非无驻外之使节、留学之学生，于教案之症结竟无人了解。至清末大批留学日本，法政之书娴习者众，始知教士本无干政之理，奸民无复倚教为恶之缘，于是教案截然而止，信教者反多上流人士，此亦外交知识之一进步。

《条约》十三条，与《善后事宜》八款，原非同时所定。自定约奏闻，奉旨指出顾虑各节，着耆英等向该夷反复开导，不厌详细，应添注约内者，必须明白简当，力杜后患，万不可将就目前，草率了事。于是耆英等与朴鼎查再定《善后事宜》八条，乃中朝求商于英而加订。名为章程，尚非条约。至咸丰八年，《中英续约》第一款，乃言壬寅年七月二十四日，江宁所定和约，仍留照行；广东所定《善后旧约》并《通商章程》，现在更章，既经并入新约，所有旧约作为废纸。则英人所可执为侵占之根据者，并入约中，并废前日之补充非正式之文字矣。因既作废，外务部公布之条约中遂不见此八条原文。今惟《夷氛纪闻》独存之。逐条皆中国向英要求，而由英酋照覆允行之语。总之，国际知识太浅，遂至无事生事。自以为不厌求详，正所以画蛇添足也。八条为他记载所不具，录以见当时外交真相。其形式盖为八项照会，每一项一去照一来照也。

——广东洋行商欠。除议定三百万圆，官为补交外，此后英国自投之行，即非中国额设行商可比。如有拖欠，止可官为着追，不能官为偿还。查此项业据该夷照覆：嗣后通商利害，均由自取。若有欠项，由管事官呈明内地官着追，万不可再求官为偿还。

此为第一款。洋行商欠，并非官为担保，本不应官为偿还。以后所谓洋行，且由洋人自设。即其时洋人尚未定自设洋行，洋货或需华商百货行代售，更属商民贸易常例。因其关涉外商，遂由国家于常法之外特别加以声明，希冀解除责任。其为畏洋人如虎狼之心理，乌得不引狡猾西人生心。

——和议既定，永无战争。所有广州、福州、厦门、宁波、上海五处，止可货船往来，未便兵船游弋。其五处之外，沿海各口，及直隶、奉天、山东、天津、台湾诸处，非独兵船不便往来，即货船亦未便贸易。均宜守定疆界，以期永好。查此款业据该夷照覆：一俟《五港开关则例》颁行，即由英国君主出示，晓谕英民，止准商船在五口贸易，不准驶往各处。至该国向有水师小船数只，往来各口，稽查贸易，亦当协同中国地方官，阻止商船，不准他往。并请中国地方官严禁华民，除议明五港外，不准在他处与英商贸易。

此为第二款。既有五口通商之约，他口之不通商已明。多此词费，却轻轻将兵船游弋引入，且并不阻止。正缘英人谓兵船之来，乃协同中国官阻商船他往，中国官不敢与外商烦言，反有借重外国兵船之意。英早已窥之矣。

——既经和好，各省官兵应撤应留，须听从中国斟酌。其内地炮台、墩堡、城池业经残毁者，均应次第修整，以复旧规，实为防缉洋盗起见，并非创自今日。英国既相和好，不必有所疑惧，或行拦阻。查此款业据该夷照覆：以上各事宜，均听中国斟酌修整如旧，系属正办，英国断无阻止之理。盖此次和好，惟赖中国诚信践约，而英国亦当专心以信守为务。

此为第三款。中国竟不敢自行修复军备，且不敢增减兵额，请示于英国而后定，则早放弃其独立自主权矣。英在当时不愿再开玩笑。设若作难其间，宣宗之为君，穆彰阿之为相，耆英之为钦差，其惊惶哀乞必有可观者矣。

——广东、福建及浙江等省，距江宁较远之处，不知和好信息，见有英国兵船驶入，或相攻击，均须原情罢战，不得藉为口实，致乖和好。查此款业据该夷照覆：两国和好消息，业经由火船速行晓示，所有英国水陆军师自必与中国兵民互相友爱。倘有攻击之误，未足为仇。惟求臣等速将议和情由，飞行各省一体知照，免起纷争，更属欣幸。

此为第四款。广东等三省有伊里布、祁墳、怡良、刘韵珂等在，自无向英攻击之事，而犹必请英国不复借口攻击，其情如绘。

——和好之后，付给本年所交银两，各兵船自应退出江宁、京口；即福建、广东、浙江等省停泊兵船，亦须约定同时退出，散遣归国，方坚和好。其定海之舟山、厦门之古浪屿，据议仍留英兵暂为驻守，但不便多驻兵船，致中国百姓暗生疑忌，与该二处通商之事，转多窒碍。所有每处泊船若干只，自应预为申明，以示限制。查此款业据该夷照覆：俟本年银两交清后，所有兵船自应退出江宁、京口等处。其他省停泊船只，除舟山、古浪屿二处酌留兵船数只管理货船，及香港仍须留兵驻守外，其余均可遣散归国。盖留兵于他国，未免重费。英国意在省费，必不多留兵船。中国不必多虑，致伤和好。

此为第五款。

——舟山、古浪屿泊有兵船，须令带兵官约束兵丁，不得侵夺民人，致乖和好。并闻古浪屿所泊兵船，曾有拦阻中国商船扣收货税之事。此时既经通商，应令各兵船不得于中国商船再行拦阻抽税。查此款业经该夷照覆：各处兵船，本应带兵官严为约束，此时和议已定，尤当彼此亲爱。所有拦阻商船，即行释放，不得再行抽税各情，早经行文各处晓谕在案。嗣后倘有不遵，致有侵夺拦阻情弊，即当严行讯究，不致有乖和好。

此为第六款。

——英国商民既在各口通商，难保无与内地居民交涉讼狱之事，立即明定章程，英商归英国自理，华民归中国讯究，俾免衅端。他国夷商，仍不得援以为例。查此款业据该夷照覆：甚属妥协，可免争端，应即遵照办理。

此为第七款，当时为英人梦想所不到。不自意处人法律管辖之下，竟能不受管辖也。是为领事裁判权之由来。领事裁判权，乃日本所定之名，旧译作治外法权，谓统治之外能行使法权也。英所未请，中国强予之。英人报以“甚属妥协”四字，不平等之祸，遂延至今而未已。日本对欧洲交涉，初沿我弊，甲午战胜后乃争回。我日夜痛心不平等条约，当时则推出此权以为得计。盖官畏夷，而不敢临其上以损威重；士大夫则以夷狄为禽兽，不屑以中国之法律治之，闻此损权之条件，亦未尝以为非也。故许英通商，弹劾者纷起；赠人领事裁判权，反历久无诋斥之声也。

——内地奸民犯法应行究办，若投入英国货船、兵船，必须送出交官，不可庇匿，有违信誓，致伤和好。查此款业据该夷照覆：内地犯法奸民，若投入香港及英国货船、兵船，即行送出交官，断不庇匿；其英国及属国逃民、逃兵，若潜逃内地，中国亦须送交英国近地理事官领回，以敦和好。

此为第八款。

后耆英以伊里布死，改调入粤，再订《通商章程》九条，即咸丰八年《续约》所云《善后》及《通商章程》皆并入约文者也。《通商章程》无大关系，不录。要之，此两章程，今皆不见官书，惟恃《夷氛纪闻》存此耳。官中所存官修之《筹办始末》亦尚不载，则《夷氛纪闻》所存之史料多矣。

其所谓强予英人而不受反遭斥者，《白门约善后》第七款以治外法权奉英，尚云“他国夷商仍不得援以为例”，则似有所靳于无约国人矣。乃后于咸丰八年《中英续约》附件中，又有去照称：“其无约之国，本不应与有约之国视同一律，只以本大臣等未悉外国情形，不肯遽行立法防弊，合先奉商，再为定见”云云。英人来照则称：“至于未立条约各国民人，贵大臣来文询以作何办理。此语揆之本大臣，似难置答。何则？因有不归本国所属民人，诸凡作为，本国不任其责。除此，当立将兹款转报秉政各大臣，奏候御览外，合为先奉一词：果在各口海关，派员晓畅练习著名诚实之人，征饷皆从一律办理，相待商民，毫无偏袒，谅贵大臣所指情弊，定必大半消除。来文所称因贵大臣等不明外国情节，是以行文询访。思贵国原谓大邦，贵大臣职推大员，本大臣中怀敬慎，敢问中士大员何以必措不明外事之词？泰西各邦，并无难达秘密之景，各国都城，人皆可履其地，恭遇大皇帝特派称任大员，前往西土，命以凡有益于国体，保其无碍，应知之学，必得明了。本大臣不论别国，而本国则必以实心友谊接待。如留意博访审察各节，任便咨询通彻。由此两邦永存和好之据，日见增广，保全周妥矣。”

英人于无约国拒绝干预，且训斥中国议约大臣如此。其时英、法、美三国同订续约，前项商询无约国人事，亦及法、美。法则覆言“有约之国，不与无约之国视同一律。贵大臣未悉外国情形，不肯遽行设法防弊，合先奉商，再为定见。本大臣查此甚属有理。但刻下尚无定见，只可将贵大臣照会详至本国，饬令法官之在无和约之国者，转告无和约国之官，一一遵办”云云。美则覆言“本大臣身为和好大国奉使之员，向知此事自应变通，然因稍有难行。今请将中国所能行者略为陈列。首应与讨问欲立约之国定立条约也。前大吕宋即西班牙国，来求立约，而中国不允。今大西班即葡萄雅尔，亦已求取矣。使中国肯同定约，自当稍减无约之国。今姑无论，即任其仍前如是。本大臣尚有一法，可稍通融。按泰西各国公使，凡此国领事奉遣至别国者，若不得所往之国准信延接者，即不得赴任。今凡有称领事，而中华国家或省宪地方官不肯明作准信延接者，彼即无权办事。是则中国于此等兼摄领事，立即可以推辞不接。凡已延接者，亦可刻即声明不与交往。设有美国人兼摄无约领事，借以作护身符以图己益者，既属美国之人，地方官可以直却，不与延款。遇有事故，着彼投明美国领事，自应随时办理。间或美国人兼摄领事，而代无约商民讨求地方官帮助申理等情，地方官碍于情面代为办理者，亦可以对彼说明，并非职守理所当然，乃只由于情面而已。又若此等自称领事，有与海关办理船只饷项事宜者，地方官可却以必须按照条约遵行之语。倘彼固执己见干犯制例者，中国或出于不得已，地方官自应用强禁阻。当五月二十日在天津时，本大臣照会桂中堂、花冢宰，以中国必须购造外国战舰、火轮船只者，特为此故，足征所言非谬也”云云。据此，则法尚答以圆滑语，不过中含调笑；美覆词则支节横生，既为他国说项，请允通商，又称无约国外商固执己见干犯制例，则有强权禁阻，先当购造战舰。事势诚然，然大出中国议约大臣虚中请教之意外。毕竟无约国人，任其投有约国领事或商人，皆可包庇，则不平等之领事裁判权，适为推扩至无穷尽之域而已。

道光中通商约虽成，士民汹汹，所嫉大抵非今日所谓条约之不平等，乃以夷人华地为大戚。传言洋人如何无体凌人，亦未知其信否？粤人嫉夷尤甚，屡起纷纠。余保纯为大府奔走款事，为粤人所嫉，事成乞病去。后任广州府刘浔，因杖冲道之民于路，民遽讹言府署藏纳英夷，遂聚而火其署，至藩司出为解释，搜府无夷乃去。他口通商，英商颇通官署，照约讲钧礼。粤人则习见暹罗、越南贡使，随贡物乃入领宴，必易中国冠服成礼，英人以夷服若入会城，视为中外大防裂矣。英商视粤垣城门为禁地，益欲临门窥探，必为守门者斥退。若遇居民，必鼓噪聚众，使之惊遁乃散；亦有闯入而辄遭殴击者。城外则西人向本不全禁游行，但此期日，得由洋行备通事导游近处。约定后，洋行已裁，西人辄自适野游猎，动辄与住民龃龉。二十七年夏，城西黄竹岐村有英游船驶至，妇女见而哗，村人毕集，英人举枪拟众，众愤激，杀三英人。时徐广缙始任巡抚，为缚杀三人以偿之。英人照会耆英，谓游处必不能废，应保后无效尤乃可。粤绅民持之，官亦无以应英人。先是，英人谓其国难宫院名胜地，他国人至，必导以游观为乐，岂有一城而客商不得瞻仰？时时讼言于督抚。耆英与巡抚黄恩彤患之，将以约宴为酬酢礼，他日非延请无缘自至；与约有所商，仍出城就之，以此为权宜两全之计。未定期日，而省绅已闻之，具呈力争，遂据以拒英人。英人哓哓不已，且据约谓可租地建屋，指地请谕民议租值。托词阻止，则一再易地相要。彼不厌烦，穷于应付，宛转商拒，仍以得许入城为请。且由香港运兵杂货闯越虎门，入驻夷馆近地，占居民房，要以必允。欲以兵逐之，则恐坏约启衅，不逐则人心惶惶，乃预订二年后入城之约。谓当于此二年间，调解绅民。英兵乃退。且报其国主，普告西人之商中国者，届期观礼。耆英于二十八年奏请述职，明年春即行，请以巡抚徐广缙佩钦差大臣印署督，布政使叶名琛署抚。先英约入城期而去。二月，英领事以文来践约，广缙、名琛商拒无效，乃用绅民为后盾，鼓三元里之余焰，就其已编团练之名籍，张皇用之。士绅人人以为夷夏大防在此一举，一时而集至十万人，武装旗帜，如临大敌。法、美顾商利，劝阻英人，入城之说暂辍。督抚奏报张其事，朝廷亦以为不世之伟绩，与荡平巨虏献俘功等，封广缙一等子爵，世袭，赐双眼花翎；名琛一等男爵，世袭，赐花翎。粤垣官以军功议叙，绅士许祥光、伍崇曜等皆优奖。督带壮勇者三百七十余人，有职者进一阶，无则给以九品职。是为道光朝外交之一段落。酝酿至咸丰间，广缙以御粤变失机，褫职籍没论斩，旋释出从军自赎，予四品卿衔卒。名琛以使相留督粤，英再请入城不允，为英所虏，居之印度一楼上，自署所作书画曰“海上苏武”，赋诗见志，日诵《吕祖经》不辍，卒于拘所。

# 第五章　咸同之转危为安

清至咸丰朝，文恬武嬉，满洲绔纨用事，伏莽遍地。清室本以八旗武力自豪，为英吉利所尝试，而旗籍大员之奸佞庸劣无一不备。举国指目穆彰阿、琦善，谓之奸臣。文宗即位，虽斥退穆相，琦善以下偾事之旗员，仍以勋戚柄用。揭竿四起，以太平军为蔓延最广。国际应付尤荒谬，召闹取侮，乘内乱方亟之际，挑激不已，致四国联军逼京师，文宗走避热河，清之不亡如缕。其时讲学问，研政治，集合同志，互相策励，遂收救国之效。同治一朝，逐渐定。至光绪初，尚乘胜势尽复新疆，且开设行省，矫正乾隆间旗人专为私利之习。一时名以中兴，诚亦不愧。要其既危而获安，非清之主德有污隆，实满、汉势力之升降也。满既必亡，汉既必昌，清若能顺应之，与全国为一体，惟材是用，竟破满、汉之限，则以二百余年统治之名义，国人习为拥戴，君主尚有威权，重造一进化之国家可也。气数有穷，女戎复作，中兴之象，转瞬即逝。然其旋转之机，不可不审观之，以知兴亡之关键焉。

## 第一节　太平军（上）

道光三十年正月十四日丁未，宣宗崩，大臣启鐍匣，立文宗，改明年为咸丰元年，而洪秀全以三十年六月起于广西桂平县属金田村。先是，二十七年间，广西岁饥，本多盗，巡抚郑祖琛不能戢，而湖南新宁有乱民雷再浩之扰。新宁与桂接境，桂盗响应，柳、庆、思、浔、南宁、梧州各郡尤甚。按察使劳崇光捕治稍平。二十九年，新宁复有李沅发之变，窜及柳、桂。三十年四月，逐回新宁就擒，而桂乱愈炽。上年，匪首张家祥，官兵因不能捕获，强为招安，余党四散勾结，庆远、柳州、武宣、象州、浔州、平乐，所在分股肆扰，以柳州陈亚贵一股为尤悍。六月，祖琛出督剿，驻平乐。洪秀全以其时起，未有名也。秀全籍广东花县，以嘉庆十七年生，师同邑朱九涛。九涛倡上帝会，亦名三点会。秀全既与冯云山同师之，旋九涛死，以秀全为教首，时在道光中叶。至十六年，秀全及云山至广西鹏化山中传教，地在桂平、武宣间。秀全妹婿萧朝贵，家桂平，与杨秀清比邻。秀全就桂平人曾王珩家训蒙，与秀清相结，桂平韦昌辉、贵县石达开皆来入教，以拜上帝为名，各纳银五两，为香灯资。入会不称师，但称兄弟姊妹，示平等。秀清等兄事秀全，秀全又附托西洋耶教，以耶稣为兄，名“天兄”，而撰天父名曰耶火华。官修《纪略》谓欲驾耶稣教而上之，最上奉天父，未知信否？要其为非耶教正宗则可见也。

道光之季，两广群盗如毛，广西尤遍地皆匪。秀全与秀清创保良攻匪会，公然练兵筹饷，招收徒众。官捕之，搜获入教名册十七本。巡抚郑祖琛不能决，释秀全出狱。秀清率众迎归，招集亡命。贵县秦日纲、林凤祥，揭阳海盗罗大纲，衡山洪大全皆来附，阴受部署者至万人。以岁值丁未，应红羊劫谶。丁未为二十七年，后三年始以起事称。然其时官军防剿，尚在修仁、荔浦诸股，未以金田村为意。八月，调固原提督向荣于广西。九月，以林则徐为钦差大臣，并命前云南提督张必禄，俱入桂会剿。十月，夺郑祖琛职，命以则徐署巡抚，则徐卒于潮州途次。十一月庚子，命湘阴告养在籍之两江总督李星沅为钦差大臣，周天爵署巡抚。是月，秀全等出犯平南思旺墟，官军炮击却回，戕巡检张镛。星沅饬随张必禄来桂之总兵周凤岐赴剿。时有嘉应州客民与贵县民哄，投金田。二十九日战，官军败绩，副将伊克坦布等阵亡。咸丰元年正月初五日壬辰谕旨，始有“金田村贼为韦政、洪秀全等，恃众抗拒，水陆鸱张”等语。盖秀全之名始见朝旨，韦政即韦昌辉又一名也。

林文忠公为钦差，督剿广西，时金田名尚未著。所见奏报，乃象州窜修仁、荔浦之贼，为郑巡抚剿而无功之股。其余桂境奔窜各股，不计其数。言官所谓“桂省郡县，有贼扰者十之七八”。当林任钦差时，未知有金田。即李星沅代任时，亦未必注意金田。至思旺墟告警，始专员往剿，而主将阵亡，据明年正月谕旨，有韦政、洪秀全之名，当即未败时之奏报。自此金田村洪秀全之名始大。《清史稿·文宗纪》：道光三十年八月丁卯书：“洪秀全窥修文、荔浦，敕郑祖琛剿之。”误也。各纪载皆言林文忠为剿秀全入桂，亦不确。

提督向荣自上年十二月奉巡抚咨调，由横州回师专剿金田。金田众又出向大黄墟，荣进攻亦败。秀全遂自称太平王，是为太平有名之始。后毁弃大黄墟，分向桂平、贵县、武宣、平南等县，入象州。三月，朝廷又以事任重大，命满大臣大学士赛尚阿为钦差大臣，率都统巴清、副都统达洪阿，驰往楚、粤之交调度，赏遏必隆刀壮其行，随带镇将、员司及部库饷银甚盛。四月出都，李星沅又卒。未卒前，已因病剧命赛尚阿往代，并命周天爵专任军务，授邹鸣鹤为巡抚。自五月以后，官军累报捷。八月，向荣战败，革职留营效力。达洪阿又败。

巴清病殁于平乐。秀全乘胜攻永安州，闰八月朔日甲申，陷之，遂建国号为太平天国。秀全称天王，杨秀清封东王，萧朝贵封西王，冯云山封南王，韦昌辉封北王，石达开封翼王，洪大全封天德王，余各称丞相、军师等职。是为称太平天国及天王之始。

秀全既踞永安，出屯莫家村为犄角，副都统乌兰泰称敢战，攻克之。以十一月合向荣等军围永安。二年二月，秀全溃围东出，官军不能御。乌兰泰阵擒洪大全，旋中炮亦卒。总兵阵亡者多至四人。大全送京师，磔于市。起事之渠，且最以通文事著，一出即毙。《纪略》言大全八龄能默诵《十三经》，阴自负，所传词笔当可信。若石达开之诗，往往与小说黄巢所作为合，或出附会。太平军始终限于秘密社会知识，殆所亲信者不足矫正之也。

秀全军自永安突出，间道扑桂林。向荣疾驰先至，会同巡抚以下官守城，被围三十一日，不下，越而北走。冯云山、罗大纲先驱，陷兴安、全州入湘。湘在籍浙江知县江忠源，先奉赛尚阿调，募勇赴粤，是为湘军出境剿贼之始，亦为湘书生学者以兵事自显之始。既屡有功于粤。至是援军不及，扼下游蓑衣渡击之，毙云山。太平军弃船走道州，衡、永以安，长沙有备；而道州会党大集。湖南固积乱之区，雷、李诸祸首皆入桂煽乱，是时由桂入湘，附合为一，太平军势益盛，要为嘉道间养成之莠民。而湘人之办团成大功，亦由乡里有急，自为弭乱计，久之而办有经验也。时在二年五月。自是迭破湘南州县，官军至辄弃之。七日，陷郴州，秀全、秀清等留据郴，萧朝贵率李开芳、林凤祥等直趋长沙，以七月二十八日至，巡抚骆秉章督官兵乡勇力守。秉章方以赛尚阿劾其吏治废弛内召，盖使相督师，巡抚不善供应，有此劾也。新任张亮基至，缒城入；秉章亦奉命暂留城防。朝贵攻城，官军击之殪。秀全、秀清知朝贵死，急悉众驰赴之。所率自入湘南纠合之煤矿山夫，善穴地，用以攻城，三发皆轰毁城垣，城中皆抢堵无失，秀全等夜引去。攻守历八十一日，省城卒全。于是湖南遂为将帅勇丁根本地。亮基延左宗棠入幕，办全省团练。团绅事有倚官力而办者，皆以宗棠为内主，亮基迁总督，秉章复来，更专倚宗棠。属僚以事上白，直曰“问季高先生”。湖南遂有两巡抚之说，而为异日谤祸所由来矣。

太平军攻长沙不下，走宁乡、益阳，杀追兵将领，掠民船数千，出临资口，渡洞庭，抵岳州。提督满洲博勒恭武先三日弃城走，太平军入城，尽取旧存吴三桂军械炮位，夺民舟五千余，遂东下。十一月，陷汉阳；十二月，陷武昌，巡抚常大淳以下司道守令皆殉。时向荣追袭，壁城外洪山，日有战捷。大淳闭城不敢应合，城遂陷。总督程矞采尚留衡州，褫职，旋遣戍，以张亮基升督湖广。三年正月，太平全军裹掠人民男妇约五十万，船万余艘，粮械财帛充载，新旧徒众夹江两岸行，所过沿江郡县纵掠，直至广济县之武穴镇，与钦差大臣江督陆建瀛相值。建瀛自上年十月被命出省防江、皖，募勇未集，率兵无几，节节溃退。太平军尾之，直向江宁省城。中途陷安庆，安徽巡抚蒋文庆死之。以正月二十九日，遍垒江宁城外。兵民方谋协守，而聚宝门米商所办团练出队赴敌，城头炮伤练勇数人，遂骇散。布政使祁宿藻见之忿甚，呕血死。二月初十日城陷，建瀛及同城文武多被戕。驻防据内城守二日，力竭皆殉。太平军入城，遂以为都城。而向荣以二十一日追至，结营孝陵卫，成相持之局。是日，太平军所封丞相林凤祥等军已东下陷镇江，越二日又陷扬州。镇、扬当时为最冲要，遂分据旁邑为南北梗。林凤祥等率大军北上，迭陷郡县，留指挥曾立昌据扬城。向荣军攻江宁，不能下其城，城内亦不能击之使却。江北官军则络续来会攻扬。湖北则张亮基檄郡邑办团练，以捕治响应太平之群不逞。上游稍定，而湖南肃清土寇，曾国藩亦以办团著矣。

国藩，湘乡世农家，务耕读，为学笃实，兼汉宋之长。讲理学惟课躬行，不矜朱陆门户；谈考据，乃以《十通》为归宿，重在制度损益，而亦不薄形声训诂之事；尤受文辞，以桐城为宗，而声气足掩方、姚以下。《十通》者，《九通》加秦蕙田之《五礼通考》也。以寡过克己，诚信照人，治身治心，而后治事、治政、治军，皆有使人信赖之原本。拨乱反正，担负綦重，固非有厚重之度者不能胜也。由翰林累官至礼部侍郎。咸丰二年七月，丁母忧回籍。十一月，奉命会同巡抚张亮基办本省团练。时太平军已由湘入鄂，积年乱党，未离巢翕附而去者，所在屯结。其羽党散布，地方官不敢诘。国藩以军兴法，十旬中捕斩至二百余人，谤讟四起。毅然以不要钱自矢，闾阎稍安。罗泽南时以诸生讲学，笃守程朱，国藩招与讲束伍技击之法，一以戚继光《练兵实纪》为规律。参将塔齐布，虽旗籍而勇敢有胆识，方为提督、副将所忌，国藩为劾罢副将，奏保同治团事；且言如塔齐布出战不力，臣甘与同罪。由是国藩所部为军锋冠者，塔、罗并称。塔固所率偏裨多将材，罗挈其门弟子从军，尤多为名臣儒将。若李续宾、续宜兄弟，若王鑫，皆其自始相从之最著者也。卒伍中拔杨载福、彭玉麟，亦以诸生而为富家司质库，刘长佑以训导，皆为国藩所敬礼。湘中人才，别有风气，尽划朝野承平积习。盖湘人勋业，以国藩为中心，而奇杰所聚，最著者固为胡林翼、左宗棠。然泽南开湘中理学之大宗，显儒者预人家国之实效，尤非但以一身为世栋梁而已。

《罗忠节公年谱》略言：“公幼贫，其尊人至不能具饘粥，勉从师读。十九岁，应童子试，不售，始授徒自给。为学亦仅留心词章。三十岁，读性理书，遂究心洛闽之学。三十三岁，始补弟子员。三十四岁，著《周易·朱子本义衍言》。三十八岁，著《姚江学辨》。三十九岁，著《孟子解》。

四十一岁，补廪膳生，改定《人极衍义》。四十二岁，著《小学韵语》。四十三岁，著《西铭讲义》。四十四岁，著《皇舆要览》。是年，湘乡令朱孙诒举公孝廉方正。四十六岁，是为咸丰二年，太平军入湘，长沙被围，湘乡始办团练，公与同邑王鑫、刘蓉任其事。鑫，公门入；蓉，公论学挚友，始仿戚氏法部署其众，教之击刺。四十七岁，巡抚檄公与王鑫带勇赴省，会曾公国藩办全省团练。五月，奉檄剿桂东由江西上游窜犯之匪，于路先平衡山土匪，逐桂东匪遁退。六月，太平军自金陵分军犯江西，江忠烈公守会城，乞援湖南。曾公檄公往援，李忠武公续宾在麾下。六月，至江西击贼有功。"

此为湘勇出援邻省之始。泽南所至，无坚不摧，节制之师无能敌也。时国藩从郭嵩焘、江忠源议，以东南阻水，敌得掠民船，瞬息百里，官军无可邀截，军行反有阻梗，非有舟师不得志。乃驻衡州造船、练水勇，计成师而后出。下游则金陵为敌都，扬州亦为敌据。钦差大臣向荣督和春、张国梁等营金陵城外，攻守相持，是为江南大营。钦差大臣琦善率直隶、陕西、黑龙江马步诸军攻复扬州，是为江北大营。太平军以金陵大营压都城而驻，多顾忌而不能却，则分军四出以扰之。遣丞相吉文元等由浦口至亳州，与陷凤阳之林凤祥合，遂入河南。朝廷又以直督讷尔经额为钦差大臣，会山东、西大吏合力防河。太平军又遣豫王胡以晃等出安徽，再陷安庆，更遣丞相赖汉英、石祥贞攻九江、湖口，进围南昌。江忠源时已官湖北按察使，奉命赴金陵大营，道闻南昌急，疾驰救。太平军见楚军旗帜，惊曰："江妖来何速！"忠源入城助守，时出战挫敌，飞书湘中乞援，时方五月。至七月，而罗泽南军至，解围。其在河南之太平军，又渡河趋怀庆，攻城未克，走山西。以八月陷平阳，学士胜保统帅收复之。朝廷以胜保代讷尔经额为钦差大臣。太平军由洪洞东趋，直入畿辅，踞临洺关至深州。逮讷尔经额，命惠亲王绵愉为奉命大将军，科尔沁郡王僧格林沁为参赞，总统四将军，督旗营察哈尔精兵，会胜保进剿；京师并设巡防所。是为太平军直逼燕京之师。而太平所都之金陵，则亦为向荣所统之江南大营紧逼不舍，且亦间分其兵收复旁郡失陷之地。而太平军则以清中叶之废弛养痈，伏莽遍地，地方官又积惯承平粉饰之习，所到即破，以故力不能摧向军，惟有分军旁突，使向军自陷于孤立而撤退。既围南昌未克，退趋九江，陷之，遂入湖北境。连陷黄州、汉阳。其踞安庆者，则由桐城、舒城向庐州。舒城有督办团练之在籍侍郎吕贤基殉之。庐州则自安庆陷后，大吏侨寓以为安徽省治。江忠源既出南昌围中，即由臬司超授安徽巡抚。闻庐州急，疾趋入庐城，所部兵仅数百，胡以晃以十万众围之，拒守月余，敌势盛，外有赴援者亦格不能达，以十二月十七日城陷殉节。时林凤祥等北上之军，为僧格林沁等所扼，秀全乃命皖北之军渡河入山东，以为河北之军应援。凤祥已进至天津，据静海县，以独流镇为坚垒地。四年正月，僧格林沁军攻破独流镇，凤祥南退河间之阜城。入山东之太平军由金乡破临清，冀声势与相接。时在四年三月。旋为胜保克复临清，退走冠县、郓城，至曹县坚守。胜保追至，四月破之，逼入黄河，并缘道所追杀，此一军自丞相曾立昌、许宗扬以下皆没。而僧格林沁亦攻克阜城，凤祥退连镇，复分兵入山东，冀应合曹县之军；盖未知胜保已肃清曹县也。五月陷高唐州。是时太平军之北上者，日退日蹙，而曾国藩之所治水陆军已成。会湖北官军由总督吴文镕率以出剿，败死于黄州，太平军连陷德安诸郡县，金陵复益师会之。溯江，复入湘，陷岳州，至湘阴。舟集靖港，国藩与战不利。太平已间道袭湘潭，益掠民船，将溯湘江通两粤。国藩于靖港之败，投水将殉，为人救起，乃派水师杨载福、彭玉麟等，陆师塔齐布等，急援湘潭。水师连战，焚毁太平军船六七百只，毙者千余，并退入湘潭城。四月初五日，陆军克湘潭。太平军水陆死者万数，解散之众称是。以团勇克此大敌，湘军之气始扬，自信必可任征讨之任矣。

太平军之由汉入湘，越武昌而过，期得志于岳州以上。曾军既克湘潭，太平军尚走陷常德，兵锋至辰州。既知曾军将规取岳州，湘中太平军皆退。先至岳，期扼守以阻曾军。在汉阳者，亦渡江陷武昌。武、汉、岳州扼长江冲要，而肆掠于荆、襄间。曾军于六月之杪以水师攻岳，七月初一日克之。陆路塔齐布军亦阵斩太平骁将丞相曾天养。闰七月，复大捷于高桥，遂迭复通城、崇阳各邑。八月二十一、二十二两日，水陆攻武、汉，同时并下其城。九月，克兴国、大冶。十月，克蕲州。十一月，克广济、黄梅。十二月，方攻九江、湖口，而太平军乘湘军已至下游，突再入鄂。湖广总督杨霈败于广济，武、汉岌岌。五年正月，汉口复失，太平军入襄河，迭陷各邑。湘军回救，而水师之已入鄱阳湖者遂为九江太平军所梗，不得出。别为内湖水师，调罗泽南移师，与水师相依倚，洗清江西腹地。而湖北荆、襄军大败。三月，武昌复陷，巡抚陶恩培死之。于是胡林翼署鄂抚，图规复，湘人始有任地方兼兵柄者。前江忠源甫任皖抚而殉节，曾国藩有督师之名，至今尚困于江西，饷事握于各省长官之手，军权由其自奋而有立，政权则未之属也。林翼以湘中第一流，当武、汉兵事之冲，任全鄂地方之责。武、汉经三陷，百孔千疮，至林翼之收武、汉，乃为第三次克复，遂能用为东征根本。察吏安民，以政事足财用，以一身系湘军全局。问兵事，曰“惟我在”；问饷事，曰“于我取”。朝廷所置荆、襄等处钦差大臣兼湖广总督满洲官文，人尚长厚，而为清廷所倚，务交欢之，使不掣肘，有功则推与之。官文亦惟命是听，结为兄弟，登堂拜母，相得无间。遂以其间出境督师，收复滨江九江、安庆各要地。

敌于其时，猛扑鄂境，以挠后路，武、汉时有危机。林翼遣将赴援，卒不撤九江、安庆之图，以终其事。向时积乱稔祸之湖北，林翼用之而为平乱弭祸之渊泉。以此与太平军相角，乃非浮寄之军。一切接济，听命于朝廷所置贤愚不等之大吏矣。其时直取畿辅之太平军，亦于五年正月为僧格林沁攻破连镇坚垒，擒林凤祥送京师磔之。二月，复高唐州，余众退踞冯官屯，四月破之，擒李开芳等。北军尽覆，无复孑遗。凯旋，撤大将军、参赞大臣，京师解严，是为成败大略可睹之一段落。

当秀全始下金陵，议图河北，即诏丞相林凤祥、李开芳等间道疾趋燕都，先东下破镇江、扬州，为北上之路。罗大纲以悬军深入为不然，且谓秀全不应安居金陵，委诸军犯难而不顾。则林、李之全军皆覆，即秀全辈之无志于中原，事载《清史稿》为详。

> 《史稿·洪秀全传》："既都金陵，欲图河北。罗大纲曰：'欲图北，必先定河南。大驾驻河南，军乃渡河。否则先定南九省，无内顾忧，然后三路出师：一出湘、楚，以至皖、豫；一出汉中，疾趋咸阳；一出徐、扬，席卷山左。咸阳既定，再出山右，会猎燕都。若悬军深入，犯险无后援，必败之道也。且既都金陵，宜多备战舰，精练水师，然后可战可守。若待粤之拖罟咸集长江，则运道梗矣。今宜先备木筏，堵截江面，以待战舰之成，犹可及也。'乃遣丞相林凤祥、李开芳、罗大纲、曾立昌率军东下。秀全诏之曰：'师行间道，疾趋燕都，无贪攻城夺地糜时日。'大纲诏人曰：'天下未定，乃欲安居此都，其能久乎？吾属无类矣。'"

此段据李秀成供。其北上之军尽没，果如大纲言。至东南必用水师，其识与郭嵩焘、江忠源同，而国藩能用之。大纲谓广东拖罟船来，犹以拖罟船为可惧。其实拖罟之来，亦无甚效。湘军乃取法战船而自造自练，以湖南固水陆皆备，材木亦丰富之土地。定都可在金陵，但未宜高拱不出。后来之败，俱如大纲言。故湘军既成师，北伐又已绝迹，金陵城下终未能摆脱留攻之清军大营。湘之人才，利用清廷二百年之威令，胜负之数颇可料矣。

## 第二节　太平军（中）

太平军时代轶闻，近日所得自外国者，率鄙诞无识，颇易为人所卑视。据《纪略》所载，及曾军托武穴行营所据蕲州、田家镇俘获文籍编行之《贼情汇纂》，比而观之，尚不及《清史稿》所叙，于太平尚有一时纪律可言，且删汰当时官书丑诋之语，专明其治军、治民之法，较为修洁，录如下：

> 金陵建都，拥精兵六十余万，群上颂称明代后嗣，首谒明太祖陵，举行祀典。其祝词曰："不肖子孙洪秀全，得光复我大明先帝南部疆土，登极南京，一遵洪武元年祖制。"军士夹道呼汉天子者三。颁登极制诰，大封将卒。王分四等，侯为五等。设天、地、春、夏、秋、冬六官丞相为六等，殿前三十六检点为七等，殿前七十二指挥为八等，炎、水、木、金、土正副一百将军为九等，炎、水、木、金、土九十五总制为十等，炎、水、木、金、土正副一百监军为十一等，前、后、左、右、中九十五军帅为十一等，前、后、左、右、中（九十五军）师帅为十二等，前、后、左、右中二千三百七十五旅帅为十四等，前、后、左、右、中一万一千八百七十五卒长为十五等，前、后、左、右、中四万七千五百两司马为十六等，又自检点以下至两司马，皆有职同名目。其制大抵分朝内、军中、守土三途：朝内官如掌朝门左、右史之类，名目繁多，日新月异。军中官为总制、

监军、师帅、旅帅、卒长、两司马，凡攻城略地，尝以国宗或承相领军，而练士卒，分队伍，屯营结垒，接阵进师，皆责成军帅，由监军总制，上达于领兵大帅，以取决焉。其大小相制，臂使指应，统系分明，甚得驭众之道。守土官为郡总制、州县监军、乡军师、乡师帅、乡旅帅、乡卒长、乡两司马。凡地方狱讼钱粮，由军帅、监军区划，而取成于总制。民事之重，皆得决之。自都金陵，分兵攻克府厅州县，遂即其地分军。立军帅以下各官，而统于监军，镇以总制。监军、总制受命于朝。自军帅至两司马为乡官。乡官者，以其乡人为之也。军帅兼理军民之政，师帅、旅帅、卒长、两司马，以次相承，皆如军制。此外又有女官：曰女军师、女丞相、女检点、女指挥、女将军、女总制、女监军、女军帅、女卒长、女管长，即两司马也。共女官六千五百八十四人，女军四十，女兵十万。而职同官名目亦同。总计男女官三十余万，而临时增设及恩赏各职，尚不在此数也。

此为太平天国官制，当是初制。其后于侯爵之下更设豫、燕、福、安、义五名，每名之上冠天字，天字上再冠一分别字，如承天豫、顶天燕之类。此尚无有，故云初制。自丞相以上，皆为爵而非官。官则各有司存，如殿前检点，必云殿前掌某检点。检点、指挥、将军，皆朝内官。其军中官及守土官，职有治军、治民之分，而各级名目无别。就其创制之意而言，不可谓非大有思想。朝官不用元以前之三省总摄，亦不用明以来之七卿分治，有检点、指挥、将军之等级。额定之外，复有职同之名，以济额限之穷。其职掌，则据《纪略》言，朝内官有掌朝、掌率、尚书、仆射、承宣、侍卫、左史、右史、疏附等名。盖名多法古，但各职不相统属，乃汉列卿治事之意。

职同二字，文内已两见。又据《纪略》言，更有职同、恩赏等职。……封赏不时，改革不一。曾见有撰伪官表者，大率以节令星辰肆意编造。一职有至三十余者，烂羊都尉，灶下中郎，犹不足状其恶态也。据此，则职同与恩赏并称，犹古之所谓仪同耳。草创之朝，官职冗滥，不免因事因人，亦不足怪。

国宗当包括丞相以上凡有爵者而言。《贼情汇纂》中，全录太平礼制称呼原本。中一条云："朕仁发兄、仁达兄称国兄，嫂称国嫂，庆善伯、续奎伯、元玠伯辈称国伯，庆轩、绍衍叔辈一体同称国叔，仁正兄仁宾称国宗兄。元清、辅清四福、韦宾辈，一体同称国宗兄。贵妹夫及后宫父母伯叔兄弟辈，一体同称国亲。细分之：后宫父称国丈，后宫母称外母，后宫伯、叔称国外伯、国外叔，后宫兄弟称国舅。"详其文义，仁宾当是凡洪族仁字辈者，自仁正以下皆是，盖非若仁发、仁达等近支。据《纪略》，仁发、仁达，秀全异母兄。恤王洪仁政与干王洪仁玕，俱秀全同祖兄弟。然则同祖以下之仁字辈，皆称仁宾，即皆称国宗兄矣。兄为太平全国通称，惟耶火华称天父。耶稣即称大兄，而秀全自为二兄。《贼情汇纂》言："壬子十二月，贼陷武昌。初十日，于腊马场设高台，贼日登其上，曰讲道理，鸣锣于市，命阖城人往听。内有汉阳生员马姓者，挤出人丛，挨至台下，云有要言关白，贼目令其前，问有何说？马生云：'尔才说之言，一派伤天害理，犬吠之声，何道理之有！试问自有人即有五伦，尔贼头于群丑皆称兄弟，是无君臣；父子亦称兄弟，媳亦称姊妹，是无父子；男女分馆，不准见面，是无夫妇；朋友、兄弟离散，是无朋友、兄弟。可谓五伦俱绝。即依尔所述，亦只有兄弟一伦。况舍亲兄弟不认，而别呼他人为兄弟乎？如此悖谬，是真无用之狂贼也。'"据此，则讲道理之时，即讲明人类皆为兄弟之义。马生所斥，主观不同，不足深论。要之，太平国中尽人皆称兄弟，在广泛称谓中，父子亦兄弟之，固是事实，犹今言四万万同胞也。

四福之义，据礼制称呼中，东王、西王之第二子以下皆称万福，南王、北王下不见此文，或是略之。则四福者，东、南、西、北四王之第二子以下。其长子则称某嗣君千岁。又后增之侯以下五等爵，其第三等为福，或亦于此有关，今未能定。元清当是杨秀清，辅清为秀清之弟。韦宾辈则包括五王之兄弟子侄。一体同称国宗兄，此国宗之义也。

军中官与守土官，名目皆同，此尤有意义。守土治民之官，其于民人，亦以人数编制，是即《周官》比闾族党之制。自乡军帅以下，悉用乡人为之，是自治系统已成，户口之调查亦确。领之以朝命之郡总制、州县监军，则州县以上为官治，以下皆自治，与今各国制颇相合。

女官别编四十军，是男女平权，女子亦服军役。就太平制度论，皆谓其男女之别甚严，虽夫妇同居亦斩。咸丰五年正月，以旧人亦多逃，询知为不准有家故，乃许婚配。此武昌马生所谓男女分馆不准见面者也。其有奸掠，乃初到未禁纵掠时。分馆后则不然，此亦见纪律之严。

《传》又云：其军制，每一军领一万二千五百人，以军帅统之，总制、监军监之。其下则各辖五师帅，各分领二千五百人。每师帅辖五旅帅，各分领五百人。每旅帅辖五卒长，各分领百人。每卒长辖四两司马。每两司马领伍长五人，伍卒二十人，共二十五人。其阵法有四：曰牵阵法，凡由此至彼，必下令作牵阵行走法。每两司马执一旗，后随二十五人。百人则间卒长一旗，五百人则间旅帅一旗，二千五百人则间师帅一旗，一万二千五百人则间军帅一旗。军帅、监军、总制乘舆马随行。一军尽，一军续进，宽路则令双行，狭路单行，鱼贯以进。凡行军乱其行列者斩。其牵线行走时，一遇敌军，首尾蟠屈钩连，顷刻坌集。败则闻敲金方退，仍牵线以行，不得斜奔旁逸。曰螃蟹阵，乃三队平列阵也。中一队人数少，两翼人数多。其法视敌军分几队，即变阵以应之。如敌军仅左右队，即以中队分益左右，亦为两队。如敌军前后各一队，则分左右翼之前锋为一队，以后半与中一队合而平列，为前队接应。如敌军左右何队兵多，则变偏左右翼以与之敌。如敌军分四五队，亦分为四五队，次第迎拒。其大阵包小阵法，或先以小队尝敌，后出大阵包之。或诈败诱敌追，伏兵四起，以包敌军。穷极变化。至于损左益右，移后置前，临时指挥，操之司令。兵士悉视大旗所往而奔赴之，无敢或后。曰百鸟阵，此阵用之平原旷野。以二十五人为一小队，分百数十队，散布如星，使敌军惊疑，不知其数之多寡。敌军气馁，即合而攻之。曰伏地阵，敌兵追北，至山穷水阻之地，忽一旗偃，千旗齐偃，瞬息千里，皆伏地不见。敌军见前寂无一卒，诧异徘徊，伏半时，忽一旗立，千旗齐立，急趋扑敌，往往转败为胜。其营垒，或夹江夹河，浮筏阻山，据村市及包敌营为营。动合古法。每数营必立一望楼瞭敌，守城无布帐，每五垛架木为板屋。木墙土墙，亦环度板屋。地当敌冲，则浚重濠，筑重墙。濠务宽深，密插竹签。重墙用双层板片，约以横木，虚其中如复壁，中填沙石砖土，筑二重墙。筑物无定，或密排树株，或积盐包、糖包及水浸棉花包，异常坚固。其攻城，专恃地道，谓之鳌翻。土营而外，又有木营、金营，组织诸匠，各营以指挥统之。其总制至两司马，皆如土营之制。立水营九军，以军帅统之，但未经训练，不能作战，专以船多威敌而已。

观太平军制，亦迥非乌合之比，盖亦训练成军而后出。太平军自言其起事在丁未，应红羊劫忏，时在道光二十七年。广西群盗方炽，而秀全辈直至三十年冬，金田始有官军接触，一战而胜，遂不可制，其部勒固已甚久矣。惟水军为虚名，恃据掠民船，结成巨帮，便运输而壮声势。其船不能作战，确系事实。湘军水陆均练。水师一出，太平军船舰遇即被焚。后江湖之险，惟湘军利用之，此为太平军最露短之一事。初都金陵，罗大纲言之而杨秀清不用，以此驰逐于东南水乡，胜败之数亦定于是。

> 《传》又言：行军严抢夺之令，官军在三十里外始准据劫。若官军在前，有取民间尺布百钱者，杀无赦。

观此则抢夺令严，专防官军利诱。去敌三十里即可据劫，非有要结民心之术。因粮于敌之说，不可行于吊民伐罪之时。若因粮于民，即与民为敌矣。

> 《纪略》：贼之所至，先贴伪示，令人赀送，首重米谷，次则银钱珍宝，名曰进贡。给以字条，名曰贡单。云贴门首则贼不敢扰，人争趋送，单贴门首为护符。殊不知后到之贼，称属别队，照单复索，叠扰不已。最后则入室搜劫，罄所有而后已。更有专事搜括之贼，名曰打先锋。每至一处，即肆意据掠，必招本地无赖为眼目，就富家大小，以次搜索。有预为埋藏者，亦十不免一。盖贼倾水于宅，遇坎即入，从而掘之。有沟渠，则戽水以求，无不得者。是以逆氛所经，盖藏如此。

太平军因粮于民，确是事实。吾幼时闻诸年稍壮长之人，无不言之凿凿，与《纪略》言合也。

当咸丰五年，胡林翼既为湖北巡抚，从上游规复武、汉。时曾国藩所率水师尚困于江西，不得出湖口。而林翼急思得湘军上将为助，请调罗泽南入鄂。国藩方倚泽南军肃清江西腹地，而泽南以为武、汉不急复，不足图九江，即江西之师终不得与外江合。自请行，国藩许之。会江西之义宁州被由鄂来之太平军攻陷，泽南赴剿，以七月十六日克其城，而官文、胡林翼调援武、汉之檄至，遂由义宁入鄂。缘道皆太平军据地，泽南连克通山、崇阳、蒲圻、咸宁，转战至十一月而达武昌。林翼亦从上游会官文督率楚军，攻克德安府，又克汉川县，与湘军水师之在外江者杨载福、鲍超等均来会。林翼见泽南，以师礼事之极恭，事必咨而后行。罗门弟子李续宾、续宜兄弟辈，林翼与亲密如昆季，是为湘楚会攻武、汉之师。

方泽南之赴剿义宁，曾军正由塔齐布筹攻九江，力辟出江之路，而塔齐布忽于七月十八日骤卒。曾军始起，称将材者以塔、罗为首，罗既入鄂，塔又不幸，年止三十九，江西部曲稍弱，又增调湖南平江勇，以李元度等为管带，由南康渡湖，攻湖口，克之，惟石钟山未下，并复都昌。是时江南北两大营亦尚能久驻，且亦分军出剿，克复旁近郡邑，但亦旋得旋失。江中官兵亦有水营二：一为浙艇，泊焦山；一为粤艇，泊金山，然不足断江南北太平军之联络。盖湘水师未下驶，太平军所惮之粤艇不过如是。咸丰六年三月，扬州再陷，十余日而复。太平军于江南北四出攻掠，江、皖之间，城邑迭陷。向荣疲于援应，遂以五月失陷江南大营；赖张国梁力战，保荣突围出，退守丹阳，是为江南大营第一次败退。向荣旋卒，朝命江南提督和春代荣。而其先湘、楚军力攻武昌者，以三月初乘胜薄之，罗泽南中流弹入脑，伤重，数日卒，时官至宁绍台道。其部众即由林翼派罗门弟子李续宾接统，攻武昌如故。

向荣之卒也以七月，由广西提督与太平军相角，虽不能全捷，而尾追出境，直至太平所定都之金陵，攻守历三年有半，使太平军根本之地无一日释警。张国梁，本广东高要人，少习贾于贵县。值太平军兴，已被胁附，令入向军诈降为内应。荣察知之，而重其人，感以诚，遂真服，所向立功，与荣相处如父子。荣死，以军事属之，江南大营遂能复振，和春实受成而已。太平军初闻荣已死，以为莫予毒也。杨秀清在军中揽事过秀全，凡有诰谕，首署秀字，拆为禾乃二字。其文曰："禾乃师、赎病主、左辅、正军师、东王杨。"至是，遂令其下呼以万岁。秀全惧逼，召北王韦昌辉、翼王石达开归图之。昌辉自皖先至，秀清招饮，即饮次刺秀清死，割而烹之，尽杀其党。达开自鄂后至，责昌辉处秀清太过。昌辉怒，并图之。达开夜遁，昌辉尽诛其母妻子女。秀全益惧，复与秀清党共攻杀昌辉，传其首招达开乃返。时同起事之五王皆尽，惟达开存，终觉为秀全所猜，未久复出之皖，而国梁之师已由丹阳日逼，时在六年八月。至十一月，胡林翼偕官文以一日间同复武、汉，水师乘胜下清江面，迭克兴国、大冶、蕲州、蕲水等州县。时湖南以曾国藩久困江西，由巡抚骆秉章募勇二千，遣国藩弟国荃往援。国藩诸弟国华、国葆，亦先以父命乞师于林翼，林翼予以五千人，先后由湖南入江西，收复袁州并旁近诸县地，兄弟会于南昌。而上游水陆军由武、汉捷后东下者，李续宾军亦自大冶、兴国入江西，克瑞州，遂攻九江。南昌已无西顾忧，国藩亲至九江视师。续宾所统，即上年国藩所遣援鄂之师。转战各一年有半，至此方会。江南张国梁军亦迭胜，克江宁诸属邑，而太平军以内变后势又大蹙。七年二月，国藩丁父忧，与诸弟奔丧回。续宾浚长壕困九江，力攻又阅一年半，至八年四月乃下。

太平军既不得志于畿辅，而金陵为定都根本之地，官军留屯攻剿不绝，劲敌惟有湘、楚，而长江关键，腹地门户，武、汉而下，集中于九江、安庆两城。官军欲图金陵，非克此两郡城，不能固其后路。胡林翼既平武、汉，专意二城；太平军亦以全力救护之。英王陈玉成率大兵屯皖、豫、鄂三省之处，结合捻匪为用，四出摧陷，冀解两城之围，尤注意武、汉，将覆湘、楚根本。李续宾既专攻九江，林翼亦率师出省，助之规划。守九江太平贞天侯林启荣力扼鄱阳、湖口，使湘军水师入湖者数年不得出，国藩但力保南昌，分剿旁郡，以为鄂、湘捍蔽。七年二月，以父丧归，准假三月。国藩连疏终制，乃开兵部侍郎缺，令守礼庐候旨。杨载福接统水师。时外江、内湖尚梗，湘军虽一克湖口，然石钟山太平垒仍坚踞，湖口终非官军所能守。载福总理内外水师，时官提督，以彭玉麟为协理，时官惠潮嘉道。玉麟建议，拔石钟山乃为克湖口，克湖口则九江自下。于是年九月，约外江进攻，内湖冲出，陆师拔臬司李孟群一军，声言开皖北御玉成军，绕山后攻其垒，水师攻其前，太平方悉众堵御，出不意焚其垒，遂克湖口。两军伤亡皆巨，为湘军第一血战。后国藩有石钟山《昭忠祠记》记之。克湖口之日，为七年重九节。湖口下六十里为彭泽，江中有小姑山，太平筑坚叠以守彭泽，与湖口共为九江声援。玉麟既下湖口，计非拔彭泽小姑山不能取九江。林启荣以善守闻，陈玉成则善战，皆为国藩所极口称道，而惜其为敌。玉麟于九月二十二日再克小姑山，并破彭泽，遂赋诗自喜，所谓“彭郎取得小姑回”之作也。内外水师既合，顺流耀兵，直过安庆，至池州，破太平沿江各城垒，望江、东流、铜陵三县皆复。旬日间转战千余里，与江南水师营会。江南水师所用广东之红单船，久攻铜陵下流泥、汐两垒，悬赏万六千金购之，不能克。湘军水师至，掷火弹入垒，适中储火药处，垒石迸裂，登岸剿戮殆尽。得其米六屋，悉推与红单船，奖其久屯敌境。红单船骤见湘军旗帜，正惊愕，复见立破敌垒，又得厚贿，奇诧感愧。而湘水师立回驻彭泽以攻九江，已名震各军中，知水师无能及湘、楚者。而太平之无水师，虽踞长江南岸，无奈此中流之大敌何！官军得水陆相依倚，即攻坚不难。太平军所控滨江险要，设守亦不易矣。时江南军张国梁复逼金陵，渐复向荣大营之旧。八年四月初七日，李续宾克九江，太平军毙者至一万六七千，得林启荣尸于乱尸中，寸磔枭示。江西列郡风靡。太平军退赴闽、浙。林翼指挥湘军进规安庆。是为收复长江中游一段落。

## 第三节 太平军（下）

曾国藩守制不出既逾年，九江下后，闽、浙告警。胡林翼趣起国藩，朝廷亦急于援浙，遂以咸丰八年五月二十一日乙未，即家召国藩起。始命赴浙，又改命援闽。盖石达开自六年离金陵，横行皖、赣境，至是犯浙及闽。国藩候命江西，未定所向，而庐州复陷，李续宾趋救阵亡，国藩弟国华偕殉。续宾以罗泽南门人，从办团练，泽南死，代统所部，七年间克四十余城，经六百余战。至是，殁于庐州城南八十里之三河镇。庐州为安徽侨省，二年一失而江忠源殉。五年，江南军复之，复为省会。太平军以金陵敌军渐逼，急取远势解危局，以七月陷庐州。适林翼亦丁母忧去，续宾以安庆后路所在，而三河又为水陆冲途，急攻之。太平军陈玉成、李秀成、李世贤诸军皆会救，众至十余万。续宾军止五千人，被围血战竟日，力竭阵亡，国华等从死者数十员。会达开回窜江西，福建、浙江响应之太平军皆不振，官军进剿，屡有克捷，而江、皖军事转亟。朝命急起林翼，并诏国藩统筹全局，规进取形势。国藩遂于九年正月奏："数省军务，安徽最重，江西次之，福建又次之。计惟大江两岸各置重兵，中流水师，三路鼓行东下，剿皖南以分金陵势，剿皖北以分庐州势，闽省则兵力足自了。皖、豫捻匪与太平军相结，能以马队冲锋，请调察哈尔战马三千匹，赴营调练应用。"诏允之。方部署间，达开自江西窥知湘军尽出，本省空虚，拥裹胁之众十余万，由南安趋崇义，入湖南，陷桂阳、兴宁、宜章各县。巡抚骆秉章与湘绅左宗棠急召湘中假归将士久习战阵者，所在募勇设守，飞咨楚中。林翼乃分军水陆援湘，自驻黄州固守，令图皖之军不受掣扰。达开方悉锐北图犯鄂，鄂中援湘军以李续宜统之。达开方围攻宝庆，援军屡挫敌。敌势大，号众数十万，屹不为动。续宜后至，与刘长佑、刘岳昭诸将领决策大战，解宝庆围。达开南退，湘军蹑追，遂由东安、永明回桂。是时达开与金陵久隔绝，军制官名皆有不同。俘获中旗号名色，有统戎、佐旗、提审、通传等名，皆太平军向所未有。以九月犯桂林，湘军刘长佑、蒋益澧、萧启江等踵至，击走之。达开军遂盘旋于湘、粤、桂之间。时江南军屡克金陵城外要隘，太平军出袭各郡邑以图牵制。十年二月，由广德趋安吉、武康，扑杭州，陷其城，旋退。巡抚罗遵殿等皆殉，满城未陷。盖太平军图解金陵图，非力能取江、浙也。顾钦差大臣和春颇自谓克金陵在近，有骄意，援浙值敌退有功，兵分在外，饷又不继，以四十五日发一月饷，太平军骤乘之，自闰三月初七起，扑大营，张国梁拒战数日，渐不支，再退丹阳，并陷溧阳、宜兴，进围丹阳大营。国梁受伤投水死，和春走常州，再败退浒墅关，亦以伤重死。常州为总督侨驻地，总督何桂清遽率司道退苏州，巡抚徐有壬不纳，乃退常熟。士民守常州，数日城陷，苏州继之，有壬殉焉。于是由苏而浙，东南糜烂。朝命逮桂清，加国藩尚书衔，署两江总督，督办江南军务。国藩又与林翼会保左宗棠募勇赴敌。宗棠在湘居抚幕，负才气，任天下事，巡抚骆秉章倚任专。会劾罢永州总兵樊燮，燮讦控于总督官文，以绅士把持官事为罪，官文檄宗棠赴鄂质审。樊燮者，湖北钟祥人，樊增祥之父也。宗棠故高视一切，不为人下，秉章奉以宾师，不受保奖。视湘中立功之将帅，指挥或加训迪，以诸葛孔明自居，尝称“老亮”。而郭嵩焘之弟昆焘，亦以佐理幕府，称“新亮”配之。以避督府威焰，出走至湘军诸帅军中。曾、胡乃奏请给京堂职名，独当一面，是为国藩以督帅任地方，始有军饷兼理之权。宗棠出幕府，为朝官，遂为封拜之初步。而太平军事居勘定之功者，遂皆出湘军或其所提挈，无有与之同功者矣。

江南大营之陷也，在十年闰三月十五日。时宗棠已避仇入林翼军中，闻而叹曰：“江南营将蹇兵罢，不足资以讨贼。得此洗荡，而后来者可以措手，天意其有转机乎！”林翼亦曰：“朝廷能以江南事付曾公，天下不足平也。”四月十九日癸未，朝命国藩署江督；翌日，宗棠奉赏给四品京堂，襄办国藩军务之命，促救苏、常。时国荃已由林翼遣攻安庆，议者谓国藩当撤安庆围师，先所急。国藩谓安庆关系淮南全局，即为克复金陵张本，不可动。身自渡江趋祁门，扼江西、安徽军冲。以六月十一日至祁门，二十四日奉谕实授江督，并命为钦差大臣，督办江西军务。七月，英、法兵陷天津，八月，文宗幸热河，国藩、林翼疏请入卫。会和议成，敕止北上，得专力对太平军。国藩既驻祁门，太平军在江南者，李世贤、李秀成、黄文金等，迭出江、皖之间，断祁门饷道。宗棠率鲍超、张运兰诸将转战，敌屡却仍奋进，国藩大困。盖自靖港初出时一困，鄱湖隔绝时再困，至此凡三困。十一年四月，乃移驻东流，与水陆相依倚，全局始活。时宗棠已以功擢三品京堂，补太常卿。国藩请改宗棠为帮办军务，俾事权渐渐属，储为大用。而江、皖经宗棠收复郡县，太平军渐退入浙。其在江北者，陈玉成以安庆为必救，家属亦留居安庆，纠合太平诸将，从英山、霍山间道入鄂，扰安庆围师根本。林翼先遣李续宜回援，继自返赴急。国荃围安庆之师，迄不分解。国藩亦身至国荃军，商撤否便宜。国荃示以必可驻攻状，日夜与太平军之来援者血战，卒不退撤。

是年七月十七日癸卯，文宗崩于热河，穆宗立。八月初一日丁巳，国荃克安庆，是为肃清东南之基。时林翼久病咯血，力疾成此胜算，至二十六日，卒于武昌军次，盖犹及见安庆之捷也。至九月，国荃军连克安庆以下沿江诸隘，骎骎直指金陵。十月十八日，朝命国藩统辖江、皖、赣三省，并浙江全省军务。所有四省巡抚、提、镇以下，悉归节制。宗棠赴浙援剿，浙省提、镇以下归宗棠调遣。又谕江北军将军都兴阿、皖北军钦差漕督袁甲三，遇紧要军务，均会商国藩办理。

国藩力辞，并请明降谕旨，令宗棠督办浙江军务，谓宗棠前在湖南，赞助军谋，兼顾数省，实应独当一面。奉谕不允辞，惟宗棠准自行奏事。

十一月，太平军陷杭州，将军瑞昌、巡抚王有龄皆殉。先是，浙江军务犹命瑞昌为帮办，至是，专待湘军入浙，亦宗棠所谓洗荡而后可以措手者也。十二月，诏授宗棠浙抚，李续宜皖抚。时江、浙沦陷，江苏则江北仅保扬州以东里下河，江南仅保镇江及上海。镇江依水师而存，上海依洋商开埠而太平军不愿扰。浙江则浙西仅有湖州，为籍绅赵景贤所固守，而四面皆太平军，孤悬隔绝。浙东则衢州一线为官军由赣进浙之路。宗棠先平江西，进趋衢州，为绰有后路之军。苏则大军尚在皖境。朝廷原意以国荃下援镇、沪，规复苏、常。国荃意金陵指日可达，攻彼都城，足致敌救，攻金陵正所以分苏、常敌势，使之易取。国藩壮之。其时上海为退守之官、避难之绅麇聚栖托之地，群推代表举人钱鼎铭等，携公函，筹雇洋商输船，乞师于安庆大营，即以轮船迎载。又有苏籍大学士翁心存奏言："苏、常绅民，结团自保，盼曾国藩如慈父母，请饬该大臣派援。"奉旨询国藩，并询国荃"安庆克后，回湘募勇，曾否回营？着速东下"。国藩乃定留国荃攻金陵，而荐幕下延邵建道李鸿章堪膺封疆重寄，请明诏令署苏抚，赴沪图进取。鸿章以道光二十八年丁未进士，入翰林。父文安，以刑部郎中记名御史，其通籍与国藩同岁，故鸿章早以年家子师事国藩，国藩赏之。太平军既陷金陵，各省纷起办团练，安徽以旌德籍侍郎吕贤基为团练大臣，奉命择人自助。鸿章方在籍，贤基奏留之，鸿章始从戎。未几，陈玉成攻陷皖北各郡县，贤基在舒城殉，朝命江忠源抚皖，国藩以鸿章可任事告忠源，而忠源又殉于庐州，遂从新巡抚福济，建议欲复庐州先取含山、巢县，福济授以兵，遂复二县，时咸丰四年十二月。福济将以道员疏荐，而左右忌者争挤之，遂辗转无所就。八年，国藩以夺情起，督军江西，鸿章遂入军幕，多所赞助。十一年，安庆既下，议攻金陵、援浙、援苏三大任。国荃愿任金陵，宗棠已由赣渐向浙，苏为财赋重地，亦急于收复，遂委之鸿章。疏保鸿章才大心细，可独当一面，令招淮勇七千，以淮甸人健锐，且久为太平军出入地，习攻守击刺者多。遂选乡里带勇之刘铭传等数人，并编修刘秉璋、举人潘鼎新等为将领，并综营务。弟鹤章亦从军。又于湘军中选程学启、郭松林等，用曾军编制法成军，是为淮军与湘军代兴之始。自此以国藩一身，总戡乱之成，而大功告蒇之基，悉定于是。

同治元年正月一日，诏授国藩以江督、协办大学士。初四日，又授国荃浙江按察使。倚畀之殷，加于往日。旋以军中奏报较简，谕询其故，并列款问当时要务，敕国藩及浙抚左宗棠、皖抚李续宜速奏。国藩奏言：(一)国荃募勇，二月底可抵安庆，拟令进攻巢、和、含以达金陵。杨载福回湘，因辰、沅有警，留湘防守，已催令先于二月回营。(一)鸿章新募淮勇立营，另拨湘勇数营，二月可成军，拟由陆路赴镇江。(一)攻金陵必脚根先稳。(一)颍州被围，续宜派兵赴援。(一)谋浙从衢、严入，现左宗棠屡获大胜。(一)松、沪告急，拟借洋兵防守。并陈奏报甚少之故：凡谣传之言，未定之事，预计之说，皆不轻奏。嗣后拟十日奏事一次，急则加班。谕又以“各路军营，往往以游移无据之词驰奏，本属陋习，拟定十日一奏，有警加班，转觉拘滞，仍当毋失常度，力求实济”。二月，国荃抵安庆，诏授江苏布政使，并谕兄弟无庸回避。淮勇成军，本拟由巢、含绕越金陵，从扬州达镇江，而江苏绅民备银十八万两，雇输船八艘来迎，遂以三月初八日由安庆分起开行，径抵上海。旋奉命署江苏巡抚。是月，国荃与弟贞干，尽克皖境江北岸各隘，直破西梁山坚垒。四月，复南渡会彭玉麟水师，克太平府、金柱关、东梁山、芜湖县，于是金陵上游门户尽辟。会皖北军将军多隆阿克庐州，陈玉成走寿州投苗练沛霖，沛霖缚献胜保军前斩之。玉成号“四眼狗”，久踞皖北，屡突上游，为安庆解围，卒不可得。至是，为苗练所卖。苗练者，苗沛霖以练起，既拥众，反侧于官军与太平军之间。本诸生，自称“老先生”，诸练目皆称“先生”。久与玉成往来。玉成事急往投，遂为缚献，因以为胜保功，而师事胜保，胜保暱之。为攻金陵之师去一后路患，未始非当时一功也。

五月初一日，国荃攻秣陵关，收降其守将，遂进逼大胜关。初三日，又夺大胜关，平三汊河垒。彭玉麟以水师助攻江心洲坚垒，又夺之，遂泊金陵之护城河口。国荃由陆路逼扎雨花台。是为规取金陵之始。与向荣、张国梁时故垒略同；而上游稳固，各军帅取远势相应合，则迥不侔矣。时廷旨尚盼鸿章至镇江，会江北都兴阿之军并攻金陵，命国藩量其缓急。鸿章方以太平军逼上海，军初至，装械皆远逊洋兵。洋兵守御租界者，称常胜军，颇笑淮军之陋。鸿章思以战状雪之。五月初，乘洋兵小挫之后，鸿章、学启以数千人战太平军听王陈炳文、纳王部云官之众数万，斩首一二千，解胁从数千，夺获器械无算。洋兵大服，翕然听命。鸿章因陈洋兵助防之难恃，舍沪赴镇之非便，乃不复移师镇江。国荃独攻金陵，以雨花台为最得形势。山高，可俯视城内，而中洼，且平坦，可藏兵。太平军竭全力守雨花台城，国荃累攻未克。皖南鲍超等军，累克宁国、广德等郡县，削金陵旁郡滋蔓之势。宗棠渐收衢、处、严各郡邑，将向杭州。会江南大疫，攻坚力战之兵皆病，国藩疏陈危惧，乞派在京亲信大臣来会办。奉旨温慰，且言“恐朝政多阙，上干天和，非该大臣一人之咎”。其简派大臣一节，则谕以“环顾中外，才力气量，无如国藩，非特在京无可简派而已”。盖倚任专之至矣。是时，士卒方多死亡，而太平军忠王李秀成率苏、常之众二十余万至，堵御历十五昼夜，不得休息。侍王李世贤率浙江数十万众继至。雨花台营被围四十六日，穴地轰发数次，国荃左颊中枪，将士狞目皴面，皮肉几尽。军兴以来，无此苦战。不得逞而退，遂分掠皖南、北新复之地。国荃又分兵守东、西梁山以御之。苏、浙两军迭有进取。十月，洋将美国人白齐文闭松江城索饷，遂至上海大哗，鸿章夺其兵，捕治之，裁常胜军为三千人，以戈登、李恒嵩同领，而白齐文遂投太平军。久之，被获于闽，解上海讯治，覆舟，毙于水。

二年正月，宗棠肃清浙东各县，并分军会鲍超军攻剿皖南，谓不难攻取杭州，而难于杜其分窜，故先清旁邑，不急图省城。鸿章自二年克常熟，太平军力争之，累战至二月乃却。三月，诏授国荃浙抚，以宗棠为闽浙总督，兼署浙抚。四月，太平军欲解金陵围，分股一由徽、宁窥赣，一由和、含围鄂。鄂中有捻匪回窜，皖北苗沛霖亦复叛，与太平相结，气焰顿张，将围裹安庆以救金陵。赖鲍超援剿却蔽。鸿章亦克昆山，逼苏州。国荃以是月克雨花台城，及聚宝门外九石垒。五月，会水师克下关、草鞋夹、燕子矶，并破九洑洲垒，长江肃清。太平军忠王李秀成率水陆号数十万，援江阴，犯常熟，鸿章军大败之。六月，鲍超军逼扎金陵北面诸门。八月，鸿章克江阴，又大捷于无锡，秀成痛哭去。失两王，船百余艘，死者万众。十月，鸿章克苏州。太平军纳王部云官等约誓于程学启，斩慕王谭绍光首来降。旋以云官等拥众要挟，诛之。事仍为学启所主张。洋将戈登服学启勇略，交最密，至是以其杀降背誓，且设誓时己为证人，乃云官辈所取信，愤极，将与学启哄，鸿章力解之乃已。论者则以为苏城乃李秀成份地，秀成全力在焉，云官约降，学启本令图秀成、绍光自效，云官辈不忍于秀成，会秀成亦知苏不可守，与绍光泣别他去，云官等四王、四天将刺死绍光，拥精壮二十四万而降。其众自歃血誓生死不相离弃。八人者，要总兵、副将官，部署其众，仍屯阊、胥、盘、齐四门，云官且未薙发。学启密白鸿章，设宴邀八人，即坐伏甲骈杀之。副将郑国魁乃云官所由以通学启，先与云官誓不相负者，亦怨学启相卖，愤不食，卧三日，鸿章亦咎学启太忍。学启大怒，将引军去，鸿章慰谢之。又欲慰国魁、戈登辈，令国魁为云官设佛事，亲诣祭吊，泣数行下，众乃辑服。学启固为地方弭变，为鸿章任怨，使鸿章得以情感转旋其间，皆预定之机密也。未几，学启以苏州军收嘉兴各属邑。明年二月，攻嘉兴府城，先登，中炮伤而殒，人犹有谓其应誓致殃及者。学启，桐城农家子，始从太平军，为陈玉成部。玉成奇其勇，极笼络。学启雅不愿终事太平军，国荃围安庆，知其情而爱其材，地近学启故乡，求得其族媪往劝降，学启诺之而事泄，率三百人逾城出，扣国荃弟贞干壁门，大呼："某来投诚，有追贼在后。信我纳之，不信急击我，无两败。"贞干大惊，遽纳之。太平军杀学启妻子，悬首城上。安庆之克，学启在国荃军中功最，故鸿章援苏，国藩选良将为助，商国荃遣学启，强而后可。迨围江宁事亟，国荃又欲索学启回军，鸿章以淮勇成军，最良者推学启，不肯还国荃，彼此且有相尤相靳语。克苏州后半年，学启以伤卒。戈登自杀降后，不与相见，至其殁，乃乞得其战时大旗二，携归英国，诧示彼中人而述其战迹云。

当国荃克雨花台、鸿章规取苏州时，太平军翼王石达开为川督骆秉章所擒斩，于是太平军始起之五王皆尽。达开蓄大志，能笼络其下，自离金陵，颇欲独树一帜。由皖而赣，官军苦之。达开亦转战无所就。咸丰八年，国藩夺情起，入江西督师，达开图窜浙、闽，既而变计西向，盘旋湘、桂、粤、蜀、滇、黔诸省，皆不得志。以蜀为古来据地自王之国，尤出入不舍。自咸丰十一年四月，始由黔窜蜀。时骆秉章督蜀，剿蜀匪蓝朝柱、李永和等，蜀中守备严，达开连犯不得逞。蜀匪未几悉平，达开退走黔走滇，辄复入，官军御却至五六次。至二年正月，复歼其犯宁远之中旗将赖裕新；达开犹以图蜀为志。四月，复渡金沙江走土司境，计避实而蹈其虚。秉章已策其必至，预悬重赏示土司，使抄其后；檄总兵唐友耕迎击其前。达开将渡大渡河，河水暴涨，官军复击其半渡，死亡多。达开凫涉松林小河，冀遁泸定桥入天全，复为土练所遏。土司自后偃古木塞路，粮罄路穷，奔老鸦漩，官军诱擒送成都斩之。太平军之别部，本可不与金陵同尽，乃反自趋绝地而先亡，则疆臣能事之效也。鸿章军既克嘉兴，已由苏入浙，时在三年二月。先是，宗棠亦自肃清浙东后，师入浙西，由严州进克富阳，遂薄杭州，海宁自以城降，进复桐乡，与由苏来克嘉兴之军会。杭州太平守将听王陈炳文知不能守，官军急攻之，遂与出援余杭之康王汪广洋皆弃城走德清，时为二月二十四日。三月初四、五日，又克武康、德清、石门三县。同时，鲍超军由东坝进克句容，旋收金坛。鸿章军由苏州进攻常州，四月六日未时克其城，与咸丰十年失陷常州为同日同时，时以为异。自是苏、浙之间无坚城，江宁旁近诸邑迭下。国荃军苦战江宁城下，自正月二十一日克钟山石垒，即太平军所谓天保城者，城围遂合。盖天保城既克，于太平门外筑二营，与原扎洪山、北固山两路相应，堵神策门大路，城内外援应始绝。苏、浙、皖南及江南、北军复层递进逼，秀全遂以四月二十七日仰药死，埋尸宫中，秘不发丧。既而不可复秘，诸王号酋帅共立秀全子袭天王位。子年十六，本名天贵福，秀全生时即号之为幼主。其刻印称名，名下并列二小字“真主”，见者意“福填”二字相连为名，一时军报皆称太平幼主为洪福填，遂入奏牍、官书不改。后就获日供于江西，乃得其说，然洪福填之名犹流播也。太平军既立幼主，人心尚坚附不变。国荃仍以苦战，得于五月三十日攻克龙脖子、地保城，乃得附城穿穴，于六月十六日克江宁。李秀成掖幼主，冒官军号衣，从城坏处杂出，由别将拥之去。军中先报福填已死，后得秀成供，仍以为疑义。逮江西席宝田军截获之，始信城破未得幼主，因有捷报不实之议，朝廷亦不深问也。克江宁时，搜获李秀成、洪仁发，连日搜杀十余万众，及其称王、称主将、天将有名号者三千余人。大封功臣，国藩兄弟以次均得上赏。太平余党走江西者，由昭王黄文英挟幼主行，以九月二十五日为席宝田所获，并擒洪仁玕、洪仁政、黄文英等，余众窜闽窜粤，由宗棠追剿之，迭有捕斩。直至是年十二月，踞嘉应州，宗棠师至歼焉。

## 第四节　太平军成败及清之兴衰关系

洪秀全举事无成，既经官军戡定，一切纪述，自多丑诋。然改元易服，建号定都，用兵十余省，据守百余城，南北交争，居然敌国，论者以为必有致此之道。于是求辑太平天国事实者甚夥。所得之遗文断简，乃无非浅陋之迷信，不足以自欺而偏欲以欺人。孩稚学语之文，拘忌舛改之字，无有足以达政治之理想、动民众之观听者。则所谓马上得之马上治之，纵有戡乱之具、终无济治之能者也。其戡乱之具，第一能军，官书所载，反有可观，但须省其丑诋之词耳。其次以军法部勒民事，颇与三代寓兵于农暗合，但未能于民事有所究心。民政非如军政，一定制即可收效，事具本章第二节《太平军中篇》。至其颓败，则李秀成被获后之口供，颇有可采。

秀成亦籍粤西，与陈玉成皆为太平之后起用事者。咸丰三年，陷金陵，定为都，大封拜，时固未有秀成与玉成也。玉成有叔承镕，为金田起时旧目。玉成以幼故，未任战事。至咸丰四年，向荣军方驻攻金陵，太平诸将四出图解围，乃有玉成上犯武、汉，秀成与其从弟侍贤犯江西、福建之举。是时玉成为十八指挥，秀成为二十指挥，盖偏裨耳。六年，金陵内乱，杨秀清、韦昌辉相戕俱毙，萧朝贵、冯云山、洪大全俱早被擒杀，石达开又自离，秀成与玉成始用事，支柱太平军事最勤且久。玉成尚前死于苗练，秀成则金陵破后，手挈幼主出城，而后就获。盖以马与幼主，已则恃乡民相怜，匿民家图观望，为萧孚泗亲兵王三清所搜得。此亲兵旋为乡民捉而杀之，投诸水以为秀成报怨，其能结人心如是。既入囚笼，次日又擒松王陈德风，见秀成犹长跪请安，其能服将士如是。国藩因此二事，不敢解京，讯得秀成亲供四万余字，即以七月初六日斩之。当时随折奏报之亲供，相传已为国藩删削，今真本尚在曾氏后人手，未肯问世。或其中有劝国藩勿忘种族之见，乘清之无能为，为汉族谋光复耶？闻亲供原稿尚存之说甚确，今但能就已行世者节采，稍证太平军自伐自亡之故。

咸丰九年十二月，玉成自江浦回援安庆，秀成独屯浦口。时金陵困急，援兵皆不至，秀成以玉成兵最强，请加封王号寄阃外。秀全乃封玉成英王，赐八方黄金印，便宜行事。玉成虽专阃寄，然威信远不如秀成，无遵调者。李世忠者，本天长捻首，名兆受，或作昭寿，上年以城降清，授以参将，屯近浦口，致书秀成，言："君智谋勇功，何事不如玉成？今玉成已王，君尚为将，秀全愦愦可知。吾始反正，清帝优礼有加。君雄才，胡郁郁久居人下？盍从我游。"太平朝内官兵部尚书莫仕葵，以勘军至秀成营，书落其手，大惊，示秀成。秀成曰："臣不事二君，犹女不更二夫。昭寿自为不羲，乃欲陷人！"仕葵曰："吾知公久矣。"乃代奏之。秀全命封江阻秀成兵，并遣其母妻出居北岸，止其南渡。仕葵曰："如此则大事去矣。"偕蒙得恩、林绍璋、李春发入宫切谏，曰："昭寿为敌行间，奈何堕其计，自坏长城？京师一线之路，赖秀成障之。玉成总军数月，不能调一军，其效可观矣。今宜优诏褒勉，以安其心。臣等愿以百口保之。”秀全遽召秀成入，慰之曰：“卿忠义，误信谣传，朕之过也。卿宜释怀，戮力王室。”即封为忠王荣千岁。太平自杨、韦构杀，秀全以其兄弟仁发等主政，甥幼西王萧有和尤所倚任，以一将畜秀成，不与闻大计。至是晋爵为王，以秀全任已渐专，不料其疑己也。浦口当金陵咽喉要地，迫于清军，粮援又无措，南渡时见秀全问计，秀全语以事皆天父排定，奚烦计处，但与仁发等谋。留秀成助守金陵，秀成曰：“敌以长围困我，当谋救困，俱死无益。”乃袭浙江以分江南大营力，是为明年春杭州失陷之第一次。秀成为解金陵围计，弃杭州不守，而和春果奔命，以致败死。九年之末，秀全更大封诸王。当秀全初定金陵都，一切文武之制，悉由秀清手定，规模甚盛。正殿为龙凤殿，即朝堂。有议政议战大事，鸣钟击鼓，秀全即升座，张红幙，诸王、丞相两旁分坐，依官职顺列，诸将侍立于后。议毕，鸣钟伐鼓退朝，是为第一尊严之所。第二则说教台，每日午，秀全御此，衣黄龙袍，冠紫金冕，垂三十六旒，后有二侍者，持长旗，上书天父、天兄、天王、太平天国。台式圆，高五丈，阶百步。说教时，官民皆入听，有意见亦可登座陈说。文从左上，武从右上，士民由前后路直上，立有一定之位。第三则军政议事局，乃军事调遣、粮饷器械总登所。秀全自为元帅，东王为副元帅，北王、翼王为左右前军副元帅，六官左右副丞相为局中管理各科员，中分军马、军粮、军械、军衣、军帐、军船、军图、军俘、军事诸科。又有粮饷转运局、文书管理局、前锋告急局、接济局，皆属军政议事局内，以六官左右副丞相领之。其最尊者为军机会商局长，以东王领之。遇有战事，筹划一切，东王中坐，诸王、丞相、天将左右坐立，各手地图论形势，然后出师。秀清在日所定所行如此。

秀清为秀全所图，东、北两王同尽，翼王继东王领军机会商局长。翼王脱离去，秀成领之。后东入苏、杭，此局遂虚设。内讧以后，人心解体已久，秀全以不次超擢，冀安诸将心，自此几无人不王，转以王号摄行丞相、天将之职，各持一军，势不相下。可以调遣诸王者，秀成分拥东下之众，其与金陵犄角者，仅玉成一人在诸将上，能呼召救急。故八年以前，太平军攻守互用，八年以后，不过用攻以救守，遂至日危，以底于亡。十年闰三月，秀成、玉成既解金陵围，声势大张。秀全之旁，只有亲贵揽权嫉功，政事既不问，军中有功亦不及奖叙，只教人认实天情，升平自至。仁达、仁发嗾秀全下严诏饬秀成，限一月取苏、常。秀成果取之，遂以苏州为份地，不恒入朝矣。秀成踞苏，改北街吴氏复园为王府。入城十有一日，而后出示安民。后苏人习于秀成，盛称秀成不嗜杀，盖较之他被难区，尚为彼善于此。由苏入浙，势如破竹，而奉秀全命趣还江宁，令经营北路。秀成鉴林凤祥、李开芳之失，未敢轻举，而江西、湖北匪目具书来降，邀其上窜，自称有众十万备调遣，秀成允之，留陈坤书守苏州，自返江宁，请先赴上游，招集各股，再筹进止。秀全责其违令，秀成坚执不从，秀全亦无奈何，乃定取道皖南上犯江、鄂之计。方是时，秀成与江宁诸将领议曰："曾国藩善用兵，非向、张比，将来再困天京必此人。若皖省能保，犹无虑。一旦有失，京城即受兵。应豫谋多蓄粮为持久计。"秀全闻之，责秀成曰："尔怕死！我天生真主，不待用兵而天下一统，何过虑！"秀成叹息而出，因与蒙得恩、林绍璋等议，劝自王侯以下，凡有一命于朝者，各量力出家财，广购米谷储公仓，设官督理之。候阙乏时，平价出粜，如均输故事，以为思患预防之计。洪仁发等相谓曰："此亦一权利也。"说秀全用盐引牙帖之法，分上中下三等贩米，售帖即充枢府诸王禄秩，无须报解，稍提税入公，大半充洪氏诸王私橐。商贩无帖以粒米入城者，用私贩论罪。洪氏诸王擅售帖利，上帖售价贵至数千金。及贩至下关，验帖官皆仁发辈鹰犬，百端挑剔，任意勒索，商渐裹足。而异姓王侯因成本加重，米价昂，不愿多出资金，米粮反绝。秀成请废洪氏帖，秀全以诘仁发，仁发谓“恐奸商借贩米为名，私代清营传递消息。设非洪氏，谁能别其真伪。我兄弟辈苦心所以防奸，非罔利也”。秀全信之，置不问；秀成愤愤然去。及安庆围急，玉成赴救不利，分兵窜鄂，以图掣围师。秀成叹其误，谓湘军决不舍安庆，长江为官军水师所独擅，运道无梗，非后路所能牵掣，与昔时攻浙以误和春往救，遂陷江南大营者，敌之坚脆不同。后玉成卒败走死，秀成顿足叹无为助矣。金陵食粮，昔时江南、北皆有产米之地，太平军禁令严明，新得之土，民得耕种。江南米出芜湖金柱关，江北米出和州裕溪口，皆会于金陵。自湘军逼攻，耕农已废，沿江各隘复尽失，不待合围，已足制其死命。军令既弛，营堑草率，无复旧规。封王至九十余人，各争雄长，败不相救。当时知无幸，献城归降者日多。至同治二年冬，苏州已为清军所复，秀成潜入江宁围城中，劝秀全出走，图再举。秀全侈然高座曰：“我奉天父、天兄命，为天下万国独立真主，天兵众多，何惧之有！”秀成又曰：“粮道已绝，饿死可立待。”秀全曰：“食天生甜露，自能救饥。”甜露，杂草也。秀全既恋巢，而诸王闻秀成谋回粤，后入党之湘、皖等籍者皆沮之，遂坐而待亡。城未下，秀全先自尽。幼主有从亡之臣，遗臣亦多并命不悔。失国之状，似尚较清末为优，则知清代之自域于种族之见，正自绝于华夏之邦也。

太平军事以前，清廷遇任何战役，皆不使汉人专阃寄。至烧烟一案，能却敌者皆汉臣，辱国者皆旗籍，然必谴立功之汉臣，以袒旗员。西人固无意于战，以利啖之即止，此固旗人所优为也。太平军则与清无两立之势，不用汉臣，无可收拾，始犹欲以赛尚阿充数，后已知难而退，一委湘军。间有能战数旗员，皆附属于曾、胡两师之下。若塔齐布为曾文正所手拔，固不必言；都兴阿用楚军，始能自立；多隆阿与湘军将领习处，得显其战续；舒保为胡文忠所识拔，皆以旗员从汉将之后，乃始有功。惟官文职位较高，胡文忠极笼络之，使惟己之命是听，方不掣肘。金陵既下，文正且推使奏捷领衔，极保向来清廷重满轻汉故习，乃未几为文正弟忠襄所劾而去。文正能容此庸劣，忠襄竟不能忍，而朝命亦竟听之，尊汉卑满，前所未有。是满族气数已尽之明验也。乃事定之后，纵容旗人如故，保持旗习如故，无丝毫悔祸之心，清之亡所由不及旋踵。名为中兴，实已反满为汉，不悟则亡，其机决于此矣。

## 第五节　平捻

道光以来，伏莽遍地。太平军兴，向应附合。炽则百难并发，平则百孔皆填。同治四年十二月，嘉应州克后，凡与太平军相属者，已悉被戡定矣。惟有两起性质不同之叛变，不可与太平军并为一谈者，曰捻、曰回，当附存其略。

捻子之起源甚久，不与太平军同时生，亦不名太平军之名，随其名号而灭。捻子驰骑冲突，旧称马贼，亦曰红胡，称一股为一捻，故曰“捻匪”。军兴时，捻亦炽，其捻中人数特多，公然与大军搏战，有异于前后无兵乱时。其实今亦有之，最著者乃东三省耳。咸、同时记载，多所附会，称捻为捏，或谓有捻物为号，皆非也。

《东华录》：嘉庆十九年十一月戊申，谕军机大臣等：“御史陶澍奏红胡匪徒日炽，敬陈缉捕事宜一折。河南南、汝、光一带，以及安徽颍、亳等处，向多红胡匪徒，屡经降旨饬缉，总未敛戢。今据该御史奏称，近来日聚日多，横行益甚。每一股谓之一捻子。小捻子数人数十人。大捻子一二百人不等，成群结队，公肆抢劫，或夺人赀财，或抢人妇女，甚至挖人目睛，且有头目指挥。河南之息县、光山、正阳、罗山、汝阳、项城为尤甚。其在逃未获之王旋子，即属头目，而地方官捏称为从。其在安徽者，有李东山、马大旗二人，最为出名，现在藏匿阜阳县境内，每人手下约有千人，州县颟顸不办”等语。

《山东军兴记·皖匪篇》：起于皖北颍、寿、蒙、亳之间，有庐旅，有妻孥，不饥寒而抗榷税。国家因用兵粤匪，挞伐稍稽，遂乃子弟父兄，相率为盗，私立名号，曰堂主，曰先锋。或数百人为一捻，数千人为一捻，故当时号曰“捻匪”。恒于春秋二时，援旗麾众焚掠，自近及远，负载而归。饱食歌呼，粮尽再出，有如贸易者。

此皆得捻匪真相，但咸丰时之每捻以数百人、数千人为量，则扩大于陶文毅所云。盖乘军事方启，无暇捕此不立大号、不据地方之小丑，遂放胆为此耳。咸丰初，捻为颍、亳间土匪，不甚著。三年，太平军陷安庆，踞金陵，分党进至皖、豫，于是匪踪蜂起，张乐行起于蒙城雉河集，为群寇冠。朝廷遣重臣剿办累年，忽聚忽散，此起彼灭。太平军陈玉成久踞皖北，常与捻合而扰官军，以救九江、安庆之危，捻匪奔突，踪迹愈远。同治二年，科尔沁亲王僧格林沁方为钦差大臣剿捻，攻破雉河集老巢，斩张乐行，其众仍属乐行侄张总愚，奔突如故。当是时，太平军扶王陈得才、遵王赖文光等，挟捻上窜，由豫、鄂入陕，连陷兴安、汉中各郡邑，已开西捻之路。旋因金陵围急，得才等复纠捻东还，豫、鄂、鲁、皖遂所在皆捻氛矣。得才闻金陵陷，服毒自杀，余太平诸王多降，赖文光遂入捻党。僧格林沁奔命不遑，官文堵御累败。三月十日，朝命曾国藩赴楚、皖、豫交界督兵剿贼，李鸿章暂署江督。鸿章奉命至金陵，国藩与商，东南军事告竣，楚军急应裁撤。北捻未平，淮军旧部在乡里团练，素为捻所畏，属鸿章留淮勇剿捻。于是淮军仅裁老弱数千，是为国藩急避拥兵之嫌，暂留后起之淮军，以靖中原之余匪，而平捻遂为淮军所专任之绩。国藩又以僧王、官相，并为钦差大臣办贼，已再加入其间，启匪轻视，疏请但驻安庆调度。会朝廷知陈得才大股或死或降，命国藩仍留江督任。四年四月，僧格林沁追剿张总愚、赖文光等大股于曹州，全军败殁，仍命国藩赴山东督办直隶、山东、河南三省军务。捻又窜海、沭，向徐、淮，官军与战而胜。然捻已并合大众，疾驰日数百里，非官军所能跟踪。国藩以贼成流寇，若寇流而兵与俱流，则彼之资粮无限，我之兵力有穷。乃定议以四省十三府州之地，设四镇重兵，安徽以临淮为老营，山东以济宁为老营，河南以周家口为老营，江苏以徐州为老营，另派马队一支，为游击之师。从前各军剿捻，以追截为能事，自四镇设而变尾追之局为拦头之师，以有定之兵制无定之寇，此应流寇之一胜着。又议捻迹太广，完善之区皆彼掳掠之地，虽欲坚壁清野，而相距甚远，不及预计，然匪倏忽可达，收保无及。于是就山东之运河东岸，沿堤筑墙，以兵守之，不令捻越运河而东。捻自五年二月图渡运，徘徊于曹、徐、淮、泗者两月余，不得逞。官军就所在与战，辄破之。时捻众至十万，张总愚、牛洛洪等股，渡沙河而南，入苏、豫之间；任柱、赖文光等股，渡贾鲁河而西，入豫。国藩以运防有效，再议防河，自周家口下至槐店，扼守沙河，上至朱仙镇，扼守贾鲁河，逼贼于豫之西南山多田少之处，使贼骑队不便冲突。河督张之万谓贾鲁河沙淤已久，万难兴挑；豫绅亦执是言。国藩奏言："河防上下千余里，地段太长，本是极难之事，惟马队不敌贼骑，贼可随地掠夺骡马，官兵购马喂养，皆有所限制，战事别无把握，不能不兼筹防守。防河之举，办成有大利，不成亦无大害。”仍力任其难。并请将朱仙镇以上至黄河七十里，中间有开封省城，上距河三十里，下距朱仙镇四十里，商豫抚驻省坚守，不得议豫军顿兵不进，至全河防局无成，愿独任其咎。因进驻周家口调度。自借用水道设防以限戎马，又为应流寇之第二胜着。既而于八月十六日，捻由豫抚防地窜入，河防无成，国藩以所策失效，自请开协办大学士及江督缺，以散员留营效力，另简钦差大臣接办。时诸军力战贼于山东境，保运防；贼屡败。九月，遂复西窜，而分为二：张总愚一股回豫境，经剿益西，遂入秦；而任柱、赖文光盘旋楚、豫间。从此捻分两大股，世谓东捻、西捻。十一月，朝命国藩回江督任，授鸿章钦差大臣剿捻。时西捻已由湘军刘松山蹑其后，捻不得东还。而陕中有回乱，朝命左宗棠以陕甘总督为钦差大臣，兼剿回、捻。东捻则回窜山东，鸿章方踵国藩成规防运，而运河在济宁以北防段由山东巡抚任之。会天旱水涸，人马可行，六年五月，突破运防，议者哗然，以为防河防运有同儿戏。鸿章不为动，乃创倒守运河之策，截东捻于运河以东。捻更东趋入登、莱，鸿章乃更于胶莱河设防，蹙贼于海隅而歼之。并严运防，以为胶莱河防之重固。七月，捻又反扑，由海神庙潜渡潍河，山东军不能御，胶莱防溃，急扼运防，迫贼至赣榆，降人潘贵升阵毙任柱，余赖文光众无几，复流窜至扬州，守运军击擒之，东捻遂平，时在六年十二月。御流寇之法，以不流之兵待之，限以河道，守以长墙，无河之处，掘濠续之，某事甚拙而不能保其无失；一失，则谴责随之。疆臣尤不乐于境内设防，以为战斗乃督帅之责，代分防线之任，又且域而限之，使久战于其土，皆所不便，故訾议防河之说甚盛，朝廷亦疑之。鸿章坚持国藩始议不少诎，虽累遭失败，然办贼得多迎战而少尾追，防贼得缩小其区域，而少保聚不及之患，使贼之掳掠日少，损折日多，以至于亡。此亦曾、李有功以后之威信足以坚持之，不然亦败于群口矣。

西捻之窜陕也，由湘军刘松山蹑之，不令停足。惟陕中回匪方炽，捻酋张总愚乘机奔进，终以湘军紧迫，无从久踞。六年，宗棠入陕，声势益壮。时总愚窜渭北，屡为官军所败。宗棠虑其回窜鄂、豫，檄诸军扼渭上，并檄山西按察使陈湜防河。而贼无所恋于关中，急趋北向，窜陷绥德，分扰米脂。以十一月二十二日，由龙王庙乘河冰已合，呼啸过河，山西平阳、蒲州并警。晋、豫急急防守，贼已由绛州、曲沃、垣曲山僻小路窜豫。十二月初九日，过晋、豫界邵原关，抵济源县境，遂遍窜怀庆、卫辉两郡地，逼近畿辅。其时正东捻就歼、论功行赏之日，近畿骤警。宗棠自贼窜渡河，急督所部入晋，请敕刘典暂行督办陕省剿回事务。至是，由翼城东趋入直，已奉"调度无方，革职留任"之旨，而山西巡抚赵长龄、防河按察使陈湜，则遣戍矣。刘松山之军，由宗棠饬从北路径向畿南，朝命又严催鸿章入援。时直督为官文，亦以毫无布置被责。七年正月，松山军追贼及之于河内，大捷。贼窜直隶境衡水、定州等处，再降宗棠二级。而松山军已抵保定，宗棠亦抵获鹿，又有旨奖之，而切责鸿章不即至，亦夺职。鸿章疏陈："办流寇以坚壁清野为上策，川、楚教匪办理十数年，卒赖此收功，任、赖捻股流窜数省，畏圩寨甚于畏兵。豫东淮北，民风强悍，被害已久，故圩寨到处高坚，与城池等，捻不能久停肆扰。湖北、陕西素无圩寨，筹办不及，贼得盘旋饱掠，其势愈张。自渡黄入晋，沿途掳获骡马，步贼多改为骑，我军骑少步多，即骑兵每人不过一马，追逐病毙，即已无马，贼每人二三骑，随地掳添，狂窜无所爱惜，官军不能也。又彼可随地掳粮，我须随地购粮，劳逸饥饱，皆不相及。今欲绝贼粮，断贼马，惟赶紧坚筑圩寨。如果十里一寨，贼至无所掠食，其技渐穷，或可克期扑灭。"盖以平东捻之经验言之。时朝命恭亲王节制各路统兵大臣及各督抚，又命宗棠总统各军。宗棠连破贼于献县、深州、束鹿、博野、深泽、饶阳、肃宁等处。二月，贼再窜卫辉，直至临清；官军追剿。四月，突回窜直境，袭天津，宗棠又以落贼后降三级留任。鸿章亦到，遂与宗棠会筹且防且剿之策。闰四月，黄、运两河增涨，官军既逐捻南下过沧州，沧州南有捷地坝，在运河东岸，当减河口，乃开坝导运入减，就减河北筑墙，以为沧、青、静海屏蔽，复圈之于徒骇、黄、运之间，湘、淮诸军就而蹙之。六月二十八日，诸军追捻至东昌之茌平境，水溜泥陷，总愚奔走无路，携八骑至徒骇河滨，下马投水死，西捻亦平。诸大帅所被降黜严谴皆复，且有加赍焉。治马贼之法，卒用阻水筑墙，坚壁清野，是为长策。明之亡于流寇，盖以将帅不足任此。捻祸之与闯、献，相去能几何哉！

## 第六节　平回

回乱乘太平军事而起，然不与太平相应合。有宗教之隔阂，有种族与地域之限制，故无迎附太平之意，亦不遽逐鹿于中原。中原方急，清廷可置为缓图，惟养乱久，故戡定较费力耳。回事分三部分：(一)陕、甘，(二)新疆，(三)云南。陕、甘、云南，皆自古为回族入居之地，而声势又不相联络；新疆则域外之回部酋长乘虚来袭，而南疆回部从之，北疆亦为所荐食，俄罗斯又从而生心，此回乱纠纷之派别也。未乱之前，甘、陕、云南汉回仇杀之案，相续不绝。人数则汉少于回。回有宗教之团结，汉又较分散无力。平时受制于官法，尚时时酿乱。太平军时，兵饷皆绌而官力微，又往往招募回丁助战，益藉寇兵而长其焰，此回乱之因也。

(一)陕、甘回。陕、甘回民之多，不能划定其来自何代，但以种族之固结，与汉民仇，与国家抗，其来已久。以清代论，顺治五年四月，有河西回米喇印、丁国栋攻陷甘、凉，渡河连陷兰、岷、临洮，遂围巩昌。时所奉为明故延长王朱识锛，则犹有眷怀故国之意也。既为总督孟乔芳所败，尽复河东地，渡河而西，游击张勇擒朱识锛，斩米喇印，复凉州，仅余甘州未下。围之累月，食尽乞降。逾月复叛，尽杀抚、道、提、镇以下官多人，西破肃州，又立回酋土伦太为王子，关外诸回蜂起响应。张勇等复破斩之，至六年十一月而始平。其间汉回械斗仇杀，由官捕治，不劳师旅者不计。至乾隆四十六年，甘肃循化厅回马明心创新教，所奉墨克回经，变旧教之默诵为朗诵，遂两派相仇。新教徒苏四十三，聚党杀老教百余人。官捕之，杀一知府、一协镇。总督勒尔锦大调兵剿捕，获教首马明心，囚兰州。回众陷河州，犯兰州，败督标兵，断黄河浮桥，噪索马明心。诏以大学士阿桂为钦差大臣，率禁旅征之，逮勒尔锦，以李侍尧代。阿桂至军，筑汲道。阅三月乃复河州，贼平班师。阅二年，四十八年四月，新教徒田五复起，据通渭之石峰堡为巢，分出掳掠。朝命褫总督李侍尧职，逮提督刚塔。大学士阿桂再率禁旅往讨，以尚书福康安、内大臣海兰察为参赞。先剿平隆德、宁静窜踞之回，进攻石峰堡克之，封福康安嘉勇侯，阿桂由公加一轻车都尉，海兰察由侯加一骑都尉，敕撰《石峰堡纪略》。盖亦张皇之以为贵戚封侯地耳。

回变多在甘肃，而陕西之回众声势，其时有巡抚毕沅一疏，因查禁新教苛扰激变而言，可借见陕、甘回民之状。疏言：“陕属回民，较他省为多，而西安及所属之长安、渭南、临潼、高陵、咸阳，及同州府属之大荔、华州，汉中府属之南郑等州县，回民聚堡而居，户口更为稠密。西安省城，回民不下数千家，城中礼拜寺七座，其最大者系唐时建立，各寺俱有传经掌教之人，称为阿洪（或作“阿浑”），不相统属。从前长安回民械斗案件颇多，究因地方有司管教不善所致：非存心姑息，遇事宽纵；即因其回民，有意从严，遂致私图报复，互相仇杀。此后如实有随同新教，或别立邪教，即当严绝根株。倘不过寻常念经礼拜，即不必另立科条，致滋扰累。”疏入，谕各省行之。自此内地回族安堵。咸丰末，河南巡抚严澍森遣募荔、渭、泾阳回勇六百，赴汴防守，颇资其力。未几，澍森调湖北，遣撤回勇。回勇诣陕省团绅投效，时在同治元年。太平军陈得才合捻匪入武关，窥省城，省防标兵多远征，巡抚瑛棨飞章乞援，官文、曾国藩商遣多隆阿或舒保援陕，道远弗能至，民团战败，回勇亦散归，经华阴小张村，伐民家竹为矛，主家噪逐，格斗毙回人二，余逃入回居之秦家村，纠众复仇。会太平军阻渭不得渡，仍出潼关入豫境，而回乱则已酝酿甚炽，汉民亦起相抗，焚杀相踵，村镇往往为墟，诏瑛棨谕解，而由团练大臣张芾亲往，遂被戕于回，由是困城戕官，杀屠万计。同州、西安回焰既炽，凤翔回亦杀汉民与相应。甘肃回皆蠢动。时川、滇土匪，及太平军与捻匪，出入奔窜，多隆阿已入陕，又追剿东还，诏胜保督陕西军，以雷正绾副之。二年二月，甘回陷固原，宁夏、河州、狄道、平罗、灵州皆反侧。旋又围攻平凉。多隆阿既逐贼出陕，仍返剿回。自二月至四月，连战皆捷。八月，甘回陷平凉，复攻泾州。诏趣多隆阿西援凤翔、平凉。九月，解凤翔围，凤翔被围已十四月。将进剿甘回，而于十月滇匪蓝大顺窜陷盩厔，多隆阿移师困之。盩厔城小而固，大顺百计守御，久不能拔。而陕回慑多隆阿军威，渐西趋。宁夏又有汉回互斗之事起，兵备道侯登云练民备之。将军庆瑞主抚，奏劾登云，勒汉团缴械，回遂夜袭陷宁夏城，登云被害，汉民屠戮无遗。满城隔数里，庆瑞佯为弗闻。次日，灵州回起陷州城，而马化隆本据金债堡，设碉卡，纳亡命，反侧鸱张。宁夏既陷，其酋赫姓，使使迎入城，群回跪道左，咸听命焉。化隆自其父马二与穆大阿浑善，穆大阿浑习新教，临死，以所服白帽红衣授化隆，属徒众归其管束。大阿浑之孙穆三、穆四、穆五，均为新教阿浑，自京师、天津及黑龙江，吉林之宽城子，山西之包头，湖北之汉口，均有新教徒党，潜匿勾引。化隆又自托神灵，妄言祸福，群回倾信之。化隆既起，遂足以号令甘回，厚集其毒矣，时陕回已渐肃清，多隆阿兵若不顿，甘回可以被慑不动。既为由滇入川之蓝匪所掣，而旗员之为将军于宁夏者又助成之，是为陕、甘、回毒尽发之日。

多隆阿攻盩厔久，朝廷以多隆阿行军决胜最神速，怪此役独迟，严旨催督。多隆阿以为耻，三年二月，力攻之，自登炮台援枹鼓，枪伤目，卒克其城。蓝大顺走汉阴，为乡团所截杀。多隆阿以伤重，请以穆图善权钦差大臣，四月，卒于军。朝命西安将军都兴阿督办甘省军务，提督雷正绾帮办。又以杨岳斌为陕甘总督，代熙麟。巡抚为刘蓉，亦湘中名流，督诸将进攻回所陷城邑，时胜时败，此克复彼又蠢起。又艰于粮运，军以缺饷而哗变，即不变亦屡为回所乘。当同治五年间，甘省小麦一石值银一百六七十两，他粮称是。甘既穷瘠，不能不仰给于陕。西捻复入陕蹂躏。六年春，曾国藩檄鲍超霆军、刘松山老湘营西援。超以勇著名，为宿将。松山为王鑫旧部，能得鑫部勒法，而益以识力胆勇，为后起之异材。国藩之为陕计，为剿捻计，可谓周矣。顾于是时，鲍超方剿东捻，与淮军刘铭传共扼捻于湖北德安、安陆之间。尹隆河之役，超出铭传于险，铭传耻素轻霆军，而今反倚霆军自救，乃以其失利诿咎于霆军之失期。李鸿章据铭传言入奏。时超已援铭传于围中，续得累胜，自喜有功，忽奉严饬，大愤，引疾解军职。惟松山独入关，逐捻方急，亦不暇问回。岳斌督陕甘被困，乞养，且陈病。朝廷乃移左宗棠自闽浙督陕甘，时为五年十一月。未几，宗棠于武昌途次，又奉钦差大臣之命，且从所请，以按察使刘典改三品卿帮办军务。松山于其时先抵西安，盖五年岁杪事也。甘回乘陕有捻患，时时入掠，逐之则退，去辄复来。刘蓉以事罢，乔松年代。六年二月，回、捻分扰全陕，各路请援，松年无以应，惟奏催宗棠。宗棠顿汉口，募勇未集。陕官绅沥请宗棠速赴，宗棠非于军事饷事有成算不遽进，惟松山一军战捻，所至必胜。盖用老湘营之节制，又倚国藩之饷源。老湘营者，王鑫始起之名也。是时剿捻尚得力，而甘回蔓延，不暇深问。其入陕，则遇辄剿之，亦倏进倏退。至六月，宗棠始抵潼关。九月，赴泾西分布诸军，所部近百营。刘松山领万余人，郭宝昌三千人，刘厚基三千人，是为剿捻之师；高连升三千人，刘典五千人，是为剿回之师。杨和贵、周金品三千余人屯凤翔，周绍濂二千余人屯宜君，吴士迈千余人防渭，复以亲兵三千余人、水师千人、黑龙江马队千余人，分屯华州、华阴、潼关、渭南、临潼间，是为兼讨捻、回之师。于是群捻锐意渡河，掠山西以窜畿辅。朝廷召宗棠，宗棠急东下，置回为缓图，而以前之部署皆暂辍，奏以刘典代督陕甘军，与将军、巡抚联衔奏事，自金锁关移驻省城，诸将均听节度。时肃州亦久陷，甘省遍地皆回。七年二月，刘典以乔松年病免，兼署陕抚，身驻三原捍回，或退咸阳，或回驻三原，遣兵渐击回于北山，寇巢皆尽。六月西捻平，宗棠入觐，所部松山、宝昌等军及喜昌之马队皆还陕。

宗棠之入觐也，帝询平陕、甘期，奏五年竣事，时为同治七年六月。至十月，还西安，既克减贼期，亦约定竭邻省力供饷，士饱马腾，一洗关、陇饥困故态。盖无此时会，无此信用，无此筹策，皆不足以成之。自宗棠入陕而西陲气象一变。西捻由陕窜晋，浸向畿辅，急于入卫，而又一停顿，至是乃有一全局之规划，与自立不败之把握，则必胜之道在是矣。宗棠既还西安，分檄诸将定屯骑地，兼顾防剿，独留松山一军稍憩于洛阳，待毕婚乃行。宗棠檄由茅津北渡入晋，乘冰过河，径趣陕北。时陕中汉民屯结御回者，久而成盗，遂为陕省土匪。匪以延、绥间董福祥为悍，犯绥德，窥榆林，失业无赖及饥军溃卒附之，众至十余万。十一月，松山至汾州、永宁，购行粮渡河入绥德。匪巢散布大、小理川间，纵横二十里。松山分军攻大理川，自攻小理川，所下匪巢以百数。度榆林，至靖边，屯定边，又屡败之。匪并窜镇靖堡老巢。松山抵镇靖，福祥之父世猷跪地乞降，旋福祥亦降，收其众十七万，自是土匪无悍股，得专力于剿回。回方自陕麇集陇边庆阳，北通金积，东走陕疆，往来无阻。甘省大帅以抚回为得计，回旋叛旋服，玩弄诸将。陇西士民，望左军如时雨。八年正月，陕境渐平。二月，宗棠移驻乾州，益督诸军西进。时庆阳群回，以董志原为坚巢，十八营凶渠皆聚。宗棠檄诸军克期破董志原，凶渠亦败死相继，乃议弃董志原，并入金积堡。老弱辎重既去，官兵攻之辄下，遂以董志原为入陇诸军驻地，四出收复庆阳、泾州所属，歼回至二万余，获骡马万计，拔难民万余人。三月，诏促宗棠赴泾州受总督印，兼顾秦、陇，以陕事责刘典，边外事责金顺。四月，诸军肃清陕境，宗棠檄分趣陇东，自率亲兵道永寿、邠州、长武以赴泾，开赈恤，集流亡，劝民种秋粮。兵燹遗黎，栩栩有生意矣。

宗棠之檄诸将入陇也，松山独受令由定边趣花马池，盖使径向灵州攻回中最巨之酋，以拔祸本。巨酋以金积堡之马化隆为最。化隆又名朝清，能嗾使群回，而又阳代陕中诸回乞抚，反侧取便利。陇中宁夏将军署督穆图善惑抚议，西宁办事大臣玉通更惟回是听。松山以八月抵灵州，甘回自谓已抚，诣军诉疑惧状。松山曰："陕回拒命者集此，故来讨。已抚甘回皆良民，何惧？"飞札金积回酋马朝清，告各寨安居无恐，且以甘回十余人前导，示无猜。乃奋击陕回所踞郭家桥，毁其堡二十一。战时甘回恐动，榜堡列队，放枪大呼，松山诫军士勿问。旋径来犯，始开壁击之，回败勿追。陕回既败，窜踞吴忠堡，金积回阴合之，复来犯。松山击之，回败，遂逼吴忠而垒。自是累蹙回，并挠其刈禾。而都中乃有言松山滥杀激变者，穆图善亦疏言马化隆不宜剿，恐激其走险。朝廷疑松山不可恃，命宗棠别派军顾北防，适宗棠报捷疏至，疑稍解。陕回被攻，辄因马化隆乞抚，令缴马械乃议抚，则出朽枪羸马以应，而昼夜修备如不及。官军尽破金积旁近回垒，乃进攻灵州。先谕化隆令回献城，化隆阳乞展期，陕移灵州眷属入金积，引陕回入城助守。不数日，攻下灵州，并其城南石垒，斩回酋数人，俘获亦夥。十月，西向扫荡狄道、河州间，而驻军安定、会宁、静宁，以通省城驿路。官兵连破回寨，化隆亦连乞抚。十一月，宗棠又移驻平凉。松山督诸军逼金积，尽剪其旁近堡垒。宗棠以平凉、固原、泾州、庆阳急，檄数将领分屯一路要隘，以相犄角。此当时湘中所推左军独以避长围防后路为胜着，正此谓也。化隆屡嗾诸回间道拊官军之背，或断其粮道，皆以有备不得逞。官军得步进步，故失败恒少。九年正月，化隆嗾党返扰陕，一由宁州、正宁入陕之三水，一窜甘泉，与延绥土匪合，于是陕北皆警。朝旨严催宗棠还顾陕。化隆自诩得计。松山攻回酋马五寨，寨大而坚，誓以死拒。松山自督军士举薪烧寨门，飞炮中左乳，诸将奔视，松山叱其出战，遂俘马五，克其寨，还报松山，乃瞑。

松山字寿卿，湘乡人。兄弟皆从王壮武公鑫军。兄名厚荣，从鑫岳州战殁，是为襄勤公锦棠之父。松山嗣子鼒，当即厚荣少子。《旧国史·刘锦棠传》："自新疆敉平，建置略定，锦棠即引疾，且以祖母老病陈请终养。(光绪)十三年二月，复申前请，谕令锦棠弟河南候补道刘鼒回籍侍养"。则知鼒系锦棠胞弟也。其卒后，左公奏言："松山以勇丁从征，游擢提督，剿办发、捻、回匪，无役不从，无战不克。自入灵州以来，荡平堡塞五十余，贼巢九十余。上年七月初，师由花马池前进时，马化隆潜调西宁马朵三，嗾撤回助逆，马朵三以千五百骑应。未及一月，经松山剿败遁归，自此西宁逆回不敢复至。河州逆回马占鳌前在宁夏大言于众，密助陕回。及松山屡捷，目睹军威，不敢复逞。故化隆求援于临洮谢四及靖远马聋子，而河回终未与俱。其威震西陲如此。治兵严，不尚苛察，临财廉，不肯苟取。行师御敌，得古人静如山、动如水之义。居心仁厚，而条理秩如。语及时局艰危，辄义形于色，不复知有身家性命。从征伐十八载，仅募勇归籍一次，家居十余日耳。年三十有七，聘妇未娶者二十余年。臣由直隶西旋，知其妇家送女至南阳已两年余，嘱其行抵洛阳，于募勇未到之暇，克期完婚。适甘肃土匪蔓延，臣饬令督队入秦，松山奉檄即行，婚甫半月。观人于微，虽古良将何以过之。”曾文正公亦奏言：“松山在军，无日不讨士卒而训迪之。虽战罢宵深，尤殷殷劝诫不休。平日公忠自矢，又实足以激发士气。是以守宁国之时，疾疫盛行，十人五病，饷项久亏，而有警则一呼齐集，弁勇不以为困；渡江剿捻，诛罚不用命者，弁勇不以为酷；北道崎岖，军中盛暑运粮，与骡驴负重并行，弁勇不以为虐；绥德之役，哥老会匪，一见主将归来，罗拜输服，不闻退有后言。（西征军屡有哗变，中有哥老会匪嗾之，老湘营亦有此事。松山闻变，自入变军，晓谕即帖服。）其与淮军及豫、皖、秦、陇诸将相接，亦皆推心置腹。至性相孚，众情之翕服，实为近今所罕见。乞并宣付史馆，俾名将行实昭著。”

松山既殁，所部即以其从子锦棠代将。天生刘氏叔侄以定西陲之乱，以成左相之功，非偶然也。宗棠善与贤者共功名，然遇年辈相临、名位相埒者，则务欲以意气胜之。金陵克城时，以曾军先报洪福瑱已歼，及逸寇皆戮，遂极诋曾军奏报欺饰，致相龃龉。然至西捻平时，有奏云：“臣尝私论曾国藩素称知人，晚得刘松山，尤征卓识。松山由皖、豫转战各省，国藩常足其军食，俾一心办贼，无忧缺乏，用能保垂危之秦，救不支之晋，速卫畿辅，以步当马，为天下先。此次巨股荡平，平心而言，何尝非松山之力。臣以此服国藩知人之明，谋国之忠，实非臣所能及。仰恳天恩宣示中外，以为疆臣有用人之责者劝。”其推挹松山，因而归美国藩。后国藩既逝，宗棠即以此为挽联，所谓“谋国之忠，知人之明，自愧不如元辅”者也。要其用意气结合松山者至矣。松山卒于同治九年正月十五日，马化隆知之，凶焰顿炽，号召河州、狄道诸回，亦皆受嗾来犯，突陷雷正绾所守峡口垒。又自宁州、正宁窜陕境。朝廷恐宗棠所留兵不敷分剿，诏李鸿章入陕，督办陕省援剿事宜。旋刘典奏陕已肃清，乃止。锦棠益痛击金积内外援应之回。化隆既踞峡口，决渠水灌官军，锦棠预浚沟泄水，因以筑堤困金积。化隆再乞抚，仍嗾回党犯陕，既皆不得逞，尽逐来援诸回益远，金积外援益绝，掘濠筑墙以困之。至十一月，力尽乃降，缴出炮数十尊，枪数千杆，金银铜钱合银十九万有奇。又掘地搜得所匿洋枪千数百杆。十年正月，讯得北口贸易交通洋人等罪状，化隆及其子耀邦俱磔死，杀其弟侄等助逆者十三人，及伪官八十余人。其客民及被胁甘回三千余，安插平凉。金积男妇一万二千余，安插固原。毁其王城、东府、西府，搜违制诸物悉焚之。化隆就俘，回党见之，犹长跪，呼之始起。既诛，回势遂瓦解。

金积堡既下，宗棠搜捕平凉以北、宁夏以南回、土余匪，匪尽西窜河州。宗棠檄诸将修治兰州道，利转输，储军火于平凉之静宁，徐图进取。三月，朝旨促进规河州。宗棠以洮河湍急与黄河等，自狄道、陇西、安定进兵，皆须造船架桥，势难立办，且收获期远，前无可因之粮，非稳着也。五月，桥成粮备，乃檄诸将进。锦棠扶榇南旋，以萧章开暂统其军。七月，宗棠移驻静宁。陕回入甘者，自宁夏既平，益窜而西，白彦虎、崔三、禹得彦等巨酋，皆掠西宁旁近；肃州回先已纳降，至是复叛，甘、凉戒严。八月，宗棠复移驻安定，诸将转战，攻毁洮河以西回垒。三甲集在洮西，为河州门户，十月下之，进克数堡。会诸将攻河州大东乡，回献马乞抚。察其未至极窘，非诚意，弗应，迭破四垒。至十一年正月，诸将傅先宗、徐文秀先后战殁，军气稍挫。宗棠急檄王德榜接统傅军，沈玉遂接统徐军，申明纪律，乃复振。河州回酋马占鳌闻官军增垒复进，使使诣行营哀请缴马械听抚，先后缴马四千有奇，枪矛一万四千余件。西宁回目马永福等亦乞降。二月，各遣子弟赴宗棠安定大营，献马五十匹。宗棠纵令归巢，群回疑畏尽释。乃奏："办抚以迁徙客回、安辑土回为要。河州全境周五六百里，回多汉少，杂以番众，同治元年变乱以来，陕回多避居其中。自陕境肃清，金积扫荡，固原东、西山继平定，各属倡乱之回，亦多寄孥其间，此客回之应徙者。其本籍汉民，有受河回胁制，甘心役使，名为随教者；有仇隙已深，逃至洮、岷、狄道充当勇丁，而亲属仍留者，宜分别拔出。其外来汉民，有被陕回裹胁而来者，有被河回裹胁、认为义子、齿诸奴仆者，宜勒令交出，送回原籍，此汉民之应徙者。至安辑之法，则檄安定、会宁、平凉、隆德、静宁各牧令，择荒地便水草者，安置降回。"以此分别办理，河州平。

肃州之叛也，宗棠奉诏派劲兵西赴，已檄徐占彪赴之。四月，占彪进屯肃州中和桥。五月，攻肃州东关，克其大卡一，遂攻塔尔湾，破其堡四、墩卡十九。时锦棠自湘还陇，宗棠令道平凉、兰州趋西宁，盖白彦虎、禹得彦犹踞西宁旁近拒命。锦堂至碾伯，榜谕甘回安堵，专讨陕回。七月，宗棠进驻兰州省城。时肃州东西南三面贼垒皆尽，而陕回禹得彦、崔三、白彦虎等旋围西宁。九月，锦棠破走之，西宁解严。十二年正月，悉定西宁各回堡，群酋皆降，惟白彦虎向肃州，官军攻肃州不下，彦虎先遁关外，入安敦玉境，遂独与回疆踞回合。肃州城濠深三四丈，冬夏不涸，古所谓“酒泉”。官军以巨炮轰城，城坍而阻濠不得进，辄被回酋砌补。占彪因攻坚伤足，宗棠乃亲赴肃州督军。八月，至肃州，将士踊跃攻城，炮中数将，不克。宗棠见仰攻损精锐，乃增修濠垒困之。锦棠蒇西宁事，檄令至肃助剿。九月，锦棠至，日令降回马福寿等驰马城下，呼回酋马四等曰：“死期将至，善自为谋。”马四乃亲诣大营乞命。谕令先缴马械，次造土、客各回名册，听候安插。核对册籍，拔出汉民。磔马四等八人，杀客回一千五百余、土回五千四百余，皆积悍所并聚也。肃州平，大升赏，宗棠以总督协办大学士，追松山功，赏男爵，余给赏有差。

（二）新疆。乾隆开辟新疆，前已叙及。至道光初，昔时大和卓木博罗尼都，子孙遁居敖罕，有孙曰张格尔，以和卓之名，乘回疆办事旗员昏愦失职，境外属回之愤怨，得用安集延布鲁特之众作乱，陷喀什噶尔，时在六年八月。当是时，朝廷犹以故事主兵者必旗员，诏用伊犁将军长龄为扬威将军，宿将杨遇春以署陕甘总督为参赞。贼旋尽陷西四城，官军扼浑巴什河，东四城无失。杨遇春、杨芳等迭复各城，以七年岁杪，会擒张格尔于喀尔铁盖山。是役经年余而毕，以非甚劳瘁，不详列其曲折。自是历三十余年，至同治初，陕回乘太平军之衅倡乱。有陕中阿浑妥明出关，至乌鲁木齐，结参将索焕章，焕章奉妥明为帅。会乌鲁木齐都统勒捐防饷，奉行之役皆回人，汉民怨愤，抗捐兼有仇回之意。

都统时为平瑞，为回所戕，《国史》列之《忠义》，遂不言其激变之由。此从《湘军记》。

三年四月，奇台县回汉民斗于市，回败。其时库车有能叛回警，南路回皆蠢动。乌鲁木齐为都统、提督所驻，乃新疆都会。提督业布冲额遣兵赴南路讨叛，其兵多回人，至喀喇沙尔（今改焉耆），溃归，举城反，时在六月。索焕章手戕提督，并其家属，据汉城，推妥明为主，焕章自为元帅，进围满城，八月陷之，都统平瑞殉节。于是乌城属邑奇台、绥来、昌吉、阜康及哈密、吐鲁番、呼图壁、库尔喀喇乌苏，先后失守。妥明进号清真王，不用焕章，多引马姓诸回为元帅。此为陕、甘出关之回，其人与内地回无别，亦与汉人无异式，是为新疆东路之回变始拥有名号者也。

既而东路回结新疆缠头回，共取南八城。缠头回与境外属回为近。属回旧以敖罕部为敢战。敖罕一作浩罕，有四城。其东一城名安集延，距回疆喀什噶尔城仅五百里。其人好贾远游，新疆南北各城处处有之，故即以安集延名敖罕。敖罕其时为俄所逼，国都已被并入俄，其酋号帕夏，宗棠奏中谓即“伯克”转音。其人名阿古柏，东保安集延而王。喀什噶尔奸回金相印导帕夏入境，以兵取喀什噶尔，次第攻夺南八城。缠回以其同类，颇归附之。妥明欲结缠回取此八城者，已为缠回导属回先之，遂遣党分陷山北诸城，塔尔巴哈台回民亦叛。五年，缠回又攻陷伊犁九城，新疆南北皆乱。其间汉民乃结团自保，寇至则战，寇去则耕。其田公种公收，立壮士为之长，兵事田事皆属焉。乌鲁木齐诸属城皆有团，团各有长，先后战死，而迪化徐学功战最力，而历久不败，遂独以民团支拄其间，隐然为一重镇。学功者，乌鲁木齐农家子，好技击。值回乱，结健儿数十，掠回庄赀货自赡，遇汉民力护之。后附者益众，集至五千人，精练马队，每战突阵，骤如风雨，回见之辄走。帕夏闻其名，惮之，使使约和。九年，妥明遣将攻库车而败，帕夏潜勾妥明他将马仲，自吐鲁番共攻妥明。妥明降帕夏，帕夏仍令为清真王，居乌垣；以马仲为阿奇木，总回务。仲又与学功战，被阵斩，仲子人得袭职。人得与妥明积仇，纠安夷攻妥明。帕夏乃约学功共攻吐鲁番、乌鲁木齐，皆下之，妥明走绥来死。于是安夷又跨乌鲁木齐。始叛之回，名号无复存矣。新疆遂为安夷所据地。

帕夏之交学功也，以学功善战，计必为清廷所用，冀与相结，向清廷荐已王南八城，而以乌鲁木齐至哈密地，使学功归献清廷以为功。既见学功百战不得一阶，乃轻之，令还南山，以乌垣仍任马人得绾回务。

> 《湘军记》云：初，帕夏闻徐学功善战，故与友善，冀其柄用，荐已为哈密王，以南八城归献朝廷。《清史稿·学功传》因之。夫帕夏乃安集延酋，失其本国之西境，东取中国回疆八城，其壤地故相接也。若谓冀作哈密王，而以八城使学功归朝廷，则回疆全归中国，而东取哈密，与其本部安集延相隔数千里，且弃安集延本土，帕夏亦何爱于锢入腹地之哈密一隅以自王乎？以其不近事理，且此本帕夏之愿望，后来并无事实可征，辄为改其文如上。

学功大恚，屡攻乌城。土回、缠头时投学功，时投人得，辗转受役，迄不得息。十年五月，俄罗斯以代收伊犁来告，且言将进攻乌鲁木齐。诏署伊犁将军荣全赴伊，收回城池；直隶提督刘铭传出关，规复新疆；都统景廉、成禄规复乌鲁木齐；左宗棠、穆图善拨兵顾关外。铭传等皆不果行。宗棠则饬徐占彪驰赴肃州，代成禄，使出关而已。时攻河州方急，不遑图远举也。其冬，俄人果纠土回、缠头袭乌垣，阳称赴绥来市易，驱驼马羊只数千，载洋货银钞以行。学功截之于石河，距绥来止八十里，斩俄人及回、缠数十，余悉纵还，尽夺其畜牲货钞，俄东窥之念乃息。十一年春，景廉率师抵古城，招学功率所部开屯；哈密办事大臣文麟亦招之，于是乌垣附近屯田大兴。学功及哈密团首孔才，皆以其众为朝廷任耕战，官皆渐擢至提、镇。回疆稍见中朝号令措置矣。十二年三月，陕回白彦虎西窜，官军方攻肃州，彦虎为肃回应援，败走出关。至秋，掠乌垣、绥来，为学功所截，夺其驼只货物，彦虎势益孤弱，遂服属于安夷矣。九月，宗棠克肃州，陕、甘平，乃议扫除关外。

左军之扫除关外，事已在光绪年间，与本节标题不合。但收复新疆与戡定关、陇，人才国力，俱是相连之一事，不能不乘关内既平，并述其始末，且认此为同治中兴之结果，湘、楚立功之终局。以后之事，即西后干政，贿赂公行，有亡征无起色矣。故越时代界限而列之于此。

新疆向为旗员豢养之地，清廷本不愿汉人过问。当陕、甘既平，有诏乘势进规关外，但令金顺、景廉、穆图善辈主兵事，而命宗棠接济军饷，指派左军中张曜、宋庆驰往哈密，会文麟剿贼。盖以汉人领兵者为偏裨而已，初未欲以督师之任畀宗棠也。是时新疆形势，南八城已为帕夏所据，伊犁为俄所代收，其极东之一州三厅，原与安西同属甘肃。然自肃州嘉峪关以外，清廷已视为禁脔，故使穆图善自泾州移驻安敦玉，为景廉、金顺等声援。其于宗棠，盖以外人视之。至十三年七月，命宗棠为大学士，犹使留陕甘总督任，而以景廉为钦差大臣，督办新疆军务，金顺为帮办，是时犹未有任宗棠出关意也。光绪三年二月二十七日乙未，景廉乃奏宗棠筹办粮运未能合宜，以宗棠主由北路乌里雅苏台、科布多用驼运，户部侍郎专办西征粮台之袁保恒主由南路肃州，用车骡运，意不合。宗棠既已奏争之，景廉乃右保恒而抑宗棠。盖不但兵事不欲任宗棠，饷事亦不欲任宗棠也。宗棠复奏称：“凉与甘肃向称腴郡，乱后人少地荒，关外安玉敦尤甚。今采买至十九万石，抵承平时全省一年额赋，犹疑其尚可加采，夺民食以饷军，民尽而军食何从出乎？以挽运言之，车骡负粮多，而饲养所耗亦多；驼负粮少，而饲养所耗亦少。以所运程途言之，车行三十日，而所负之粮尽；驼行三十日，而所负之粮尚可稍余，以济待饷之军。驼行内地及戈壁，日耗粮三斤，若行边外，则食草不必食料，所省又多。自来军行北路，用北路之粮，无由关内运济北路者。今肃、甘、凉运安西，由安西运哈密，已为从前承平时所难，若尚责其逾天山运巴里坤，更由巴里坤运古城，劳费固不必言，试思关内之粮，除人畜食用，无论骡之与驼，能运至哈密者几何？能运至古城、至巴里坤者更几何也？臣前称粮仅可运至哈密者，只就运至哈密尚有余粮供军计之，且指负多食少之驼而言，非指车骡也。景廉但知乌、科之粮难运，不知肃州之粮可采可运，而无可供前敌之军，翻不如北路驼运，劳费相当，免耗粮草，究有可供前敌之军也。臣指乌、科为言，盖以北路商旅往来，有一捷路：由归化城、包头而西，稍北至蛇太、大巴，共十余站。其间为乌、科及归化各城所属蒙地，无台站而有屯庄。蒙、汉杂处，自为聚落，产粮之地颇多，雇驼亦易。由大巴西北十六站抵巴里坤，则无台站，无屯庄。计程以驼行一日为一站，自归化城起，驼行三十余日可抵巴里坤，遂呼为三十余站。所经之地属何城管辖，无从确悉，但称乌、科，实则近时商旅赴西路者，均以此路为捷径，未尝绕道乌、科两城也。臣意欲此路粮运可办，于前敌军食有裨，而关内之粮递运安西、哈密，亦可由巴城由驼接运，庶前敌军食，以两路供之，不虞缺乏。此后安敦玉耕垦渐广，庶运粮两事尚或不至束手。”

由此奏，可见新疆用兵，以军食为最难继。宗棠惟确有成算，乃有用兵关外把握。军机中恭王及文祥辈皆尚晓事，故能知旗员之不足恃。又因宗棠言，召回景廉，并召还袁保恒，遂以宗棠为钦差大臣，仍用金顺为帮办，是为宗棠任关外军事之始。顾宗棠既任关外事，朝论又主弃关外矣。道光以来，海防紧急，曾、左、李诸帅，于太平军事之后，即兢兢以造船制械取法泰西为务。同治九年五月，天津教案，殴死法国领事，焚毁教堂，法人责言汹汹。曾国藩方督直，委曲与法议结，正法滋事人民至十五人，军流者二十一人，天津府县官皆遣戍，国藩至有“外惭清议，内疚神明”语。其实是时普、法开战，法且不国，而时无电信，中国不之知也。十三年四月，复有日本船避风泊台湾，为生番所杀，日本派兵登岸，进攻番社，朝命沈宝桢为钦差，与日本议恤金五十万，乃撤归。议者多注重海防，遂以新疆为当弃，乃可专注意于海上。由今思之，恐亦旗员不主新疆兵事之影响也。从前军事，虽非若新疆之本为旗员私物，犹未尝以汉人主兵。太平军明明由汉人戡定，金陵既下，报捷犹推官文领衔。淮军平捻，当时亦推都兴阿领衔奏捷，都兴阿绝不敢自任，乃止。是为汉人主兵之始。新疆则事更不同。撤景廉而命宗棠，或旗员以为与其坐失汤沐地以资汉人，不如满、汉均失之之为快也，遂倡言弃南八城封帕夏为外藩；英使威妥玛乘机复为之请。二年春，宗棠方将自兰州启行出关，而关外应弃之说甚盛。时宗棠方筹定粮运之法，又与俄商订定购粮，诸有次第，乃奏言:“乌城之贼，土回居多。白彦虎复挈陕、甘悍回，分踞红庙、古牧、玛纳斯，与相联络，而皆南通帕夏。帕夏即敖罕部安集延回酋和硕伯克也，帕夏当即伯克之转音。自帕夏踞南路各城，吐鲁番、辟展以西土回皆附之。帕夏能以诈力制其众，又从印度多购西洋枪炮，势益猖獗，土回、缠头皆倚之为重，然不敢显与俄国较，俄夷亦颇言其狡悍异诸贼。今官军出塞，自宜先剿北路乌垣等处，而后加兵南路。当北路进兵时，安集延或悉其丑类，与白彦虎合势死拒，当有数大恶战。如天之福，事机顺利，白逆歼除，安集延悍贼亦多就戮。由此而下兵南路，其势较易。是致力于北而收功于南也。若贼情先图自固，但作守局以老我饷，则旷日持久，亦在意中。外间议论，或以为事可缓图，或以为功可速就，或主撤兵节饷，或言难得易失，其命意皆因裨益洋防起见，岂真由衷之言哉！臣一介书生，高位显爵，为平生梦想所不到，岂思立功边域，觊望恩施？况年已六十有五，日暮途长，乃不自忖量，妄引边荒艰巨为己任，虽至愚极陋，亦不出此。而事固有万不容已者。乌鲁木齐各城不克，无总要之地以安兵。今伊犁为俄人所踞，喀什噶尔各城为安集延所踞，此时置之不问，后患环生，必有日蹙百里之势。此区区愚忱，不敢不尽者也。”疏入，军机大臣文祥力赞之，乃获成行。

是时英、俄、印度之接触，英欲扶回部以为印度藩篱，故安集延亲英而远俄。俄与安夷不洽，故不禁其商民售粮于中国征回之军。俄粮可直运至军前，其价必需现金，现金不易骤集，因有募债之举。募债之事，起于宗棠。时有杭州巨商胡光墉，恒与洋商交易，为宗棠献策，可以预提经入之款，作目前急用，稍付利息，分期偿还。宗棠前曾借三百万两充西饷，而于同治十三年，因日本启衅台湾，亦曾为沈宝桢介绍借款。其借款无须政府名义，但由借债之主管官，给予付息还本之印票，胡光墉即作保人。至西征饷款，出自各省海关协解，借债即由各关扣还。宗棠任关外饷需，早已筹及，故定借洋债一千万两。江督沈宝桢奏以为债不可借，而西征兵不可罢，当国家自为计。东抚丁日昌则以为借债之额，愈少愈好。乃定为借四百万，而奉旨准借五百万，并于部库拨借四成洋税二百万，各省应解西征协饷，提前拨解三百万，仍足千万之数。斯为朝廷曲谅劳臣，亦宗棠之廉名有以致之。夫西征军事，有老湘营之节制，有刘氏叔侄之才气，有百战之经验，有宗棠之调度，何愁不克，所难者饷与运耳。宗棠于二年二月二十一日由兰州启行，奏言：“所部已陆续拔行，至肃州取齐，分起次第继进。”

另奏有云："师过哈密，行戈壁中，糗粮可裹带以趋，柴薪草束可储峙以待。惟水泉缺乏，虽多方疏浚，不能供千人百骑一日之需，非分起缓进不可。"

"大约由肃州以西，接台站行走，中途无须停顿。由巴里坤达古城十一站，应察看地形，留驻数营，防贼旁窜。抵古城后，须军粮取齐，乃可趣战。臣宗棠所带亲兵马步各营，暂驻肃州，俟前路粮料运至古城，后路肃州、安西、哈密各有粮积，乃可前进。其前路进止机宜，已面授总理行营营务处西宁道刘锦棠，令其相机办理，不为遥制。俄粮之运古城者，截至四月，可四百八十余万斤，仅敷金顺全军马步之需。继进之军所需粮料，除官私驮骡驼只装运，军士自行裹带外，余均取给哈密、巴里坤。哈密粮源，自甘州、肃州、安西而来；巴里坤粮源，自归化、包头、宁夏而来，远者五千余里，近者三千数百里。截至四月，巴里坤存粮可六百余万斤，安西、哈密之粮运至古城者，可四百余万斤；存储待运者尚千余万斤，然劳费已不胜计矣。其巴里坤有数径可达安西，不复经由哈密，已饬记名提督徐占彪，俟臣宗棠到肃后，带所部马步四营驻之。哈密则有张曜一军，马步十二营，宋庆所留步队八百人，择要扼守，以防吐鲁番东犯之贼。如此，庶后路常通，粮运不匮，乃可言劲气直达也。"

观此措置，粮料运道及军之后路，无一不稳，料理军事如家事。向来出兵混战，有得有失，甚或大败决裂，以大军而败于小丑者，亦坐无此预备耳。古城子在后设之奇台县西，奇台为迪化府属邑，迪化即乌鲁木齐。是时官军所规取者乌垣，古城已逼近乌垣。徐学功辈能据其地而守作耕屯，故可为前敌根据地。总之，回非劲敌，所易致失败者，调度之失宜也。宗棠自称"老亮"，生平以诸葛自居，其真实本领，读史为不可不寻其肯綮。

道光以前，国家财政，中央主之。咸丰军兴以后，各省习惯，各自筹措，惟以造报为统一，故督师而不兼督抚，饷源尽仰他人，即不可恃。西征一举，督师虽兼督抚，而陕、甘贫瘠，仰外协者多。宗棠之受任，先理旧日西征军之原饷，并其所带军队之原饷，一一清其来源。惟指定为一事，实解又为一事，信用、威望、交情，缺一不可。宗棠之量出而后入，从无失败。其所分配邻省协饷，自较他人任此事者为有力。又恐欠解及缓不济急，乃用指协款借外债之策。斯时沈宝桢为台湾事借款之原在事者，故宗棠以同条件再借与商，而宝桢即奏阻之，略言："举债之故不同。开矿、造路、挖河，以轻利博重利，故英、美等国，有国债而不失为富强。若以国用难支，姑为腾挪，后此且将借本以还息，岁额所入，尽付漏卮，此举债之故不同也。举债于本国之商，国虽病而富藏于民，有急尚可同患。若输息于外，一去不返，此所举之债不同也。台湾之役，本省罗掘一空，外省无丝毫协济，急何能择，出此下策。然日本贸然深入绝地，无可欠之资，坚与相持，情见势屈，照原议借六百万，则善后备举。煤矿、茶山所出，渐足馈军，一借断无须再借。嗣借过二百万，倭事已定，部令停止，臣即不敢再申前议。新疆广袤数万里，戈壁参半，回部本其土著，既无尽剿之理，又无乞抚之情，似非一二年间所能就绪。即使诸城尽复，与俄为邻，互市设防，重烦擘画，非放牛归马之时。洋人以巨款借我，恃有海关坐扣，海关仍待济于各省，各省协饷愆期而海关病，海关无可弥补，亏解部之款而部库病。虽日劾各省督抚藩司，亦坐待严谴而无如何！前届宗棠借洋款三百万，计息七十万，若以七十万供饷，未必无补。今以一千万照台湾成案，八厘起息，十年清还，计息约近六百万，几处虚一年之饷。若照除，则西征仅得四百余万实饷耳。前届三百万，至光绪四年始清。续借千万，今年即起息，明年即还本，海关应接不暇，而西陲之腾饱不及两年，涸可立待。进兵愈远，转运愈难，需饷亦愈巨。半途而废，势必不可；责各省还债外另筹解济，势又不能；将再借洋款，则海关无坐扣之资，呼亦不应。徒令中兴元老，困于绝域，事岂忍言！然谓西征可停，则又断断不可。我退则敌进，关、陇因而不靖，徒弃祖宗辛苦缔造之地，而列戍防秋，劳费亦等。臣等以为左宗棠此行，不当效霍去病扫穴犁庭，而当师赵充国养威负重，扼其冲要，坚壁清野，开水利，广屯田，考畜牧。关外多一分之产，即关内省一分之运。甘饷之巨，困于运耳。运省，则一年之饷可支两年。目前饬各省勉力筹济，臣请朝廷发旷代之德音，以内库为之倡。数不在多，足生疆吏同仇之感。并恳敕下部臣，熟权缓急，将有着之款，移稍缓者于最急之区，庶各省、关可以勉强从事。”

宝桢此奏，视西事为不易速了，不料宗棠兵事之神速也。又请发内帑以免借外债，此是正论，是以有拨库存四成洋税二百万之旨。夫四成洋税，本专为海防而设，时海防之任，在南、北洋大臣。宝桢为南洋大臣，自谓兵事非其所长，推之北洋大臣李鸿章，造报兴办海军。鸿章不能折孝钦奢欲，遂多移作颐和园经费。此为后数年孝贞后崩后之事。其时本可借用，同是向协饷归款，何必以息掷与洋商！宗棠以主兵之人，自不能指内库索饷，反嫌要挟而败事；宝桢径言之，则当时士大夫谋国之忠。后来新进言官，或间有戆直者，疆吏已无此风概矣。

宗棠既得的饷，于是年五月粮运递达古城。闰五月，前敌总理行营营务处刘锦棠驻古城，宗棠调兵节节填防后路。锦棠侦踞乌垣者马人得，而白彦虎踞红庙子，土回马明踞古牧地。古牧为马垣、红庙藩篱，法当先取，而又当先据阜康，以遏贼西窜之路。六月，宗棠亲赴金顺所驻之吉木萨，约金顺屯阜康城。白彦虎闻大军至，亦自红庙移踞古牧，薙发易服，附于安夷，安夷亦遣缠头回助战。是月二十三日，锦棠围古牧，安夷骑贼来援，败之。二十八日，克古牧，歼守贼六千。明日，趋乌垣，安夷、土回已宵遁，遂克迪化州及伪王城，城为妥明所筑。诸将分追贼到戈壁，乌垣旁近守贼皆遁，帕夏后遣援骑至距乌垣二百里之达板城，不敢进。新疆北路已略定。七月，宗棠咨金顺等分扼要隘，檄锦棠等进规南路。时帕夏踞托克逊（在吐鲁番南），筑三城自卫：北守达板，拒锦棠乌垣之兵；南守吐鲁番，拒张曜哈密之军；乌垣败党麇集达板。白彦虎踞南山小东沟，锦棠趋之，彦虎驱众并入托克逊。帕夏勒其众尽薙发易服，傍其三城以居。宗棠檄张曜、徐占彪攻吐鲁番。时北路回城尚有玛纳斯、南城未下，金顺攻之不克。八月，锦棠遣军助之。九月，克玛纳斯、南城，歼妥明余党。于是分屯北路要害。而冬令大雪封山，不能逾天山而南。帕夏遣白彦虎、马人得守吐鲁番，其子海古拉守托克逊，遣大通哈守达板，自居喀喇沙尔策应之。大通哈，安夷官名，犹大总管。是为二年岁杪相持未靖之局。

三年三月，锦棠自乌垣逾岭攻达板，张曜自哈密西进，与徐占彪会趋吐鲁番。初五日，集达板城下，城回发西洋枪炮下击，军颇有伤亡，不退。锦棠坐骑亦中枪，易马而进，饬各营筑垒掘濠困之，败托克逊来援之回，回骑皆反奔。次日，遂克达板。锦棠使人呼“缚异装者赏”，于是大小头目悉致麾下，所谓大通哈名爱伊德尔呼里，亦就擒。大通哈以下各酋，同声代帕夏乞款。愿缚白彦虎、献南八城。锦棠听其致书招帕夏，而释所俘南八城缠回及被胁之土尔扈特人数千，悉给衣粮纵归。十四日，锦棠遣军会徐占彪等军攻吐鲁番，马人得及缠头回万余降。锦棠亦于是日克托克逊三城，海古拉先遁，降缠头回三万余。自此南八城门户洞开，缠头回降者缴马械即释不问。南八城回传相告语，思自效。帕夏日夜忧泣，四月于喀喇沙尔之库尔勒城饮药死，海古拉舁其尸西行，将达库车，为其兄伯克胡里所戕。伯克胡里非帕夏阿古柏所爱，本以海古拉为小帕夏，帕夏死而小帕夏为兄所戕，遂继其父保南八城，令白彦虎守库尔勒。彦虎自踞开都河西岸，觊入俄，而英人又与中国驻英使臣郭嵩焘再为安夷缓颊，事下宗棠。

> 嵩焘奏在帕夏死后，其言云“观英人意指，尤惧俄罗斯侵有其地，谋为印度增一屏幛，是以护持尤力。西路军务情形，此间一无所闻。能乘阿古柏冥殛之时，席卷扫荡，当不出此数月之内。或尚有阻滞，及时议抚，亦可省兵力，以为消弭边患之计”云云。

宗棠奏言：“安集延侵我回部，谄附英人，英人阴庇之十余年，明知为国家必讨之贼，从无一语及之。上年官军克复北路，乃为居间请许其降，而于缴回各城、缚献叛逆节目，一字不及。经总理衙门向其辩斥乃止。兹德尔比、威妥玛复以此絮聒于郭嵩焘，以护持安集延为词，以保护立国为义，其隐情则恐安集延之为俄有。臣维安集延系我喀什噶尔境外部落，英、俄均我与国，英护安集延以拒俄，我不必预闻；英欲护安集延而驻兵于安集延，我亦可不预闻。至保护立国，虽是西洋通法，然安集延非无立足处，何待别为立国？即别为立国，则割英地与之，或即割印度与之可也，何为索我腴地以市恩？虽奉中国以建置小国之权，实则侵占中国为蚕食之计。且喀什噶尔即古之疏勒，汉代已隶中华，固我旧土。喀什义为各色，噶尔义为砖房，因其地富庶多砖房故名。八城富庶，以喀什噶尔、和阗、叶尔羌为最，此中外所共知。英以保护安集延为词，图占我名城，直以为帕夏固有之地，其意何居？从前恃其船炮，横行海上，犹谓只索埠头，不取土地；今并索及疆土，彼为印度增一屏幛，公然商我于回疆撤一屏幛，此何可许！我愈示弱，彼愈逞强，势将伊于胡底！彼向总理衙门陈说，总理衙门不患无辞；来臣营陈说，臣亦有以折之。现在南路之师，与嵩焘片奏‘乘阿古柏冥殛之时，席卷扫荡’一语，尚无不合。惟迫于数月之内，转战三千余里，窃恐势有难能。臣前闻英有遣淑姓赴安集延之说，已驰告刘锦棠、张曜善为看待；如论及回疆事，则以‘奉令讨贼，复我疆土，别事不敢干预。如欲议论别事，请赴肃州大营’。臣于此次奉到谕旨，当加饬其体察情形，妥为经理，务期预为审量，以顾大局。”云云。奏中于数月内扫荡，以为难能，不肯先作自满语。其实本年全疆悉平，距此不过六阅月耳。

据宗棠疏，郭嵩焘在外国所进言，自缘不知国内事实，且亦言“数月内果能扫荡，即无异说。倘有阻滞，则趁此议抚，亦省力之一法”。此尚不足深论。其时国内主弃南八城者，实为旗人，故知旗人以新疆为私擅之汤沐地，不得擅则颇欲割弃，盖不服其徒为汉人见长地也。时有库伦大臣志刚上言：“西事今昔不同，虑其阳不与我争而阴助之。宜于天山南北，安置兵勇，招徕农商，为深根固本之计。然后与两大从长计议，画定疆界，庶不至与接为构，进退维谷。”廷臣议者，亦皆谓“西征耗费过多，乌城、吐鲁番既得，有屯兵之处，当众建以为藩篱，借省兵力”。宗棠贻书总署争之；诏统筹全局，密速奏闻。宗棠乃合对俄对英，陈其利害。略言：“我朝定鼎燕都，蒙都环卫北方，而后畿甸宴然。盖削平准回，开新疆立军府之所贻也。重新疆，所以保蒙古；保蒙古，所以卫京师。新疆不固，则蒙部不安，匪特陕、甘、山西各边，防不胜防，即直北关山，亦将无晏眠之日。况今俄人拓境日广，由西而东万余里，与我北境相连，仅中段有蒙部遮阂。徙薪宜远，曲突宜先，不可不预为绸缪者此也。高宗平定新疆，拓地周二万里，一时不能无耗中事西之疑，圣意坚定不摇者，扩旧戍之瘠土，置新定之腴疆，边军仍旧，饷不外加，疆宇益增巩固，可为长久计耳。

今北路已复，惟伊犁尚未收回；南路已复吐鲁番全境，只白彦虎偷息开都河西岸，喀什噶尔尚有叛弁逃军，终烦兵力。此外各城，如去虎口而投慈母之怀，自更无抗颜行者。新秋采运足供，余粮栖亩，鼓行而西，无难挈旧有之疆土还隶职方矣。英虑俄蚕食其地，有所不利，我收复旧疆，兵以义动，彼将何以难之？设有意外争辩，枝节横生，在我仗义执言，决无挠屈。新疆全境，向称水草丰饶、牲畜充牣者，北路除伊犁外，奇台、古城、济木萨（济木萨后改孚远县），商民散勇，土著民人，聚集开垦，收获甚饶，官军高价收取，足省运脚。余如经理得宜，地方有复元之望。南路各处，以吐鲁番为腴区。八城除喀喇沙尔地多硗瘠，余虽广衍不及北路，饶沃过之。今已复乌鲁木齐、吐鲁番，虽有驻军之所，而所得腴地尚不及三之一。若全境收复，经划得人，军食可就地采运，饷需可就近取资，不至如前此之拮据靡措矣。地不可弃，兵不可停。饷事匮绝，非速复腴疆，无从着手。至为新疆划久安长治之策，纾朝廷西顾之忧，则设行省，改郡县，事不容已。恳敕户、兵两部，将咸丰初年陕、甘、新疆报销册，及新疆额征、俸薪、饷需、兵制各卷宗，由驿发交肃州，俾臣得稽考旧章，斟酌时势，以便从长计议。奏请定夺。”

奏入，议乃定。盖英人之无理要求，本尽出中国人情理之外，乃旗下亲贵自有此主张，而朝士或附和之，足为外人张目耳。时金顺又有“愿以本军，乘俄用兵土耳其，袭取伊犁”之议，宗棠则贻书总理衙门，谓“北路兵力未必足恃，即有把握，亦无容舍堂堂正正之旗，为乘间抵隙之计。纵目前因事就功，将来必更难了结”，乃止。于此知宗棠决不冒昧图功，非万全不力主其说也。

是年八月朔，锦棠遣军启行，趋开都河。白彦虎已壅河漫流百余里，阻官军，师行绕道百余里始达。九月朔，抵喀喇沙尔。城内缠回，已为白彦虎掠去，城中水深数尺，庐舍荡然，招回避乱之蒙古数百人，令迁幕至开都河东，以实后路。初三日，收复库尔勒城，城亦已空，掘窖粮得数千石，救食乏。侦贼知所向，待粮三日复进。及之，则步骑数万，以远镜瞭之，持械者才千余人，余悉老幼回民挽车牛杂沓以随。乃下令惟执械者斩。寇委难民去，追及，败之，遣军护难民还。初十日，再及贼，败之。次日，收库车。自库尔勒六日驰九百里，拔难回约十万，宗棠遣员随军设善后局，招耕收，筹籽种，治涂造船，以通商贾，缠头回争思归附。白彦虎经拜城，与安夷夷目掠城外缠头回，城内回闭关拒之。十五日，官军至，拜城回开城迎降。十六日，追及贼于上、下铜厂，连败之。十七日，度戈壁百四十里。十八日，薄阿克苏，城回十万出降。白彦虎见官军日近，乃与安夷分窜，冀各缓其死。安夷窜叶尔羌，彦虎窜乌什。锦棠不以寇分而自分其兵力，乃令数将缓安夷而专追彦虎。十九日，行戈壁八十里，俘其渠马有才等。二十日，再败之乌什城东，遂复乌什。彦虎仍由布鲁特边遁喀什噶尔，与安夷合。于是东四城皆下。东四城者，最西乌什，稍东阿克苏，迤东而库车，而喀喇沙尔是也。东四城距三千余里，以二十日取之。锦棠开西宁道缺，晋三品京卿秩，备大用，余诸将给奖有差。

十月初二日，张曜军由喀喇沙尔进库车。有回酋麻木尔，自库车南之沙雅尔遁还阿克苏西南之哈番。至是，谋袭库车官军。锦棠自阿克苏侦知之，初七出兵，初九日击哈番回，破之，解散其众，麻木尔受创遁。时西四城犹在安酋手：伯克胡里自踞喀什噶尔，其南英吉沙尔，又南而偏东叶尔羌，再南而东曰和阗，和阗距喀城最远，其伯克名呢牙斯，围叶尔羌以应官军。伯克胡里愤甚，率众救叶尔羌，呢牙斯败走，降张曜军。伯克胡里进踞和阗，其留守喀城酋名阿里达什，于白彦虎之失乌什而来投，拒不纳，而喀城原有从逆之守备何登云、章京英韶，及满、汉兵弁数百人，守汉城反正，使使迎官军。阿里达什保回城以攻汉城，告急于和阗。伯克胡里方以复保西四城向外国英、俄两边告捷，闻警，弃和阗奔回喀城之回城，且先属收纳彦虎自助。锦棠方自阿克苏遣军将攻叶尔羌，而喀城汉城反正并告急之使至，乃分军三道取喀城，期以十一月十四日入喀城。十三日日中，两路进取之军皆抵喀城，距数十里之外。锦棠自统之兵，方进驻叶尔羌、和阗间冲要，以为声援。贼候骑猝遇官军，急归呼言“大军至矣”，缠回皆骇溃，安酋禁杀不能止。安、白两酋皆逃走，其党犹城守。夜三鼓，军抵城下，骑贼出战，汉城降弁凭城大呼助威，贼大败，守城贼亦尽走，未明而克喀城。追获著酋于小虎、马元、王元林等。白彦虎、伯克胡里及阿里达什遁入俄。锦棠师截歼逸贼，疾驱而前。十七日，复叶城，二十日复英吉沙尔，二十九日复和阗，于是南疆西四城皆下。俘故帕夏四子、三孙及妻子，按律治之。磔于小虎、马元、麻木里及倡乱之金相印父子于市。诛悍党安回、缠回、陕甘回千一百六十六人。新疆平。以次查各城流寓番夷，英国有商官、商人凡十人，乳目国有洋操教习二、商三，阿剌伯人三，皆给资遣还国。印度痕都斯坦及回部各国人五千余，去留听自便。希鲁特本分十九部落，喀城西北五部落已附俄，其余十四部落附安集延，至是附安者求内附，纳之。嗣是，四年十月、五年正月，俄迭纵逋回犯境，皆擒斩极多，并由回目捕献其来寇之酋阿里达什，迨俄交还伊犁约定后乃已。新疆之改行省，亦在俄约定后，事由锦棠主政。其郡县名，与旧设治之沿革，《史稿 · 地理志》详之，不具列。

## 附：俄还伊犁始末

俄乘乱据伊犁，由其驻使以代收来告，事在同治十年五月。并告将收乌鲁木齐，其地有结团自保之汉民徐学功等，非纯在乱回手，故不得逞而退。伊犁已为俄据七八年，而后回疆平，而后索返之事起。盖据伊犁在金积堡下后，宁夏始告肃清之日。光绪元年五月，俄兵官索思诺福斯齐等五人，奉命来华，取道甘肃出关归国，至兰州，谒宗棠于节署。是年正月，英翻译官马嘉理在滇为腾越官军所戕，英使威妥玛扬言英将调印度兵由缅甸入滇，结俄兵由伊犁进，以牵制西师。既而有俄使过陇之事，廷议皆疑其受威妥玛指，来观我虚实，告宗棠毋示以瑕。宗棠复总署董尚书恂书，略谓："我复旧疆，与英无涉。英欲越缅甸开市滇边，以销鸦片，非各国共有之利，必不甘附和。由缅至滇，非用兵地，以主制客，不为利诱，地险心固，足捍吾圉。此时即与显起衅端，亦不可专以柔道牵之。至俄使奉命来在上年，何知有马嘉理事？何从受其指使？至则坦怀示之。陇祸已十数年，无可掩覆。"至是，果至，宗棠引居节署，间日一会食，询以外传与英有约之事。俄使言："英人叵测，俄与中国从无衅端，国主意与中国永敦和好。伊犁驻兵，乃防回侵害。俟中国克乌鲁木齐、玛纳斯，即以交还。"又言："此行意在请由内地开通茶市，径运陇边。"宗棠念俄已于恰克图通商，此请径销茶引，正可杜私贩，自我定厘税章约，许以边事定后徐议。俄使即以关外粮运艰，自请代购其国，径运古城，欲速师期以通茶运，相与订约而别。

二年六月，官军复乌鲁木齐，北路略定。宗棠奏言："新疆与俄毗连，疆场之事，一彼一此，不但措置乖方，动多妨碍；即语言交际，偶尔失当，亦启猜嫌争执之萌。臣奉恩命督办新疆军务，身在事中，得害安危，不敢不引为己任。应恳敕下将军、都统各大臣，于俄人交涉事件，除本有定章应各照常办理外，遇交涉新疆者，应咨臣定见主办，不必先与商议，致远人无所适从，庶径路绝而轨辙互通，论说少而争辩自息。”从之。于是议者谓“俄人始约克乌鲁木齐、玛纳斯，交还伊犁。各城已复，当与即申前议”。宗棠以为北路鲜当一面之才，即与旁缘旧说，必多要挟；即收回后，或别有意外之虞，翻难兼顾，不若姑以此委之，得壹意南路。南路平，即伊犁亦为不索而还。既而兵事愈顺，京朝益议交还伊犁。驻京俄使数以边境商民交涉各案未结为词，宗棠皆为平情定谳以报。三年十二月，新疆悉平，叛回渠魁遁入俄。四年正月，宗棠请敕总理衙门与俄使按约索取，复饬金顺移书俄边官，以还伊犁、交叛逆两事并议，而许以重犒。久之不报。是秋，俄藉贸易，给白彦虎等路票，入边为寇，擒斩甚众。时五年正月，俄复纵逋回犯边，亦多击斩。朝廷已命吏部侍郎崇厚为全权大臣，与俄政府议收还伊犁事。据宗棠奏俄据伊犁后地方情形：“伊犁西面旧有拱宸、瞻德、广仁、塔勒奇四城，均弃而弗守，倾圮殆尽；绥定一城，近以之杂置陕回，距伊犁仅三十里。伊犁大城，人烟甚少，俄兵及商户，均萃居东面惠宁、熙春、宁远三城，而金顶寺烟户尤多。伊犁管事俄官名马伊尔，品秩不过中国同知、通判之类，主伊犁之事者，七河巡抚也。七河一作七水，其官为固必纳三尔，其名为喀尔怕科斯克依。所驻阿尔图，地属俄境，在伊犁西八百余里。其兼辖之官，名图耳齐坦总督，名为克复满，亦呼高伏满，自称代国大臣，驻浩罕故都塔什干城，距我喀什噶尔不过数十程。”云云。观此，知俄于伊犁并不设重兵防华，金顺辈之欲以兵袭取，自是无识之谈。袭取不患其不得，交邻固不当轻以兵相见也。

崇厚使俄，在四年五月。其后俄屡纵逋回以通商为名入犯，奏请俄人未交伊犁以前，应禁其通市。五年三月，崇厚奏言：“俄人于还伊犁，以通商、分界、偿款三端相要，而先请沿边弛禁通商。”廷议通商地方太广，界务复图侵占，偿款又无的数，诏崇厚不可急于索还伊犁，遽行弛禁贻患。下其书于宗棠，宗棠亦剖析其利害甚切。至八月，崇厚遽依前议，迭电报称约章见皆定议，于八月初八日起身赴黑海画押后，即回京复命，并将现议条约十八款摘要知照等语（此语见宗棠奏中所叙八月二十三日上谕）。盖此约为崇厚与俄皇面订。中国有全权使臣，俄国即君主身任，并无留待批准之手续，此见曾纪泽与总署书。崇厚曾任三口通商大臣，曾以全权大臣订中与丹麦通商条约，曾承办中葡换约事宜，未尝非经过订约之熟手。纪泽又谓其牵于私事，回华太急，则其匆匆画押，直是为早作归计。一时舆论哗然。洗马张之洞特疏，修撰王仁堪、庶吉士盛昱等公疏，皆请立诛崇厚，宣布废约。今观其索偿不过二百五十万两，所不足计。通商设领事虽多处，在当时为大患大辱，较之后来开埠日繁，未为甚病。惟分界，于伊犁西以霍尔果斯河为界，已划进数百里；南界于伊犁山外特克斯河流域悉割予俄。伊犁之通道南疆，越天山而行者本有两路，皆在此特克斯河流域以内，割去则只可通乌鲁木齐，再与南疆相接。伊犁将军旧兼辖南北，今无可达之道矣。塔尔巴哈台城，界址亦改。照同治三年议定之界，划去地段不少。尤无理者为南界，伊犁本天山北路重镇，乃不得复自达于天山。此盖除中国之使臣，旗员之奉使，必无更有冒昧及此者矣。朝命逮崇厚下狱，以六年正月初三日命曾纪泽使俄，改订条约，俄亦接受新使，惟以旧使入狱为辱及俄皇。纪泽电请宽释，以全颜面，乃允开议，惟索全权字样，且一不合则云派员赴华，与华政府直接商订。宛转磋商，卒将特克斯河争回，余亦无大更改，然已为交涉之破格矣。方事之殷，宗棠以备战进驻哈密，舆榇而行。俄亦使兵舰游弋中国北洋，畿辅戒严。朝廷召宗棠入都备顾问，以刘锦棠代为钦差大臣。至七月约成，其于白彦虎等，锦棠主索回，俄以国事犯公例相抗，卒以由俄圈禁定议。回疆从此不扰，又保数十年之安。当其时，左帅兵竞于内，曾侯名重于外，人才会合，力等回天。较之军阀称雄，舶来表异，微有殊焉。此可以觇士大夫之风气矣。

（三）云南回。回之变也，多由聚族而居，与汉人痕迹不化。始而以汉藐回，迨天下多故，则以回仇汉，而汉人无以御之，则变作矣。故回有地域与宗教之系著，陕、甘、新疆尚不尽一气，云南与陕、甘、新，更隔绝自为一系。湘中良将，未暇及此。贵州平苗，尚出湘军之席宝田、刘岳昭辈。戡定滇回，大功成于岑毓英；岳昭虽督云贵，亦惟虚己听之。毓英自有部属，自有节制。盖惟此一隅，不在湘军建绩之列。

今先言滇事之起因。滇自汉至于唐初，亦为中国郡县地。《新唐书·地理志》："戎州、姚州及泸州三都督府，所隶诸蛮州九十二，皆无城邑，椎髻皮服。惟来集于都督府，则衣冠如华人焉。天宝末，诸蛮中南诏蛮蒙氏据有其地，旋自立国号大理。"辗转易姓改号，自五代石晋至宋，皆称大理国。宋末，元起北方，当理宗宝祐元年，即元之宪宗三年，灭大理，复为蒙古统地。时蒙古尚未取宋，先有云南。其色目种人，自西域回部移来者至夥。云南回民之多，盖自此始。回汉相仇之事，自来不可胜数。至道光间，汉回互斗，焚杀几无虚日。贺长龄为云贵总督，二十五年十月，永昌府又有回匪纠众肆掠之事。迤西道罗天池杀戮永昌回民，指为内应，歼除几尽，回益怀愤报复。长龄以办理不善降调，代以李星沅，稍理其纷，未久调任两江，又代以林则徐。是时梗法为暴者，与其谓为回民，宁谓实由汉民改变，回以被迫而控之官，省不能理，至控之京部。官不庇汉以虐回，提犯鞫讯。而汉民先以毁官署，劫狱囚，搜杀回户，拆桥梗道，抗敌拒捕闻矣；惟亦有回人滋事者。则徐所谓"止问良莠，不问汉回"，自是正办。然粤乱渐炽，贤长官不能久任滇中。汉回相仇，回以种族、宗教之结合，心力易齐；汉以各地之土豪，逞其势力于一地，至回合各地以成众，则声势不相侔矣。于是遂成十九年据地僭号之祸。

僭号之回为杜文秀，以大理为都，久攻始下。其在道光时，则受汉民所欺压，挺身赴京控诉，而为呈首者也，非不奉法之乱民也；后又助林则徐缉获乱党，且有功于平乱者也，此事近罕知者。

> 金安清撰《林文忠公传》：保山回民滋事，公奏亲临督剿。……中途闻弥渡有警，乃疾趋先击之，一鼓扫荡。保山匪徒闻风震慑，公未至，即呈请缚献。公素侦知首要各犯姓氏。别有杜文秀者，机警多智，曾入都控滇事，公抚而遣之。入贼巢，按名就缚，无一人遁。公详列各犯罪状，五雀六燕，悉当罪。即汉民有勾煽附和先事凌激者，亦一一穷治之。中外詟服。

此言缉回犯，以杜文秀为眼目，所得悉当罪。别言汉民有犯法者，所以别于文秀所侦之回。文秀赴京呈控者汉人，若缉汉犯，自不能托之文秀，然则文秀以回人缉回犯，不以同教推诿，其初固深自效于大吏者。但保山之役，罪在地方官过于袒汉，多戮回人，犯法亦以汉人为甚。文秀即为保山事京控，其助官缉犯，当是保山以外案犯。录《国史旧传·林则徐传》。

> （道光）二十七年，升云贵总督。时云南汉回互斗垂十数年，焚杀几无虚日。则徐抵云南，适回民丁灿廷赴京叠控保山县汉民沈振达，串谋诬害，劫杀无辜。经地方官提犯鞫讯，汉民遂纠众夺犯，毁官署，劫狱囚，搜杀回户，拆澜沧江桥，道路以梗。永昌镇、道举兵往擒，汉民遂拒捕。二十八年，则徐督兵赴剿，途次闻赵州之弥渡有客回勾结土匪滋事，遂就近移兵剿之，破其栅，殪匪数百，并抚恤受害良民。赵州底定，保山民闻风慑服，缚犯迎师，则徐按其罪重者百数十

人，立诛以徇；复乘势搜捕永昌、顺宁、云州、姚州历年拒捕戕官诸匪千余名，置诸法。

据此，知汉回仇杀，在云南历年已久。保山为汉人犯重，他处回犯正多。传言京控者为丁灿廷，据则徐奏议，则丁灿廷与杜文秀皆为迭次控辞呈首。

则徐有饬提永昌京控人证未据报解情形片，内言："两起回民京控，钦奉谕旨，交臣等审办。其原告丁灿廷等一起，于十月十七日由部咨解到滇。又杜文秀等一起，亦于十一月初三日咨到。"

是两起京控之原告，文秀确居其一也。

则徐又有审明丁灿廷等两次京控折，内言："十一月内，又准部文，奉旨：'此次复据云南回民杜文秀等控告匪棍刘书等，挟嫌借端，诬控从逆，致被搜杀抢掠。迨招抚回籍后，又被杀害多命等情。'"

文秀等所控，亦不尽系汉人。文秀之未婚妻，即为回人带去窝藏，并杀其妻父，但为署知县嗣代府事之知州恒文所用之家丁名黄溃者为之，并经惨杀其家多命。溯其起衅原因，则缘道光二十五年四月间，有已经歼毙之陕省回匪马大等，在保山板桥地方唱曲讥笑汉民，被逐起衅。汉回互相纠众，仇杀焚掠，经永昌文武带兵往拿。回匪率众拒战，戕害大小营员及兵练多人。各处汉村回塞，彼此互烧。其烧毙杀毙之人，事隔数年，难以追查确数等语。此唱曲，必是山歌。南方山歌，原有专练相骂歌无数，彼此以歌词多而恶毒，层出不穷为胜。若在惯用械斗之处，必为启衅之一大原因。至其助乱壮胆之资，则又有紧皮药，服之刀砍不进，枪打不透，此似即义和拳等方法。今之大刀会、小刀会，亦多有此语。昔之小说所谓金钟罩、铁布衫等法，似亦其类。

道光二十九年，林则徐告病去滇。明年，金田事起，朝廷不暇多问边远事，不成兵祸者不见官书。而于咸丰三年六月，东川府属回起事，总督吴文镕带兵出省剿办，报迭有斩馘，其首匪马二花仍不获。至九月，滇督已易罗绕典，匪尚据东川之翠云寺、小雪山。护总兵王国才奉檄穷剿，擒获马二花及余匪，安插难回一万三千余人，东川、寻甸始平。具见国史馆罗绕典、吴振棫等传。可知回变历年未息。是时中原骚乱，邻滇之黔、桂两省亦群盗纵横。滇省内又有猓夷、罷夷等出掠。朝廷以全力御太平军，远省之兵事饷事，听省自为计。大吏坐困无术，则听将领料民为兵，就地征饷。骄将悍弁，所以对地方者益不可问，五年而杜文秀起迤西之蒙化厅矣。

文秀之起，官书皆甚隔膜。至后专到剿迤西时，始揭其名。同治十一年克大理时，滇督刘岳昭、滇抚岑毓英奏捷疏中言，“杜逆倡乱，历十八载”，则自其年上推十八年，知为咸丰五年也。又同治七年，毓英始擢巡抚，疏陈军事，首言“杜文秀窃踞迤西十有三载，根深蒂固”。自其年上推十三年，乃系咸丰六年。盖五年起事，六年而踞有迤西也。《东华录》于咸丰五六年间，屡言汉回互斗滋事；又言回民抗粮，朝廷与疆吏皆存一敷衍之见。疆吏讳重为轻，朝廷不求甚解。当时总督为恒春，出省剿贵州苗；巡抚为舒兴阿，其奏报谕旨，有如儿戏。如六年五月甲戌（十八日），舒兴阿奏：“楚雄回匪，迭受惩创，剿抚兼施，尚易得手。惟寻甸悍匪，理喻不从，地方多被扰害，现已飞调昭通、开化各镇兵，相机剿办。”得旨：“寻甸岂不能剿抚兼施？若必期剿洗殆尽，焉有多兵？但不可迁就了事也。”此盖以寻甸属迤东道，逼近川、黔，为省城通内地之后路，不能抛弃；楚雄虽已在大理之东，距省不远，然尚属迤西道辖，意将置之度外，以一抚字掩饰了事。而谕旨，则并不责其兵取迤东矣。是时滇事，朝廷与疆吏互相粉饰，究其实状，乃从旁见侧出之文，略知咸丰六年乱象。刘岳昭等同治十一年折，有追叙文云："咸丰六年，提臣文祥调川军助剿，克红崖，围宾居，而东西各回围省，退兵还援，则弥渡、云县失矣。"宾居塞在宾川州，红崖当即宾川州之赤石崖，与赵州之白崖为对。弥渡镇在赵州，云县即大理之云南县。据此，知大理初陷，提督尚调邻省兵赴剿。宾川、赵州、云南，皆大理所属州县，而省城于是被围，遂加陷数地。又《史稿·忠义·谈树琪传》："咸丰六年，以知府候补云南。先是，云南各郡县汉回相杀，回人据大理诸州县。树琪至滇境闻变，遣家属还，间道至省城。次日，城门昼闭。……初，树琪以部郎出守贵州，苗匪乱，办贼有声。……大吏率遣树琪及副将谢周绮防堵碧鸡关。关去城三十里。……树琪旋遇害。时六月二十六日，距至云南仅七十余日。"是即六年省城被围事，而大理则早被回据。树琪于抵滇境时已闻之，必是春间之事。《东华录》于六月十六日辛丑谕，据滇抚舒兴阿有"回匪勾结日众，现饬分股剿办"一折。又另片奏"汉回仇斗，势难姑息，拟次第查办"等诏。八月初二日丙戌，又奏西路剿匪获胜，及剿办海口回匪各一折，并不言省城被围。朝廷亦方饬滇督恒春由黔回滇，仍令其酌度情形，先其所急。初九日癸巳谕，本日侍郎何彤云奏滇省回匪滋事情形，略言："当汉回互斗之初，自应持平办理；迨至因焚杀而戕官，回已叛逆，汉无此事，地方官力持并剿之议，又尽撤各乡团练，而转募回匪守城。现在迤东、迤西各属，回势燎原。海口、碧鸡等处，逼近省垣，回皆屯踞，非大加惩创，不能使之畏威敛迹。"并保前任知府彭崧毓及在籍侍郎黄琮、御史窦垿、总兵周凤岐等，办团练佐兵力；劾从前纵回袒回诸员，责令恒春、舒兴阿查照商办；并询恒春能否回滇。旋又谕恒春奏贵州剿办吃紧，未便折回，惟为滇请兵请饷，朝廷亦无如何，惟饬四川助兵二千，筹拨三四万金，往资接济而已。九月十九日癸酉谕，乃由恒春奏澄江、临安两府几无完区，海口未能获胜，姚州未复，浪穹失守，大理被焚，开化滋扰等语。于是三迤皆匪区，滇乱不可复掩。诏恒春回滇督剿，而舒兴阿仍奏回方求抚。十二月十五日戊戌，又以恒春奏，迤西大理、永昌，迤东开化、广南，回仍猖獗，责舒兴阿前奏难信。二十四日丁未又谕，有人奏滇回猖獗，总由官意专主抚，致堕术中，大理绅民赴省请剿，舒兴阿置若罔闻，现患怔忡，任信门丁、巡捕，表里为奸，着恒春查奏。七年正月，恒春奏回省调度，依违剿抚之间。谕旨责令出省剿办，恒春覆奏在省可以兼顾，不敢出省。舒兴阿旋乞病回京，回又逼省垣。六月初一日夜，恒春与妻博禹特氏在署皆自缢，乃调前曾任滇抚之川督吴振棫督滇。

振棫，杭州人，承平文学侍从之才，原难倚以戡乱。时回虽猖獗，汉亦不弱。惟回有特殊结合，其势见强。官无用汉人之方略，思倚外省之兵之饷，则方太平军益炽，无可征调，益成坐困。苟幸抚局羁縻，益摧散汉人抗回之力。振棫由川来，前所谕拨之川兵川饷，可以措办携来，暂供支柱。回于省吏，但得事事听命，即任其存在，亦无相害之意。其所谓抚，有求割地言和之意。省吏虽不敢明许，终以抚事上闻。即明明不剿，不啻默许连和矣。振棫未至滇，犹奏言："必需大兵巨饷，痛剿一二处，方可就抚。"七月二十五日甲辰，得旨称奖。迨行抵曲靖，即奏"籍绅黄琮、窦垿办团设局，刻关防，贴告示，令民集团杀回，以致回乱蔓延"等语。谕琮、垿革职，交振棫查讯治罪，事在十一月。旋御史陈浚、尹耕云奏："吴振棫办理失当，恐误地方。"吴焯复复奏："愚民误会，恐团练解体。"朝廷方倚振棫，谕斥言官为颠倒是非。盖中外希望抚局或有成也。四月，振棫奏至，则大理回蔡七二陷顺宁府城。七二为杜文秀姻娅，见《湘军记》。五月，振棫又奏“回民就抚，省城解严。经叠次推诚晓谕，汉回均各输服。并据回人出具永不滋事甘结，其屯聚省城外之回民二万余人，咸已解散，地方肃清”。是为振棫敷衍叛回，暂促离去省城之局。至十一月，遂乞病去，以巡抚张亮基代督滇。亮基荐按察使徐之铭升巡抚。之铭以剿匪自命，躐跻高职，实倾险挟回为重，亮基不能制。十年十月，亮基又乞病罢，之铭复疏请留亮基。诏候新督刘源灏至乃行。亮基在滇不敢发之铭事。源灏久不至，明年亮基径去。二月，至湖北，疏陈之铭罪状。会云南布政邓尔恒，前总督廷桢子也，升陕西巡抚去滇，于曲靖途次为贼所杀。亮基亦奏“传闻系候补副将何有保之练丁所为”，并有“抚臣主使”语。朝廷罢源灏，改任潘铎督滇，并命亮基督办云南军务。之铭嗾所抚回将马如龙等拒亮基来。同治元年，铎先至滇，奏邓尔恒狱正犯何有保已毙，之铭主使无实迹，候亮基来再会同查办。又以马如龙可用，澄江知府岑毓英有将材，皆为之铭所识拔，密陈之铭尚能抚回。朝命改亮基署贵州巡抚，以羁縻之铭。未几，之铭文檄杜文秀之叛党马荣署武定营参将。二年正月，荣忽率二千人至省，驻五华书院。铎令迁出，不应。自往谕遣，被杀，并杀府县各官，纵兵大掠。时毓英代理藩司，独守藩署拒战。马如龙来援，荣乃率众携所掠去。回众戕总督，已拥其掌教马德新为总督。之铭故谄事德新，以联络回众。及是，如龙逐德新，取总督关防授之铭，之铭遂以巡抚让如龙，如龙不受，遂令署提督，一切拱手听命。是时云南如化外，之铭疏但报杜文秀勾匪犯省被却退而已。论者谓之铭与乱谋。朝命褫职，以劳崇光为督，贾洪诏为抚。皆不能至。数年无督抚，兵事由岑毓英、马如龙为主，而毓英乃卒成平乱之功焉。之铭未就逮旋死，死时尚保毓英、如龙。滇事所赖，其言亦验。后虽有言之铭罪者，朝廷亦不究。

毓英，广西西林州附生，咸丰初办团保县丞。六年，带勇入云南，投效迤西军营，转战至迤东。九年，有克宜良县功，即署县事。十年，有偕参将克路南州功，即署州事。方报丁忧，以之铭奏不令解署任。十二月，兼署澄江府事。十一年正月，剿毁澄江贼垒。时马如龙尚为迤东叛回酋帅，毓英屡破其众。杜文秀僭号大理，授如龙职，不受，遂有隙。如龙自据近省诸州县入寇，势骎盛。迤西杜酋复陷楚雄、广通、禄丰诸城，亦逼首垣。之铭主抚迤东回，其酋如龙亦自陈为殉难九江镇总兵马济美之侄，三世效忠，愿反正。毓英奉檄往谕，如龙听命，献所据八城，之铭即奏毓英暂代藩司，如龙径令署临元镇总兵，留省襄解抚事。朝廷以为投诚叛酋，遽擅授镇将，谕张亮基、潘铎查办。嗣纳骆秉章言，暂置不问，以羁縻之，遂授如龙鹤丽镇总兵。如龙旋出剿临安回。二年正月，马荣之变，毓英率所部粤勇千余人，与弟毓祥、毓宝、毓琦死守藩署，密驰书如龙，以大义趣赴援，乃夹击歼贼。时滇民健者，杨玉科、李维述，皆从毓英，以战回为乐。盖滇事起于汉回相仇，误在大吏怵于回强，务抑汉人以媚，汉人无所凭借。惟毓英以粤勇来，久战有功，汉人有材力者附之，毓英之军益盛。如龙则拥回众为一军。文秀贻书掌教马德新，斥如龙自殊同教。如龙亦驰书迤西，数文秀狂悖，德新不明大义，劝回众勿为所惑。德新入省申割地媾和议，如龙力止之。毓英方进兵迤西，屡复城邑，而迤东回马荣、马联升等复陷曲靖各邑。毓英回救，所复地复尽失。毓英与如龙分下寻甸、沾益诸城，尽擒马荣、马进才、马联升诸酋，剖荣尸祭潘铎。四年，迤东平，如龙加提督衔，赏效勇巴图鲁号；毓英加布政使衔，赏勉勇巴图鲁号。五年，毓英署布政使，劳崇光方入省就督任，乃命如龙主迤西军事，图大理；毓英出省剿贵州猪拱箐苗，清后路。猪拱箐隶大定府之毕节县，毗连云南昭通之镇雄、四川之叙永厅，险隘，为三省要害。楚军刘岳昭、席宝田用兵贵州，久未竟功，朝廷方拟以主军。同治四年，授岳诏云南布政使，以援贵州，未赴。五年正月复擢云南巡抚。川、黔大吏争留岳昭蒇黔事乃行。劳崇光乃檄毓英由滇入剿，毓英约百二十日，以滇军独任猪拱箐事．如期克之，仅逾四日，时在六年六月。七月，又攻克海马姑。崇光卒于滇，如龙征文秀屡失利，联升部回练多通文秀，如龙称疾还省，文秀大举东犯，连陷二十余城，省垣告急。岳昭奉令毓英回师，朝旨亦催岳昭赴滇。如龙既失回众，专倚汉兵守省城。其冬，毓英凯旋抵曲靖。七年正月，迤西回迭陷附省各县，新督张凯嵩未赴乞病，诏以岳昭升总督，毓英为巡抚。迤东回马添顺距寻甸应文秀，如龙部回弁亦倒戈，毓英将李维述救之乃免。嗣是，如龙昵就毓英，无复角立志，滇事待毓英而办。岳昭亦散遣其弟岳畯军，专倚毓英。是年，文秀遣巨股应寻甸，迭进迭退。省城粮路再绝再通。八年五月，岳昭诸弟岳曙、岳畯攻克寻甸。八月，省城围解，岳昭入省。是年，再定迤东，惟澄江、新兴尚未下。迤西军事，亦克楚雄，至弥渡，进围蒙化，距大理百里而近。至岁杪，收宾居及丽江，攻克剑川、缅宁，围永昌、腾越、威远、姚州。九年正月，克威远。二月，澄江回又出犯，新兴回亦得援袭陷围师营。毓英自将攻澄江，如龙自将攻新兴，岳昭亲至观地势。四月，杨玉科克姚州。姚州回悍，攻之三月余，地雷再发乃克。五月，如龙克新兴。澄江至十年二月乃克。时大理北已略定，官军已复三十二城，攻广西州弥勒县之竹围，逾一年乃下，回举火自焚死，无一降者，其悍如此。十一年，东南两迤悉平。迤西惟大理及顺宁、腾越未下。杨玉科方攻大理，十一月毓英抵大理，督将士断顺宁、腾越来援路，直薄城下，掘地轰城，夺东南两门。回犹守西北门，及文秀所筑内城，谓之王城。文秀自出战而败，退入内城，服毒将死，其灵舁献，并其伪帅印，毓英以为诈，悉斩之。限城内余党，三日内缴械出城。其党约半年。毓英饬玉科选死士二百人，入城收械，严布重兵于城外夹击之，斩其将军、参军等三百余名，生擒其大司衡杨荣、大经略蔡廷栋、大冢宰马仲山，磔之。岳昭、毓英奏言："杜逆倡乱，历十八载，攻陷五十三城，西及四川会理，东及贵州兴义，伪造禁城，规僭王制，与东南巨寇，并驾一时。官军四次西征。咸丰六年，提臣文祥调川军助剿，克红崖，围宾居，而东西各回围省，退兵还援，则弥渡、云县失矣。九年，提臣褚克昌攻鹦鹉关云南驿，而馆驿澄江回众攻陷广通、楚雄、镇南以袭其后，则褚克昌之全军覆矣。(克昌败死在十年。此云九年，乃克鹦鹉关时。)同治二年，臣毓英在署藩司任内，连拔景东、镇沅、永北、楚雄、广通、定远，进规镇南，而马连升、马荣率沾益、寻甸之众，占据曲靖、马龙、平彝，撤兵回顾，而大理之役遂不果矣。六年，提臣马如龙甫至定远，前军失利，而合国安、杨振鹏等内外勾结，连失定远、楚雄以次二十城，则省围几莫解矣。皆由东南党援未除，则迤西寇氛益炽。故先从各路征剿，克曲靖而东隅固，解省围而内患清，复澄江而内地宁，平临安而南徼定。内顾无忧，远图易举。臣等所以先事东南而后专事迤西者，职是故也。"是月，李维述、杨玉科克蒙化大、小围埂，为文秀倡乱地。十二年二月，杨玉科克锡腊，蔡标克猛郎，玉科克顺宁。四月，玉科、蔡标克云州，和耀曾克小猛统。五月，李维述克腾越，云南平。玉科、维述为骁将。玉科初事毓英，骄蹇，尝杀仇，持其头谒毓英，意诘责即为变，毓英笑释之。维述，骡马为业，不知有荣贵，及奉朝廷赏搬指，适与指合，惊以为天子圣神，益效忠荩。所设市肆，悉以巴图鲁名号名之，憨直荣幸朝命如此。其他诸将，和耀曾、蔡标、段瑞梅、夏毓秀、何秀林、杨国发、张保和，皆滇人，而从毓英积功为大将，皆滇之率练勇起家者。方事之初，大吏务媚回抑汉，摧败练事，不顾后路，而坐图省中；或畏乱而不入省，皆不能收汉人为用，遂独以功名让毓英。毓英能用诸将，岳昭又善用毓英，并善用如龙以弹压回众，如龙以师事岳昭焉。此皆成平复之功者，举与前数辈有殊也。